파이썬 퀵스타트

업무에 바로 쓰는 파이썬

파이썬 퀵스타트

업무에 바로 쓰는 파이썬

초판 1쇄 발행 2023년 04월 17일
지음 표선영

발행인 한창훈
펴낸곳 루비페이퍼
출판등록 2013년 11월 6일(제 385-2013-000053호)
주 소 경기도 부천시 길주로 284 913호
전 화 032_322_6754
팩 스 031_8039_4526

홈페이지 www.RubyPaper.co.kr
ISBN 979-11-86710-99-9

저자 서문

파이썬을 처음 접하는 모든 학습자는 빨리 파이썬을 배워서 자신이 필요한 프로그램을 만들고 싶어 한다. 어떻게 하면 될까?

우리가 새로운 언어를 배울 때를 떠올려보자. 먼저 단어를 하나씩 이해하고, 다음에 하나의 구문을 만들고, 여기에 더해 문장들을 만들어 나가는 과정들을 계속해서 연습하고, 문장을 암기해 대화하는 것을 꾸준히 반복한다.

파이썬 프로그램 언어를 배우는 것도 이와 비슷하다. 파이썬 언어 문법을 하나씩 이해하고, 이들을 조합해서 작은 코드들을 작성하고, 이를 종합하여 완성도 있는 프로그램을 작성해 나가는 과정을 꾸준히 반복해야 한다. 이는 파이썬이라는 언어로 컴퓨터와 대화를 하는 과정이라고 생각하면 된다. 많은 코드를 작성해 볼수록 프로그래밍 능력이 향상된다.

이를 위해 이 책은 세 가지 파트로 구성했다.

첫 번째 1~7장에서는 파이썬의 기초적인 문법을 학습한다. 하나의 퍼즐을 완성할 때, 먼저 퍼즐 조각 하나하나를 살펴보는 것처럼 파이썬의 문법을 하나씩 살펴보고 단계별로 예제를 작성한다.

두 번째 8~11장에서는 파이썬 문법들을 종합하여 완성도 있는 프로그램을 작성한다. 퍼즐 조각들을 모아서 하나의 그림을 완성하는 단계다. 단순하게 문법 학습만을 위한 내용을 넘어서, 다양한 케이스 스터디를 통해 실제 업무에서 활용할 수 있는 코드들을 작성한다. 이를 위해 텍스트 파일, CSV, JSON, 엑셀, 워드, 파워포인트 등의 다양한 파일을 사용한다.

세 번째 12~13장에서는 파이썬을 배우는 재미와 학습 효과를 높이기 위해 웹에서 데이터 수집하는 방법 즉, 웹 크롤링 프로그램을 작성하고, 배포를 위한 실행 파일을 만든다.

파이썬을 시작하려는 학습자와 파이썬을 업무에서 바로 사용하고자 하는 학습자들에게 도움이 될 수 있기를 바란다.

2023년 4월 17일

표선영

01 파이썬 시작하기

02 변수와 자료형

03 프로그램 흐름 제어

04 함수로 코드 재사용하기

09 엑셀 파일 다루기

10 워드 파일 다루기

11 파워포인트 다루기

12 웹에서 다양한 데이터 수집하기 - 크롤링

13 실행 파일 만들기

14 부록

01

파이썬 시작하기

1.1 파이썬 이해하기

1.1.1 프로그램이란?

프로그램이란 컴퓨터가 이해하고 처리할 수 있는 명령어의 연속을 의미한다. 이러한 프로그램을 작성하는 것을 프로그래밍이라고 한다. 우리가 자주 사용하는 말인 애플리케이션은 애플리케이션 프로그램(응용 프로그램)을 줄여서 부르는 말로, 사용자 혹은 다른 애플리케이션이 특정한 기능을 수행하도록 만들어진 프로그램이다.

PC에서 수행되는 프로그램이나 스마트폰 등의 모바일에서 사용되는 프로그램을 모두 애플리케이션이라고 한다. 모바일에서는 주로 애플리케이션(application)의 약자로 앱(app)이라고 표현한다. 그리고 웹에서 사용되는 프로그램은 웹 애플리케이션이라고 부른다.

그럼 프로그램을 작성할 때 사용하는 프로그래밍 언어란 무엇일까? 사람들이 대화할 때 쓰는 언어가 나라마다 다른 것처럼 프로그래밍을 할 때도 다양한 언어를 사용한다. 의사소통을 한다는 목적은 동일한데 다른 언어와 다른 표현 방식을 사용하는 것이다.

즉, 한국어를 이해하는 사람에게 한국어를 사용하고 영어를 이해하는 사람에게 영어를 쓰듯이 다양한 프로그래밍 언어를 사용해 컴퓨터와 대화한다고 생각하면 된다. 비슷한 프로그래밍 언어끼리는 공통된 특징이 있으며, 언어마다 고유한 특징도 있다.

우리가 각 언어의 문법에 따라 프로그래밍을 하면 작성된 프로그램을 해석하는 또 다른 프로그램(예를 들어 파이썬의 경우 파이썬 프로그램)에 의해 명령들이 해석되고 프로그램이 실행된다.

프로그램에 작성된 명령들은 프로그래밍한 사람의 의도에 따라 차례대로 실행되기도 하고, 조건에 따라 선택적으로 실행되기도 하고, 명령을 건너뛰거나 반복하기도 한다. 그리고 이러한 명령을 실행하면 다양한 연산을 수행하고 파일과 데이터베이스에서 내용을 읽어오거나 저장할 수 있다.

프로그램은 사람이 많은 시간을 들여서 하던 일을 비롯해 사람이 하기 어려운 일까지도 훨씬 빠르게 수행할 수 있다. 인공지능 기술이 대표적이다.

프로그래밍을 잘하기 위해서는 먼저 각 언어의 문법과 특징을 이해하고, 프로그램이 어떤 방식으로 실행되는지를 이해해야 한다. 영어를 공부할 때 제일 먼저 알파벳을 배우고 그다음으로 단어와 문법을 익힌 다음 말하는 연습을 하는 것과 같다.

프로그래머들 사이에선 "백문이 불여일타"라는 말이 있다. 영어를 잘하려면 영어로 계속 말해보는 게 가장 좋은 방법이듯이 프로그램도 직접 타이핑해보면서 이해하는 과정을 반복하는 것이 중요하다.

이제 우리가 배울 프로그래밍 언어인 파이썬이 어떻게 탄생했고, 특징은 무엇인지 알아보자.

1.1.2 파이썬의 탄생

프로그래밍 언어의 역사는 딱딱하고 불필요하다고 생각할 수 있다. 하지만 언어의 역사와 철학을 알고 나면 해당 언어와 좀 더 친해진 느낌과 더불어 작은 애정 같은 게 생긴다. 지금부터는 새로운 사람을 소개할 때 아이스 브레이킹을 하는 것처럼 파이썬의 역사를 풀어볼까 한다.

파이썬은 네덜란드 출신의 귀도 반 로섬(Guido van Rossum)과 몇몇 공헌자들에 의해 1990년대 초반에 만들어졌다. 파이썬(Python)은 귀도 반 로섬이 좋아하는 영국 TV 코미디 시리즈인 '몬티 파이튼의 플라잉 서커스(Monty Python's Flying Circus)'를 따서 지은 이름이다.

이처럼 프로그래머의 성향인지 문화의 차이인지는 모르겠지만, 유명 인사의 이름을 붙이는 등 프로그래밍 언어의 이름이 지어지는 과정은 참 재미있다. 예를 들어 자바(Java)는 자바를 만든 제임스 고슬링이 사무실 밖에 있는 떡갈나무를 보고 처음에 오크(oak, 떡갈나무)라고 했었다. 그런데 상표 등록 문제로 쓸 수 없게 되자 다시 이름을 고민하면서 커피를 엄청 마시다가 결국 커피 원두 이름인 자바라고 지었다는 일화도 있다.

"Life is too short, You need Python."

인생은 너무 짧으니 파이썬이 필요해

파이썬의 철학과 특징을 보여주는 멋진 구절이다. 파이썬이 쉽고 빠르다는 것을 표현하고 있는데, 인생은 짧으니 빨리 배워서 빠르게 프로그램 결과물을 만들어 내자는 것이다.

파이썬에 관련된 이미지로는 뱀이 많이 나온다. 그리스 신화에 나오는 커다란 뱀의 이름이 파이썬이기 때문이다. 파이썬의 로고를 자세히 보면 뱀 두 마리를 찾을 수 있으며 O'Reilly의 첫 번째 파이썬 책 'Programming Python' 표지에도 뱀이 그려져 있다.

2001년에 설립된 파이썬 소프트웨어 재단(Python Software Foundation, PSF)은 파이썬 프로그래밍 언어에 대한 지적 재산권을 보유한 비영리 기업이다. PSF에서는 파이썬의 라이선스를 관리하고 보조금 프로그램과 특별 프로젝트 자금을 통해 파이썬 관련 개발 자금을 지원한다.

[그림 1-1] 파이썬 로고

또한, 매년 북미 파이콘 콘퍼런스(PyCon)를 운영하며 전 세계의 파이썬 콘퍼런스를 지원한다. 파이콘은 세계 각국의 파이썬 프로그래밍 언어 커뮤니티에서 주관하는 비영리 콘퍼런스이며, 우리나라에서도 2014년부터 매년 파이콘 한국(PyCon Korea)이 개최되고 있다.

파이썬의 모든 배포판은 오픈소스이다. 오픈소스란 오픈소스 소프트웨어(Open Source Software, OSS)를 의미하며 소프트웨어를 공개하여 누구나 자유롭게 확인, 수정, 배포할 수 있는 코드를 말한다.

그렇다면 파이썬의 인기는 어느 정도일까? PYPL(PopularitY of Programming Language)은 구글에서 한 달 동안 어떤 프로그래밍 언어가 얼마나 많이 검색됐는지를 순위로 매기는데, 2018년도부터는 파이썬이 자바를 넘어섰다. 다음 그림에서 2018년 이전까지 위에 있는 선이 자바를 나타낸다.

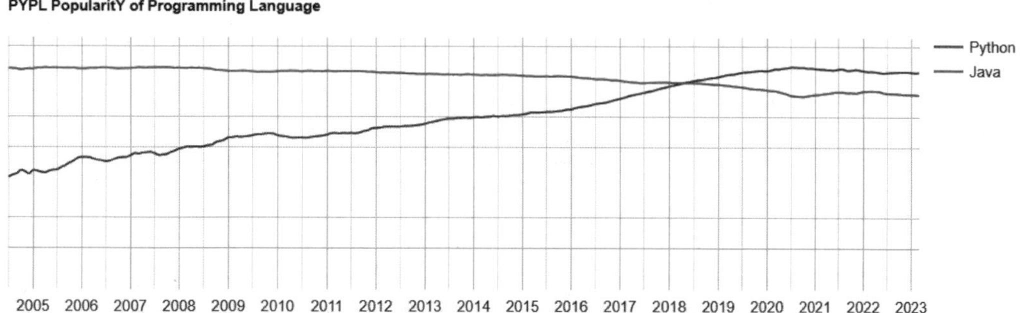

[그림 1-2] 자바와 파이썬의 연도별 인기도 비교(출처: https://pypl.github.io)

그리고 다음 그림처럼 최근에도 프로그래밍 언어 순위에서 파이썬이 1위를 차지한 것을 알 수 있다.

Worldwide, Mar 2023 compared to a year ago:

Rank	Change	Language	Share	Trend
1		Python	27.91 %	-0.6 %
2		Java	16.58 %	-1.6 %
3		JavaScript	9.67 %	+0.6 %
4		C/C++	6.93 %	-0.5 %
5		C#	6.88 %	-0.5 %
6		PHP	5.19 %	-0.6 %
7		R	4.23 %	-0.2 %
8	↑	TypeScript	2.81 %	+0.6 %
9	↑	Swift	2.28 %	+0.2 %
10	↓↓	Objective-C	2.26 %	+0.0 %

[그림 1-3] 2023년 3월 기준 프로그래밍 언어 검색 순위

1.1.3 파이썬의 특징

파이썬의 특징은 다음과 같다.

- 사용하기 쉬워서 언어를 빠르게 배울 수 있다.
- 무료로 사용할 수 있는 오픈소스다.
- 모든 운영체제(윈도우, 맥, 리눅스 등등)에서 사용할 수 있다.
- 스크립트 언어로, 한 줄을 작성할 때마다 실행할 수 있다. 이 방식은 인터프리터 언어라고도 한다.
- 스크립트를 실행해줄 프로그램(파이썬 프로그램)만 설치하면 어디에서나 파이썬 코드를 실행할 수 있다.
- 다양한 분야에서 다양한 기능을 개발할 수 있다.
- 데이터를 이용해 대화식으로 작업할 수 있다.
- 많은 라이브러리가 제공된다. 라이브러리는 어떤 기능을 구현하기 위해 미리 작성된 코드 정도로 이해하고 추후 더 자세히 살펴보기로 하자.

참고 _ 인터프리터 언어

프로그래밍 언어를 해석하고 실행하는 방법에는 인터프리트(interpret)와 컴파일(compile)이 있다. 인터프리트 작업을 수행하는 것을 인터프리터라 하고, 컴파일 작업을 수행하는 것을 컴파일러라고 한다. 인터프리터는 코드를 한 줄씩 읽어 내려가며 실행한다. 이런 방식으로 실행되는 프로그램 언어를 인터프리터 언어라고 한다.
컴파일이란 코드 실행 이전에 인간의 언어로 작성된 코드를 기계어, 즉 컴퓨터가 이해할 수 있는 언어로 해석하는 것을 의미한다. 우리가 배울 파이썬은 인터프리터 언어이므로 컴파일에 대한 설명은 이렇게 간단하게만 소개하고 넘어가겠다.

1.2 파이썬의 실행 환경 구축

파이썬 실행 환경을 구축해보자. 파이썬 프로그램과 파이참(PyCharm) 도구를 설치한다.

1.2.1 파이썬 프로그램 설치

파이썬 다운로드 사이트(https://www.python.org/downloads/)에 접속하여 [Downloads] 메뉴에서 Python 3.10.X 버전을 다운로드한다.

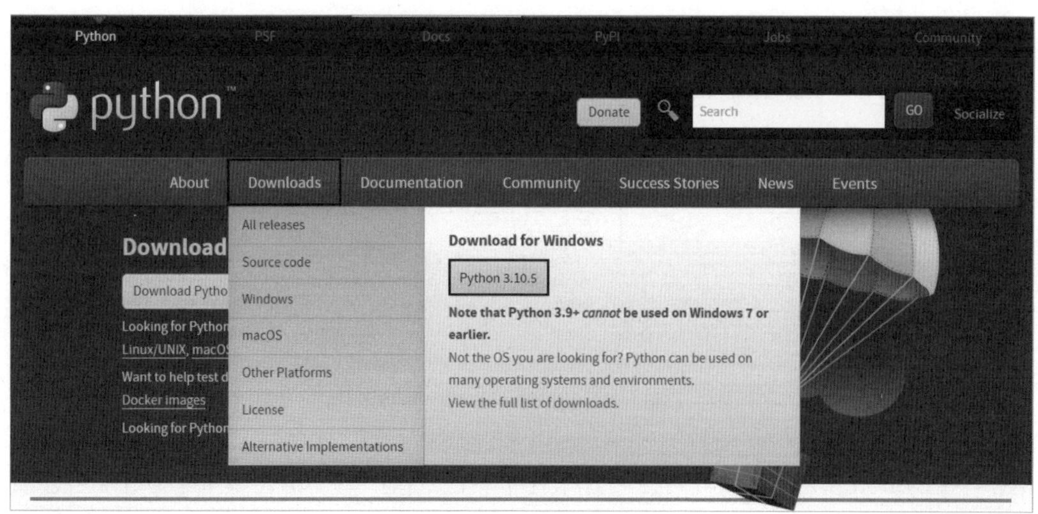

[그림 1-4] 파이썬 다운로드 사이트

파이썬 다운로드 페이지에는 항상 새로운 버전이 메인에 보인다. 이 책에서는 3.10.5 버전을 사용하므로 3.10.X 버전이 보이지 않을 때는 [Downloads] → [All releases] 메뉴를 클릭한다.

참고로 파이썬의 버전은 두 번째 버전 번호까지만 같으면 모두 같은 버전이라고 생각하면 된다. 세 번째 버전은 버그 픽스 버전이므로 계속 바뀔 수 있다.

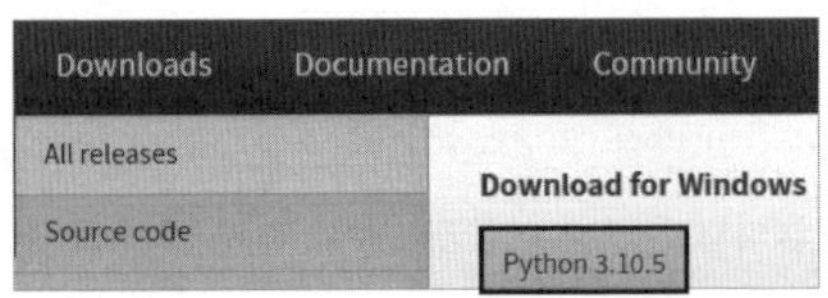

[그림 1-5] 모든 버전 다운로드 링크

그리고 상세 페이지에서 3.10.X 버전을 찾아 다운로드하면 된다. 참고로 3.10.5 버전을 찾아도 안 보인다면, 3.10.10처럼 두 번째 버전인 3.10까지만 일치하는 것을 다운로드해도 무방하다.

Looking for a specific release?
Python releases by version number:

Release version	Release date		Click for more
Python 3.10.5	June 6, 2022	Download	Release Notes
Python 3.9.13	May 17, 2022	Download	Release Notes
Python 3.10.4	March 24, 2022	Download	Release Notes
Python 3.9.12	March 23, 2022	Download	Release Notes
Python 3.10.3	March 16, 2022	Download	Release Notes

[그림 1-6] All releases의 상세 페이지

윈도우 외의 운영체제는 마찬가지로 [Downloads] 메뉴에서 선택할 수 있다.

Downloads Documentation Community Success Stories News

All releases
Source code
Windows
macOS
Other Platforms
License
Alternative Implementations

Download for Windows
Python 3.10.5
Note that Python 3.9+ *cannot* be used on Windows 7 or earlier.
Not the OS you are looking for? Python can be used on many operating systems and environments.
View the full list of downloads.

[그림 1-7] 운영체제별 다운로드 선택 메뉴

컴퓨터에 python 3.10.5 이외의 다른 버전이 설치되어 있다면 프로그램을 설치하기 전에 이전 버전을 삭제하기 바란다. 파이썬의 버전을 여러 개 설치해도 되지만, 가상 환경을 구성하고 여러 설정을 변경해야 하므로 사용하고자 하는 버전을 하나만 설치할 것을 권장한다.

다운로드한 python-3.10.X-amd64.exe 프로그램을 더블 클릭하여 설치한다. 설치 화면이 뜨면 [Add Python 3.10 to PATH]를 체크하고, [Customize installation]을 클릭한다.

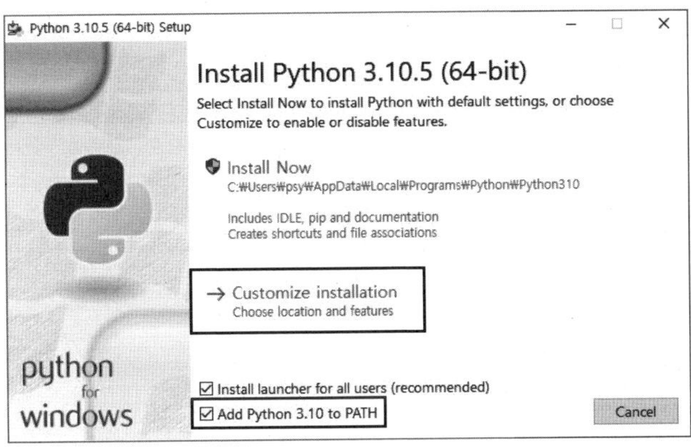

[그림 1-8] 파이썬 설치 - Install Python

Optional Features에 있는 항목들은 기본적으로 모두 선택되어 있다. 그대로 〈Next〉를 누른다.

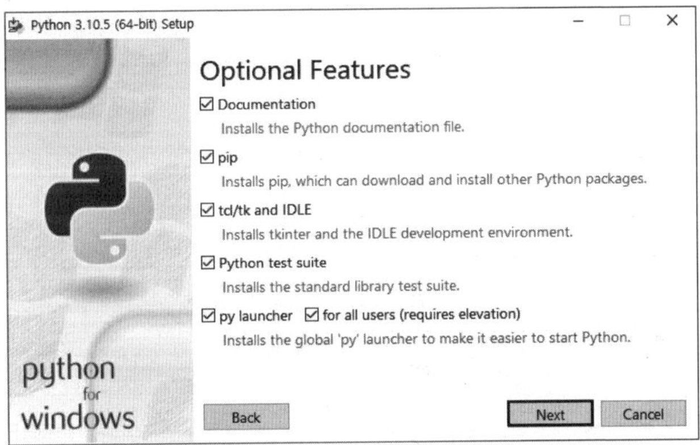

[그림 1-9] 파이썬 설치 - Optional Features

다음 화면에 나오는 Advanced Options는 파이썬을 설치할 디렉터리를 설정하는 부분이다. 기본 설치 디렉터리 경로가 복잡하므로 C:₩Python310만 남겨놓고 〈Install〉을 누른다. 다른 경로로 설치하고 싶다면 〈Browse〉 버튼을 눌러 설치 디렉터리를 변경한다.

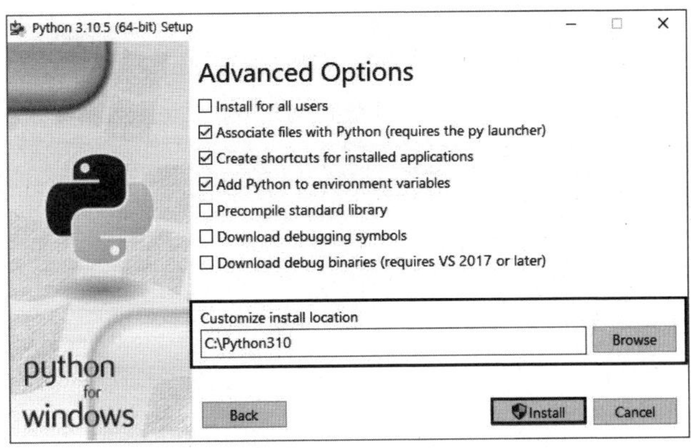

[그림 1-10] 파이썬 설치 - Advanced Options

파이썬 설치가 완료되면 〈Close〉를 누른다.

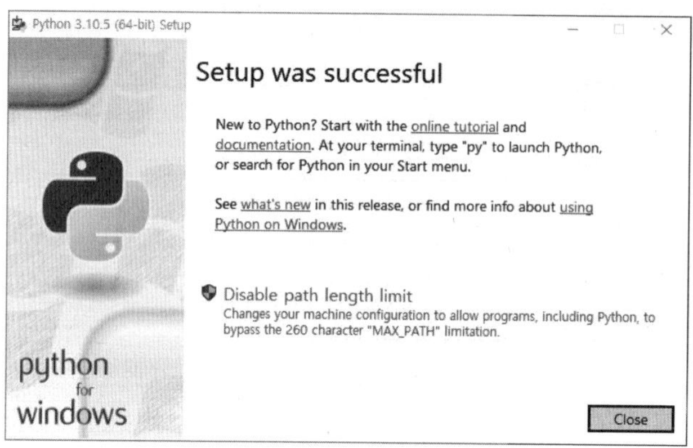

[그림 1-11] 파이썬 설치 완료

설치가 잘 됐는지 확인하기 위해 윈도우의 작업 표시줄에서 마우스 오른쪽을 클릭하고 [검색] → [검색 아이콘 표시]를 선택한다.

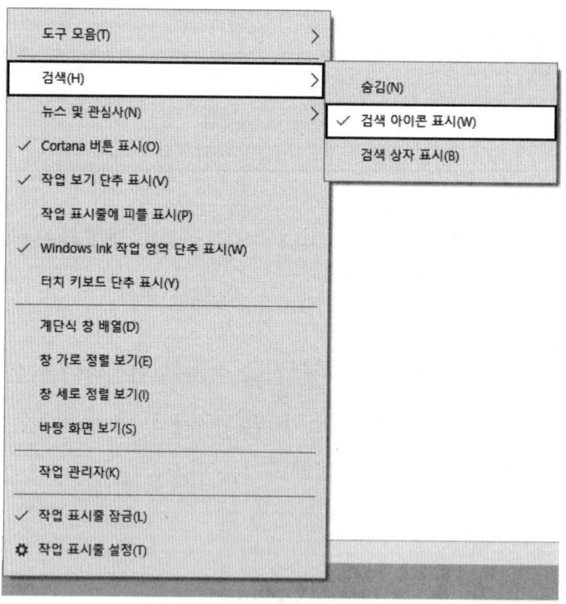

[그림 1-12] 검색 아이콘 표시

작업 표시줄에 추가된 검색 아이콘을 클릭하여 cmd를 검색한다. 이는 명령행 인터프리터, 즉 명령 프롬프트(cmd.exe)를 실행하기 위한 명령이다. 명령 프롬프트에서는 〉로 보이는 부분에 명령을 입력하면 된다.

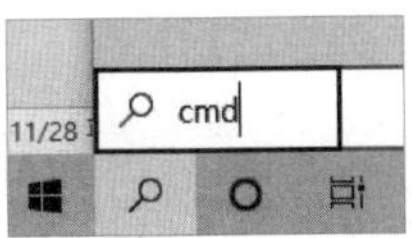

[그림 1-13] 검색창에서 명령 프롬프트 실행

명령 프롬프트는 앞으로 계속 사용할 것이므로 다음처럼 작업 표시줄에 고정해놓으면 편리하다.

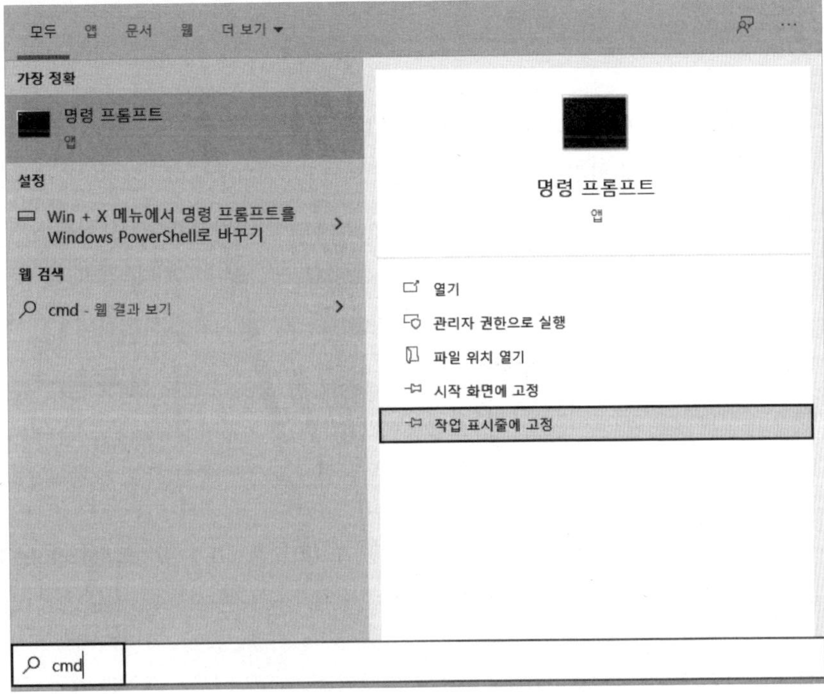

[그림 1-14] 명령 프롬프트 작업 표시줄에 고정

또는 〈윈도우 키(■)〉+〈R〉을 눌러서 실행창이 뜨면 cmd를 입력해서 명령 프롬프트를 실행해도 된다.

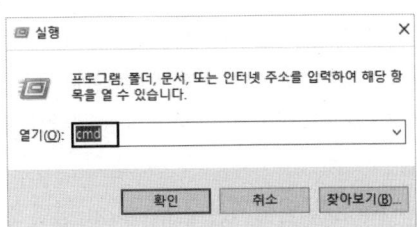

[그림 1-15] 단축키로 명령 프롬프트 실행

참고 _ cmd란?

일반적으로 프로그램은 화면을 보면서 메뉴를 선택하고 버튼을 클릭하는 GUI(Graphical User Interface, 그래픽 사용자 인터페이스)로 되어있다. 하지만 명령을 직접 입력해서 프로그램을 실행하는 방식도 있는데, 이런 방식을 CLI(Command-Line Interface, 커맨드 라인 인터페이스 혹은 명령행 인터페이스)라고 한다.

명령은 사용자가 키보드 등을 통해 문자열 형태로 입력하며, 컴퓨터가 명령을 실행한 결과 역시 문자열 형태로 출력된다. 이렇게 CLI 형태로 컴퓨터와 대화하는 프로그램이 cmd.exe다. cmd는 command-line의 약자로 명령어 처리기 또는 명령 프롬프트 등으로 부르기도 한다.

이 책에서는 윈도우를 기반으로 설명하며, 리눅스나 맥 등의 다른 운영체제는 다루지 않는다.

우리는 파이썬을 설치할 때 [Add Python 3.10 to PATH] 옵션을 선택했으므로 파이썬 실행 프로그램의 위치 등이 모두 윈도우의 환경변수 PATH에 자동으로 추가되어 있다. 환경변수에 프로그램 실행 경로가 추가되어 있으면 명령 프롬프트에서 파이썬 명령어만 입력하면 바로 실행되기 때문에 편리하다.

참고 _ 환경변수 PATH는 왜 쓰는 걸까?

파이썬과 관련한 프로그램들을 설치하다 보면 설치 옵션에서 환경변수 PATH를 추가할지 묻는 경우가 많이 있다. 환경변수란 대체 무엇이고 왜 필요한지를 알고 나면 앞으로는 프로그램을 설치할 때 환경변수를 설정하기 위해 구글링하지 않아도 될 것이다.

환경변수(environment variable)는 프로세스(실행되는 프로그램)가 컴퓨터에서 동작하는 방식에 영향을 미치는 값들의 모임이다. 예를 들어 실행할 프로그램의 위치를 지정하거나 컴퓨터와 사용자의 이름을 지정하거나 하는 등의 많은 일을 수행한다.

우리가 택배를 시킬 때 집 주소를 제대로 적어야 정확히 배달되듯이, 프로그램이 설치된 특정한 위치(디렉터리)를 알려줘야 해당 프로그램을 찾아서 실행할 수 있다. 즉, 환경변수 PATH를 설정한다는 것은 실행할 프로그램이 있는 디렉터리의 경로를 등록하는 것이다.

예를 들어 python.exe 프로그램은 C:₩Python310 디렉터리에 있다. 그럼 이 프로그램을 실행하려면 C:₩Python310₩python.exe를 입력해야 한다. 경로는 매번 다르게 입력해야 하거나 너무 복잡할 수도 있다.

이럴 때 환경변수 PATH에 디렉터리를 등록해두면 사용자가 전체 경로 대신에 프로그램이나 명령만 입력해도 PATH에 등록된 디렉터리 목록에서 경로를 확인하여 해당 프로그램을 실행한다. 즉, 환경변수 PATH에 등록된 디렉터리에 있는 프로그램들은 전체 경로 없이 프로그램의 이름만 입력해도 실행할 수 있다.

PATH 사용 여부는 프로그램의 경로를 자동으로 찾게 할지, 아니면 사용자가 직접 경로를 입력할지를 결정하는 것이다.

그럼 이제 명령 프롬프트에서 python을 입력해본다. python 명령 실행 이후에 표시되는 >>> 부분에 파이썬 코드를 작성하고 실행할 수 있다. >>>는 명령행이라고 하며, 인터넷에서 찾아볼 수 있는 파이썬 문서나 다른 책의 예제에서 >>>가 나오면 모두 명령 프롬프트에서 실행한 것으로 생각하면 된다.

```
Microsoft Windows [Version 10.0.19044.1826]
(c) Microsoft Corporation. All rights reserved.

C:\Users\psy>python
Python 3.10.5 (tags/v3.10.5:f377153, Jun  6 2022, 16:14:13) [MSC v.1929 64 bit (AMD64)] on
win32
Type "help", "copyright", "credits" or "license" for more information.
>>>
```

파이썬의 버전이 출력되면 파이썬이 성공적으로 설치된 것이다. 명령 프롬프트를 종료하려면 〈Ctrl〉+〈Z〉를 눌러 >>>를 빠져나온다.

방금처럼 명령 프롬프트에서 python 명령을 입력하면 명령행 상태에서 파이썬 프로그램을 작성하고 실행할 수 있다. 명령 프롬프트에서 명령어를 한 줄씩 실행하는 방식을 파이썬 셸(python shell)이라고 한다. 파이썬 셸에서는 하나의 명령을 입력하고 엔터를 치면 바로 결과를 확인할 수 있어 우리도 처음에 이런 방식으로 기본 문법과 간단한 구문을 연습할 것이다.

그런데 파이썬 셸은 연습이나 간단한 코드의 실행 결과를 확인할 때는 괜찮지만, 코드 자동 완성 기능도 없고 파일 저장도 안 돼서 개발할 때 쓰기에는 불편하다. 개발할 때는 다양한 기능을 수행할 수 있는 툴을 사용하면 훨씬 더 편하게 코드를 작성할 수 있고, 코드의 유지 보수성도 좋아진다. 다양한 개발 툴 중에서 우리는 개발자들이 가장 많이 사용하는 파이참(PyCharm)을 설치해 사용해볼 것이다.

1.2.2 파이참 설치

파이참(PyCharm)은 파이썬 통합 개발 환경이다. 통합 개발 환경(Integrated Development Environment, IDE)이란 코딩, 디버그, 컴파일, 배포 등 프로그램 개발에 관련된 모든 작업을 하나의 프로그램 안에서 GUI 방식으로 처리하는 환경을 제공하는 소프트웨어를 의미한다. 파이참은 스마트 코드 완성, 코드 검사, 즉석 오류 강조 표시, 자동 코드 리팩터링 등의 기능을 제공한다.

파이참은 유료인 프로페셔널 버전과 무료인 커뮤니티 버전이 있다. 프로페셔널 버전은 커뮤니티 버전보다 많은 기능이 있고, 웹 개발을 할 수 있다. 웹 애플리케이션을 개발할 것이 아니라면 커뮤니티 버전을 사용해도 충분하다. 우리는 커뮤니티 버전을 다운로드해 설치해보자.

파이참 홈페이지에서 커뮤니티 버전의 파이참을 다운로드한다.

- https://www.jetbrains.com/pycharm

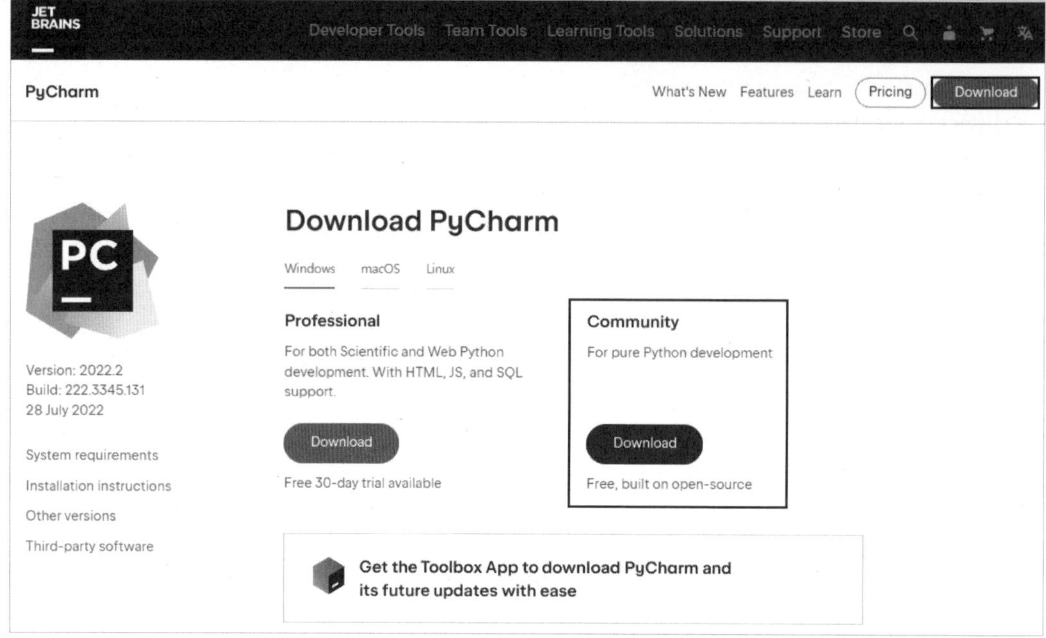

[그림 1-16] 파이참 다운로드

다운로드한 설치 프로그램의 파일명은 pycharm-community-2022.2.exe다. 다운로드 페이지에서 바로 보이는 버튼을 클릭하면 최신 버전이 다운되는데, 2022.2 버전이 아니라면 다운로드 페이지의 왼쪽 메뉴에 있는 [Other versions]에서 해당 버전을 찾으면 된다. 참고로 파이참은 이 책과 다른 버전을 설치해도 무방하다.

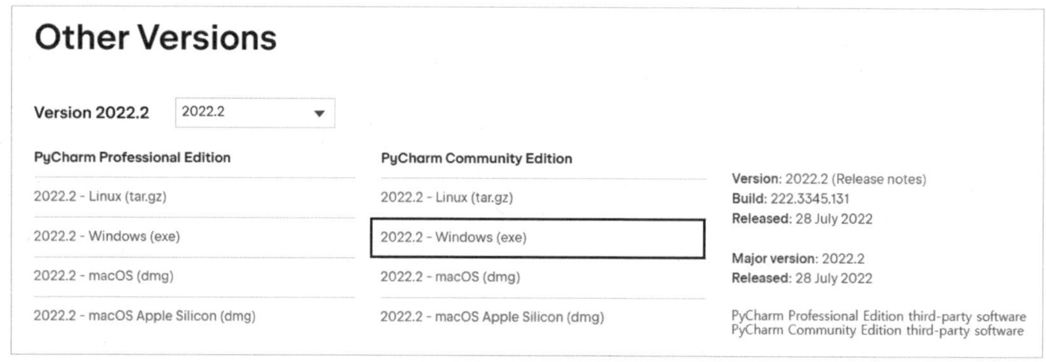

[그림 1-17] 파이참의 다른 버전들

다운로드한 pycharm-community-2022.2.exe를 더블 클릭하고, 설치 화면이 뜨면 〈Next〉를 눌러 설치를 진행한다.

[그림 1-18] 파이참 설치

파이참의 설치 디렉터리는 변경하지 않고 기본으로 지정된 디렉터리를 사용하므로 그대로 〈Next〉 버튼을 누른다.

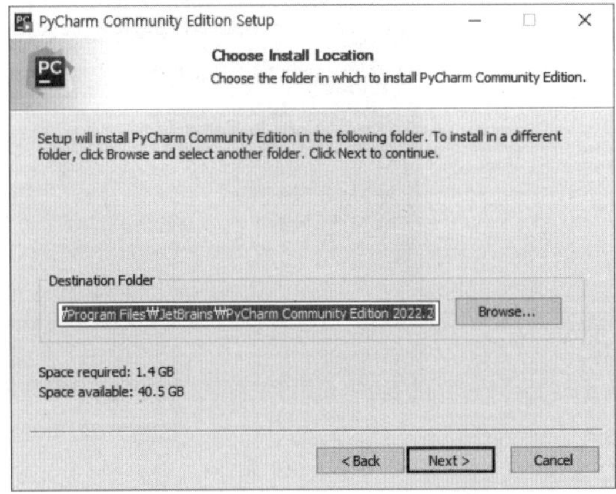

[그림 1-19] 파이참 설치 – 설치 디렉터리

Installation Options에서는 네 가지 항목을 모두 체크하고 〈Next〉를 누른다.

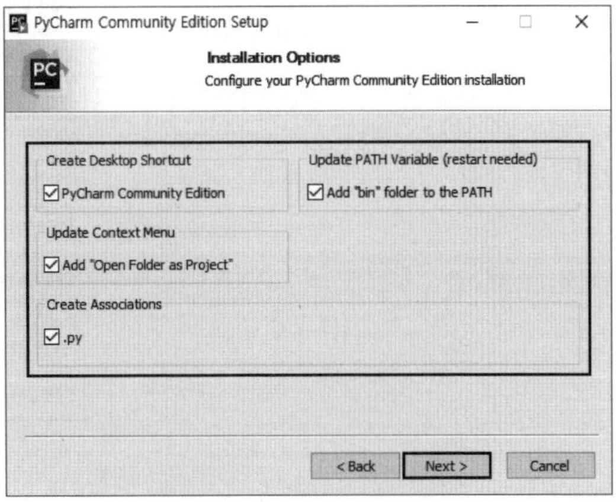

[그림 1-20] 파이참 설치 – 설치 옵션

마지막으로 〈Install〉을 클릭하여 설치를 진행하고, 설치가 끝나면 〈Finish〉를 클릭한다.

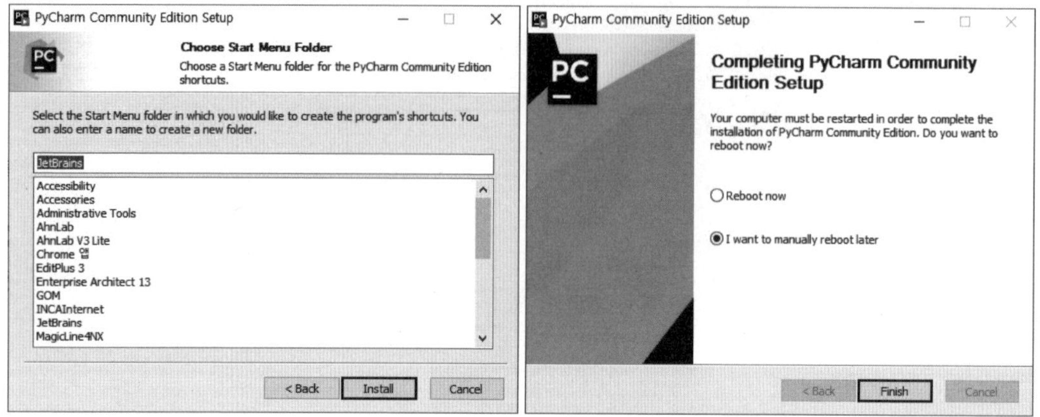

[그림 1-21] 파이참 설치 진행과 완료

바탕 화면을 보면 파이참 아이콘이 생겼을 것이다. 아이콘을 더블 클릭하여 파이참을 실행한다.

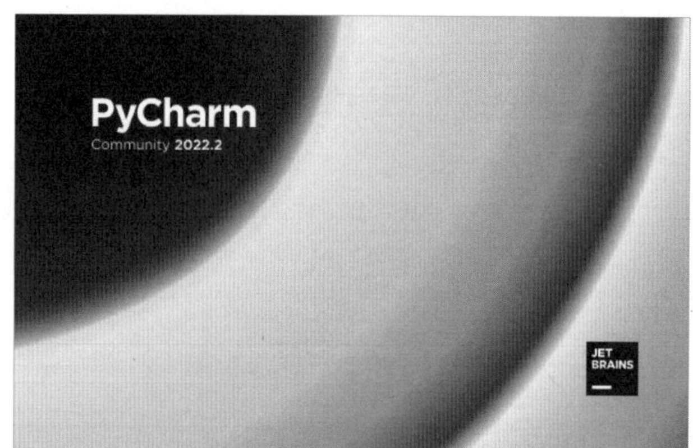

[그림 1-22] 파이참 실행

파이참을 최초로 실행하면 사용자 동의 화면이 뜨는데, [I confirm that I have read and accept the terms of this User Agreement]를 체크하고 〈Continue〉를 클릭한다.

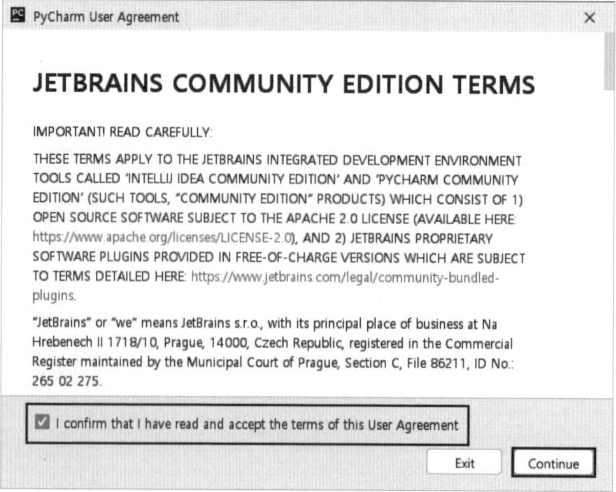

[그림 1-23] 파이참 실행 – 사용자 동의

데이터 공유 화면에서는 〈Don't Send〉를 선택한다.

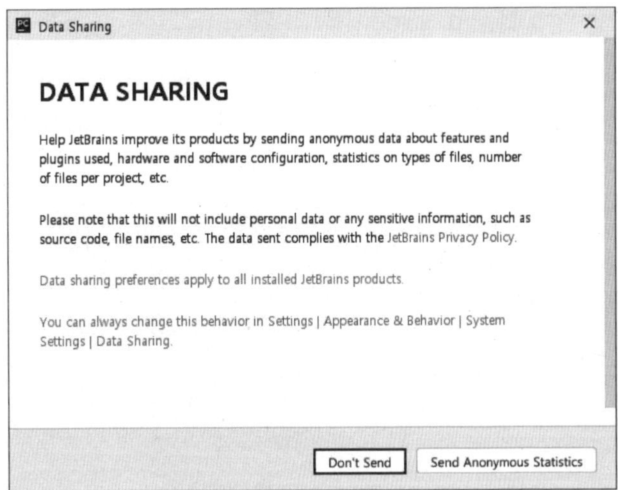

[그림 1-24] 파이참 실행 – 데이터 공유

기존에 파이참을 설치한 적이 있었다면 다음과 같은 파이참 설정을 가져올지 묻는 화면이 뜬다. [Do not import settings]를 선택하고 〈OK〉를 클릭한다.

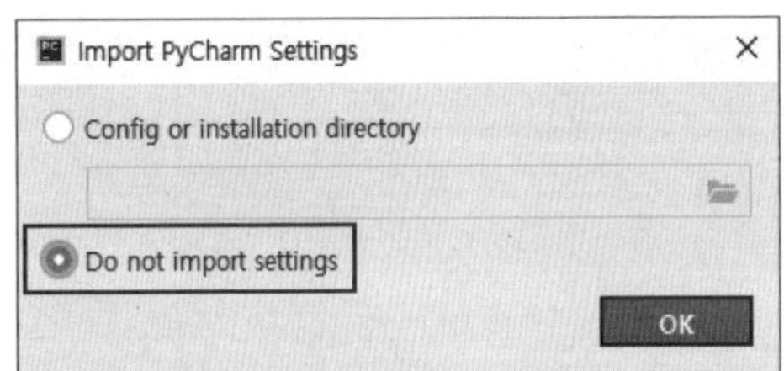

[그림 1-25] 파이참 실행 – Import PyCharm Settings

파이참이 실행되면 새로운 프로젝트를 생성하는 〈New Project〉 버튼을 클릭한다.

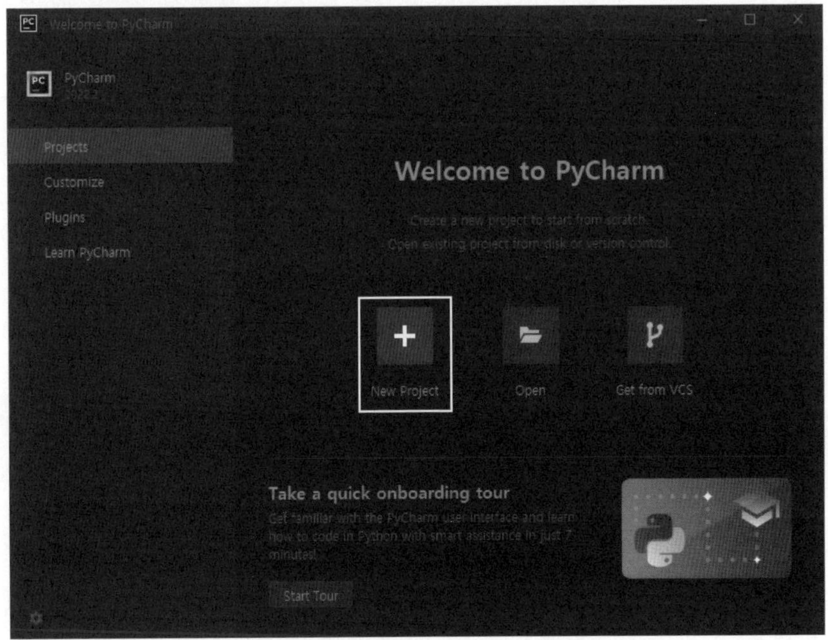

[그림 1-26] 새로운 파이참 프로젝트 생성

맨 위에 있는 [Location]을 C:₩PyCharmProjects₩pythonProject로 변경하고, 나머지 항목은 기본값으로 설정한다. 이때 중간에 있는 [Inherit global site-packages] 항목에 체크를 하고 〈Create〉 버튼을 누른다. 이 항목은 매우 중요하므로 잊지 말고 꼭 체크하자.

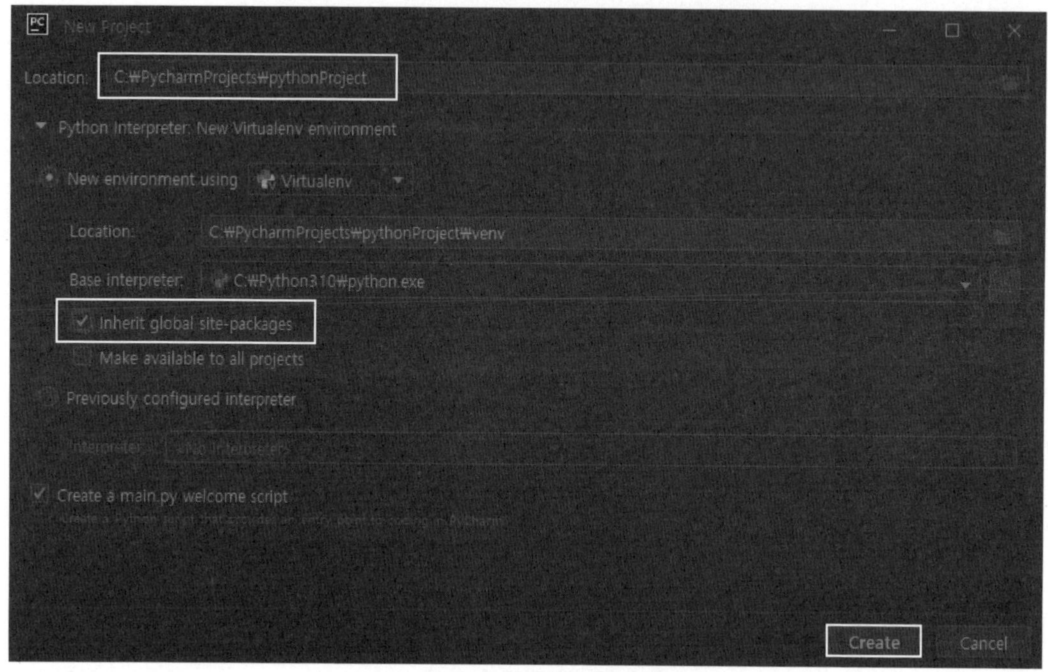

[그림 1-27] 파이참 프로젝트의 가상 환경 설정

프로젝트를 생성하고 최초로 실행하면 파이참 사용법을 알려주는 팁 화면이 뜨는데, [Don't show tips]를 체크하고 〈Close〉를 누르면 다음부터는 팁 화면이 뜨지 않는다.

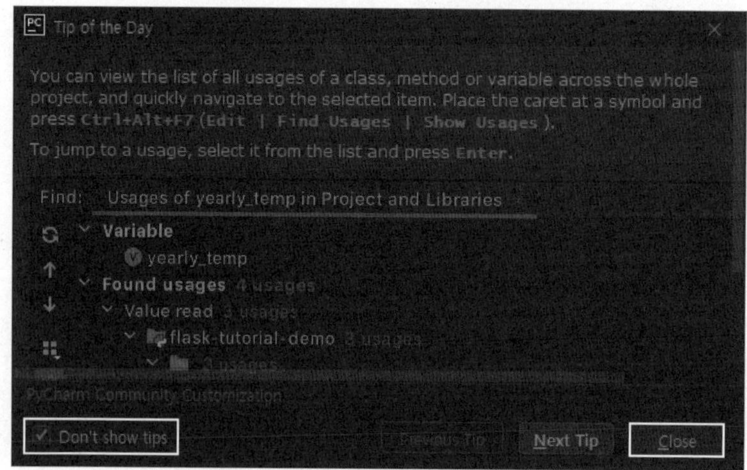

[그림 1-28] 파이참의 사용법을 알려주는 팝업 화면

파이참의 화면 배경색이나 폰트 등을 변경하려면 상단의 [File] 메뉴에서 [Settings]를 선택한다.

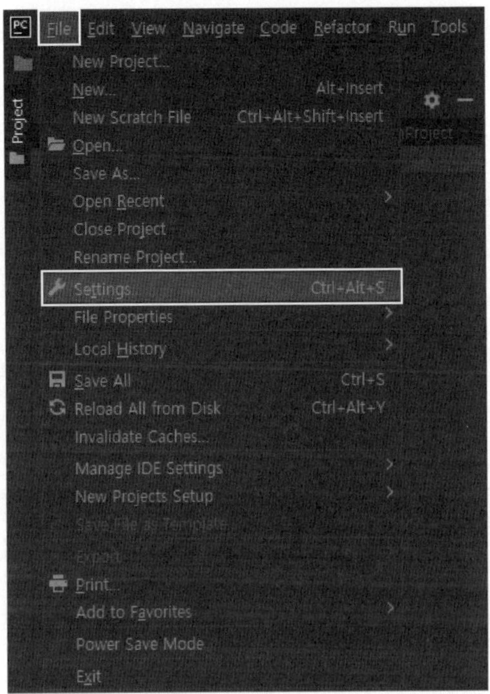

[그림 1-29] 파이참의 설정

설정창이 뜨면 [Appearance & Behavior] 메뉴의 [Appearance]를 선택하고, 오른쪽 화면에서 [Theme]를 원하는 모드로 변경한다. 기본 테마는 Darcula 모드인데, 이 책에서는 가독성을 위해 IntelliJ Light를 선택했다.

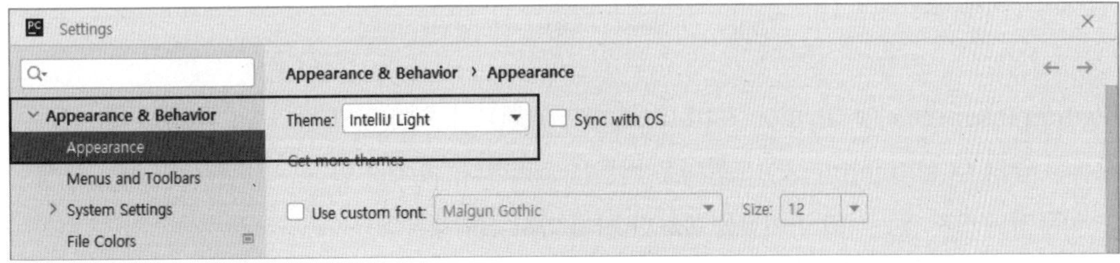

[그림 1-30] 파이참의 테마 설정

폰트는 설정창의 [Editor] → [Font] 메뉴에서 변경할 수 있다.

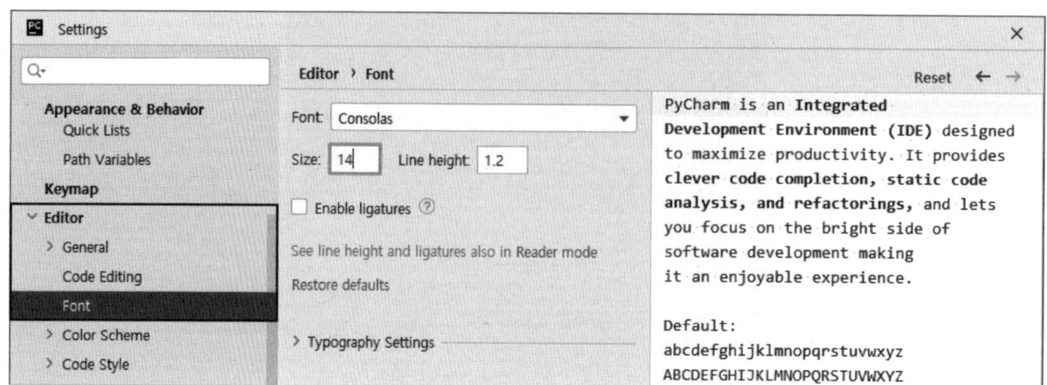

[그림 1-31] 파이참의 폰트 변경

그리고 [Project: pythonProject] → [Python Interpreter]을 클릭해 파이썬 인터프리터를 확인해본다. 다음과 같이 파이썬에 설치된 패키지(라이브러리)들이 보이면 〈OK〉를 누른다.

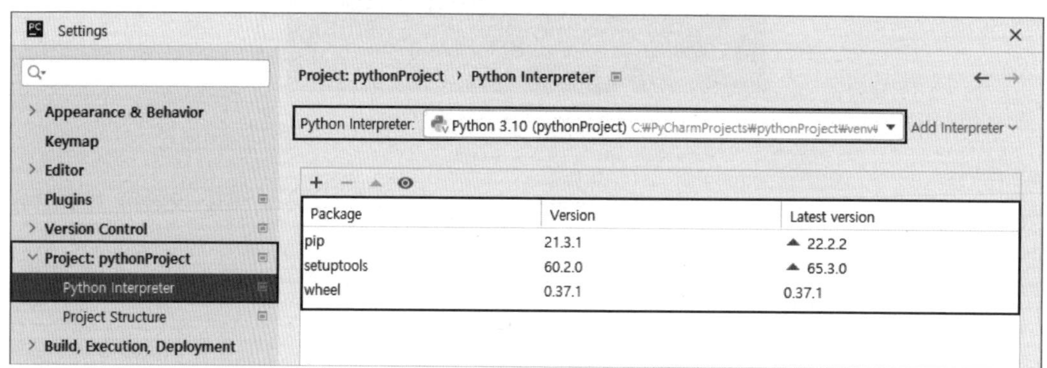

[그림 1-32] 파이참 프로젝트의 파이썬 인터프리터

[Python Interpreter]에 'Python 3.10 (pythonProject)'가 뜨지 않고 〈No interpreter〉만 있다면 오른쪽 끝의 〈Add Interpreter〉 드롭다운 버튼을 클릭한다. 파이썬 인터프리터를 추가하는 창에서도 아무것도 뜨지 않는다면 파이참을 종료한 뒤에 다시 실행해본다.

파이참을 재실행해도 [Python Interpreter]에 〈No interpreter〉만 나온다면 앞서 프로젝트를 생성할 때 [Inherit global site-packages] 항목에 체크하지 않았을 확률이 높다. 그러므로 앞으로 돌아가서 프로젝트를 다시 만들어보기 바란다.

파이참 프로젝트를 만들면 기본적으로 화면에 뜨는 main.py 파일은 파일명 오른쪽에 있는 ⓧ 버튼을 클릭하여 닫는다.

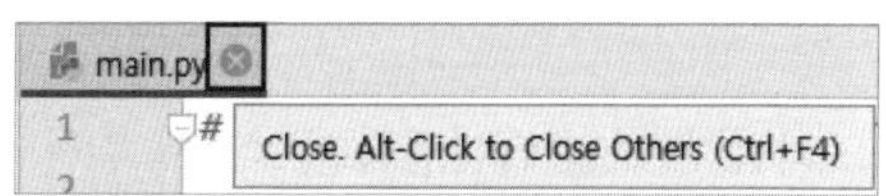

[그림 1-33] 파이썬 파일 닫기

1.2.3 파이썬 코드 작성과 실행

이제 파이썬 파일을 생성하고 실행해보자. 앞에서 만든 [pythonProject] 프로젝트를 마우스 오른쪽 클릭하고 [New] → [Python File]을 선택한다.

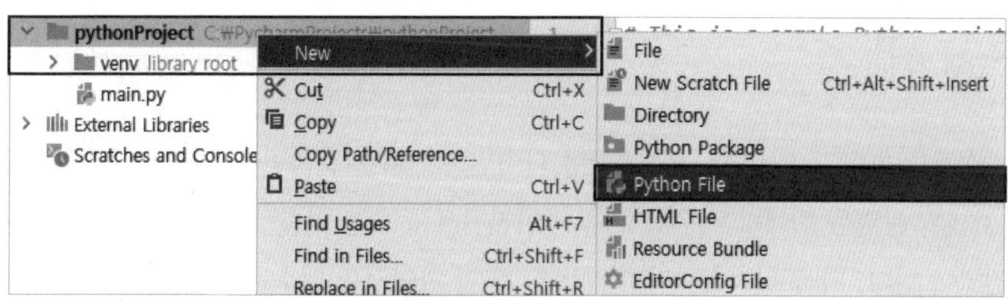

[그림 1-34] 파이썬 파일 생성 1

파일 이름에는 'hello'를 입력하고 엔터를 누른다. [Python file]로 만들면 기본적으로 '.py'라는 확장자가 붙는다.

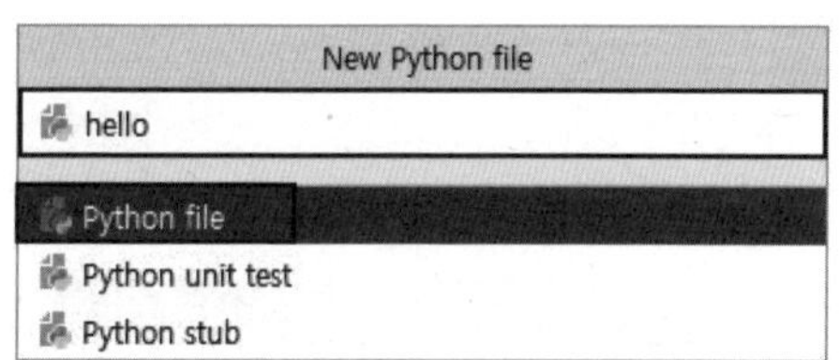

[그림 1-35] 파이썬 파일 생성 2

'hello.py'라는 파일이 생성되며 에디터 화면에 파일이 열린다. 파일 이름 바로 아래에 있는 1이라는 숫자는 행 번호를 의미한다. 에디터에 'pr'을 입력해보자. 그러면 pr로 시작하는 함수와 값들의 목록이 뜬다. 방향키를 눌러 원하는 함수를 선택하면 키워드가 자동 완성된다.

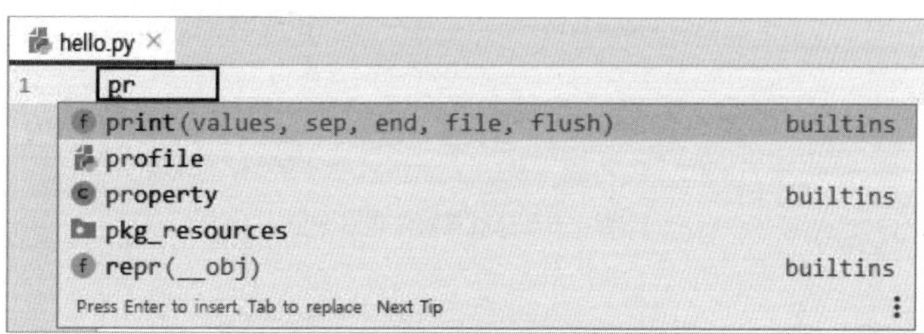

[그림 1-36] 파이참의 자동 완성 기능

이를 자동 코드 완성, 스마트 코드 완성 또는 코드 추천 기능이라고 한다. 줄여서 자동 완성이라고도 한다. 자동 완성 기능은 코드의 첫 글자를 타이핑하면 알아서 추천 키워드 목록을 보여준다.

자동 완성은 키워드를 전부 타이핑하지 않아도 되므로 코드를 빠르게 작성할 수 있고, 오타를 줄여준다. 또, 함수 이름을 다 외우지 못해도 목록에서 찾아서 쓸 수 있다. 자동 완성 목록이 사라졌을 때는 〈Ctrl〉+〈Space〉를 누르면 목록이 다시 뜬다.

이제 첫 번째 파이썬 코드를 작성해보자. 에디터에 다음과 같이 코드 두 줄을 입력한다.

【 hello.py 】

```
print("Hello Python~")
print("안녕 파이썬~")
```

코드를 해석하면 "Hello Python~"과 "안녕 파이썬~"이라는 문자들을 화면에 출력(print)하라는 뜻이다. 자세한 문법은 뒤에서 배우겠지만, 파이썬에서 문자를 입력할 때는 큰따옴표 혹은 작은따옴표로 감싸야 한다. 따옴표는 출력되지 않는다. 또한 파이썬은 대소문자를 구분하므로 'Hello'와 'hello'는 다른 것으로 인식한다.

파이참에서 파이썬 코드를 실행하는 방법은 두 가지가 있다. 첫 번째 방법은 상단 메뉴의 [Run] →[Run (Alt+Shift+F10)]을 클릭한다.

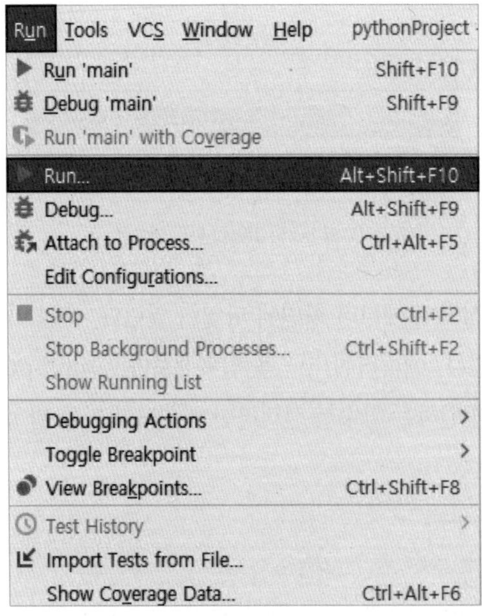

[그림 1-37] Run 메뉴로 파일 실행

[Run] 메뉴로 코드를 실행할 때는 어떤 파이썬 파일을 실행할지 선택해야 한다. hello를 선택한다.

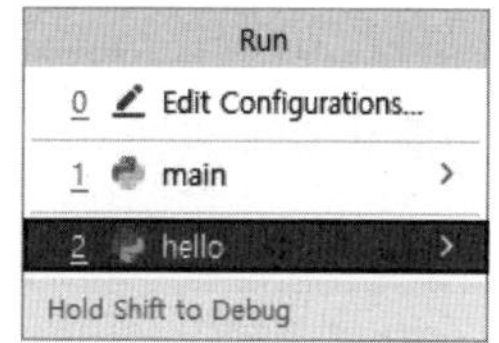

[그림 1-38] 실행할 파일 선택

에디터 밑에 실행창이 뜨면서 'Hello Python~'과 '안녕 파이썬~'이 출력되는 것을 확인할 수 있다.

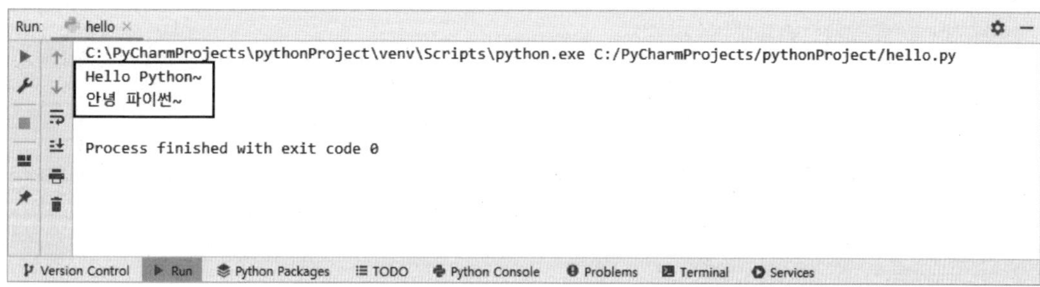

[그림 1-39] hello.py 실행 결과

두 번째 방법은 코드 에디터에서 마우스 오른쪽을 클릭하면 나오는 메뉴 중 [Run 'hello']를 클릭한다.

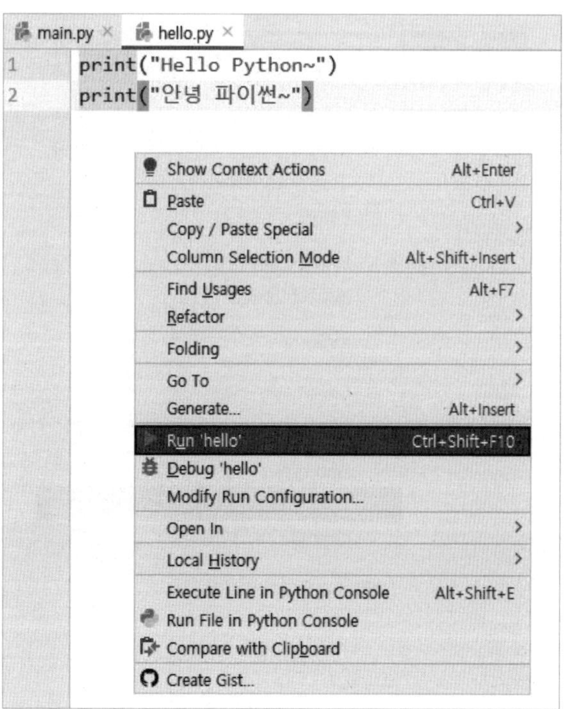

[그림 1-40] 팝업 메뉴에서 파일 실행

그러면 앞에서와 동일한 내용의 출력을 확인할 수 있다. 한번 실행한 코드를 다시 실행하고 싶으면 실행창 옆에 있는 녹색 삼각형 버튼(Rerun 'hello')을 클릭하면 된다.

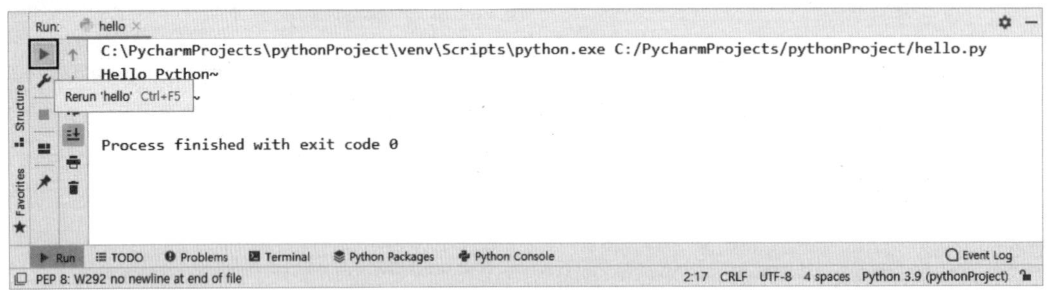

[그림 1-41] 버튼으로 파이썬 코드 재실행

앞의 두 가지 방법처럼 메뉴를 클릭해서 실행해도 되지만, 다음 두 가지 실행 단축키를 기억해두면 파이썬 파일을 더 빠르고 쉽게 실행할 수 있다.

- **파일 실행:** 〈Ctrl〉+〈Shift〉+〈F10〉
- **파일 재실행:** 〈Ctrl〉+〈F5〉

이번에는 파일을 삭제해보자. main.py 파일을 마우스 오른쪽으로 클릭한 뒤 [Delete]를 누른다.

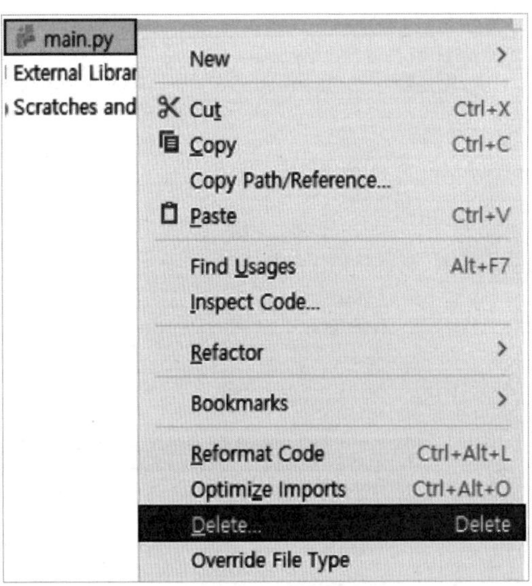

[그림 1-42] 파이썬 파일 삭제

삭제 메시지창에는 [Safe delete]와 [Search in comments and strings]가 체크되어 있다. 이는 검색을 위한 정보를 남기고 삭제하겠다는 것인데 그럴 필요가 없으므로 체크를 모두 해제하고 〈OK〉 버튼을 클릭한다.

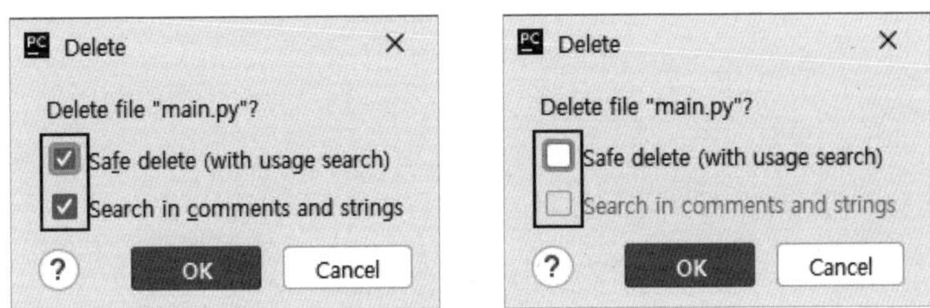

[그림 1-43] 파일 삭제 옵션

파이참이 제공하는 기능은 코드 검사, 즉석 오류 강조 표시, 자동 코드 리팩터링 등 더 많이 있지만 이번 장에서 소개한 정도만 알고 있어도 코드를 작성하는 데는 불편함이 없을 것이다. 파이참의 세부적인 기능들은 뒤에서 차차 알아보도록 하자.

02

변수와 자료형

파이썬 셸은 코드를 한 줄 단위로 실행하고 결과를 바로 확인할 수 있어서 코드의 어느 부분에서 문제가 있는지를 바로 점검할 수 있다. 따라서 파이썬을 처음 공부할 때는 파이참, 비주얼 스튜디오 코드, 주피터 노트북 등 파이썬을 쉽고 편리하게 개발할 수 있는 툴을 사용하기보다는 파이썬 셸에서 직접 타이핑하면서 결과를 확인하는 것이 파이썬 문법을 이해하는 데 더 도움이 된다.

이런 단계별 실행 방식은 아이파이썬(IPython)이나 주피터 노트북에서도 가능하다. 그러나 우리가 뒤에서 다뤄볼 파이참은 전체 코드를 작성한 다음 한 번에 실행하여 결과를 확인하는 형태다. 따라서 이번 장에서는 파이썬 셸에서 코드를 한 줄씩 실행하면서 파이썬의 기본 문법을 학습하고, 다음 장부터는 파이참에서 파이썬 파일을 만들어 실습해보도록 하겠다.

파이썬 프로그램은 변수, 구문(조건문, 반복문, 예외처리 구문 등), 함수, 클래스, 모듈 등으로 구성된다. 먼저 각 구성요소를 살펴보고 마치 퍼즐 조각을 맞춰서 하나의 그림을 완성하듯이 구성요소들을 조합해서 하나의 프로그램을 완성해볼 것이다. 가장 먼저 값을 담을 수 있는 변수에 대해서 알아보자. 파이썬 프로그램은 대소문자를 구분하기 때문에, 이에 유의해서 코드를 작성해야 한다.

2.1 리터럴과 상수

파이썬 문서를 보다 보면 리터럴(literal)이라는 표현이 많이 등장한다. 리터럴은 데이터(값) 그 자체를 의미한다. 프로그램에 쓰인 숫자나 문자가 그대로의 값으로 취급되는 것이다.

예를 들어 10은 정수 리터럴(integer literal), 99.9는 실수 리터럴(floating point literal), "python"은 문자 리터럴(string literal)이다. 이러한 리터럴은 그대로 사용할 수도 있고, 상수나 변수에 넣어서 사용할 수도 있다.

그렇다면 상수는 무엇일까? 상수(constant)는 변하지 않는 문자나 숫자 등의 값을 담는 상자와 같다. 즉, 상수는 변하면 안 되는 값을 저장할 때 사용한다.

상수는 대표적으로 수학에서 쓰는 파이(π)를 예로 들 수 있다. 3.141592653589793…인 파이의 값은 누구도 변경해선 안 된다. 파이 값을 직접 써도 되지만 외우기 어려우므로 파이라는 간단한 이름의 상수로 만들어서 사용하는 것이다.

다른 언어에서는 상수를 만드는 예약어(final 등)가 있지만 아직 파이썬에는 상수를 만드는 예약어가 없다. 파이썬 3.8부터는 일종의 주석이라고 할 수 있는 typing.Final이라는 어노테이션(annotation)을 지원하는데, 실제로는 상수 값을 변경해도 에러가 나지 않는다.

- https://legacy.python.org/dev/peps/pep-0008/#constants

위 문서에 있는 파이썬 코드 스타일 가이드에 따르면 상수는 일반적으로 단어를 구분하는 밑줄과 함께 모두 대문자로 작성한다. 예를 들면 MAX_OVERFLOW나 TOTAL처럼 말이다. 이는 어디까지나 이름을 짓는 관례일 뿐, 지키지 않으면 코드상에서 에러가 난다거나 하는 강제적인 부분은 아니다.

파이썬에 상수를 만드는 예약어는 없지만, 변수에 값을 할당하려고 하면 에러를 발생시키는 등의 코드를 직접 작성하여 상수 형태로 만들어 쓸 수 있다.

2.2 변수

변수(variable)는 변할 수 있는 문자나 숫자 등의 값을 담는 상자와 같다. 변수 하나에는 한 개의 값을 저장할 수 있다. 변수에 저장되는 값은 언제나 바뀔 수 있고 새로운 값이 저장되면 기존의 값은 사라진다.

예를 들어 사용자가 입력한 나이를 저장해야 할 때, 입력된 나이는 사용자에 따라 다를 것이므로 이때는 상수가 아니라 변수를 사용하면 된다.

변수를 사용하지 않고 입력한 값 자체(리터럴)를 사용하면 어떨까? 서로 다른 사용자들이 값을 입력할 때마다 매번 값을 저장하는 코드를 작성해야 할 것이다.

변수를 선언하는 방법은 다음과 같다.

```
변수명 = 값
```

변수에 값을 넣을 때는 대입 연산자(=)를 사용한다. 대입 연산자 오른쪽의 값(리터럴)을 왼쪽에 있는 변수에 넣는 것이다. 이를 대입 혹은 할당이라고 한다. 변수 이름은 알파벳 대소문자, 밑줄 문자(_), 숫자를 포함할 수 있다. 단, 숫자로 시작해서는 안 되며 빈칸(공백)이나 특수 기호는 사용할 수 없다. 변수 이름을 한글로 만드는 것도 가능하다.

개발자가 만드는 변수 이름, 함수 이름, 클래스 이름들을 식별자(Identifier)라고 하는데, 식별자를 정의할 때 규칙은 변수 이름을 지을 때와 동일하다. 식별자에 대한 이름 명명 규칙(coding convention)은 따로 없지만, 변수와 함수 이름은 소문자로 시작하여 밑줄 문자(_) 혹은 대문자와 소문자를 결합하여 사용한다. 예를 들어 변수 이름은 my_var 혹은 myVar 등으로 지을 수 있다.

클래스 이름은 소문자로 시작해도 되지만, 파이썬 내장 타입인 경우를 제외하고는, 대문자로 시작하여 밑줄 문자(_) 혹은 대문자와 소문자를 결합하여 사용한다. 예를 들어 MyClass 혹은 my_class 등으로 지을 수 있다. 일반적으로 가독성을 위해 대문자로 시작해서 소문자와 대문자, 소문자를 결합하는 방식을 많이 사용한다.

이런 규칙들은 개발자가 자유롭게 사용할 수 있으며 강제성은 없다. 다만, 하나의 프로그램을 작성할 때 식별자의 규칙을 정해 놓고 코드를 작성하면, 가독성이 증가할 것이기에 미리 나름의 규칙을 정해서 사용할 것을 추천한다.

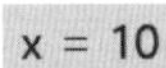

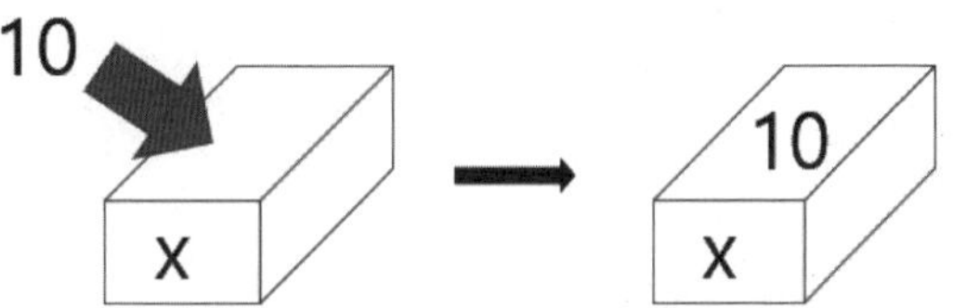

[그림 2-1] 변수 x 안에 10이라는 값을 대입

이미 값이 할당된 변수에 새로운 값을 넣으면 기존의 값은 사라지고 새로운 값이 남는다. 즉, 하나의 변수에는 하나의 값만 저장된다.

x = "hi"

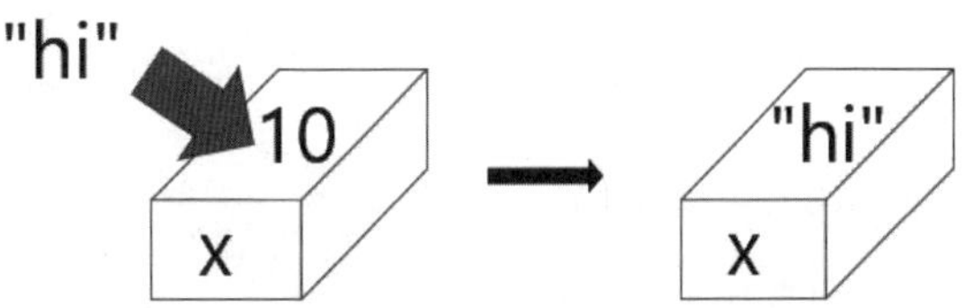

[그림 2-2] 변수 x에 새로운 값을 대입

이제 예제를 실행해보자. 작업 표시줄에 추가한 명령 프롬프트 아이콘(■)을 클릭한다. 작업 표시줄에 추가하지 않았다면 키보드에서 〈윈도우(■)〉+〈R〉 키를 누르고 cmd를 입력하여 명령 프롬프트를 실행한다. 그리고 명령 프롬프트에서 python을 입력하여 파이썬 셸을 실행한다.

```
Microsoft Windows [Version 10.0.19044.1826]
(c) Microsoft Corporation. All rights reserved.

C:\Users\psy>python
Python 3.10.5 (tags/v3.10.5:f377153, Jun  6 2022, 16:14:13) [MSC v.1929 64 bit (AMD64)] on
win32
Type "help", "copyright", "credits" or "license" for more information.
>>>
```

명령행(〉〉〉)이 표시된 곳에 한 줄의 코드를 작성하고 엔터 키를 누르면 해당 코드가 바로 실행된다. 실행 결과를 출력할 때는 파이썬에서 기본으로 제공하는 내장 함수인 print( ) 함수를 사용한다. 함수는 함수 이름 뒤에 괄호( )가 붙으며, 함수를 사용하는 것을 '함수를 호출한다'고 표현한다.

괄호 안에 값을 입력하고 함수를 호출하면 함수는 미리 정의된 작업을 수행한다. print( ) 함수는 괄호 안의 내용을 출력하는 작업을 수행한다. 함수별로 다양한 기능과 자세한 내용은 4장에서 알아보도록 하고, 여기서는 print( ) 함수를 사용해 예제를 실행해보자.

[예제 01] 리터럴 100을 출력한다.

```
>>>print(100)
100
```

[예제 02] x라는 변수에 10을 할당한다.

```
>>>x = 10
```

[예제 03] x라는 변수에 100을 할당한다.

```
>>>x = 100
```

[예제 04] 변수 x를 출력한다.

```
>>>print(x)
100
```

2.3 자료형

모든 값에는 자료형(데이터 타입)이 있다. 변수의 자료형이란 변수라는 상자 안에 담을 수 있는 값의 종류라고 보면 된다. 자료형은 기본적으로 정수, 실수, 문자열, 불(참과 거짓)로 구분하고 객체형이라고 하는 것도 있다.

다른 프로그래밍 언어에서는 변수에 할당할 값의 종류를 제한하는 목적으로 변수 앞에 자료형을 선언한다. 그러면 해당 변수에는 선언된 자료형의 값만 넣을 수 있다. 하지만 파이썬은 동적 언어이므로 변수의 자료형을 미리 선언할 필요가 없다. 즉, 변수에 할당되는 값에 의해 변수의 자료형이 알아서 결정된다.

주요 자료형을 살펴보면 다음과 같다.

- 정수형(int, integer)

  예) 10, 0, 1, 2

- 부동소수점형 (float, floating-point numbers)

  예) 1.25, 0.0, 1.0

- 불(bool, boolean)
  - 참(True)과 거짓(False)의 값을 나타내며, 불리언이라고도 한다.
  - 값에 따옴표를 사용하지 않는다.
  - 0이나 빈 문자열, None은 False로 취급한다. 주로 0을 사용한다.
  - 음수를 포함한 다른 값은 모두 True로 취급한다. 주로 1을 사용한다.

- 문자열(str, string)
  - 작은따옴표 또는 큰따옴표로 나타낸다. 예) '문자열', "문자열"
  - 여러 줄의 문자열을 표현하려면 따옴표를 세 개씩 사용한다.

    예) '''여러 줄의 문자열''', """여러 줄의 문자열"""

문자열에 대한 내용은 뒤에서 좀더 알아보기로 한다. 이외에도 파이썬에서 제공하는 내장 자료형에는 리스트, 튜플, 딕셔너리, 세트가 있다. 이 중에서 많이 사용되는 것은 리스트와 딕셔너리이며, 리스트부터 하나씩 차근차근 살펴보자.

2.3.1 리스트

리스트(list)는 여러 개의 구성요소를 가지는 목록이다. 변수에는 값을 하나만 넣을 수 있는데, 두 개 이상의 여러 개의 값을 나타내고 싶을 때는 리스트를 사용한다. 이런 형태를 배열이라고 부르기도 한다. 리스트가 가지는 값들을 요소(element), 성분, 아이템이라고 부른다.

리스트는 대괄호[ ] 안에 요소들을 콤마로 나열하거나 list( ) 함수로 생성한다. 리스트는 여러 종류의 자료형을 가진다. 리스트는 요소의 순서가 있고, 요소의 중복이 가능하며, 요소의 변경, 추가, 삭제 등이 가능하다.

문자열인 과일 이름으로 구성된 리스트를 만들어보자. 대괄호[ ] 안에 문자열로 구성된 요소를 콤마로 나열하여 리스트를 만들고, fruits라는 변수에 할당한다.

```
>>>fruits = ['apple', 'pear', 'cherry', 'grape', 'pineapple']
```

그런 다음 명령행에 fruits를 입력하고 엔터 키를 누르면 리스트가 출력되는 것을 확인할 수 있다. fruits 변수에 할당한 값은 리스트 객체이다. 객체를 값으로 가지는(객체를 참조하는) 변수를 객체를 참조하는 참조 변수 혹은 객체 변수 혹은 객체명이라고도 부른다.

```
>>>fruits
['apple', 'pear', 'cherry', 'grape', 'pineapple']
```

리스트는 0부터 시작해서 차례대로 순서를 가진다. 이를 인덱스라고 한다. 왼쪽에서 0부터 시작하여 오른쪽으로 1씩 증가하고, 반대로 뒤에서부터 번호를 매길 때는 −1부터 시작하여 오른쪽에서 왼쪽으로 −1씩 감소한다.

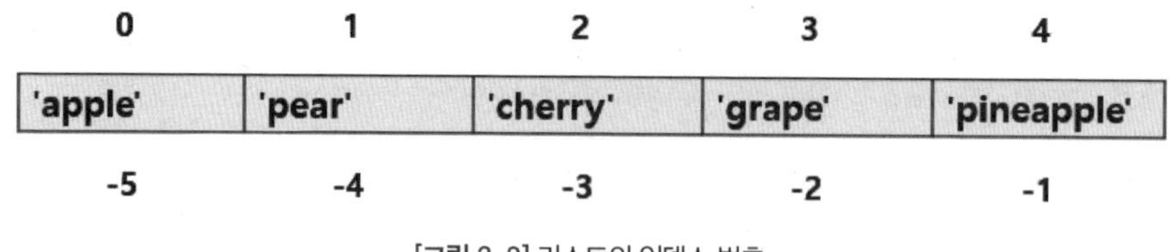

[그림 2-3] 리스트의 인덱스 번호

2.3.1.1 리스트 인덱싱

리스트 인덱싱이란 리스트의 인덱스 번호를 사용하여 해당 위치에 있는 값을 가져오는 것을 말한다. 인덱싱하는 방법은 다음과 같으며, 인덱스 번호 값은 정수만 사용할 수 있다. 다음 구문의 리스트 객체명이란, 리스트 객체를 참조하는 변수명을 의미한다. 이후에 나오는 객체명은 모두 객체를 참조하는 객체 참조 변수명을 의미한다.

```
리스트객체명[인덱스 번호]
```

앞에서 만든 fruits 리스트의 첫 번째 값을 가져와보자.

```
>>>fruits[0]
'apple'
```

리스트의 마지막에 있는 값의 인덱스는 −1이라고 했다. fruits 리스트의 마지막 값을 확인해보자.

```
>>>fruits[-1]
'pineapple'
```

2.3.1.2 리스트 슬라이싱

리스트 슬라이싱이란 특정 범위를 지정하여 리스트에서 해당 범위에 있는 값들을 가져오는 것을 말하며, 다음과 같이 사용한다.

```
리스트객체명[초깃값:종료값:증감값]
```

초깃값을 생략하면 기본값으로 0이 설정된다. 종료값을 생략하면 마지막 값을 포함한다는 뜻이며, 증감값(증가 혹은 감소 값)을 생략하면 기본값은 1씩 증가하라는 의미다. 증감값을 생략할 때는 바로 앞의 콜론(:)도 함께 생략한다.

종료값을 지정하면 종료값은 포함되지 않는다. 즉, 종료값 바로 이전의 값까지 가져온다. 이는 인덱스가 0부터 시작해서 그렇다고 보면 된다. 이처럼 슬라이싱에서 콜론을 사용하여 범위를 지정하는 방식을 범위 인덱스라고도 부른다.

그럼 이제 다음 예제들을 따라 하며 리스트 슬라이싱을 연습해보자.

[예제 01] 0부터 3까지 1씩 증가하는 인덱스에 해당하는 요소를 선택한다.

```
>>>fruits[0:3]
['apple', 'pear', 'cherry']
```

0부터 시작해서 종료값이 3이므로 3−1인 2까지의 값을 가져온다. 이때 마지막에 증가값이 생략됐으므로 1씩 증가한다. 따라서 0부터 2까지, 즉 0, 1, 2번째 값을 가져온다.

[예제 02] 1부터 2까지 1씩 증가하는 인덱스에 해당하는 요소를 선택한다.

```
>>>fruits[1:2]
['pear']
```

종료값 2는 포함하지 않으므로 1에서 1까지, 즉 1번째 값만 가져온다.

[예제 03] 0부터 마지막을 제외하고 1씩 증가하는 인덱스에 해당하는 요소를 선택한다.

```
>>>fruits[0:-1]
['apple', 'pear', 'cherry', 'grape']
```

종료값은 포함되지 않으므로 −2번째(−1−1=−2) 값까지 가져온다.

[예제 04] 0부터 마지막까지 1씩 증가하는 인덱스에 해당하는 요소를 선택한다.

```
>>>fruits[0: ]
['apple', 'pear', 'cherry', 'grape', 'pineapple']
```

[예제 05] 리스트에 있는 모든 요소를 선택한다.

```
>>>fruits[ : ]
['apple', 'pear', 'cherry', 'grape', 'pineapple']
```

[예제 06] 0부터 마지막까지 2씩 증가하는 인덱스에 해당하는 요소를 선택한다.

```
>>>fruits[0::2]
['apple', 'cherry', 'pineapple']
```

종료값을 생략했으므로 마지막 요소가 포함된다.

[예제 07] 처음부터 마지막까지 2씩 증가하는 인덱스에 해당하는 요소를 선택한다.

```
>>>fruits[::2]
['apple', 'cherry', 'pineapple']
```

초깃값을 생략했으므로 기본값인 0부터 시작하고, 종료값을 생략했으므로 마지막 요소가 포함된다.

[예제 08] 0부터 3까지 2씩 증가하는 인덱스에 해당하는 요소를 선택한다.

```
>>>fruits[0:3:2]
['apple', 'cherry']
```

[예제 09] 리스트에 있는 요소의 개수를 확인한다.

```
>>>len(fruits)
5
```

len( )이라는 함수의 이름은 length(길이)의 줄임말로, 괄호 안에 주어진 객체의 요소 개수를 파악하는 함수이다.

[예제 10] 리스트에 있는 마지막 요소를 삭제한다.

```
>>>fruits
['apple', 'pear', 'cherry', 'grape', 'pineapple']
>>>del fruits[-1]
>>>fruits
['apple', 'pear', 'cherry', 'grape']
```

del은 요소를 삭제(delete)하는 파이썬의 예약어다. del fruits[−1]은 fruits 리스트에 있는 −1번째 요소인 마지막 값을 삭제한다.

[예제 11] 리스트 인덱싱으로 값을 가져온 이후에 새로운 값을 대입한다.

```
>>> fruits[0]
'apple'
>>> fruits[0] = 'orange'
>>> fruits
['orange', 'pear', 'cherry', 'grape']
```

2.3.1.3 리스트의 다양한 함수

리스트 객체의 함수를 호출할 때는 다음과 같이 객체명 다음에 점(.)을 입력해서 객체가 가진 변수를 참조하거나 함수를 호출해 사용할 수 있다.

```
리스트객체명.함수명()
```

fruits는 리스트 객체를 참조하는 객체 변수 즉, 리스트 객체명이다. 따라서 fruits. 다음에 함수를 입력하여 리스트에서 사용할 수 있는 다양한 함수를 호출할 수 있다. 예제를 통해 어떤 함수가 있는지 알아보자.

[예제 01] append( ): 리스트의 마지막에 값을 추가한다.

```
>>>fruits.append('banana')
>>>fruits
['orange', 'pear', 'cherry', 'grape', 'banana']
```

[예제 02] insert( ): 원하는 위치(인덱스)에 값을 추가한다.

```
>>>fruits.insert(1, 'banana')
>>>fruits
['orange', 'banana', 'pear', 'cherry', 'grape', 'banana']
```

[예제 03] sort( ): 요소를 오름차순으로 정렬한다.

```
>>>fruits.sort()
>>>fruits
['banana', 'banana', 'cherry', 'grape', 'orange', 'pear']
```

[예제 04] sort(reverse=True): 내림차순으로 정렬한다.

```
>>>fruits.sort(reverse=True)
>>>fruits
['pear', 'orange', 'grape', 'cherry', 'banana', 'banana']
```

2.3.2 튜플

튜플(tuple)은 리스트와 비슷하게 여러 개의 데이터로 구성된 자료형이다. 리스트와의 차이점은 추가나 삭제 등 요소의 변경이 불가능한 읽기 전용이라는 점이다. 튜플은 요소의 순서가 있고, 요소의 중복이 가능하며, 요소의 변경, 추가, 삭제 등은 불가능하다.

튜플은 괄호( ) 안에 요소들을 콤마로 나열하거나 tuple( ) 함수로 생성한다. 한번 생성한 요소는 변경할 수 없으므로 리스트에서 사용하는 append( )나 insert( ) 같은 함수는 사용할 수 없고, count( ), index( ) 함수만을 가진다.

리스트와 마찬가지로 튜플 객체를 참조하는 변수 이름 즉, 객체명 다음에 점을 붙여서 튜플 객체의 함수를 호출할 수 있다. 간단한 예시를 살펴보자.

[예제 01] 튜플을 생성하여 t라는 변수에 할당한다.

```
>>>t = (1,2,3)
>>>t
(1, 2, 3)
```

[예제 02] count( ): 함수에 주어진 값이 튜플 안에 몇 개 있는지 개수를 센다.

```
>>>t.count(2)
1
```

[예제 03] index( ): 함수에 주어진 값이 튜플의 몇 번째 위치에 있는지 인덱스를 알려준다.

```
>>>t.index(1)
0
```

2.3.3 딕셔너리

딕셔너리(dict)는 말 그대로 사전에서 단어와 의미가 짝지어져 있는 것처럼 키와 값의 쌍으로 구성된 자료형이다. 딕셔너리는 중괄호 { } 안에 키(key):값(value)의 쌍을 콤마로 나열하거나 dict( ) 함수로 생성한다. 딕셔너리는 요소의 순서가 없다. 키는 중복이 불가하고, 값은 중복이 가능하다. 키는 변경이 불가하고, 값은 변경이 가능하다. 추가 시 키와 값이 함께 추가되고, 삭제 시 키와 값이 함께 삭제 된다.

딕셔너리에서 키의 값을 가져올 때는 다음과 같은 형태로 사용한다.

```
딕셔너리객체명[key]
```

키는 변경이 불가하므로 문자열이나 튜플로만 만들 수 있다. 값은 모든 타입으로 만들 수 있다. 즉, 값으로 또 다른 딕셔너리나 리스트 등을 넣을 수 있다. 딕셔너리의 특징은 요소의 순서가 없고 다양한 자료형을 섞어서 만들 수 있으며 중첩도 가능하다. 예제를 살펴보자.

[예제 01] 딕셔너리를 생성하여 emps라는 변수에 할당하고, emps 변숫값을 출력한다.

```
>>>emps = {'sunny':5000000, 'kildong':1000000, 'younghee':2000000}
>>>emps
{'sunny': 5000000, 'kildong': 1000000, 'younghee': 2000000}
```

[예제 02] emps 딕셔너리 객체의 'sunny'라는 키의 값을 가져온다.

```
>>>emps['sunny']
5000000
```

[예제 03] 다양한 값을 가지는 딕셔너리를 생성하여 employee 변수에 할당한다.

```
>>>employee = {'name':'psy', 'job':['employee','manager'], 'salary':{'basic':2000000,
'extra':1000000} }
>>>employee
{'name': 'psy', 'job': ['employee', 'manager'], 'salary': {'basic': 2000000, 'extra':
1000000}}
```

[예제 04] employee 딕셔너리 객체가 가진 'salary' 키의 값을 가져온다.

```
>>>employee['salary']
{'basic': 2000000, 'extra': 1000000}
```

[예제 05] employee 딕셔너리 객체가 가진 모든 키를 가져온다.

```
>>>employee.keys()
dict_keys(['name', 'job', 'salary'])
```

employee는 딕셔너리 객체를 참조하는 변수이므로 employee.을 통해 딕셔너리 객체의 함수를 호출하며, keys( ) 함수는 모든 키를 가져온다.

[예제 06] employee 딕셔너리 객체가 가진 모든 값을 가져온다.

```
>>>employee.values()
dict_values(['psy', ['employee', 'manager'], {'basic': 2000000, 'extra': 1000000}])
```

values( ) 함수는 모든 값을 가져온다.

[예제 07] employee 딕셔너리 객체의 특정 키가 가진 값을 변경한다.

```
>>>employee['job'] = ['sales','manager']
>>>employee
{'name': 'psy', 'job': ['sales', 'manager'], 'salary': {'basic': 2000000, 'extra': 1000000}}
```

'job'이라는 키가 가진 값은 리스트이므로 리스트 형태로 값을 변경한다. 값을 변경할 때는 변경할 키를 먼저 선택하고 할당 연산을 통해 값을 입력하면 된다.

[예제 08] 특정 키가 가진 값을 리스트에서 문자열로 변경한다.

```
>>>employee['job'] = 'sales'
>>>employee
{'name': 'psy', 'job': 'sales', 'salary': {'basic': 2000000, 'extra': 1000000}}
```

키의 값을 변경할 때 값의 자료형은 달라도 된다. 'job'이라는 키가 가진 값은 ['sales', 'manager']라는 리스트였지만 예제처럼 'sales'라는 문자열로 변경해도 아무 문제가 없다.

[예제 09] employee 딕셔너리 객체에 'age'라는 새로운 키와 35라는 값을 삽입한다.

```
>>>employee['age'] = 35
>>>employee
{'name': 'psy', 'job': 'sales', 'salary': {'basic': 2000000, 'extra': 1000000}, 'age': 35}
```

[예제 10] employee 딕셔너리 객체에서 'age' 키를 삭제한다.

```
>>>del employee['age']
>>>employee
{'name': 'psy', 'job': 'sales', 'salary': {'basic': 2000000, 'extra': 1000000}}
```

키와 값은 언제나 쌍을 이루기 때문에 키를 삭제하면 값도 함께 삭제된다.

2.3.4 세트

세트(set)는 여러 요소의 집합을 의미한다. 요소끼리는 순서가 없으며, 요소들의 중복을 허용하지 않는다. 요소의 순서가 없으므로 요소 하나씩은 변경할 수 없고, 통째로 다른 세트로 변경해야 한다. 요소의 추가 및 삭제는 가능하다. 세트는 중괄호 { } 안에 콤마로 요소들을 나열하거나 set( ) 함수로 생성한다.

[예제 01] 세트를 생성하여 s라는 변수에 할당한다.

```
>>>s = {1,1,2,2,3,3,3}
>>>s
{1, 2, 3}
```

세트는 요소끼리 중복을 허용하지 않으므로 중복되는 요소는 한 개만 입력된다.

[예제 02] 새로운 세트를 생성하여 t라는 변수에 할당한다.

```
>>>t = {3,3,4,4,5,5}
>>>t
{3, 4, 5}
```

[예제 03] intersection( ) 함수를 사용하여 두 세트의 교집합을 구한다.

```
>>>s.intersection(t)
{3}
```

s는 세트 객체를 참조하는 변수이므로 s.으로 세트 객체의 함수를 호출한다.

2.4 예약어

예약어는 키워드라고도 하며 프로그램에 미리 등록돼서 특정 기능을 하는 단어를 의미한다. 예약어는 대소문자를 구분한다.

변수나 함수, 클래스 등의 이름을 지을 때 예약어는 사용할 수 없다. 다만 예약어를 포함한 단어는 사용해도 괜찮다. 예를 들어 class는 클래스를 의미하는 예약어라서 변수명으로 사용할 수 없지만, class_var처럼 class를 포함한 단어는 이름으로 사용할 수 있다.

다음은 파이썬의 예약어를 나열한 표다. 각 예약어의 의미는 뒤에서 관련된 내용이 나올 때마다 설명하기로 하고 어떤 예약어들이 있는지만 확인하고 넘어가자.

False	await	else	import	pass
None	break	except	in	raise
True	class	finally	is	return
and	continue	for	lambda	try
as	def	from	nonlocal	while
assert	del	global	not	with
async	elif	if	or	yield

2.5 연산자와 우선순위

파이썬에서 지원하는 모든 연산자를 하나하나 이해할 필요는 없다. 이 중에는 거의 사용되지 않거나 간혹 사용되는 연산자도 있으므로 기본적인 사칙 연산자와 비교, 할당 연산자 정도만 알아두고 나중에 필요한 연산자들은 찾아보고 사용해도 된다.

프로그래밍할 때는 여러 연산자를 결합해야 하는 경우가 있다. 이런 경우에는 연산자의 우선순위에 따라 수행 순서가 결정된다. 다음은 우선순위가 높은 연산자부터 나열한 표다.

연산자	의미
( ) [ ] { : } { }	괄호, 리스트, 딕셔너리, 세트
**	지수
+x, -x, ~x	양수, 음수, 비트 전환
*, /, //, %	곱셈, 나눗셈, 나눗셈 몫, 나눗셈 나머지
+, -	덧셈, 뺄셈
<<, >>	비트 이동
&	비트 AND 연산
^	비트 XOR 연산

연산자	의미
¦	비트 OR 연산
< <= > >= != ==	비교
not	불 전환
and	불 AND 연산
or	불 OR 연산
=	할당(대입)

각 연산자에 대한 자세한 설명은 부록에 있으니 필요할 때 찾아보기 바란다.

2.6 문자열

문자열(str)은 문자들의 집합을 말한다. 문자열은 요소의 순서가 있고, 요소의 중복을 허용하며, 요소의 변경, 추가, 삭제 등은 불가능하다. 파이썬의 문자열 리터럴은 다음과 같이 작은따옴표(') 또는 큰따옴표(")로 묶어서 표현하며 둘 중 어느 것을 써도 무방하다.

```
'파이썬의 문자열입니다.'
"파이썬의 문자열입니다."
```

여러 줄의 문자열을 표현할 때는 작은따옴표 또는 큰따옴표 세 개로 묶어서 입력하면 된다. 만약 따옴표 안에 숫자가 있다면 숫자도 문자열로 간주한다.

파이썬 셸에서는 한 줄로 명령이 끝나지 않은 상태에서 엔터 키를 누르면 다음 줄의 맨 앞에 ...이 표시된다. 여기에 코드를 이어서 입력하면 되고, 명령이 끝날 때까지는 엔터 키를 누를 때마다 ...이 계속해서 나온다.

앞으로 파이썬 셸에서 코드를 작성할 때 맨 앞에 ...이 보이면 직접 입력한 값이 아니라 명령이 여러 줄에 걸쳐 이어져 있음을 나타내는 표시라는 것에 주의하자.

```
>>>print("""여러줄로
... 문자열을
... 입력해요.""")
여러줄로
문자열을
입력해요.
```

2.6.1 이스케이프 문자

문자열에 특수한 값들, 예를 들어 줄 바꿈(개행), 탭, 따옴표 등을 표현하고 싶을 때, 이스케이프(escape) 문자를 사용한다. 이스케이프 문자는 역슬래시(₩)와 함께 사용한다.

역슬래시 키는 키보드에서 엔터 키 바로 위에 있으며, 역슬래시(₩)는 폰트에 따라 원화(₩) 기호로 보이기도 한다. 다음 표는 주요 이스케이프 문자를 정리한 것이다.

이스케이프 문자를 의미하는 역슬래시 다음에 표시하고 싶은 문자를 명시하면 된다. 캐리지 리턴(carriage return)은 줄을 바꾸고 커서를 맨 앞으로 이동시키는 것이다.

이스케이프 문자	의미
\n	줄바꿈
\t	탭
\r	캐리지 리턴
\\	역슬래시
\'	작은따옴표
\"	큰따옴표

2.6.2 문자열 연결

문자열은 더하기(+) 연산자를 이용하여 연결할 수 있다. 더하기 연산자는 수학에서처럼 더하기를 수행하는 것이 아니라 문자열을 연결하는 역할을 한다.

[예제 01] 문자열 더하기

```
>>>'파이썬' + '문자열'
'파이썬문자열'
>>>'파이썬' '문자열'
'파이썬문자열'
```

더하기 연산자를 생략해도 결과는 같다.

[예제 02] 문자열 곱하기

```
>>>'안녕' * 5
'안녕안녕안녕안녕안녕'
```

문자열에 곱하기 연산자(*)를 사용해 정수를 곱하면 문자열을 정수만큼 반복해서 연결한다.

[예제 03] 문자열과 숫자 더하기

```
>>>'헬로 파이썬' + 3
Traceback (most recent call last):
  File "<stdin>", line 1, in <module>
TypeError: can only concatenate str (not "int") to str
```

문자열과 숫자를 더하기 연산자로 결합하면 에러가 발생한다. 에러 메시지를 보면 문자열과 정수형 숫자(int)를 연결할 수 없고, str 타입끼리만 연결할 수 있다는 의미이다.

개발 팁 _에러 메시지에 당황하지 않는 법

앞으로 코드를 작성하다 보면 에러 메시지가 영어로 나올 때가 많이 있을 것이다. 이때는 에러 메시지의 마지막 부분을 읽어보면 어디에서 뭐가 잘못됐는지를 찾을 수 있고, 문제를 해결할 수 있는 힌트를 얻을 수 있다. 에러 메시지를 많이 보게 되면 에러 메시지를 보는 방법에 금방 익숙해질 것이다.

[예제 04] 숫자를 문자열로 변환해서 더하기

```
>>>'헬로 파이썬' + str(3)
'헬로 파이썬3'
```

숫자를 문자열과 연결하려면 숫자를 문자열로 변환해주는 내장 함수인 str( ) 함수를 사용하면 된다.

2.6.3 문자열 인덱싱

문자열 인덱싱은 인덱스 번호를 이용해 각 문자에 접근하는 것을 의미한다. 인덱스는 리스트의 인덱스와 동일하게 0부터 시작하며, 왼쪽에서 오른쪽으로 1씩 증가한다. 뒤에서부터 번호를 매길 때는 −1에서 시작하여 오른쪽에서 왼쪽으로 −1씩 감소한다.

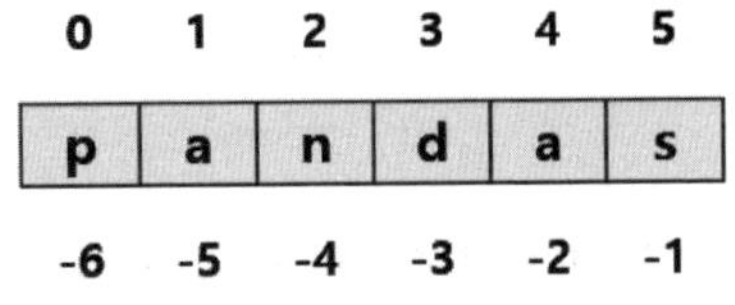

[그림 2-4] 문자열의 인덱스 번호

문자열 인덱싱을 하는 방법은 다음과 같다.

```
문자열객체명[인덱스 번호]
```

문자열 객체를 생성하여 s라는 변수에 할당하고, 문자열 객체 변수 s의 0번째 인덱스와 −1번째 인덱스 값을 가져와보자.

```
>>>s='pandas'
>>>s[0]
'p'
```

```
>>>s[-1]
's'
```

문자열 인덱싱이 리스트 인덱싱과 다른 점은 인덱싱으로 문자열에 새로운 값을 할당할 수는 없고 오직 조회만 가능하다는 점이다. 이는 문자열이 변경 불가능한 자료형이기 때문에 가지는 특징이다.

다음 코드처럼 문자열의 특정 인덱스를 가져와서 그 값을 바꾸려고 하면 에러가 발생한다.

```
>>>s[0]='j'
Traceback (most recent call last):
  File "<stdin>", line 1, in <module>
TypeError: 'str' object does not support item assignment
```

2.6.4 문자열 슬라이싱

문자열 슬라이싱은 리스트 슬라이싱과 동일하게 문자열의 일부를 잘라서 조회하는 기능이다. 사용법은 다음과 같다.

```
문자열객체명[시작값:종료값:증감값]
```

시작값을 생략하면 기본으로 0부터 시작하고 종료값은 제외, 즉 종료값−1까지 가져온다. 증감값을 생략하면 기본으로 1씩 증가하는 것으로 지정되고, 종료값을 생략하면 종료값을 포함하여 가져온다.

[예제 01] 문자열을 생성하여 st 변수에 할당하고, st 문자열 변수를 0부터 3까지 1씩 증가하는 인덱스에 해당하는 요소를 선택한다.

```
>>>st = '파이썬 문자열 테스트'
>>>st[0:4]
'파이썬 '
```

시작값은 0, 종료값은 4로 설정하여 0, 1, 2, 3번째 값을 가져온다. 이때 증감값은 생략하여 자동으로 1씩 증가하도록 했다.

[예제 02] 0, 1번째 값만 선택한다.

```
>>>st[:2]
'파이'
```

시작값을 생략하여 0부터 시작하고, 종료값은 2로 설정하여 1까지 선택한다. 증감값은 생략하여 1씩 증가하도록 했다.

[예제 03] st 문자열 변수의 −3, −2, −1번째 값을 선택한다.

```
>>>st[-3:]
'테스트'
```

시작값은 −3이고 종료값은 생략했으므로 종료값을 포함하고, 1씩 증가한다. 즉 −3, −2, −1번째 값이 선택된다.

[예제 04] 0부터 마지막 값을 포함하여 2씩 증가하는 인덱스에 해당하는 요소를 선택한다.

```
>>>st[::2]
'파썬문열테트'
```

시작값을 생략하여 0부터 시작하고, 종료값을 생략하여 종료값을 포함한다. 증감값은 2이므로 인덱스가 2씩 증가한다.

[예제 05] 모든 문자열을 선택한다.

```
>>>st[:]
'파이썬 문자열 테스트'
```

시작값, 종료값, 증감값을 모두 생략하여 0부터 시작해서 마지막 값까지 1씩 증가하는 인덱스가 선택된다.

[예제 06] 마지막 값을 제외한 모든 문자열을 선택한다.

```
>>>st[:-1]
'파이썬 문자열 테스'
```

시작값을 생략하여 처음부터 −2까지 1씩 증가하므로 마지막 값을 제외한 모든 문자열이 선택된다.

2.6.5 문자열의 주요 함수

문자열 객체도 점을 이용해 문자열 객체의 함수를 호출할 수 있다. s 변수를 생성하고 문자열에서 주로 사용하는 함수를 알아보자.

[예제 01] strip( ): 문자열의 양 끝에 있는 공백을 제거한다.

```
>>>s = " 서울시 강남구 역삼동 "
>>>s.strip()
'서울시 강남구 역삼동'
```

[예제 02] rstrip( ): 오른쪽 공백을 제거한다.

```
>>>s.rstrip()
' 서울시 강남구 역삼동'
```

[예제 03] lstrip( ): 왼쪽 공백을 제거한다.

```
>>>s.lstrip()
'서울시 강남구 역삼동 '
```

[예제 04] split( ): 문자열을 주어진 구분자(delimiter, 딜리미터)로 자른다. 구분자를 지정하지 않으면 기본으로 공백을 구분자로 하여 문자열을 자른다.

```
>>>s.split()
['서울시', '강남구', '역삼동']
```

[예제 05] 대시(–)를 기준으로 문자열을 자르고, 리스트로 나온 결괏값을 s3 변수에 저장한다.

```
>>>s2 = "010-1111-2222"
>>>s3 = s2.split("-")
>>>s3
['010', '1111', '2222']
>>>s2
'010-1111-2222'
```

2.7 문자열 포매팅

문자열 포매팅(string formatting)이란 외부에서 문자열에 값을 삽입하는 방법을 말한다. 주로 주어진 문자열을 일부만 바꿀 때 유용하다. 문자열 포매팅은 세 가지 방법이 있다.

- % 포맷을 이용한 포매팅
- format( ) 함수를 이용한 포매팅
- f 문자열을 이용한 포매팅

문자열이 길거나 입력값이 많을 때, 입력값의 자릿수와 입력 위치를 지정할 때, 빈자리를 특정 값으로 채우면서 문자열을 만들 때 문자열 포매팅을 사용하면 매우 편리하다.

문자열 포매팅을 사용하지 않은 경우와 비교해보자.

```
>>>name = '표선영'
>>>age = 20
>>>"당신의 이름은 " + str(name) + "이고, " + "당신의 나이는 " + str(age) + "입니다"
'당신의 이름은 표선영이고, 당신의 나이는 20입니다'
```

이처럼 포매팅을 사용하지 않고 문자열을 연결하려면 문자열을 여러 번 끊어서 더하기 연산자로 연결해야 한다. 이를 문자열 포매팅으로 표현하면 다음과 같다.

```
>>>"당신의 이름은 %s이고, 당신의 나이는 %d입니다" % (name, age)
'당신의 이름은 표선영이고, 당신의 나이는 20입니다'
```

코드가 훨씬 간단해진 것을 알 수 있다. 이제 앞에서 소개한 세 가지 문자열 포매팅 방법을 자세히 살펴보자.

2.7.1 % 문자열 포매팅

% 포매팅 형식	의미
%d	정수(d는 decimal, 십진수를 의미)
%f	부동소수(floating-point)
%s	문자열(string)
%%	리터럴(문자 그 자체)

여기서 %s 포매팅은 어떤 형태의 값이든 변환해서 문자열에 넣을 수 있다. 따라서 %s만 알고 있으면 입력값이 어떤 자료형인지 모르거나 자료형이 변경될 때도 모두 적용할 수 있어 기억해두면 좋다.

% 포매팅은 다음과 같은 문법으로 사용한다. 이때 화살괄호(<>)는 입력값이 아니다.

```
"문자열 <% 포매팅 형식> 문자열" % <값>
```

〈% 포매팅 형식〉 부분에 % 〈값〉에 입력한 값이 들어간다. 예제로 살펴보자.

[예제 01] 문자열을 한 개 입력한다.

```
>>>"당신의 이름은 %s입니다" % "선영"
'당신의 이름은 선영입니다'
```

[예제 02] 숫자를 한 개 입력한다.

```
>>>"당신의 나이는 %d입니다" % 30
'당신의 나이는 30입니다'
```

[예제 03] 변수를 한 개 입력한다.

```
>>>salary = 3000000
>>>"당신의 월급은 %d원입니다" % salary
'당신의 월급은 3000000원입니다'
```

[예제 04] 두 개 이상의 값을 튜플 형식으로 전달한다.

```
>>>name = '표선영'
>>>salary = 5000000
>>>"당신의 이름은 %s이고, 월급은 %s원입니다" %(name, salary)
'당신의 이름은 표선영이고, 월급은 5000000원입니다'
```

이번에는 문자열 포매팅을 이용해 전체 자릿수와 정렬의 빈자리를 채우는 방법을 알아보자. 전체 자릿수가 양수면 오른쪽 정렬이고, 전체 자릿수가 음수면 왼쪽 정렬을 의미한다. 기본적으로는 공백으로 빈자리를 채우고, 값을 지정하면 그 값으로 채워진다. 마찬가지로 다음 예시에서 화살괄호는 입력값이 아니다.

```
"문자열 %<전체 자릿수><포맷> 문자열" % <값>
"문자열 %<빈 자리를 채울 값><전체 자릿수><포맷> 문자열" % <값>
```

날짜를 생각해보자. 1월~9월은 한 자리 숫자이고, 10월~12월은 두 자리 숫자이다. 또, 1일~9일은 한 자리고, 10일~31일은 두 자리이다. 이러한 날짜를 00월 00일의 형식으로 입력해야 한다고 하자. 전체 자릿수는 두 자리로 지정하고 빈자리는 0으로 채워야 한다.

먼저 다음과 같이 전체 자릿수만 2로 지정하면 빈자리는 공백으로 채워진다.

```
>>>"오늘은 %2d월 %2d일입니다" % (1,1)
'오늘은  1월  1일입니다'
```

그런데 값을 반드시 00월 00일 형식으로 입력해야 한다면 월과 일이 두 자리인 경우에는 아무 문제가 없지만, 월과 일이 한 자리인 경우에는 앞에서처럼 공백이 입력돼서 코드에 에러가 날 것이다. 이때는 공백 대신 입력할 0을 지정하면 빈자리가 0으로 채워진다.

아래 코드는 전체 자릿수는 2자리, 오른쪽 정렬, 빈자리는 0 으로 채우라는 의미다.

```
>>>"오늘은 %02d월 %02d일입니다" % (1,1)
'오늘은 01월 01일입니다'
```

숫자를 소수점까지 표현하려면 다음과 같이 입력한다.

```
"문자열 %<전체 자릿수>.<소수점 아래 자릿수><포맷> 문자열" % <값>
```

숫자의 전체 자릿수는 세 자리고, 소수점 아래 두 자리까지 표현하려면 다음과 같다.

```
>>>"입력한 값을 소수점 2번째 자리까지 표현하면 %3.2f입니다" %1.234567
'입력한 값을 소수점 2번째 자리까지 표현하면 1.23입니다'
```

2.7.2 format( ) 함수 문자열 포매팅

문자열 포매팅을 하는 함수는 format( ) 함수로, 다음과 같이 호출한다. 중괄호에 문자열을 삽입할 인덱스 번호를 지정하고, 해당 위치에 format( )에 입력한 값을 넣는다. 인덱스 번호는 format( )에 입력한 값을 순서대로 첫 번째는 0, 두 번째는 1, 이런 식으로 0부터 하나씩 증가시켜 인식한다.

```
"문자열 {인덱스 번호} 문자열".format(값)
```

[예제 01] 0번째 값에 입력한 문자열을 삽입한다.

```
>>>"당신의 이름은 {0}입니다".format("선영")
'당신의 이름은 선영입니다'
```

[예제 02] 값이 하나만 있을 때는 인덱스 번호를 생략해도 된다.

```
>>>"당신의 이름은 {}입니다".format("선영")
'당신의 이름은 선영입니다'
```

[예제 03] 0번째 값에 입력한 숫자를 삽입한다.

```
>>>"당신의 나이는 {0}입니다" .format(30)
'당신의 나이는 30입니다'
```

[예제 04] 0번째 값에 입력한 변수를 삽입한다.

```
>>>salary = 3000000
>>>"당신의 월급은 {0}원입니다".format(salary)
'당신의 월급은 3000000원입니다'
```

[예제 05] 두 개 이상의 값을 입력한다. 0번째 인덱스에는 name 변수를, 1번째 인덱스에는 salary 변수를 입력한다.

```
>>>name = '표선영'
>>>salary = 5000000
>>>"당신의 이름은 {0}이고, 월급은 {1}원입니다".format(name, salary)
'당신의 이름은 표선영이고, 월급은 5000000원입니다'
```

빈자리가 있을 때 문자열의 위치를 정렬하려면 콜론과 함께 〉, 〈, ^를 사용한다. 〉는 오른쪽 정렬, 〈는 왼쪽 정렬, ^는 가운데 정렬이다.

```
"문자열 {인덱스 번호:>전체 자릿수} 문자열".format(값)
"문자열 {인덱스 번호:<전체 자릿수} 문자열".format(값)
"문자열 {인덱스 번호:^전체 자릿수} 문자열".format(값)
```

[예제 01] 입력한 값을 전체 자릿수는 2로 오른쪽 정렬하고 빈자리는 공백으로 채운다.

```
>>>"오늘은 {0:>2}월 {1:>2}일입니다".format(1,1)
'오늘은  1월  1일입니다'
```

[예제 02] 입력한 값을 전체 자릿수는 2로 왼쪽 정렬하고 빈자리는 공백으로 채운다.

```
>>>"오늘은 {0:<2}월 {1:<2}일입니다".format(1,1)
'오늘은 1 월 1 일입니다'
```

문자열의 빈자리를 채울 때는 콜론과 >, <, ^ 사이에 빈자리를 채울 값을 넣으면 된다.

```
"문자열 {인덱스 번호:빈자리 채울 값>전체 자릿수} 문자열".format(값)
"문자열 {인덱스 번호:빈자리 채울 값<전체 자릿수} 문자열".format(값)
"문자열 {인덱스 번호:빈자리 채울 값^전체 자릿수} 문자열".format(값)
```

[예제 01] 입력한 값을 전체 자릿수는 2로 오른쪽 정렬하고 빈자리는 0으로 채운다.

```
>>>"이번 달은 {0:0>2}월입니다".format(1)
'이번 달은 01월입니다'
```

[예제 02] 입력한 두 개의 값을 전체 자릿수는 2로 오른쪽 정렬하고 빈자리는 0으로 채운다.

```
>>>"오늘은 {0:0>2}월 {1:0>2}일입니다".format(1,1)
'오늘은 01월 01일입니다'
```

[예제 03] 0번째 값에 greeting 변수를 입력하고, 전체 자릿수는 10자리로 가운데 정렬하고 빈자리는 *로 채운다.

```
>>>greeting = "안녕하세요"
>>>"입력하신 환영 인사는 {0:*^10}입니다".format(greeting)
'입력하신 환영 인사는 **안녕하세요***입니다'
```

개발 팁 _자릿수 채우기는 언제 사용할까?

날짜나 주식 종목 코드는 보통 정해진 자릿수가 있다. 날짜를 01월 01일의 형식으로 입력해야 에러가 나지 않는다든가 주식 종목 코드는 꼭 여섯 자리로 맞추는 등 정해진 자릿수로 표현해야 하는 숫자들을 흔히 볼 수 있다.
이럴 때 앞에서 살펴본 것처럼 문자열 포매팅을 사용하면 된다. 실제 업무에서는 자릿수를 맞춰 값을 처리해야 하는 경우가 많으므로 문자열 포매팅을 알아두면 아주 유용하게 사용할 수 있을 것이다.

소수점을 포함한 숫자는 다음과 같이 입력한다.

```
"문자열 {인덱스 번호:전체 자릿수.소수점 아래 자릿수f} 문자열".format(값)
```

예를 들어 입력한 값을 전체 자릿수는 3으로, 소수점 아래 두 자리까지 표현하면 다음과 같다.

```
>>>"입력한 값을 소수점 2번째 자리까지 표현하면 {0:3.2f}입니다".format(1.234567)
'입력한 값을 소수점 2번째 자리까지 표현하면 1.23입니다'
```

2.7.3 f 문자열 포매팅

f 문자열 포매팅은 파이썬 3.6 버전부터 지원되는 기능이다. f 문자열 포매팅은 다음과 같이 문자열 앞에 f 접두사를 붙여서 만들며, 값은 변수로 삽입한다.

```
f"문자열 {변수명} 문자열"
```

name과 age 변수를 만들어서 f 문자열 포매팅을 해보면 다음과 같다.

```
>>>name='써니'
>>>age=30
>>>f"제 이름은 {name}이고, 나이는 {age}살입니다"
```

```
'제 이름은 써니이고, 나이는 30살입니다'
>>>f"제 이름은 {name}이고, 나이는 {age}살이고, 내년에는 {age+1}살이 됩니다"
'제 이름은 써니이고, 나이는 30살이고, 내년에는 31살이 됩니다'
```

정렬은 다음과 같은 형식으로 하며, 빈자리에 채울 값을 생략하면 공백이 삽입된다.

```
f"문자열 {변수명:빈자리 채울 값>전체 자릿수} 문자열"
f"문자열 {변수명:빈자리 채울 값<전체 자릿수} 문자열"
f"문자열 {변수명:빈자리 채울 값^전체 자릿수} 문자열"
```

[예제 01] month와 day 변수를 만들고 전체 자릿수는 2, 빈자리는 공백으로 채운다.

```
>>>month = 1
>>>day = 1
>>>f"오늘은 {month:>2}월, {day:>2}일입니다"
'오늘은  1월,  1일입니다'
```

[예제 02] month와 day 변수를 전체 자릿수는 2, 빈자리는 0으로 채워 출력한다.

```
>>>f"오늘은 {month:0>2}월, {day:0>2}일입니다"
'오늘은 01월, 01일입니다'
```

[예제 03] greeting 변수를 만들고 전체 자릿수는 10자리, 빈자리는 *로 채운다.

```
>>>greeting = "안녕하세요"
>>>f"입력하신 환영 인사는 {greeting:*^10}입니다"
'입력하신 환영 인사는 **안녕하세요***입니다'
```

숫자를 소수점까지 표현할 때는 다음과 같이 입력한다.

```
f"문자열 {변수명:전체 자릿수.소수점 이하 자릿수f} 문자열"
```

```
>>>n = 1.234567
>>>f"입력한 값을 소수점 2번째 자리까지 표현하면 {n:3.2f}입니다"
'입력한 값을 소수점 2번째 자리까지 표현하면 1.23입니다'
```

지금까지 문자열 포매팅을 총 세 가지 방법으로 살펴봤다. 이 중에서 한 가지만 익혀서 사용해도 되지만, 여러 문서에서 % 문자열 포매팅이나 format( ) 함수 포매팅을 사용하는 예제를 제공할 수도 있으므로 모두 알아두는 것이 좋다.

03

프로그램 흐름 제어

프로그램이 실행될 때 코드는 입력한 순서대로 실행되기도 하지만, 조건에 따라 선택적으로 실행되거나 반복해서 실행되기도 한다. 첫 번째 줄에서 시작해서 단순히 마지막까지 코드를 쭉 실행하는 프로그램은 거의 없다고 볼 수 있다.

프로그래밍을 할 때는 흐름 제어문을 사용하여 복잡하고 다양한 기능을 구현한다. 흐름 제어문에는 어떤 조건에서 명령을 실행할지 결정하는 조건문과 코드를 반복 실행하는 반복문이 있다.

조건문이나 반복문은 코드 블록으로 구분하는데, 코드 블록의 시작과 끝은 들여쓰기로 표시한다. 파이썬은 들여쓰기를 엄격하게 구분하므로 들여쓰기 규칙을 꼭 알아둬야 한다.

- 파이썬의 블록 및 들여쓰기 규칙
  - 가장 바깥쪽에 있는 블록의 코드는 아무런 공백없이 첫째 칸부터 작성한다.
  - 제어문이나 반복문, 함수, 클래스 등의 문장 끝에 콜론(:)을 사용하여 블록의 시작을 알린다.
  - 블록은 중괄호를 사용하지 않고 들여쓰기 수준을 맞춰 같은 블록임을 구분한다.
  - 블록은 다른 블록을 포함할 수 있다.
  - 들여쓰기는 탭, 공백 두 칸 또는 네 칸 중 하나로 통일하여 사용한다. 이 책에서는 공백 네 칸으로 들여쓰기 한다.
  - 들여쓰기가 안 돼 있거나 맞지 않으면 에러가 발생한다.
  - 파이참 등의 파이썬 툴에서는 들여쓰기가 자동으로 적용된다.

- 파이썬의 주석
  - 주석은 실행에 영향을 미치지 않고, 코드에 대한 설명을 작성할 때 사용한다.
  - 한 줄 주석을 작성하려면 #을 사용한다. # 다음에 작성한 한 줄은 모두 주석으로 처리된다. 여러 줄 주석을 작성하려면 각 줄마다 맨 앞에 #을 사용한다.
  - 여러 줄 주석을 작성하려면 작은따옴표 또는 큰따옴표를 세 개 사용하여 독스트링(docstring) 형태로 쓸 수 있다.

3.1 if 조건문

조건문은 선택문 또는 분기문이라고도 하며, 조건식이 참(True)인 경우만 해당 구문을 수행한다. 대표적으로 if문이 있으며 '만약에 ~이면 ~해라'의 의미로 해석하면 된다. 조건식을 여러 개 사용해야 할 때는 if문에 elif(else if의 의미)나 else 등을 함께 사용한다.

if는 가장 처음에만 사용할 수 있으며, elif는 if 다음에 필요한 만큼 사용할 수 있다. if나 elif로 작성한 어떠한 조건에도 해당하지 않으면 else문을 사용하는데, else는 가장 마지막에만 쓸 수 있다.

```
# if문
if <조건식>:
    <구문>

# else문
if <조건식 1>:
    <구문 1>
else:
    <구문 2>

# elif문
if <조건식 1>:
    <구문 1>
elif <조건식 2>:
    <구문 2>
elif <조건식 3>:
    <구문 3>
else:
    <구문 4>
```

조건식이 나오면 if문을 가장 먼저 판단하고, if문의 조건식이 참(True)이면 if 블록의 구문이 실행된다. if문의 조건이 거짓(False)이면 다음 조건문인 elif로 넘어간다. elif의 조건이 참이면 elif의 구문이 실행되고, 조건을 만족하지 않으면 차례대로 그다음 elif로 넘어간다. 모든 elif의 조건에 맞지 않는다면 가장 마지막의 else문을 실행하고 종료한다.

조건문에 if, elif, else가 모두 있다면 가장 먼저 만족하는 조건에 해당하는 구문 하나만 실행된다. 예를 들어 if 조건도 만족하고 elif 조건도 만족할 때는 if문만 실행되고 elif는 실행되지 않는다. 즉, 조건문은 우선으로 비교해야 할 조건을 앞에서부터 기술하면 된다.

조건식의 참과 거짓을 판단하는 기준은 다음과 같다.

- 거짓(False): 정수 0, 실수 0.0, 공백, None, 시퀀스 ( ), [ ], { } 등은 False로 판단하며, 주로 0으로 표현한다.
- 참(True): False인 값을 제외한 값이 할당되면 True로 판단하며, 주로 1로 표현한다.

이번 장에서는 파이참으로 예제를 실습해보자. 1장에서 설치한 파이참 아이콘을 더블 클릭하여 파이참을 실행한다. 관련 있는 파일끼리 관리하기 위해서 pythonProject 밑에 학습 주제별로 패키지를 만들고 파일을 추가하도록 하자.

pythonProject를 오른쪽 클릭하고 [New] → [Python Package]를 선택한다.

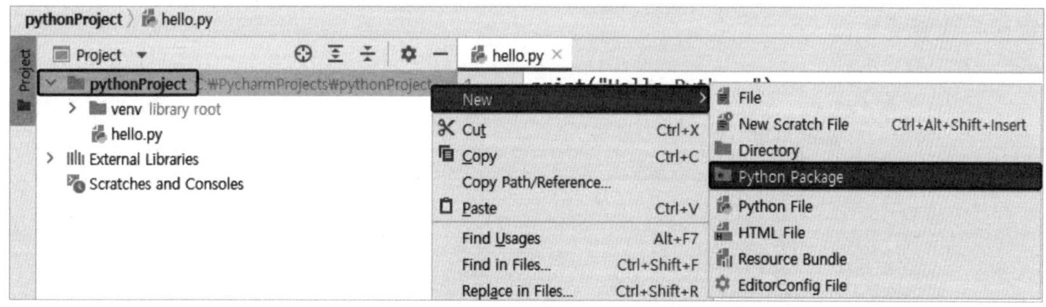

[그림 3-1] 파이썬 패키지 생성

패키지의 이름은 basic으로 지정한다.

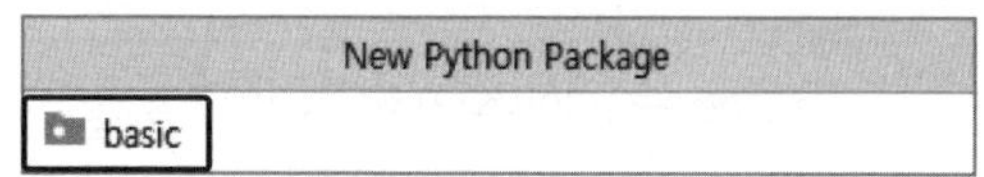

[그림 3-2] basic 패키지 생성

생성된 basic 패키지를 다시 오른쪽 클릭하고 [New] → [Python File]을 선택한다.

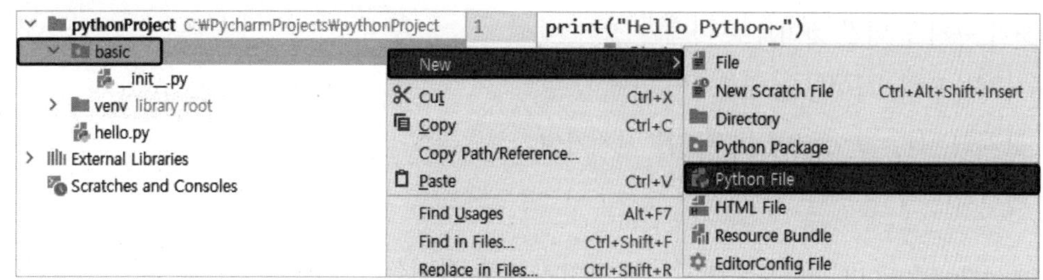

[그림 3-3] 파이썬 파일 생성

파일의 이름은 if_test로 입력한다. 이때 파일의 기본 형식은 Python file로 선택된다.

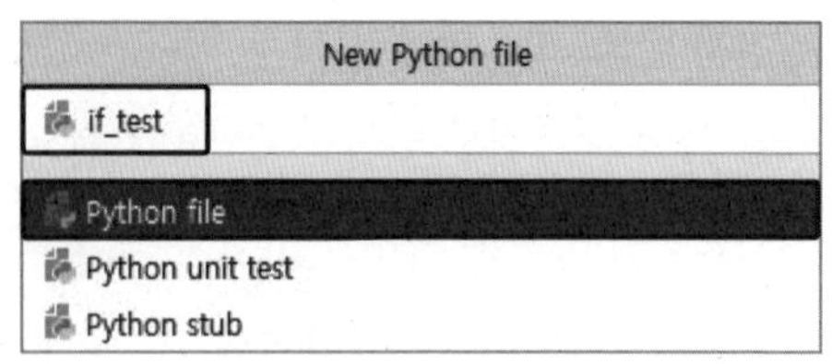

[그림 3-4] if_test 파이썬 파일 생성

이제 사용자에게 입력받은 값에 따라 기본급을 선택하여 출력하는 예제를 if문으로 작성해보자. 다음과 같이 dept라는 변수를 선언하고 사용자가 입력한 값을 읽어서 넣는다. 사용자의 입력값은 파이썬 내장 함수인 input( ) 함수를 이용해 읽어온다.

```
dept = input()
```

코드 입력창에서 i를 입력하면 i로 시작하는 것들을 추천해주는데, 이 중에서 input( ) 함수를 선택한다. 혹시 코드 자동 완성 목록이 사라졌다면, 코드를 입력하고자 하는 위치에서 〈Ctrl〉+〈Space〉를 누르면 된다.

```
if_test.py
1   dept = i
        input(__prompt)                                   builtins
        io
        imp
        int                                               builtins
        id(__obj)                                         builtins
        imghdr
        isinstance(__obj, __class_or_tuple)               builtins
        issubclass(__cls, __class_or_tuple)               builtins
        iter(__iterable)                                  builtins
        __import__(name, globals, locals, fromlist, le…   builtins
        imaplib
        Ctrl+Down and Ctrl+Up will move caret down and up in the editor  Next Tip
```

[그림 3-5] 파이참의 자동 완성 기능

여기서 잠깐, dept 변수 앞에 띄어쓰기를 한 칸 넣어보자. 그러면 가장 바깥쪽에 있는 블록의 코드는 아무런 공백없이 시작해야 한다는 파이썬의 들여쓰기 규칙을 어긴 것이므로 아래와 같이 에러 메시지가 뜬다. 파이참은 에러가 나면 빨간 밑줄이 표시되는데, 그 부분에 마우스를 가져가면 에러 메시지를 볼 수 있다.

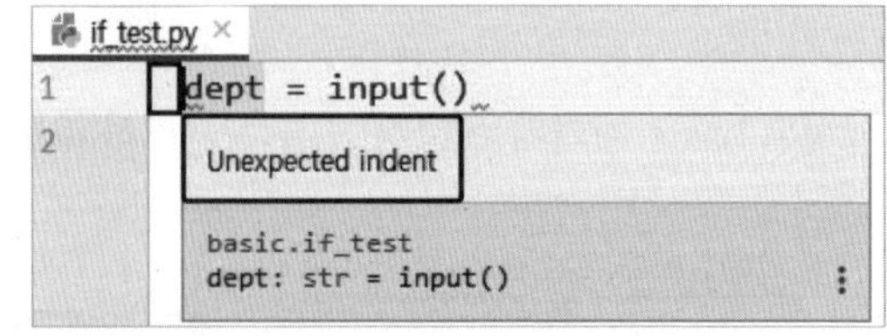

[그림 3-6] 들여쓰기 에러

'Unexpected indent' 에러는 말 그대로 예상치 못한 들여쓰기가 되었다는 의미다. 이 에러는 하지 말아야 하는 곳에서 들여쓰기를 했거나, 동일한 블록 내에서 들여쓰기 개수가 다를 때 주로 발생한다.

맨 앞의 띄어쓰기를 없애고 다음과 같이 전체 코드를 작성한다.

【 if_test.py 】

```
dept = input("일반, 영업, 개발 혹은 기타 직군을 입력하세요.")  ── ❶
base_salary = 0

if dept == "일반":                    ┐
    base_salary = 3000000             ┘ ❷
elif dept == "영업":                  ┐
    base_salary = 3500000             │
elif dept == "개발":                  │ ❸
    base_salary = 4000000             ┘
else:                                 ┐
    base_salary = 2000000             ┘ ❹

print("입력하신 직군과 기본급은 다음과 같습니다.")
print(dept, "직군의 기본급은 ", base_salary)
```

【 코드 설명 】

① input( ) 함수를 이용해 사용자로부터 값을 입력받아 dept 변수에 저장한다.

② 비교 연산자(==)는 값이 같으면 True, 그렇지 않으면 False를 출력하며 입력받은 값이 "일반"과 같은지를 비교한다. 사용자가 입력한 값이 "일반"과 같다면 base_salary에 3000000을 대입한다. 대입 연산자(=)는 오른쪽에 있는 값을 왼쪽에 대입한다.

③ 입력값이 "영업"과 같으면 base_salary에 3500000을, "개발"과 같으면 4000000을 대입한다.

④ 입력값이 위 조건식에 모두 해당하지 않으면 base_salary에 2000000을 대입한다.

[Run] → [if_test] 메뉴를 선택하거나 〈Ctrl〉+〈Shift〉+〈F10〉을 눌러서 작성한 코드를 실행한다. "일반, 영업, 개발 혹은 기타 직군을 입력하세요." 메시지의 마지막 부분을 클릭하여 값을 입력하고 엔터를 치면 조건문에 의해서 결정된 base_salary가 출력된다.

【 실행 결과 】

```
일반, 영업, 개발 혹은 기타 직군을 입력하세요. 개발
입력하신 직군과 기본급은 다음과 같습니다.
개발 직군의 기본급은 4000000

Process finished with exit code 0
```

3.2 while 반복문

반복문은 조건식이 참인 동안 내부 구문을 반복해서 수행하는 것을 말한다. 먼저 조건식을 평가하고 조건식이 참이면 구문을 모두 수행한다. 그다음 다시 조건식을 평가하여 역시 참이면 구문 수행을 한 번 더 실행한다.

조건식이 거짓이면 while문을 빠져나와 반복문을 종료한다. 반복문 안에서 break를 만나도 종료되는데, break는 3.5절에서 살펴보자.

다음은 while문을 사용하는 형식이다. while과 함께 else를 사용할 수도 있는데, while 반복문을 만족하지 않을 때 else가 수행된다.

```
# while문 1
while <조건식>:
    <구문>

# while문 2
while <조건식 1>:
    <구문 1>
else:
    <구문 2>
```

앞서 만든 basic 패키지를 오른쪽 클릭하여 [New] → [Python File]로 while_test라는 파이썬 파일을 새로 만들자. 이후에 나오는 모든 예제 파일도 같은 방식으로 생성한다.

while_test 파일에 다음과 같이 코드를 작성한다.

【 while_test.py 】

```
numbers = [1, 2, 3, 4, 5, 6, 7, 8, 9, 10]  ——— ❶
total = len(numbers)  ——— ❷

i = 0  ——— ❸
while i < total:  ——— ❹
    if numbers[i] % 2 == 0:  ——┐
        print(numbers[i], "는 짝수입니다.")  ——┘ ❺
    i = i+1  ——— ❻
```

【 코드 설명 】

① 1부터 10까지 값을 가지는 리스트 만들어서 numbers 변수에 저장한다.

② 내장 함수 len( )을 사용하여 리스트의 전체 길이를 알아내고, total에 저장한다.

③ 반복 횟수를 카운트하는 변수 i를 선언하고 0을 할당한다. 변수 i를 통해서 while문이 총 몇 번 반복되는지 카운트한다.

④ 리스트의 전체 길이만큼 반복하면서 리스트의 값을 하나씩 꺼낸다. 리스트의 요소를 꺼낼 때는 리스트 인덱싱을 이용한다. 인덱스 번호는 0부터 시작하므로 i 값이 리스트 전체 길이인 total보다 작을 때까지만 반복한다.

⑤ 리스트 요소의 값을 2로 나눈 나머지가 0이면 짝수라는 메시지를 출력한다.

⑥ 반복 횟수를 하나 증가시킨다.

[Run] → [while_test]를 선택하거나 〈Ctrl〉+〈Shift〉+〈F10〉으로 코드를 실행한다.

【 실행 결과 】

```
2 는 짝수입니다.
4 는 짝수입니다.
6 는 짝수입니다.
8 는 짝수입니다.
10 는 짝수입니다.

Process finished with exit code 0
```

반복문을 실행할 때 프로그램이 종료되지 않고 계속해서 실행되는 무한 루프에 빠진다면 실행창에서 〈Ctrl〉+〈F2〉로 종료하거나 〈Stop〉 버튼을 클릭한다. 〈Stop〉 버튼은 무한 루프일 때만 활성화된다.

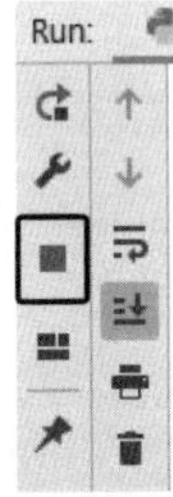

[그림 3-7] 파이참에서 무한 루프를 종료하는 버튼

명령 프롬프트에서 무한 루프를 종료할 때는 〈Ctrl〉+〈C〉 혹은 〈Ctrl〉+〈Z〉로 종료한다.

3.3 for 반복문

for문은 리스트, 딕셔너리, 튜플, 세트, 문자열 등의 반복 가능한 객체를 이용해 반복 구문을 만드는 것을 말한다. 반복 가능한 객체란 객체가 가진 여러 개의 요소에 차례대로 접근할 수 있는 객체를 의미하며 이터러블(iterable) 객체 혹은 시퀀스형 객체라고도 부른다.

다음은 for문의 형식이다.

```
# for문
for <임시 변수> in <반복 가능한 객체>:
    <구문>
```

반복 가능한 객체에서 요소 하나를 꺼내 임시 변수에 넣고, 반복 가능한 객체 요소들의 개수만큼 반복하면서 차례대로 하나씩 꺼내 임시 변수에 넣는다. 임시 변수는 for 구문 안에서 사용한다. 임시 변수의 이름은 임의로 지정하면 된다.

for문은 while문과 다르게 반복 횟수, 반복 조건, 반복 횟수 증가를 설정할 필요가 없다. 반복 가능 객체의 요소를 처음부터 끝까지 하나씩 가져오고, 모든 요소를 꺼내면 반복문을 종료한다. 혹은 for문 내부에 break 구문이 있는 경우에도 반복문은 종료한다.

실습을 위해 basic 패키지에 for_test1.py 파일을 만든다. for문은 여러 개의 예제를 살펴볼 것이므로 for_test1.py, for_test2.py, 이런 식으로 파일을 생성한다. 파일을 매번 만들기 번거롭다면 하나의 파일에 쭉 작성해서 실행해도 된다.

while문으로 작성했던 코드를 for문으로 작성해서 비교해보자.

【 for_test1.py 】

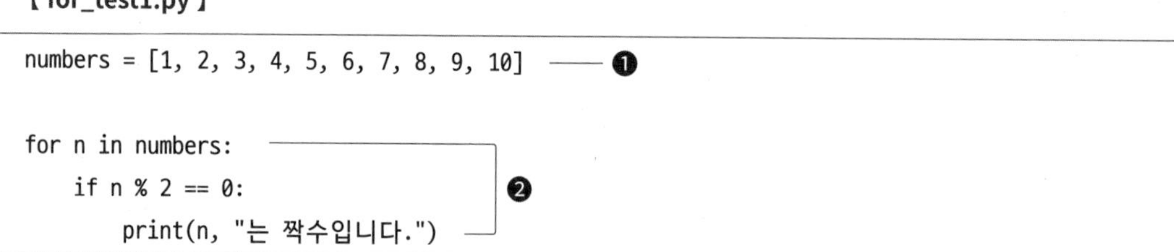

```
numbers = [1, 2, 3, 4, 5, 6, 7, 8, 9, 10]   ──── ❶

for n in numbers:              ─┐
    if n % 2 == 0:              │ ❷
        print(n, "는 짝수입니다.") ─┘
```

【 코드 설명 】

① 1부터 10까지의 요소를 가지는 리스트를 만들고 numbers 변수에 저장한다.

② 리스트 numbers에서 첫 번째 요소를 꺼내 임시 변수 n에 넣고, n을 2로 나눈 나머지가 0이면 짝수라는 메시지를 출력한다.

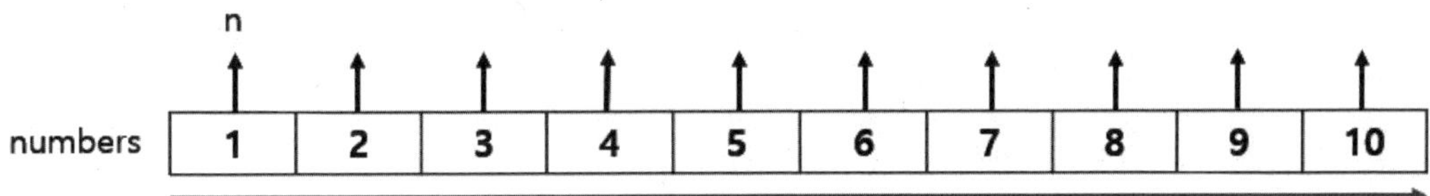

[그림 3-8] for문으로 리스트에서 요소 꺼내기

[Run] → [for_test1]을 선택하거나 〈Ctrl〉+〈Shift〉+〈F10〉을 눌러 코드를 실행한다.

【 실행 결과 】

```
2 는 짝수입니다.
4 는 짝수입니다.
6 는 짝수입니다.
8 는 짝수입니다.
10 는 짝수입니다.

Process finished with exit code 0
```

앞의 예제에서 for문은 반복 가능한 객체의 요소 개수만큼 반복한다. for문에서 특정 횟수를 지정하고 싶을 땐 어떻게 해야 할까? 예를 들어 게시판의 모든 페이지 정보를 가져와야 한다면 1부터 페이지 수를 하나씩 증가시키면서 마지막 페이지의 수만큼 for문을 반복해야 한다.

for_test2 파일을 추가하여 다음 코드를 작성하고 실행해보자.

【 for_test2.py 】

```
for i in 10:
    print(i)
```

【 실행 결과 】

```
Traceback (most recent call last):
  File "C:\PyCharmProjects\pythonProject\basic\for_test2.py", line 1, in <module>
    for i in 10:
TypeError: 'int' object is not iterable

Process finished with exit code 1
```

작성한 코드처럼 in 다음에 반복 가능한 객체가 아닌 10이라는 숫자를 지정하면 에러가 발생한다. 에러 메시지를 보면 int 값은 이터러블(반복 가능)하지 않다는 뜻이다.

이렇게 for문의 조건식에서는 숫자를 직접 입력하면 안 된다. 특정 숫자를 사용하려면 내장 함수 range( ) 함수를 이용해 배열 형식으로 숫자의 범위를 지정해야 한다.

range( ) 함수는 range(초깃값, 종료값, 증감값)의 형식으로 호출한다. 초깃값부터 종료값-1까지 증가 혹은 감소하면서 수를 배열 형태로 가져오는 함수이다. 초깃값을 생략하면 0부터 시작하고, 증감값을 생략하면 +1이 되어 1씩 증가한다. range( ) 함수로 가져온 값들은 요소가 여러 개인 반복 가능한 객체이므로 for문의 조건식에서 사용할 수 있다.

for_test2.py에서 에러가 났던 부분을 다음과 같이 수정하고 추가 코드를 작성한다. 코드에 대한 설명은 각 구문에 주석으로 표시했다.

참고 _ 파이참의 주석 단축키

파이참에서 주석을 만드는 단축키는 〈Ctrl〉+〈/〉이다. 주석으로 작성하고 싶은 구문 앞에 #을 붙이거나 〈Ctrl〉+〈/〉를 누르면 주석으로 만들어지고, 〈Ctrl〉+〈/〉를 한 번 더 누르면 주석이 해제된다. 여러 줄을 주석으로 만들고 싶을 때는 마우스 드래그로 원하는 구문을 선택하고 단축키를 누르면 된다.

【 for_test2.py 】

```
# 1부터 10까지 증가(11은 미포함)
for i in range(1, 11):
    print(i)

# 출력 결과를 보기 좋게 구분하기 위해서 줄 추가
print("================")

# 0부터 9까지 증가(10은 미포함)
for i in range(10):
    print(i)
print("================")

# 1부터 10까지 한 줄에 출력
for i in range(1, 11):
    print(i, end=' ')
```

내장 함수 print( ) 함수는 값을 하나 출력할 때마다 줄바꿈을 한다. 이는 print( ) 함수의 end 옵션 기본값이 '₩n'이기 때문이다. 예제의 마지막 코드처럼 end 옵션을 공백으로 지정하면 값을 공백으로 구분하여 줄바꿈하지 않고 모두 한 줄에 출력한다.

【 실행 결과 】

```
1
2
3
4
5
6
7
8
9
10
=================
0
1
2
3
4
5
6
7
8
9
=================
1 2 3 4 5 6 7 8 9 10
Process finished with exit code 0
```

이번에는 다양한 자료형을 이용해 for문을 작성해보자. for_test3.py를 추가하여 다음 코드를 작성한다. 각 코드에 대한 설명은 주석을 참고한다.

【 for_test3.py 】

```
# dict에서 반복문 사용
emps = {'선영':500, '길동':100, '지훈':200}
for k,v in emps.items():
    print(k,v)
print("=============")

# 딕셔너리의 키를 하나씩 꺼내고, 키에 해당하는 값도 출력한다.
for key in emps.keys():
    print(key, emps[key])
print("=============")
```

```
# set에서 반복문 사용
s = {1, 2, 3, 3, 4, 4, 5, 5}
for i in s:
    print(i, end=' ')
print("\n==============")

# tuple에서 반복문 사용
t = (1, 2, 3, 3, 4, 4, 5, 5)
for i in t:
    print(i, end=' ')
```

【 실행 결과 】

```
선영 500
길동 100
지훈 200
==============
선영 500
길동 100
지훈 200
==============
1 2 3 4 5
==============
1 2 3 3 4 4 5 5
Process finished with exit code 0
```

세트는 같은 값이 있을 때 중복을 제거하므로 1, 2, 3, 4, 5만 출력됐다.

지금까지의 실행 결과에서 알 수 있듯이 파이참에서 코드를 실행하면 실행창 마지막에 'Process finished with exit code 0'라는 구문이 표시된다. 이는 코드 실행을 정상적으로 마쳤다는 의미로, 앞으로는 결과 화면에서 생략하겠다.

3.4 리스트 컴프리헨션

리스트 컴프리헨션(list comprehension)은 직역하면 리스트 내장이다. 리스트 내장이라는 표현을 사용해도 되지만, 내장 함수를 말할 때의 내장이라는 단어와 혼동될 수 있으므로 이 책에서는 영어 발음을 그대로 표기한다.

리스트 컴프리헨션은 for문에서 반복 가능한 객체를 이용해 계산, 조합, 필터링 등의 연산을 수행하고 새로운 리스트 객체를 생성한다. 다음은 리스트 컴프리헨션의 형식이다.

```
[<표현식> for <임시 변수> in <반복 가능한 객체> (if <조건식>)]
```

전체를 대괄호[ ]로 묶어서 리스트로 만들어 주는 것이 중요하다. for문 안에 선언된 임시 변수는 for문 안에서만 사용했지만, 리스트 컴프리헨션에서는 이 임시 변수를 for문 바깥쪽의 if 조건식이나 표현식에서도 사용할 수 있다.

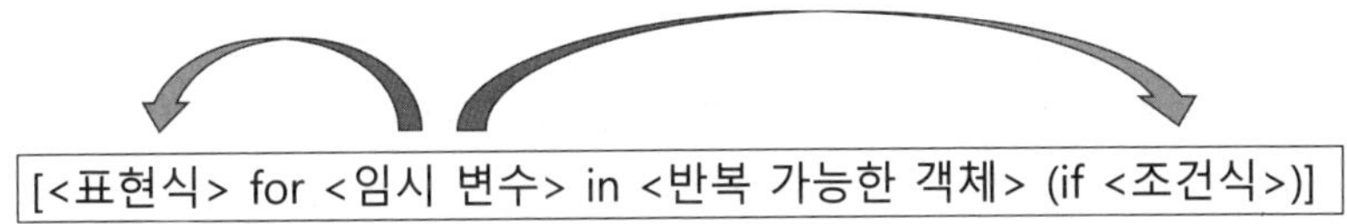
[<표현식> for <임시 변수> in <반복 가능한 객체> (if <조건식>)]

[그림 3-9] for문 밖에서도 사용할 수 있는 임시 변수

리스트 컴프리헨션은 for문에서 표현식과 조건문을 사용하여 다양한 연산을 하는 일종의 간편 문법이라고 볼 수 있다.

for문으로 작성했던 1부터 10까지 숫자 중에서 짝수를 구하는 예제(for_test1)를 리스트 컴프리헨션으로 변경해보자. 새로운 파이썬 파일 for_test4를 생성하고 다음 코드를 작성한다.

【 for_test4.py 】

```
numbers = [1, 2, 3, 4, 5, 6, 7, 8, 9, 10]     ❶
result = [n for n in numbers if n % 2 == 0]   ┐
print(result, "는 짝수입니다.")                 ┘ ❷
```

【 실행 결과 】

```
[2, 4, 6, 8, 10] 는 짝수입니다.
```

【 코드 설명 】

① 리스트를 생성하여 numbers 변수에 저장한다.

② for문으로 numbers 리스트 요소를 하나씩 꺼내고, 요소를 2로 나눈 나머지가 0이면 리스트에 남겨둔다. 이 리스트를 result 변수에 저장하고 결과를 출력한다.

실행 결과를 보면 리스트 컴프리헨션은 결과를 리스트 형태로 출력하는 것을 알 수 있다.

리스트 컴프리헨션의 예제를 좀 더 살펴보자. 앞의 for_test4.py 파일에 코드를 이어서 작성한다.

【 for_test4.py 】

```
numbers = [1, 2, 3, 4, 5, 6, 7, 8, 9, 10]
result = [n for n in numbers if n % 2 ==0]
print(result, "는 짝수입니다.")

# 여기서부터 새로운 코드 추가
print("==============")
# 리스트 컴프리헨션
# 조건문 없이 리스트에서 요소를 하나씩 꺼내 10을 곱하고 결과를 리스트로 출력한다.
numbers = [1, 2, 3, 4, 5]
result = [num * 10 for num in numbers]
print(result)
print("==============")

# 리스트 컴프리헨션 대신 for문만 사용(결괏값이 리스트가 아님)
for num in numbers:
    print(num * 10, end=' ')
print("\n==============")

# 리스트 컴프리헨션
# 2로 나눈 나머지가 0인 요소에 10을 곱하고 결과를 리스트로 출력한다.
result = [num * 10 for num in numbers if num % 2 == 0]
print(result)
print("=================")

# 리스트 컴프리헨션
# 문자열 리스트를 만들어서 문자열 객체가 가지고 있는 upper() 함수를 호출한다.
# upper() 함수는 모든 영문자를 대문자로 변경해주는 함수이다.
fruits = ['apple', 'pear', 'cherry', 'grape', 'pineapple']
upper_fruits = [fruit.upper() for fruit in fruits]
print(upper_fruits)
print("=================")

# 리스트 컴프리헨션 대신 for문만 사용
fruits = ['apple', 'pear', 'cherry', 'grape', 'pineapple']
# 대문자로 변경한 값들을 저장할 빈 리스트를 선언
upper_fruits = [ ]
for fruit in fruits:
    # 원본 리스트에서 요소를 하나씩 꺼내 대문자로 변경한 후 temp 변수에 저장
    temp = fruit.upper()
    # temp 값을 upper_fruits 리스트에 추가(append)
    upper_fruits.append(temp)
print(upper_fruits)
```

【 실행 결과 】

```
[2, 4, 6, 8, 10] 는 짝수입니다.
==============
[10, 20, 30, 40, 50]
==============
10 20 30 40 50
==============
[20, 40]
=================
['APPLE', 'PEAR', 'CHERRY', 'GRAPE', 'PINEAPPLE']
=================
['APPLE', 'PEAR', 'CHERRY', 'GRAPE', 'PINEAPPLE']
```

개발 팁 _ for문보다 더 쉬운 리스트 컴프리헨션

일반적으로 반복문은 while문보다 for문이 더 쉽고 간단하다. for문은 반복 횟수를 카운트할 변수의 초깃값을 선언하거나 반복 횟수를 증가시키는 등의 코드가 필요 없고, 무한 루프로 빠지는 경우도 더 적다.

이러한 for문을 리스트 컴프리헨션 형태로 쓰면 여러 줄의 코드를 한 줄로 작성할 수 있어서 더 간단해진다. 처음에는 리스트 컴프리헨션이 더 어려워 보여도 금세 익숙해질 것이다.

3.5 break문과 continue문

for문은 in 내부에 있는 객체의 처음 요소부터 시작해서 마지막 요소까지 구문을 반복하고 나서 실행을 종료한다. while문은 while문에 명시된 조건이 만족하는 동안에 구문을 반복 실행하고 조건이 만족하지 않으면 종료한다.

하지만 중간에 반복문을 종료하거나 다음번 반복 횟수로 건너뛰고 싶을 때는 어떻게 하면 좋을까? 이런 경우에는 break와 continue를 사용하면 된다.

3.5.1 break문

- break는 반복문 내부에서 사용한다.
- break문을 만나면 반복 횟수가 남아 있어도 반복문 내부 블록을 벗어난다. 즉, 해당 반복문을 종료한다.
- 반복문은 조건문이나 다른 반복문을 포함할 수 있다. 반복문이 여러 개 중첩일 경우에 break문을 만나면 가장 가까이 있는 반복문을 종료한다.

break_test.py 파일을 생성하고 다음 코드를 작성한다. 코드에 대한 자세한 설명은 주석을 살펴보자.

【 break_test.py 】

```
# 연도 정보를 가지고 있는 리스트
years = [2019, 2020, 2021, 2022, 2023, 2024]

for y in years:
    # 2022보다 큰 연도가 나오면 반복문을 종료한다.
    if y > 2022:
        print("=== 2022년도까지만 출력하고 종료합니다. ===")
        # break를 포함하고 있는 반복문을 종료한다.
        break
    else:
        # 2로 나눈 나머지가 0인 짝수인 경우만 선택한다.
        if y % 2 == 0:
            # 짝수 값만 문자열 포매팅을 이용하여 출력한다.
            print("=== %s는 짝수 연도입니다. ===" % y)
```

【 실행 결과 】

```
=== 2020는 짝수 연도입니다. ===
=== 2022는 짝수 연도입니다. ===
=== 2022년도까지만 출력하고 종료합니다. ===
```

앞의 코드에 이어서 중첩 반복문을 추가해보자.

【 break_test.py 】

```
# 연도 정보를 가지고 있는 리스트
years = [2019, 2020, 2021, 2022, 2023, 2024]

for y in years:
    # 2022보다 큰 연도가 나오면 반복문을 종료한다.
    if y > 2022:
        print("=== 2022년도까지만 출력하고 종료합니다. ===")
        # break를 포함하고 있는 반복문을 종료한다.
        break
    else:
        # 2로 나눈 나머지가 0인 짝수인 경우만 선택한다.
        if y % 2 == 0:
            # 짝수 값만 문자열 포매팅을 이용하여 출력한다.
```

```
        print("=== %s는 짝수 연도입니다. ===" % y)

        # 여기서부터 코드 추가
        for m in range(1, 15):
            # 월이 12월보다 큰 경우에는 종료한다.
            if m > 12:
                # break를 포함하고 있는 가장 가까운 반복문을 종료한다.
                break
            else:
                print("%s 월" % m)
```

앞의 예제는 for문 안에서 또 다른 for문을 사용하고 있다. 중첩된 for문을 사용한 것이다. 이때 for문 안의 break는 가장 가까운 for문을 종료한다. 파이참에서는 들여쓰기를 자동으로 해주지만, 중첩 반복문을 사용할 때는 블록마다 들여쓰기를 꼭 신경 써야 한다.

한 번 실행했던 코드이므로 파이참의 재실행 단축키인 〈Ctrl〉+〈F5〉를 눌러 실행한다.

【 실행 결과 】

```
=== 2020는 짝수 연도입니다. ===
1 월
2 월
3 월
4 월
5 월
6 월
7 월
8 월
9 월
10 월
11 월
12 월
=== 2022는 짝수 연도입니다. ===
1 월
2 월
3 월
4 월
5 월
6 월
7 월
8 월
9 월
```

```
10 월
11 월
12 월
=== 2022년도까지만 출력하고 종료합니다. ===
```

3.5.2 continue문

- continue는 반복문 내부에서 사용한다.
- continue문을 만나면 continue 이후의 코드는 실행하지 않고, 바로 다음번 반복 횟수로 넘어가거나 다음 요소를 선택한다. 그리고 반복문을 계속해서 진행한다.
- 중첩 반복문일 경우에 continue문을 만나면 가장 가까이 있는 반복문의 횟수를 증가시킨다.

continue_test.py 파일을 추가하고 다음 코드를 작성한다.

【 continue_test.py 】

```
# 연도 정보를 가지고 있는 리스트
years = [2015, 2016, 2017, 2018, 2019, 2020, 2021, 2022, 2023]

for y in years:
    # 2로 나눈 나머지가 0이 아닌 홀수인 경우에만 반복문을 계속한다.
    # 반복문을 계속한다는 의미는 반복문의 다음번 반복 횟수로 넘어가는 것이다.
    if y % 2 != 0:
        continue
    else:
        # 짝수 값만 문자열 포매팅을 이용하여 출력한다
        print("%s는 짝수 연도입니다." % y)
```

continue문을 만나면 continue의 조건식을 보고 continue 이후에 나오는 코드를 실행할지 판단한다. 예제를 보면 2015부터 하나씩 증가하면서 리스트의 요소를 가져오는데, 2015는 2로 나눈 나머지가 0이 아니므로 continue 이후의 코드를 실행하지 않고 바로 리스트의 다음 요소인 2016을 가져온다. 실행 결과는 다음과 같다.

【 실행 결과 】

```
2016는 짝수 연도입니다.
2018는 짝수 연도입니다.
2020는 짝수 연도입니다.
2022는 짝수 연도입니다.
```

3.6 파이썬 프로그램 끝내기

파이썬 프로그램은 명령을 모두 수행하면 알아서 종료된다. 그러나 프로그램이 실행 중일 때 사용자가 프로그램을 종료하도록 할 수 있다. sys 모듈의 exit( ) 함수를 사용하면 된다. 우리는 아직 모듈에 대해 배우지 않았지만, 예제 실습을 위해 sys 모듈을 사용해보자. 모듈은 6장에서 자세히 다룰 예정이다.

새로운 파일 exit_test.py를 생성하고 다음 코드를 작성한다.

【 exit_test.py 】

```
import sys  ── ❶
while True: ── ❷
    print('종료를 원하면 exit를 입력하세요.')
    key = input()                              ─┐
    if key == 'exit':                           │ ❸
        sys.exit()                              │
    print('입력하신 키는 ' + key + ' 입니다') ─┘
```

【 코드 설명 】

① sys 모듈을 임포트한다.

② while 반복문의 조건을 항상 True로 설정해 무한 루프를 만든다.

③ 사용자가 입력한 값과 'exit' 문자열을 비교하여 같으면 프로그램을 종료하고, 'exit'이 아니면 사용자로부터 입력받은 값을 출력한다.

【 실행 결과 】

```
종료를 원하면 exit를 입력하세요.
안녕
입력하신 키는 안녕 입니다
종료를 원하면 exit를 입력하세요.
파이썬은 재밌다
입력하신 키는 파이썬은 재밌다 입니다
종료를 원하면 exit를 입력하세요.
test
입력하신 키는 test 입니다
종료를 원하면 exit를 입력하세요.
12345
입력하신 키는 12345 입니다
```

```
종료를 원하면 exit를 입력하세요.
exit
```

실행 결과, 값을 입력하면 입력한 내용을 그대로 출력해준다. exit를 입력하기 전까지는 계속해서 새로운 입력을 받으며, exit를 입력하면 프로그램을 종료한다.

3.7 try문

프로그래밍을 하다 보면 수많은 에러를 만나게 된다. 파이썬에서는 특히 많이 발생하는 들여쓰기 구문 에러나 코드에 오타가 있을 수도 있다. 예를 들어 print( ) 함수를 pirnt( )라고 잘못 입력했다면, 프로그램 실행을 종료하고 오타를 수정한 뒤 코드를 재실행해야 할 것이다.

하지만 에러가 발생해도 프로그램 실행을 멈추지 않고 예외 사항(Exception)을 처리한 후에 코드를 계속 실행할 수 있다. 예를 들면 사용자가 잘못된 값을 넣은 경우에 프로그램은 계속 실행하면서 사용자에게 올바른 값을 입력하라는 메시지를 보여준다거나, 또는 프로그램으로 여러 가지 계산을 수행할 때 작은 예외 사항이 발생해도 프로그램이 멈추지 않도록 무시하고 넘어가도록 할 수도 있다.

여기서 말하는 예외 사항이란 프로그램 실행 시 발생하는 예기치 못한 상황들, 즉 일종의 에러라고 볼 수 있다. 숫자를 넣어야 하는데 문자를 넣은 경우, 없는 파일을 열려고 시도하는 경우, 배열에 없는 인덱스를 참조하려고 하는 경우 등등 매우 다양한 예외 사항이 있을 수 있다.

파이썬 프로그램은 에러 또는 예외 사항이 발생하면 프로그램은 수행을 중단하는데, 예외 사항을 적절하게 처리해서 프로그램을 종료하지 않고 이후의 코드를 계속해서 수행하고 싶다면 try~except~finally 구문을 사용하면 된다.

예외 처리가 필수는 아니지만, 예외를 적절하게 처리하면 보다 안전하고 유연한 프로그램을 만들 수 있다. 예외 처리 구문 형식은 다음과 같다.

```
# try~except~finally문
try:
    <예외가 발생할 가능성이 있는 코드>
except 발생한 예외 객체:
    <복구 등 대처 코드>
finally:
    <항상 실행이 보장되는 구문>
```

```
# try ~ finally문
try:
    <예외가 발생할 가능성이 있는 코드>
finally:
    <항상 실행이 보장되는 구문>
```

try문 내부에 예외가 발생할 가능성이 있는 코드를 작성하고, except문에는 발생한 예외 사항에 따라 적절한 대처 코드를 작성하면 된다. try문을 수행하는 중에 예외가 발생하면 except문으로 이동하여 코드를 실행하며, except문은 여러 개를 사용할 수 있다. try문은 except문 없이 finally문과 사용할 수 있다.

예외 객체는 일반적으로 Exception을 사용하면 된다. 그러나 예외 사항들을 구체적으로 구분해서 발생한 예외 사항에 따라 코드를 다르게 처리하고 싶다면 다음 링크에서 파이썬의 다양한 내장 예외 객체를 살펴보기 바란다.

- https://docs.python.org/3/library/exceptions.html

except문 다음에는 finally문을 수행한다. finally문은 다음과 같은 경우에 언제나 실행된다.

- 예외가 발생하지 않고 정상적으로 코드가 실행된 경우
- 예외 사항이 발생했는데 처리되지 않은 경우
- 예외 사항이 발생했는데 처리된 경우

finally문까지 모두 수행이 끝나면 try~except~finally 블록을 빠져나와서 다음 코드를 실행한다.

예를 들어 다음과 같은 try~except~finally 블록이 있다고 가정해보자.

```
try:
    <구문 1>
    <구문 2>
    <구문 3>
except 예외 객체:
    <구문 4>
finally:
    <구문 5>
<구문 6>
```

finally문이 실행되는 세 가지 경우의 실행 과정을 살펴보면 다음과 같다.

- **예외가 발생하지 않은 경우**

  〈구문 1〉 → 〈구문 2〉 → 〈구문 3〉 → 〈구문 5〉 → 〈구문 6〉

- **〈구문 2〉 수행 시 예외가 발생하고, 이 예외 사항을 처리하는 except문이 없거나 except문의 예외 객체가 다른 경우**

  〈구문 1〉 → 〈구문 2〉 → 〈구문 5〉 → 프로그램 종료

- **〈구문 2〉 수행 시 예외가 발생하고, 이 예외 사항을 처리하는 except문이 있는 경우**

  〈구문 1〉 → 〈구문 2〉 → 〈구문 4〉 → 〈구문 5〉 → 〈구문 6〉

이처럼 예외가 발생해도 예외 처리 구문이 있다면 프로그램은 종료되지 않고 실행을 이어나간다.

try_test.py를 새로 만들고 input( ) 함수를 통해 사용자에게 입력받은 값에 따라서 나이대를 출력하는 예제를 작성해보자. 다음 예제는 앞에서 배운 반복문, 조건문, 예외 처리, 문자열 포매팅을 종합적으로 연습해본다.

【 try_test.py 】

```
while True:  ──── ❶
    value = input("나이를 입력하세요. 종료를 원하시면 exit를 입력하세요 : ")  ──── ❷
    if value == 'exit':  ─┐
        break  ───────────┘ ❸
    try:
        age = int(value)  ──── ❹
        print("당신의 나이는 %s 입니다" % age)  ──── ❺

        if age > 0 and age < 10:  ─┐
            group = "10대 미만"    │
        elif age >= 10 and age <20:│
            group = "10대"         │
        elif age >= 20 and age <30:│
            group = "20대"         │
        elif age >= 30 and age <40:│ ❻
            group = "30대"         │
        elif age >= 40 and age <50:│
            group = "40대"         │
        elif age >= 50 and age <60:│
            group = "50대"         │
        else :                     │
            group = "60대 이상"  ──┘
```

```
        print ("나이대는 {0} 입니다".format(group))  ——— ❼

    except Exception as e:
        print("예외 처리 구문 실행")
        print("{0} 입력, 숫자를 입력해주세요~~".format(value))      ❽
        # 발생한 예외 사항이 어떠한 것인지 출력
        print(e)
    finally:
        print("finally 코드는 언제나 수행됩니다")
                                                            ❾
    print("계속해서 사용자의 입력값을 받습니다")
```

【 코드 설명 】

① while문을 사용해 무한 루프를 만든다.

② input( ) 함수를 통해 사용자로부터 입력받은 값을 value 변수에 저장한다.

③ 무한 루프 구문에 대한 종료 조건을 넣는다. 사용자가 'exit'를 입력하면 반복문을 종료하고, 'exit' 이외의 값을 넣으면 다음 코드를 계속 실행한다.

④ try문의 내부에서는 입력받은 값을 숫자로 변환한다. 입력받은 값은 무조건 str(문자열) 타입인데, 문자열 10과 숫자 10은 다른 타입이므로 내장 함수 int( )를 사용하여 str을 int로 변경하는 것이다. 입력값으로 숫자를 입력하면 정상적으로 try문이 실행된다.

⑤ "당신의 나이는 ~ 입니다" 출력 구문에 % 문자열 포매팅을 이용하여 사용자가 입력한 값을 넣어 출력한다.

⑥ 입력값이 0보다 크고 10보다 작으면 "10대 미만"을 group 변수에 넣고, 10 이상 20 미만이면 "10대", 20 이상 30 미만이면 "20대", 30 이상 40 미만이면 "30대", 40 이상 50 미만이면 "40대", 50 이상 60 미만이면 "50대", 나머지 경우에는 "60대 이상"을 group 변수에 넣는다.

⑦ format( ) 함수 문자열 포매팅을 사용하여 "나이대는 ~ 입니다"라는 메시지를 출력한다.

⑧ 사용자가 입력값으로 숫자를 입력하면 int( )가 문자 10을 숫자 10으로 정상적으로 변경하지만, 사용자가 숫자가 아닌 문자를 입력하면 문자 자체("test"처럼 일반 문자열)는 숫자로 변경할 수 없어 다음과 같은 예외가 발생한다.

```
invalid literal for int() with base 10: 'test'
```

이처럼 예외가 발생하면 try문의 나머지를 실행하는 것이 아니라 except문을 수행한다. except문에서는 format( ) 함수 문자열 포매팅을 사용하여 입력한 값을 사용자에게 보여주고, 숫자를 입력해달라는 메시지와 어떤 예외가 발생했는지를 출력한다.

⑨ finally문은 언제나 수행되므로, "finally 코드는 언제나 수행됩니다" 메시지를 출력하고, try~except~finally 블록을 빠져나와 "계속해서 사용자의 입력값을 받습니다"라는 메시지를 출력한 후, while문의 처음으로 돌아가서 다시 사용자의 입력값을 받는다. 즉, 사용자가 "exit"를 입력하기 전까지 코드를 반복 수행한다.

코드를 실행해서 숫자와 문자를 번갈아 입력해보고 마지막에는 exit를 입력하여 종료한다.

【 실행 결과 】

```
나이를 입력하세요. 종료를 원하시면 exit를 입력하세요 : 10
당신의 나이는 10 입니다
나이대는 10대 입니다
finally 코드는 언제나 수행됩니다
계속해서 사용자의 입력값을 받습니다
나이를 입력하세요. 종료를 원하시면 exit를 입력하세요 : test
예외 처리 구문 실행
test 입력, 숫자를 입력해주세요~~
invalid literal for int() with base 10: 'test'
finally 코드는 언제나 수행됩니다
계속해서 사용자의 입력값을 받습니다
나이를 입력하세요. 종료를 원하시면 exit를 입력하세요 : 20
당신의 나이는 20 입니다
나이대는 20대 입니다
finally 코드는 언제나 수행됩니다
계속해서 사용자의 입력값을 받습니다
나이를 입력하세요. 종료를 원하시면 exit를 입력하세요 : exit
```

04

함수로 코드 재사용하기

앞서 우리는 프로그램의 흐름을 제어하는 다양한 구문을 작성해보았다. 이런 코드를 하나의 프로젝트에서 여러 번 사용해야 한다면 그때마다 똑같은 코드를 작성해야 할까? 이럴 때는 자주 사용하는 코드를 함수, 클래스, 모듈로 만들어두고 필요할 때마다 재사용하면 된다.

먼저 함수란 무엇이고, 함수를 어떻게 만들고 사용하는지 알아보자.

4.1 함수의 이해

함수를 한마디로 말하면 재사용할 수 있는 코드 블록이다. 여러 개의 구문을 하나로 묶어서 특정 기능을 수행하는 함수로 만들어두고 필요할 때마다 함수를 호출해서 사용하는 것이다.

다음 그림과 같이 함수의 밖에서 안으로 어떤 값을 넘기면 함수 내부에서는 받은 값을 이용해 다양한 연산을 수행하고, 그 결과를 함수를 호출한 곳으로 넘긴다.

[그림 4-1] 함수의 input과 output

함수에서 쓰이는 값은 input과 output으로 구분할 수 있다.

- input
  - 함수의 외부에서 함수를 호출할 때 넘겨주는 값으로, 매개변수 또는 인자값이라고 한다.

참고 _ 매개변수와 인자값의 차이점

매개변수(파라미터, parameter)는 함수 선언부의 변수 목록을 의미하고, 인자값(아규먼트, argument)은 함수가 호출될 때 전달되는 실제 값을 의미한다. 즉, 다음 그림에서 함수의 선언부에 정의된 num1, num2를 매개변수라 하며, 함수를 호출할 때 전달하는 값인 10과 20을 인자값이라고 한다.

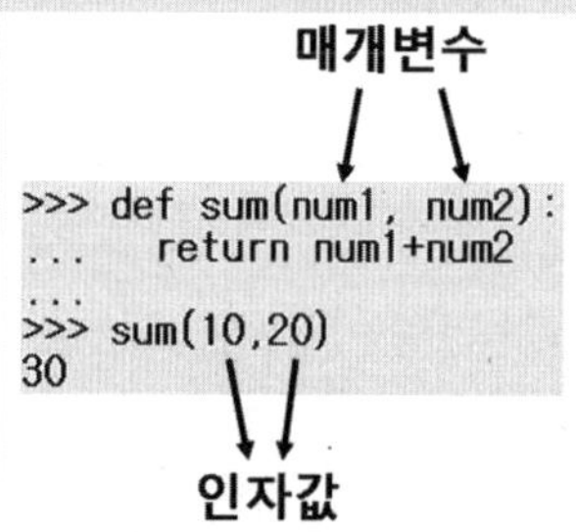

[그림 4-2] 함수의 매개변수와 인자값

매개변수와 인자값은 쓰이는 곳에 따라 의미적인 차이가 있지만, 일반적으로는 둘 중 하나로 통일하여 부르기도 한다. 이 책에서는 매개변수로 통일하여 사용한다.

  - 함수명 다음의 괄호( ) 안에 입력한다.
  - 매개변수는 없을 수도 있고, 여러 개일 수도 있다.
  - 매개변수가 없다고 해서 함수 다음의 괄호( )를 생략할 수는 없다.
  - 매개변수로 선언된 변수 앞에는 변수의 타입을 명시하지 않는다.
  - 함수를 호출할 때는 함수를 선언할 때 명시한 대로 매개변수를 전달해야 한다.

- output
  - 함수를 실행한 뒤 함수를 호출했던 곳으로 넘겨주는 결괏값으로, 리턴값(반환값)이라고 한다.
  - 리턴값은 없을 수도 있으며 여러 개의 값을 튜플로 묶어서 전달할 수도 있다.
  - 함수의 구현부 마지막에 작성하는 return문은 생략할 수 있다.
  - return문에 값이 없거나 return문을 생략하면 return None으로 간주한다.
  - return문의 생략은 함수를 호출한 곳으로 리턴할 때 아무런 값도 가지고 가지 않는다는 의미이지 리턴이 안 된다는 의미가 아니다. 혼동하지 말자!
  - 리턴값이 없어도 함수를 호출했던 곳으로 돌아간다.

참고 _ None

None은 아무런 값이 없음을 의미한다. 다른 언어에서 사용하는 null과 같은 값이라고 보면 된다. None은 NoneType 자료형의 유일한 값으로, 파이썬에서는 return문이 없거나 return문에 값이 없는 모든 함수의 마지막에 return None을 사용한다.

4.2 함수의 선언과 구현

함수를 사용하기 위해서는 먼저 함수 선언과 기능을 구현하고, 이후에 함수를 호출하는 과정을 거친다. 함수의 선언이란 함수의 이름과 매개변수 등을 명시하는 것이고, 함수의 구현은 함수가 수행하는 작업을 정의하는 것이다. 함수의 선언과 구현은 동시에 이루어진다. 선언부와 구현부는 콜론(:)으로 구분한다.

한번 선언된 함수는 여러 번 호출할 수 있으며, 함수 실행을 종료하면 함수를 호출했던 코드로 되돌아간다. 함수 이름 다음에는 괄호를 붙여서 함수임을 나타내고, 함수를 호출할 때도 괄호를 꼭 붙여야 한다. 그럼 이제 이름 있는 함수와 이름 없는 함수, 두 가지 유형을 살펴보자.

4.2.1 이름 있는 함수 만들기

함수를 선언하는 형식은 다음과 같다.

```
def 함수명(매개변수1, 매개변수2, ..., 매개변수N):
    구문
    return 리턴값
```

- 함수의 선언부는 def(define의 약자)로 시작하고 콜론으로 끝난다.
- 함수 이름 다음의 괄호 안에는 매개변수를 선언하는데, 변수의 타입 없이 변수 이름만 입력한다. 매개변수는 경우에 따라 기본값을 가질 수 있으며 이에 관한 내용은 4.3.1절에서 설명한다.
- 함수 구현부의 시작과 끝은 코드의 들여쓰기로 구분하므로 따로 명시할 필요가 없다. 같은 함수의 구현부는 들여쓰기 수가 모두 같다.

이번 장의 예제는 2장에서처럼 파이썬 셸에서 실행하기로 한다. 명령 프롬프트를 실행하고, python 명령어를 입력한다. 그리고 나서 다음 코드를 입력해보자.

여러 줄의 코드를 입력할 때는 코드 끝에서 엔터를 치면 자동으로 다음 줄에 ...이 표시된다. ... 다음에 그대로 이어서 코드를 입력하고, 코드 입력이 끝나면 엔터를 한 번 혹은 두 번 입력하면 된다.

```
>>> def my_func():
...     print("함수 테스트")
...
>>> my_func()
함수 테스트
>>>
```

참고

파이썬 셸에서 코드를 입력할 때는 〉〉〉 다음에 공백을 넣으면 안 된다.

```
>>>  def my_func()
  File "<stdin>", line 1
    def my_func()
IndentationError: unexpected indent
>>>
```

이렇게 맨 앞에 공백(띄어쓰기)을 입력하면 에러가 발생한다.

앞에서 입력한 코드를 나눠서 살펴보자.

```
>>> def my_func():
...     print("함수 테스트")
...
```

함수 선언부를 보면 함수의 이름은 my_func이고, 괄호 안에 아무것도 없으므로 매개변수와 리턴값 없이 선언한 것이다. 그리고 콜론으로 함수 선언을 마친다. 함수 구현부에서는 공백 네 칸으로 들여쓰기하고 print( ) 함수를 호출한다.

```
>>> my_func()
함수 테스트
```

함수 이름에 괄호까지 붙여 위에서 선언한 함수를 호출한다. my_func( ) 함수는 "함수 테스트"라는 문자열을 출력한다.

4.2.2 이름 없는 함수 만들기

함수는 이름 없이 만들 수도 있다. 이름이 없는 함수를 람다(lambda) 함수라고 하며, 다른 언어에서는 익명 함수(anonymous function)라고 부른다. 람다 함수는 다음과 같은 형식으로 선언한다.

```
lambda 매개변수: 구문
```

- 이름 없이 lambda로 시작하며, 함수의 매개변수와 구현부만 존재한다.
- 람다 함수에는 return문을 작성할 수 없다. return문이 있으면 에러가 발생한다.
- 함수에 함수를 매개변수로 넘겨줄 때와 같이 한 줄 정도의 간단한 함수가 필요할 때 사용한다.

그렇다면 이름이 없는 람다 함수는 어떻게 호출해서 사용할까? 람다 함수는 주로 다음과 같은 네 가지 방식으로 사용할 수 있다.

첫째, 람다 함수를 선언함과 동시에 호출한다.

```
>>> (lambda a: a+a)(10)
20
```

둘째, 람다 함수를 변수에 할당하여 사용한다.

```
>>> func = lambda a,b: a+b
>>> func(10,20)
30
```

참고 _ 어떻게 변수에 함수를 할당할 수 있을까?

함수를 변수에 할당하거나, 함수를 다른 함수의 리턴값으로 넘기거나, 함수를 다른 함수의 매개변수로 넘기는 것이 가능한 이유는 모두 함수형 언어의 특징과 관련이 있다. 함수형 언어의 특징은 4.7절에서 살펴보도록 하자.

셋째, 람다 함수를 다른 함수의 리턴값으로 넘겨서 사용한다. myFunc( ) 함수 호출 시 넘기는 매개변수 20은 n에 할당하고, 10은 lambda의 x에 할당한다.

```
>>> def myFunc(n):
...     return lambda x: x+n
...
>>> print(myFunc(20)(10))
30
```

넷째, 람다 함수를 다른 함수의 매개변수로 넘겨서 사용한다.

```
>>> a = [1,2,3,4]
>>> b = [5,6,7,8]
>>> list(map(lambda x, y: x+y, a, b))
[6, 8, 10, 12]
```

예시에서 사용한 함수는 map(function, iterable, ...) 함수이다. 이 함수는 첫 번째 매개변수로 함수(function)를, 두 번째 매개변수로는 반복 가능한 이터러블 객체(iterable)를 받아서 매개변수로 쓰인 함수를 이터러블 객체의 모든 요소에 적용하는 함수이다. 리턴값으로는 매개변수로 쓰인 함수에 의해 변경된 이터러블 객체를 리턴한다.

4.3 함수 매개변수

4.3.1 기본 매개변수

하나 이상의 매개변수가 '매개변수=값' 형식을 가질 때 함수는 기본 매개변수 값(default parameter values)을 갖는다고 한다. 기본값을 가지는 매개변수를 기본 매개변수(default parameter) 또는 기본 인자값(default argument)이라고 하며 함수의 옵션 또는 함수의 속성이라고도 부른다.

기본 매개변수를 지정하면 매개변수가 필요한 함수를 호출할 때 매개변수를 넘기지 않아도 미리 지정해놓은 기본값이 할당된다. 기본 매개변수는 함수의 괄호 안에 '이름=값' 형태로 지정한다.

my_func( ) 함수에 기본 매개변수 a, b를 지정하고 기본 매개변수가 적용되는 다양한 경우를 살펴보자.

```
>>> def my_func(a=10, b=20):
...     return a*b
...
```

우선 매개변수를 입력하지 않으면 기본 매개변수인 a=10, b=20이 할당된다.

```
>>> my_func()
200
```

매개변수를 입력하면 앞에서부터 차례대로 할당된다. 예를 들어 매개변수를 100 하나만 입력하면 a=100, b=20이 할당되고, 100과 200을 입력하면 차례대로 a=100, b=200이 할당된다.

```
>>> my_func(100)
2000
>>> my_func(100, 200)
20000
```

이름과 값을 함께 지정하면 해당 매개변수에 값이 할당되고, 나머지는 기본 매개변수가 할당된다. 즉, b=100을 입력하면 a=10, b=100이 할당된다.

```
>>> my_func(b=100)
1000
```

이름과 값을 함께 지정하면 매개변수의 순서에 상관없이 해당 변수에 값이 할당된다.

```
>>> my_func(a=300, b=400)
120000
>>> my_func(b=100, a=200)
20000
```

기본 매개변수를 사용할 때는 반드시 지켜야 할 규칙이 있다. **기본값을 가지는 매개변수 뒤에는 기본값이 없는 매개변수를 사용할 수 없다.** 이를 지키지 않으면 에러가 발생한다.

```
>>> def my_func(a, b=10, c, d=20):
  File "<stdin>", line 1
    def my_func(a, b=10, c, d=20):
                        ^
SyntaxError: non-default argument follows default argument
```

참고로 파이썬의 에러 메시지에는 매개변수(parameter) 대신에 인자값(argument)이라는 용어가 사용된다.

개발 팁 _ SyntaxError**란?**

SyntaxError는 구문 에러로, 주로 파이썬 문법을 어겼거나 변수나 함수의 이름에 오타가 있을 때 발생한다. 여기서는 기본값이 없는 매개변수가 기본 매개변수 뒤에 나왔다는 에러가 발생했다. 에러가 발생하면 구체적인 에러 내용이 바로 이어서 나오므로 에러 메시지를 잘 확인하자.

앞의 코드에서 매개변수의 위치를 다음과 같이 바꾸면 에러가 발생하지 않는다.

```
>>> def my_func(a, c, b=10, d=20):
...     return a+c+b+d
```

개발 팁 _ 기본 매개변수의 순서가 왜 중요할까?

기본 매개변수가 아닌 매개변수를 반드시 먼저 써야 하는 규칙은 프로그램을 작성하는 데 매우 편리한 장점이다. 주로 파일의 입출력이나 그래프를 그리는 함수들이 매개변수가 많은데, 예를 들어 매개변수가 40개인 함수를 호출한다고 생각해보자.

기본값이 있는 매개변수와 그렇지 않은 매개변수의 순서가 뒤섞여 있다면 어떨까? 실수로 기본값이 없는 매개변수의 값을 넘겨주지 않으면 에러가 날 것이다. 따라서 함수를 호출할 때마다 매번 함수의 정의를 비교해 보느라 함수를 호출하는 데만 한참이 걸린다.

이런 불편함을 줄이기 위해 기본값이 없는 매개변수를 앞에 쓰는 것이다. 기본값이 있는 매개변수가 나오기 시작하면 그 뒤로는 쭉 기본 매개변수일 것이다. 그러니까 우리는 기본 매개변수가 어디서 시작되는지만 파악하면 된다.

다음은 수십 개의 매개변수를 가지는 함수의 예이다. read_csv( ) 함수에 기본값이 없는 매개변수는 filepath_or_buffer 하나밖에 없기 때문에 이 함수를 호출할 때 반드시 넘겨야 할 매개변수는 한 개인 셈이다.

```
pandas.read_csv(filepath_or_buffer, sep=', ', delimiter=None, header='infer', names=None, index_col=None,
usecols=None, squeeze=False, prefix=None, mangle_dupe_cols=True, dtype=None, engine=None,
converters=None, true_values=None, false_values=None, skipinitialspace=False, skiprows=None, nrows=None,
na_values=None, keep_default_na=True, na_filter=True, verbose=False, skip_blank_lines=True,
parse_dates=False, infer_datetime_format=False, keep_date_col=False, date_parser=None, dayfirst=False,
iterator=False, chunksize=None, compression='infer', thousands=None, decimal=b'.', lineterminator=None,
quotechar='"', quoting=0, escapechar=None, comment=None, encoding=None, dialect=None, tupleize_cols=None,
error_bad_lines=True, warn_bad_lines=True, skipfooter=0, doublequote=True, delim_whitespace=False,
low_memory=True, memory_map=False, float_precision=None)                                      [source]
```

4.3.2 키워드 매개변수

키워드 매개변수(keyword parameter)란 함수를 호출할 때 함수의 선언부에 있는 매개변수의 이름을 그대로 변수명으로 사용하는 것을 의미한다. 키워드 매개변수는 기본값의 유무에 상관이 없다.

앞에서 설명했듯이 매개변수는 함수를 선언할 때 사용되는 변수를 의미하고 인자값은 함수를 호출할 때 전달하는 값을 의미하는데, 파이썬 공식 문서에서는 함수를 호출할 때 변수명을 사용하는 키워드 매개변수를 키워드 인자값(keyword argument)이라고 표현한다.

다음은 전달받은 매개변수를 연결하여 url이라는 값을 리턴하는 함수다.

```
>>> def connect(server, port):
...     url = "http://" + server + ":" +port
...     return url
```

변수 대신 값을 전달할 수도 있으며, 앞에서부터 차례대로 할당된다.

```
>>> connect('pypi.org', '80')
'http://pypi.org:80'
```

변수명에 값을 지정하면 순서에 상관없이 해당 변수에 값이 할당된다.

```
>>> connect(port='8080', server='python.org')
'http://python.org:8080'
```

4.3.3 가변 매개변수

매개변수의 개수가 정해지지 않은 것을 가변 매개변수라고 한다. *를 매개변수 이름 앞에 붙이고, 값을 튜플 형식으로 전달하면 된다. 값은 없거나 여러 개일 수 있다.

다음은 전달받은 값과 값의 타입을 출력하는 함수다. type( ) 내장 함수로 자료형을 확인할 수 있다.

```
>>> def func(*args):
...     print(args)
...     print(type(args))

>>> func()
()
<class 'tuple'>

>>> func(10, 20)
(10, 20)
<class 'tuple'>

>>> func(10, 20, 30, 40)
(10, 20, 30, 40)
<class 'tuple'>
```

4.3.4 딕셔너리 형태의 가변 매개변수

*를 두 개 붙인 **를 사용하면 가변 매개변수를 튜플이 아닌 딕셔너리 형식으로 전달할 수 있다. 다음 get_url( ) 함수는 server, port와 함께 이름=값을 쌍으로 하는 매개변수를 여러 개 받을 수 있다.

```
>>> def get_url(server, port, **query):
...     url = "http://" + server + ":" + port + "/?"
...     # 딕셔너리 매개변수 개수만큼 반복하면서 key를 추출한다.
...     for key in query.keys():
...         # key로 value값을 추출해 url 문자열에 더해준다.
...         url += key + "=" + query[key] + "&"
...     return url
...
>>> get_url('127.0.0.1', '8080', id='sunny', word='python')
'http://127.0.0.1:8080/?id=sunny&word=python&'
```

4.4 함수의 호출

함수를 선언하고 나면 함수를 이름으로 호출할 수 있다. 이때 함수의 선언부에 있는 대로 매개변수를 전달해야 한다. 선언 시 매개변수가 없었다면 아무것도 넘기지 않는다. 함수에 전달할 매개변수가 없다고 해서 함수를 호출할 때 괄호를 생략해서는 안 된다.

함수는 앞서 실습해본 def나 lambda를 이용해 사용자가 직접 만들 수 있고, 파이썬 표준 라이브러리나 서드파티 라이브러리에서 제공하는 함수를 호출할 수도 있다. 서드파티 라이브러리는 6장에서 설명한다.

함수를 호출하는 다양한 방법을 알아보자.

4.4.1 내장 함수 호출

파이썬에서는 파이썬 표준 라이브러리에서 기본으로 제공하는 내장 함수(Built-in Functions)를 호출할 수 있다. 내장 함수의 종류와 사용법은 다음 파이썬 공식 문서에서 확인할 수 있다.

- https://docs.python.org/3/library/functions.html

Built-in Functions			
A abs() aiter() all() any() anext() ascii() **B** bin() bool() breakpoint() bytearray() bytes() **C** callable() chr() classmethod() compile() complex() **D** delattr() dict() dir() divmod()	**E** enumerate() eval() exec() **F** filter() float() format() frozenset() **G** getattr() globals() **H** hasattr() hash() help() hex() **I** id() input() int() isinstance() issubclass() iter()	**L** len() list() locals() **M** map() max() memoryview() min() **N** next() **O** object() oct() open() ord() **P** pow() print() property()	**R** range() repr() reversed() round() **S** set() setattr() slice() sorted() staticmethod() str() sum() super() **T** tuple() type() **V** vars() **Z** zip() **_** __import__()

[그림 4-3] 파이썬의 내장 함수

개발 팁

함수의 종류는 공식 문서뿐만 아니라 내장 함수 help( ) 함수를 통해서도 도움말 즉 독스트링(docstring)을 볼 수 있다. help( ) 함수에 다른 함수를 매개변수로 전달하면 그 함수가 어떤 기능을 수행하는지와 함수의 매개변수, 리턴값 등을 확인할 수 있다.

내장 함수는 다음과 같이 import문 없이 함수의 이름으로 호출하면 된다.

```
함수명(매개변수, ...)
```

내장 함수인 help( ) 함수를 사용한 예시를 보면 다음과 같다.

```
>>> help(print)
Help on built-in function print in module builtins:

print(...)
    print(value, ..., sep=' ', end='\n', file=sys.stdout, flush=False)

    Prints the values to a stream, or to sys.stdout by default.
    Optional keyword arguments:
    file:  a file-like object (stream); defaults to the current sys.stdout.
    sep:   string inserted between values, default a space.
    end:   string appended after the last value, default a newline.
    flush: whether to forcibly flush the stream.
```

4.4.2 내장 객체 타입 함수 호출

파이썬 표준 라이브러리에는 내장 객체 타입이 가지고 있는 함수도 있다. 내장 객체 타입(Built-in Types)이란 파이썬에서 이미 만들어 놓은 객체(클래스) 타입을 의미한다. 앞에서 살펴봤던 리스트, 딕셔너리, 튜플, 세트, 문자열이 대표적인 내장 객체 타입이며 이 객체들이 가지고 있는 함수를 내장 객체 타입 함수라고 한다.

내장 객체 타입이 가진 함수를 호출할 때는 import문을 사용하지 않고 객체명 다음에 .을 찍어서 함수 이름을 호출한다.

```
객체명.함수명(매개변수, ...)
```

다음은 내장 객체 타입인 리스트를 생성한 뒤 리스트가 가지고 있는 append( ) 함수를 호출하는 예시이다.

```
>>> my_list = ['sunny', 'pyo', 'psy']
>>> my_list
['sunny', 'pyo', 'psy']

>>> my_list.append("sunyoung")
>>> my_list
['sunny', 'pyo', 'psy', 'sunyoung']
```

4.4.3 같은 모듈에 선언된 함수 호출

같은 모듈 내에서 사용자가 def로 정의한 함수를 호출하는 것을 말한다. 모듈이란 함수와 클래스 등을 묶어서 하나의 프로그램을 구성하는 단위를 말한다. 같은 모듈에 선언된 함수는 파이썬 내장 함수와 마찬가지로 import문을 사용하지 않고 함수 이름과 정의된 매개변수를 전달하면서 호출한다. 일반적으로 같은 모듈은 동일한 소스 코드(~.py) 내부를 의미한다.

```
>>> def func_test():
...     print("사용자 정의 함수")
...
>>> func_test()
사용자 정의 함수
```

4.4.4 다른 모듈에 선언된 함수 호출

모듈은 크게 세 가지 형태로 구분할 수 있다.

- 파이썬 표준 라이브러리에서 제공하는 모듈
- 서드파티 라이브러리에서 제공하는 모듈
- 사용자 정의 모듈

모듈에 있는 함수를 사용하려면 먼저 모듈을 임포트하고, 임포트한 모듈명과 함수를 호출하면 된다. 다른 모듈에 있는 객체 타입의 함수를 호출할 때는 모듈명과 객체명, 함수명을 모두 점으로 연결해서 사용하면 된다.

```
import 모듈명
모듈명.함수명(매개변수, ...)
모듈명.객체명.함수명(매개변수, ...)
```

날짜와 시간을 다루는 datetime 모듈을 임포트하고 date( ) 함수를 호출해보자.

```
>>> import datetime
>>> datetime.date(2023, 1, 1)
datetime.date(2023, 1, 1)
```

모듈에 대해 좀 더 살펴보기 위해 date( ) 함수의 리턴값을 d 변수에 저장하고 d 변수의 타입을 확인해본다.

```
>>> d = datetime.date(2023, 1, 1)
>>> type(d)
<class 'datetime.date'>
```

date( ) 함수는 datetime 모듈의 date 클래스 타입을 리턴하는 것을 알 수 있다.

이번에는 d 변수를 이용해서 date 클래스의 변수를 참조한다. 동일한 방식으로 다양한 함수를 호출할 수도 있다.

```
>>> d.year  # datetime.date(2023, 1, 1).year와 같은 의미
2023

>>> d.month # datetime.date(2023, 1, 1).month와 같은 의미
1

>>> d.day   # datetime.date(2023, 1, 1).day와 같은 의미
1
```

클래스와 객체 모듈에 대한 자세한 내용은 다음 장에서 살펴보도록 하고, 파이썬에서 자주 사용하는 내장 함수를 정리해보면 다음과 같다. 함수를 모두 외우지는 않아도 되며, 필요할 때마다 사용법 등을 찾아보면서 사용하면 된다.

- type( ): 매개변수의 타입을 리턴한다.
- help( ): 매개변수로 주어진 함수의 도움말을 볼 수 있다.
- dir( ): 모듈이나 클래스를 구성하는 목록을 보여준다.
- input( ): 사용자에게 텍스트 입력을 받는다.
- len( ): 문자열, 리스트 등 객체의 크기를 정숫값으로 리턴한다.
- str( ): 주어진 값을 문자열로 변환한다.

- range( ): 주어진 범위의 이터레이터 객체를 리턴한다.
- int( ): 문자열 자료형을 숫자 자료형으로 변환한다.
- list( ): 매개변수로 주어진 값을 리스트로 변환한다.
- max( ): 리스트, 튜플, 문자열에서 최댓값을 리턴한다.
- min( ): 리스트, 튜플, 문자열에서 최솟값을 리턴한다.

이 중에서 dir( ) 함수를 살펴보자. __builtins__를 매개변수로 입력하면 파이썬에 내장되어 있는 함수나 객체 타입 등을 확인할 수 있다. 이때 언더바는 앞뒤로 두 개씩 붙인다.

```
>>> dir(__builtins__)
['ArithmeticError', 'AssertionError', 'AttributeError', 'BaseException', 'BlockingIOError',
'BrokenPipeError', ...(생략)..., 'print', 'property', 'quit', 'range', 'repr', 'reversed',
'round', 'set', 'setattr', 'slice', 'sorted', 'staticmethod', 'str', 'sum', 'super', 'tuple',
'type', 'vars', 'zip']
```

4.5 함수의 독스트링

앞서 살펴본 것처럼 파이썬에서는 help( ) 함수를 이용하면 함수나 속성 등에 관련한 도움말을 제공해준다. 이러한 도움말을 독스트링(docstring, document string의 줄임말)이라고 한다.

그렇다면 파이썬에서 제공하는 도움말이 없는 사용자 정의 함수는 어떻게 할까? 사용자 정의 함수의 독스트링은 이미 만들어진 함수에 __doc__ 속성을 이용해 입력하는 방법과 함수를 정의할 때부터 함수 내부에 입력하는 두 가지 방법이 있다. __doc__은 앞뒤로 언더바를 두 개씩 붙인다.

첫 번째로 함수 선언과 정의를 먼저 하고 난 뒤 독스트링을 추가하는 방법을 알아보자. 실습을 위해 calc_salary라는 함수를 다음과 같이 만든다. 파이썬 셸에서 코드를 입력할 때는 들여쓰기를 항상 신경 쓰자.

```
>>> def calc_salary(emp, salary):
...     base = 2000000
...     extra = 5000000
...     if emp == '사원':
...         salary = base + salary
...     elif emp == '임원':
...         salary = base + salary + extra
...     print('salary : ' , salary)
```

help( ) 함수로 calc_salary 함수의 사용법을 확인한다. 실행 결과를 보면 함수 이름 외에는 아무런 정보도 나오지 않을 것이다.

```
>>> help(calc_salary)
Help on function calc_salary in module __main__:

calc_salary(emp, salary)
```

함수에 독스트링을 만들려면 '함수명.__doc__'의 형태로 변수를 만들고, 내용을 입력하면 된다. 내용을 한 줄만 입력할 때는 따옴표를 하나씩(' ' 혹은 " ") 사용하고, 여러 줄 입력할 때는 따옴표를 세 개씩(''' ''' 혹은 """ """) 사용한다.

우리가 만든 사용자 정의 함수의 독스트링을 여러 줄로 입력해본다.

```
>>> calc_salary.__doc__ = """사용자 정의 함수.
... emp : 입력값은 사원 혹은 임원,
... salary : 급여
... 사원과 임원의 급여를 계산하여 출력한다."""
```

다음과 같이 help( ) 함수로 calc_salary 함수의 사용법을 확인해보면 방금 작성한 독스트링이 출력되는 것을 확인할 수 있다.

```
>>> help(calc_salary)
Help on function calc_salary in module __main__:

calc_salary(emp, salary)
    사용자 정의 함수.
    emp : 입력값은 사원 혹은 임원,
    salary : 급여
    사원과 임원의 급여를 계산하여 출력한다.
```

두 번째 방법은 함수를 선언할 때 구현부에 독스트링을 추가하는 것이다. 함수 구현부가 시작되는 첫 번째 줄에 마찬가지로 따옴표로 내용을 입력하면 된다. 구현부의 첫 번째 줄에 입력하지 않으면 독스트링으로 처리하지 않는다는 점에 유의한다.

```
>>> def calc_salary(emp, salary):
...     """사용자 정의 함수.
...         emp : 입력값은 사원 혹은 임원,
...         salary : 급여
```

```
...         사원과 임원의 급여를 계산하여 출력한다."""
...     base = 2000000
...     extra = 5000000
...     if emp == '사원':
...         salary = base + salary
...     elif emp == '임원':
...         salary = base + salary + extra
...     print('salary : ' , salary)
```

다시 help( ) 함수로 calc_salary 함수의 사용법을 확인하면 방금 입력한 독스트링이 출력되는 것을 볼 수 있다.

```
>>> help(calc_salary)
Help on function calc_salary in module __main__:

calc_salary(emp, salary)
    사용자 정의 함수.
    emp : 입력값은 사원 혹은 임원,
    salary : 급여
    사원과 임원의 급여를 계산하여 출력한다.
```

이처럼 앞으로 학습할 모듈이나 클래스, 클래스의 메소드 모두 __doc__ 속성을 이용하거나 구현부의 첫 번째 줄에 따옴표로 문자열을 입력하면 독스트링으로 처리된다. 사용자 정의 함수는 이렇게 간단한 방법으로 도움말을 만들 수 있다.

참고 _ 독스트링은 왜 필요할까?

하나의 프로그램을 개발할 때는 여러 명이 공동 작업을 하는 경우가 대다수다. 따라서 독스트링으로 다른 개발자가 작성한 코드를 어떻게 호출하고 사용해야 하는지 도움말을 얻을 수 있다.
물론 혼자서 개발할 때도 독스트링을 작성해두면 수많은 함수나 클래스 모듈을 사용할 때 사용법을 쉽게 파악할 수 있고, 배포 시에도 해당 코드를 사용하는 다른 사용자들에게 사용법에 대한 도움말을 제공할 수 있어 매우 편리하고 유용한 속성이다.

파이썬은 표준 라이브러리뿐만 아니라 기타 라이브러리들도 독스트링이 아주 잘 만들어져 있다. 따라서 공식 문서나 help( ) 함수를 통해 도움말을 자주 확인하고 독스트링 작성 요령을 키워두는 것이 좋다.

4.6 변수의 호출 범위

변수는 선언된 위치에 따라서 전역 변수와 지역 변수로 나눌 수 있다. 변수는 전역 변수와 지역 변수 둘 중 하나에 속하며, 전역 변수이면서 동시에 지역 변수일 수는 없다.

- **전역 변수**(global variable): 함수 밖에서 선언된 변수로, 특정 함수의 영역이 아닌 전역적인 범위에서 사용할 수 있는 변수다.
- **지역 변수**(local variable): 함수 안에서 선언된 변수로, 함수 내부에서만 지역적으로 사용할 수 있는 변수다.

변수는 값을 담는 상자라고 설명했었다. 상자가 사라지면 그 안에 저장된 값도 함께 사라진다. 전역 변수는 파이썬 프로그램을 실행하고 변수를 선언했을 때 만들어졌다가 프로그램을 종료하면 전역 범위가 파괴되어 사라진다. 전역 변수는 프로그램이 실행되는 중에 모든 함수에서 사용할 수 있다. 따라서 여러 함수에서 하나의 값을 공통으로 사용해야 한다면 전역 변수로 선언한다.

지역 변수는 파이썬 프로그램을 실행하고 함수가 호출될 때마다 만들어진다. 함수를 호출하면 지역 변수가 만들어졌다가 함수의 수행이 끝나면 사라진다. 서로 다른 함수들 사이에서 각자의 지역 변수는 공유되지 않는다. 오직 변수가 선언된 함수 안에서만 사용할 수 있다. 따라서 서로 다른 함수에서는 같은 이름의 지역 변수를 선언해도 된다.

전역 변수 count를 선언하고, my_func( ) 함수에 지역 변수 name을 선언한다.

```
>>> count = 0
>>> def my_func():
...     name = 'my_func의 지역 변수'
...     print(name)
...     print(count)
```

my_func( ) 함수를 호출하면 지역 변수 name과 전역 변수 count가 모두 출력된다. 전역 변수 count는 모든 함수 안에서 얼마든지 참조할 수 있다.

```
>>> my_func()
my_func의 지역 변수
0
```

그런데 함수 안에서 전역 변수의 값을 변경하려고 하면 어떻게 될까?

```
>>> def my_func():
...     name = 'my_func의 지역 변수'
...     print(name)
...     count = count + 1
...     print(count)
```

전역 변수 count의 값을 1 증가시키도록 my_func( ) 함수를 변경하고 다시 호출한다.

```
>>> my_func()
my_func의 지역 변수
Traceback (most recent call last):
  File "<stdin>", line 1, in <module>
  File "<stdin>", line 4, in my_func
UnboundLocalError: local variable 'count' referenced before assignment
```

지역 변수 count에 값이 할당되기 전에 먼저 참조되었다는 에러가 발생한다. 앞에서 count 변수를 참조만 했을 때는 분명 전역 변수 count를 잘 읽어왔는데, 값을 변경하려고 하니 count를 전역 변수가 아니라 지역 변수로 인식한 것이다.

함수 안에서 전역 변수의 값을 변경하려면 global이라는 키워드를 사용해야 한다. my_func( ) 함수가 정상적으로 실행되도록 코드를 수정하면 다음과 같다.

```
>>> def my_func():
...     name = 'my_func의 지역 변수'
...     print(name)
...     global count
...     count = count + 1
...     print(count)
```

여기서 주의할 점은 global 키워드로 count가 전역 변수임을 먼저 선언한 다음에 전역 변수를 참조해야 한다는 것이다. 즉, global 키워드를 통해 count 변수는 지역 변수가 아닌 전역 변수이므로 count라는 지역 변수를 만들지 말고 전역 변수 count를 참조하라고 알린 이후에 값을 할당해야 한다. 만약 global count = count + 1과 같이 작성하면 SyntaxError 에러가 발생한다.

이제 my_func( ) 함수를 다시 호출하면 정상적인 실행 결과가 나온다.

```
>>> my_func()
my_func의 지역 변수
1
```

your_func라는 함수를 추가로 작성한다.

```
>>> def your_func():
...     name = 'your_func의 지역 변수'
...     print(name)
...     global count
...     count = count + 1
...     print(count)
```

name은 your_func( ) 안에서 정의된 지역 변수이다. 앞에서 정의한 my_func( )의 name 변수와는 아무런 상관이 없는 your_func( )만의 지역 변수인 것이다. count는 앞에서 선언한 전역 변수이다.

your_func( ) 함수를 호출한다.

```
>>> your_func()
your_func의 지역 변수
2
```

함수를 호출한 결과를 보면 출력된 name은 'your_func의 지역 변수' 값이다. 전역 변수인 count는 처음에 0이 할당됐다가, my_func( )에서 1 증가시키고, 다시 your_func( )에서도 1 증가시켰기 때문에 최종적으로 2라는 값이 출력된다.

변수의 호출 범위를 정리하면 지역 변수는 함수 사이에서 공유되지 않는 각 함수 고유의 변수이고, 전역 변수는 프로그램 실행 시에 딱 하나만 만들어져서 함수 사이에서 공유되는 변수이다.

변수를 참조할 때는 다음 순서대로 변수를 찾는다.

1. 함수 내부 영역, 지역 영역(local scope)
2. 함수 외부 영역, 전역 영역(global scope)
3. 파이썬에서 정의한 내장 영역(built-in scope)

4.7 함수형 언어의 특징

파이썬은 함수형 언어의 특징과 객체지향 언어의 특징을 모두 가지고 있다. 함수형 언어는 어떤 특징이 있는지 기본적인 사항만 알아보자.

"Function is object"

함수형 언어에서 함수는 객체다. 객체는 메모리의 특정 주소값에 생성되므로 함수도 주소값이 할당된다. 객체가 메모리에 만들어지면서 할당된 주소값은 사용자에게 직접 알려주지 않고 참조 변수(reference variable)에 저장된다. 우리가 함수를 호출하면 함수의 이름으로 된 참조 변수를 통해 함수 객체에 찾아갈 수 있는 것이다.

간단한 test( ) 함수를 만들어서 살펴보자. 아래 코드에서 #으로 표시된 주석문은 입력하지 않아도 된다.

```
>>> def test():
...     print("test 함수 수행")
...
>>> # 함수 호출
>>> test()
test 함수 수행
>>> # t 변수에 함수를 할당
>>> t = test
>>> type(t)
<class 'function'>
>>> # t 이름으로 함수 호출
>>> t()
test 함수 수행
>>> # t2 변수에 함수를 할당
>>> t2 = t
>>> # t2 이름으로 함수 호출
>>> t2()
test 함수 수행
```

객체의 메모리 주소값은 직접 알아낼 수 없으므로 임의로 10번지라고 가정하겠다. 객체의 주소값은 참조 변수에 할당되며, 우리는 참조 변수를 통해서 메모리의 객체를 참조한다고 했다. 위 코드를 그림으로 나타내면 다음과 같다.

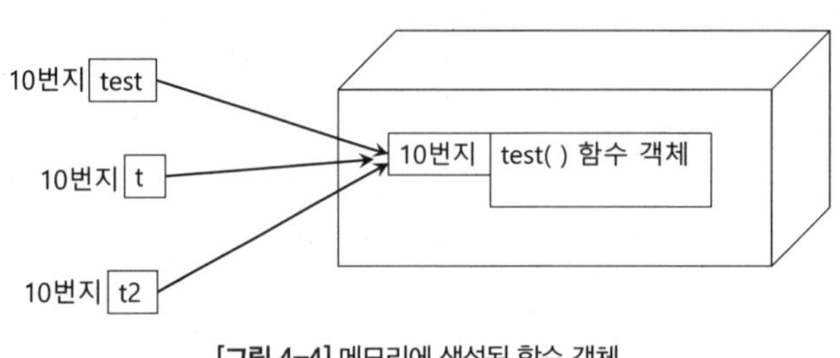

[그림 4-4] 메모리에 생성된 함수 객체

먼저 test( ) 함수를 선언하고 호출하면 메모리의 특정 주소값인 10번지에 test( ) 함수 객체가 만들어지고, 이 주소값을 test에 할당한다.

그리고 t라는 변수에 test를 할당한다. 이때는 test 뒤에 괄호를 붙이지 않는다. 괄호를 붙이면 함수를 호출하는 것이고, 지금은 test가 가지고 있는 값인 함수 객체의 주소값을 t에 할당하는 것이므로 괄호를 붙이지 않는다. 그러면 test와 t는 동일한 주소값을 가지게 되며, 같은 함수를 참조한다.

type(t)로 t의 타입을 알아보면 〈class 'function'〉이라고 나온다. 즉, t 변수는 class로부터 생성된 function 객체 타입이다. 이후 t( )를 통해 test( ) 함수를 호출할 수 있다.

마지막으로 또 다른 변수 t2에 t를 할당하면 마찬가지로 동일한 주소값을 참조하고, t2( )로 test( ) 함수를 호출할 수 있다.

결국 함수가 객체이기 때문에 가능한 점들은 다음과 같다.

- 함수를 매개변수로 전달할 수 있다.
- 함수의 리턴 타입으로 함수를 사용할 수 있다.
- 변수에 함수를 할당할 수 있다.

앞서 lambda 함수를 만들고 호출한 방식도 모두 이에 해당한다. '함수가 객체다'라는 내용이 아직 잘 이해되지 않는다면 다음 장에서 클래스와 객체에 대해 학습한 뒤에 다시 이번 장을 살펴보기 바란다.

05

클래스와 상속

이번 장에서는 클래스와 객체의 관계, 클래스 선언 및 객체 생성, 생성자와 소멸자, 상속에 대해서 학습한다. 이러한 내용은 파이썬이 객체지향적 언어임을 나타낸다. 앞서 말했듯이 파이썬은 함수형 언어의 특징과 객체지향 언어의 특징이 모두 있다.

5.1 클래스와 객체

클래스와 객체는 아주 밀접한 관계가 있다. 클래스는 설계도면에, 객체는 집에 비유해보자. 집을 짓기 전에는 먼저 설계도면을 작성한다. 예를 들어 창문이 10개 있고 현관문이 2개인 이층집을 설계했다면 이 설계도면을 바탕으로 지은 집의 구조는 설계도면과 같을 것이다.

그런데 설계도면에 그려진 집은 실제로 들어가서 살 수 있는 실체가 아니다. 설계도면에 설계한 대로 집을 지어야 실체가 존재하는 것이다. 이처럼 클래스는 객체를 만들기 위한 틀이고, 객체는 실체로 존재하는 인스턴스다.

설계도면이 하나 있으면 여러 채의 집을 지을 수 있다. 예를 들어 하나의 설계도면으로 집을 종로구에 한 채, 강남구에 한 채, 강동구에 한 채 지었다면 집의 구조는 모두 같지만 주소는 모두 다를 것이다.

마찬가지로 하나의 클래스로 여러 개의 객체를 생성할 수 있다. 같은 클래스로 만들어진 객체는 내부 구조가 서로 같고, 객체가 생성된 메모리 주소만 다르다.

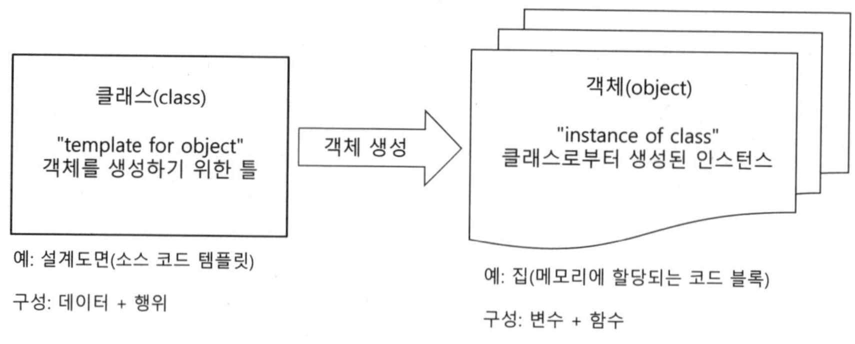

[그림 5-1] 클래스와 객체의 관계

클래스와 객체의 구성을 보면 클래스는 데이터+행위, 객체는 변수+함수로 표현했다. 데이터는 곧 변수이며 행위는 곧 함수이다. 특히 객체가 가진 함수를 메소드(method)라고 하므로 이제부터 객체에 정의된 함수는 메소드라고 하겠다.

클래스와 객체는 주로 다음 그림과 같이 쿠키 틀과 그 틀로 찍어낸 쿠키에 비유하기도 한다.

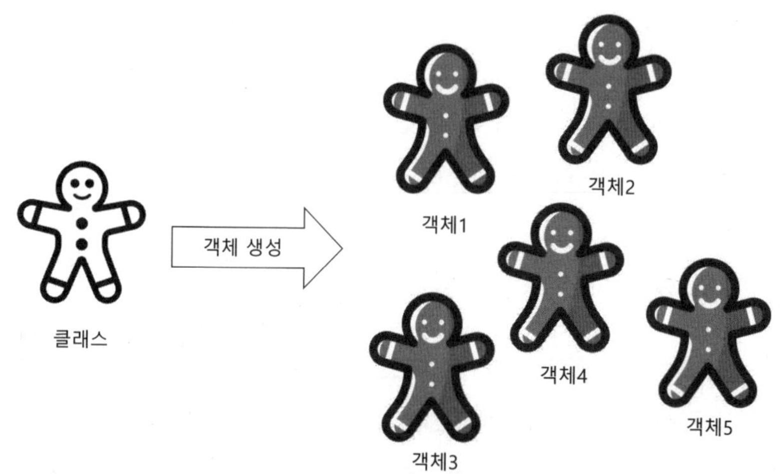

[그림 5-2] 클래스로부터 객체를 생성하는 과정과 같은 쿠키

실제 프로그램은 코드에 작성한 객체들이 메모리에 할당된 다음 주어진 명령에 따라 실행되어 결과를 낸다. 이때 메모리의 주소값으로 실행할 코드의 영역을 구분한다. 객체가 생성될 때 메모리의 주소값이 정해지고, 객체의 주소값은 변수에 할당된다. 따라서 우리는 메모리의 주소값 대신에 변수를 통해 객체를 참조하는 것이다.

객체를 메모리의 주소값으로 참조할 수는 없을까? 파이썬뿐만 아니라 자바 등 대부분의 객체지향 언어에서는 객체의 주소값을 알아낼 수 없고, 주소값이 할당된 변수를 통해서만 객체를 사용할 수 있다.

객체는 영구적이지 않고 프로그램이 실행되고 객체가 생성될 때 만들어졌다가 더 이상 객체를 참조하는 변수가 없거나 프로그램을 종료할 때 메모리에서 사라진다. 변숫값이 객체의 주소값인 변수는 참조 변수라고 부른다. 참조 변수는 다음에 나오는 예제에서 다시 살펴보기로 하자.

5.2 클래스 선언과 구현

클래스를 선언하고 객체를 사용하는 방법은 아래의 3단계를 거친다.

```
클래스의 선언 및 정의 → 클래스로부터 객체를 생성 → 객체를 통해 변수나 메소드 사용
```

클래스를 선언할 때는 class라는 키워드(예약어)를 사용하며, 선언부와 구현부는 콜론과 들여쓰기로 구분한다. 클래스 내부에는 여러 개의 변수와 메소드를 정의할 수 있다. 또한, 클래스는 변수만 혹은 메소드만으로도 만들 수 있다.

```
class 클래스명:
    변수명 = 값
    def 메소드명(self, 매개변수, ...):
        ...
```

메소드의 매개변수 중에 self는 객체 자기 자신을 의미한다. 클래스에 속한 메소드에서 클래스 내의 변수나 메소드를 참조할 때 self를 사용하므로 객체가 가지는 메소드는 기본적으로 self를 매개변수로 받아야 한다. 파이참에서는 메소드를 선언할 때 매개변수에 self를 자동으로 추가해준다.

이번 장의 예제는 파이참으로 작성해보자. 파이참을 실행하고 basic 패키지를 오른쪽 클릭한 다음, [New] → [Python File]을 선택한다.

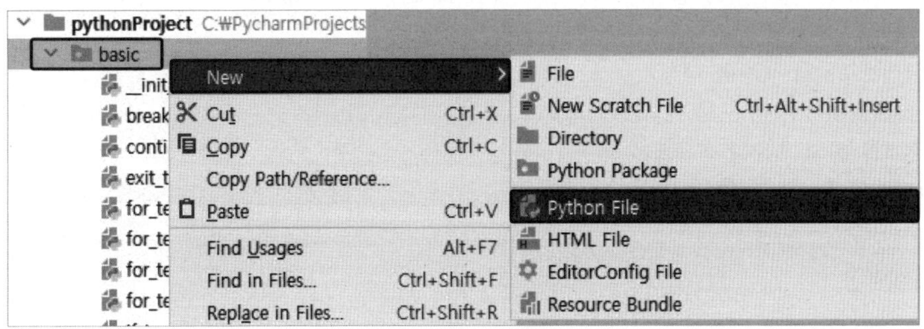

[그림 5-3] 파이썬 파일 생성

파일의 이름은 class_test로 입력한다.

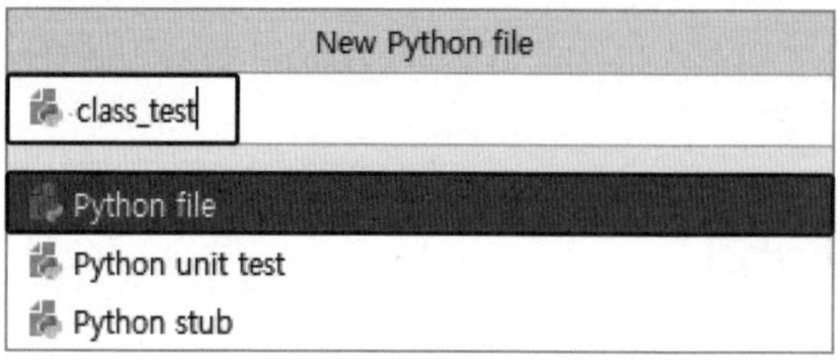

New Python file

class_test

Python file

Python unit test

Python stub

[그림 5-4] class_test 파이썬 파일 생성

변수와 메소드를 하나씩 가지는 간단한 클래스를 만들어보자. 다음 그림과 같이 Employee라는 클래스를 선언하고 name이라는 변수와 prName이라는 메소드를 선언한다. 이때 메소드 이름을 입력하고 여는 괄호를 입력하면 self와 닫는 괄호, 콜론까지 자동 완성이 된다.

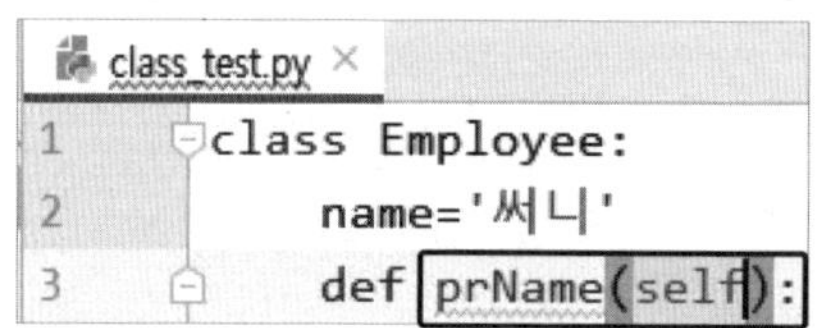

[그림 5-5] self 자동 입력

나머지는 다음 소스 코드를 보며 작성한다.

【 class_test.py 】

```
# 1. 클래스의 선언 및 정의
class Employee:  ─── ❶
    name = "써니"  ─── ❷
    def prName(self):  ─── ❸
        print("이름은 {0} 입니다.".format(self.name))  ─── ❹

# 2. 클래스로부터 객체를 생성
emp = Employee()  ─── ❺
# 3. 객체를 통해 변수나 메소드 사용
emp.prName()  ─── ❻
```

【 코드 설명 】

① Employee 클래스를 선언한다.

② name 변수를 선언하고 값을 할당한다. name 변수처럼 클래스 안에 선언된 변수를 클래스의 멤버라는 의미로 멤버 변수라고도 한다.

③ prName이라는 메소드를 선언한다. 메소드 선언 시 self를 제외한 매개변수가 함수 호출 시 넘겨야할 인자값이다.

④ 메소드의 구현부를 작성한다. 메소드 내부의 self.name은 동일한 객체에 있는 name 변수를 참조하라는 의미로, 문자열 포매팅으로 name 변수에 저장된 이름을 출력한다.

문자열 포매팅을 사용하지 않고 name 변수를 출력하려면 더하기 연산자로 문자열을 연결해서 print("이름은 " + self.name + "입니다.")처럼 작성하면 된다.

⑤ Employee( ) 함수를 통해 Employee 클래스의 객체를 생성한다. 객체를 생성할 때 사용하는 함수를 생성자 함수 혹은 생성자라고 하며, 이때 함수명은 클래스의 이름과 같다.

Employee 객체가 할당된 emp 변수는 Employee 객체의 주소값을 참조하는 참조 변수다. 이처럼 객체의 주소값을 값으로 가지는 emp 변수를 Employee 객체의 참조 변수(reference variable) 혹은 Employee 객체 변수라고 한다.

⑥ 생성된 객체를 참조하는 emp 변수를 통해 prName( ) 메소드를 호출한다. prName() 메소드 선언부의 self 는 함수 호출 시 넘기는 인자값이 아니다.

[Run] → [Run...] 메뉴에서 class_test를 선택하거나 단축키 〈Ctrl〉+〈Shift〉+〈F10〉으로 실행한다. 또는 에디터 화면에서 마우스를 오른쪽 클릭하고 [Run 'class_test']를 선택하여 실행한다.

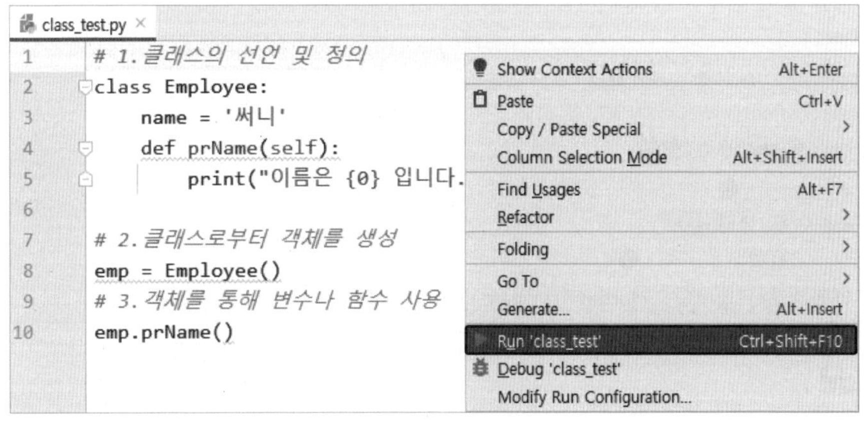

[그림 5-6] class_test 실행

【 실행 결과 】

```
이름은 써니 입니다.
```

class_test.py에 prPosition 메소드를 추가해서 변숫값을 변경해보고, 새로운 변수를 만들어 객체와 참조 변수의 관계를 살펴보자.

【 class_test.py 】

```
# 1. 클래스의 선언 및 정의
class Employee:
    name = "써니"
    position = "사원"     ── ❶
    def prName(self):
        print("이름은 {0} 입니다.".format(self.name))

    def prPosition(self, name, position):
        print("*** prPosition 메소드 호출입니다. ***")
        print("이름은 {0} 입니다.".format(self.name))
        print("직책은 {0} 입니다.".format(self.position))
        print("*** 전달받은 매개변수로 변경 ***")                ❷
        self.name = name
        self.position = position
        print("변경 후 이름: ", self.name)
        print("변경 후 직책: ", self.position)

# 2. 클래스로부터 객체를 생성
emp = Employee()
# 3. 객체를 통해 변수나 메소드 사용
emp.prName()
emp.prPosition("홍길동", "사원")

# emp2 변수에 emp 변수 할당
emp2 = emp     ── ❸
print("*** 이름 변경 ***")
emp2.name = "선영"     ── ❹
print("이름은 {0} 입니다.".format(emp.name))     ── ❺
```

【 코드 설명 】

① position 변수를 추가한다.

② prPosition 메소드를 추가한다. prPosition 메소드에서는 매개변수로 받은 name과 position을 self.name과 self.position에 할당하고 출력한다.

③ 새로운 emp2 변수에 emp를 할당한다. emp 변수의 값은 Employee 객체의 주소값이고, 이 주소값이 emp2 변수에 복사됐으므로 emp2와 emp는 동일한 객체를 참조한다.

④ emp2 변수를 통해 Employee 객체의 name 변숫값을 변경한다.

⑤ emp 변수를 통해 Employee 객체의 name 변숫값을 출력한다. emp2와 emp 변수는 동일한 객체를 참조하므로 emp2 변수를 통해 객체의 변숫값을 변경하면 emp 변수를 통해 참조할 때도 변경된 값이 참조된다.

다음은 메모리에 할당된 Employee 객체와 변수들의 참조 관계를 나타낸 그림이다. 객체의 주소값은 알아낼 수 없으므로 20번지라고 가정한다.

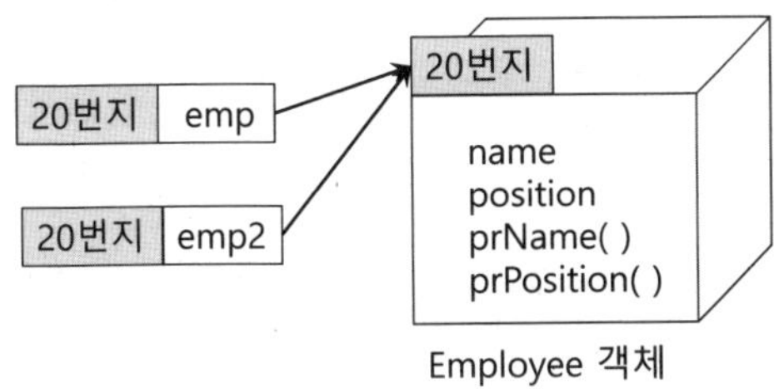

[그림 5-7] Employee 객체의 주소값을 참조하는 변수들

Employee 객체가 할당된 emp 변수를 emp2 변수에 할당하면 emp2 변수 역시 20번지를 참조한다. 따라서 emp2를 통해 name 변숫값을 변경하면 emp도 변경된 값을 참조하게 된다. 코드를 실행한 결과는 다음과 같다.

【 실행 결과 】

```
이름은 써니 입니다.
*** prPosition 메소드 호출입니다. ***
이름은 써니 입니다.
직책은 사원 입니다.
*** 전달받은 매개변수로 변경 ***
변경 후 이름: 홍길동
변경 후 직책: 사원
*** 이름 변경 ***
이름은 선영 입니다.
```

5.3 생성자와 소멸자

5.3.1 생성자

생성자는 생성자 함수라고도 하며 객체를 생성할 때 호출한다. 생성자를 호출하려면 클래스명과 동일한 이름으로 함수를 호출하면 되는데, 예를 들어 앞에서 작성한 Employee 클래스의 생성자는 Employee( )인 것이다.

함수는 호출하기 이전에 선언을 먼저 해야 한다. 그런데 class_test.py에서는 Employee( )라는 함수를 선언하지 않았다. 선언하지도 않은 Employee( ) 함수를 호출할 수 있었던 이유는 클래스에 생성자를 만들지 않으면 파이썬 프로그램에서 생성자를 자동으로 제공하기 때문이다.

그렇다면 기본으로 제공되는 생성자 이외에 어떨 때 생성자를 추가할까? 꼭 정해진 것은 아니지만 객체를 생성할 때 필요한 작업이 있다면 생성자를 추가하고 구현부에 코드를 작성한다.

대표적인 예가 생성자의 매개변수로 받은 값으로 객체의 변숫값을 초기화할 때다. 환경 설정 파일에서 설정을 읽어오거나 데이터베이스 연결, 또는 파일을 열 때가 그러하다.

생성자를 추가할 때 주의할 점은 생성자는 '클래스명( )'으로 호출하지만, 생성자를 선언하고 구현할 때는 __init__( )이라는 메소드를 사용한다는 점이다. 언더바는 init의 앞뒤로 두 개씩 붙으며, __init__( ) 메소드에는 매개변수를 원하는 대로 정의할 수 있다. 클래스 내부에 __init__( ) 메소드를 구현해 놓으면 객체를 생성할 때 파이썬이 이 메소드를 자동으로 호출한다.

create_test.py 파일을 새로 만들고, 생성자를 테스트하기 위한 코드를 작성해보자.

【 create_test.py 】

```
class Manager:
    name = "이름"                                  ❶
    position = "직책"

    def __init__(self, name, position):  ── ❷
        print("두 개의 매개변수를 받는 생성자 호출")
        print("=== 기본적인 변수 ===")
        print("{0} 님의 직책은 {1} 입니다.".format(self.name, self.position))  ── ❸
        self.name = name                          ❹
        self.position = position
        print("=== 초기화 이후 변경된 변수 ===")
        print("{0} 님의 직책은 {1} 입니다.".format(self.name, self.position))  ── ❺

mgr = Manager("써니", "차장")  ── ❻
```

【 코드 설명 】

① Manager 클래스를 선언하고, name과 position 변수를 선언한다.

② 두 개의 매개변수 name과 position을 받는 생성자 __init__( )을 선언한다.

③ 클래스가 가진 기본 변수 self.name과 self.position을 출력한다.

④ Manager 객체를 생성할 때마다 Manager의 이름과 직책이 다를 수 있으므로 객체를 생성할 때 이름과 직책을 생성자 내부에 전달하고, 각각 self.name과 self.position에 할당한다.

⑤ 초기화 이후의 self.name과 self.position을 출력한다.

⑥ Manager 생성자를 호출할 때 이름과 직책을 매개변수로 전달하고, 이렇게 생성된 객체를 mgr 변수에 할당한다.

【 실행 결과 】

```
두 개의 매개변수를 받는 생성자 호출
=== 기본적인 변수 ===
이름 님의 직책은 직책 입니다.
=== 초기화 이후 변경된 변수 ===
써니 님의 직책은 차장 입니다.
```

이렇게 클래스에 매개변수를 받는 생성자를 한번 추가하고 나면 매개변수가 없는 형태의 기본 생성자를 더는 사용하지 못한다. create_test.py에서 마지막 행의 코드를 주석 처리하고, 매개변수가 없는 기본 생성자를 호출하는 코드를 추가해보자.

【 create_test.py 】

```
class Manager:
    name = "이름"
    position = "직책"

    (생략)

#mgr = Manager("써니", "차장")
mgr = Manager()
```

코드를 다시 실행해보면 다음과 같은 에러가 발생한다.

【 실행 결과 】

```
Traceback (most recent call last):
  File "C:\PyCharmProjects\pythonProject\basic\create_test.py", line 15, in <module>
    mgr = Manager()
TypeError: Manager.__init__() missing 2 required positional arguments: 'name' and 'position'
```

에러 메시지를 보면 꼭 필요한 name과 position 매개변수를 전달하지 않았다는 에러다. 이처럼 Manager 클래스에서 더는 기본 생성자를 호출할 수 없으므로 클래스에 선언된 두 개의 매개변수를 꼭 입력해야 한다.

5.3.2 소멸자

소멸자는 소멸자 함수라고도 하며, 객체가 메모리에서 사라지기 전에 종료 작업을 수행한다. 소멸자는 생성자처럼 코드에서 직접 호출하는 것이 아니라 객체가 사라지기 전에 파이썬 프로그램 내부에서 자동으로 호출된다.

객체가 메모리에서 사라지는 시점은 아래 두 가지 경우이다.

- 더 이상 객체를 참조하는 참조 변수가 없을 때
- 파이썬 프로그램을 종료할 때

소멸자를 정의하고 싶다면 클래스 내부에 __del__() 메소드를 정의하면 된다.

개발 팁 _ 파이썬은 객체를 어떻게 관리할까?

파이썬의 내부 동작 방식이나 구조를 알지 못해도 파이썬으로 프로그램을 만들 수는 있다. 하지만 파이썬의 동작 방식을 알면 프로그램의 성능을 향상시키는 등 개발에 응용할 수 있는 부분이 많다. 따라서 파이썬에서 객체를 관리하는 방법을 알아두면 좋은데, 핵심 키워드는 바로 레퍼런스 카운트(reference count)와 가비지 컬렉터(GC: garbage collector)다.

객체가 생성되면 객체를 참조하는 변수의 개수를 세는 로직이 객체에 만들어진다. 즉, 객체 내부에서 객체를 참조하는 변수를 카운트하는 것이다. 이를 레퍼런스 카운트라고 한다. 객체가 생성되고 최초로 변수에 할당된 다음에 객체를 참조하는 변수가 있으면 카운트가 증가하고, 변수가 없어지면 카운트가 감소한다. 그러다가 카운트 값이 0이 되는 시점, 즉 어떠한 변수도 해당 객체를 참조하지 않으면 메모리에서 객체가 사라진다.

가비지 컬렉터는 레퍼런스 카운트가 0이 된 객체들을 메모리에서 소멸시킨다. 메모리를 개발자가 관리하는 것이 아니라 파이썬의 가비지 컬렉터가 알아서 해주는 것이다.

C나 C++처럼 개발자가 메모리를 직접 관리해야 한다면 사용한 메모리를 해제하지 않았을 때 메모리에 문제가 생길 수 있다. 이를 메모리 누수라고 한다. 반대로 사용 중인 메모리를 해제하면 존재하지 않는 메모리에 접근을 시도하게 되어 프로그램이 중단되거나 메모리의 데이터값이 손상될 수 있다.

파이썬은 가비지 컬렉터를 이용해 메모리를 자동으로 관리함으로써 이러한 에러를 방지한다. 가비지 컬렉터는 파이썬 이외에도 자바 등의 언어에서 지원한다. 레퍼런스 카운트와 가비지 컬렉터에 대해 좀 더 자세히 알고 싶다면 다음의 공식 문서에서 찾아보기 바란다.

- https://docs.python.org/3/

앞서 작성한 create_test.py 파일에 소멸자를 추가해보자.

【 create_test.py 】

```
class Manager:
    name = "이름"
    position = "직책"

    def __init__(self, name, position):
        print("두 개의 매개변수를 받는 생성자 호출")
        print("=== 기본적인 변수 ===")
        print("{0} 님의 직책은 {1} 입니다.".format(self.name, self.position))
        self.name = name
        self.position = position
        print("=== 초기화 이후 변경된 변수 ===")
        print("{0} 님의 직책은 {1} 입니다.".format(self.name, self.position))

    def __del__(self):                                    ─┐
        print("=== 소멸자 호출 ===")                         │ ❶
        print("객체가 메모리에서 제거됩니다.")                ─┘

mgr = Manager("써니", "차장")  ── ❷

mgr2 = mgr  ── ❸
mgr = None  ── ❹
mgr2 = Manager("루나", "과장")  ── ❺
print("{0} 님의 직책은 {1} 입니다.".format(mgr2.name, mgr2.position))  ── ❻
```

【 코드 설명 】

① 소멸자 __del__( )을 작성한다.

② Manager 생성자를 호출할 때 이름과 직책을 매개변수로 전달하고, 이렇게 생성된 객체를 mgr 변수에 할당한다.

③ mgr의 주소값을 mgr2에 할당한다.

④ mgr이 참조하던 객체의 연결을 끊고 None을 할당한다. 참조 변수는 주소값을 하나만 참조할 수 있으므로 None이나 새로운 객체를 할당하면 기존의 주소값이 지워진다.

⑤ mgr2에 새로운 Manager 객체를 생성하여 할당한다. 그러면 mgr2에 있던 기존 객체의 주소값이 지워지고, 새로운 객체의 주소값이 할당된다. 이 시점에서 첫 번째 Manager 객체를 참조하는 참조 변수가 더 이상 없으므로 첫 번째 Manager 객체가 메모리에서 삭제된다.

⑥ 클래스 내부에서 동일 클래스의 변수를 참조하려면 self를 이용하지만 여기서는 클래스 외부에서 클래스의 변수를 참조하기 위해 참조 변수 mgr2를 이용한다.

②~⑤번 코드를 다시 보면서 참조 변수가 객체를 어떻게 참조하는지 그림으로 살펴보자. 코드 ②와 코드 ③이 수행되면 mgr과 mgr2 변수는 다음과 같이 동일한 Manager 객체를 참조한다.

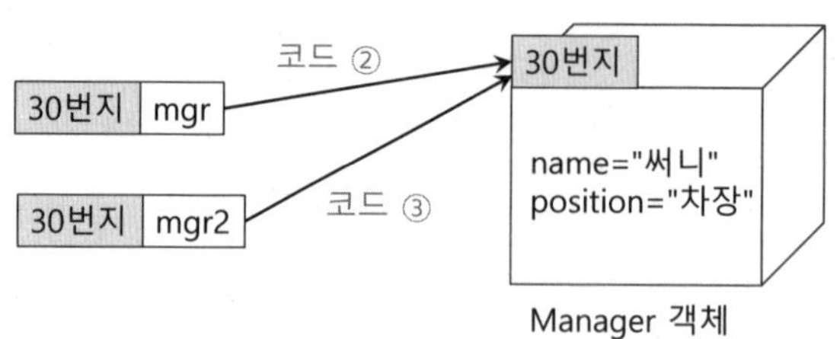

[그림 5-8] mgr과 mgr2가 동시에 참조하는 Manager 객체

코드 ④가 수행되면 mgr은 None을 참조하므로 Manager 객체를 참조하던 주소값이 지워지고 Manager 객체와의 연결도 끊어진다. mgr은 Manager 객체를 더 이상 참조하지 않지만 mgr2는 Manager 객체를 참조하고 있으므로 Manager 객체는 메모리에 남아있다.

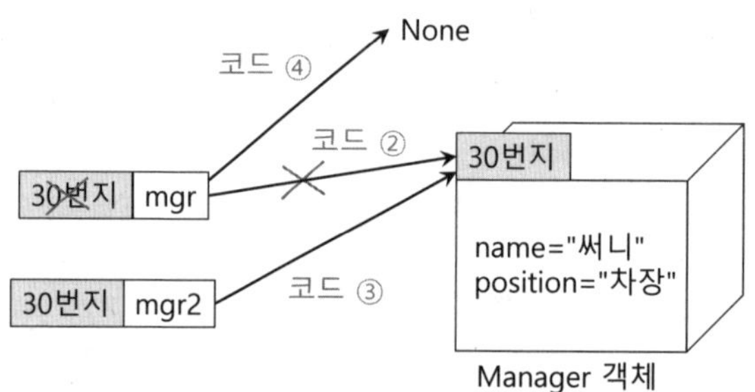

[그림 5-9] mgr2만 참조하는 Manager 객체

코드 ⑤가 수행되면 mgr2는 새로운 Manager 객체에 연결되어 새로운 주소값이 할당되고, 30번지의 Manager 객체와의 연결은 끊어진다. 이제 기존의 Manager 객체를 참조하는 변수가 없으므로 소멸자가 호출되면서 30번지의 Manager 객체는 메모리에서 삭제된다.

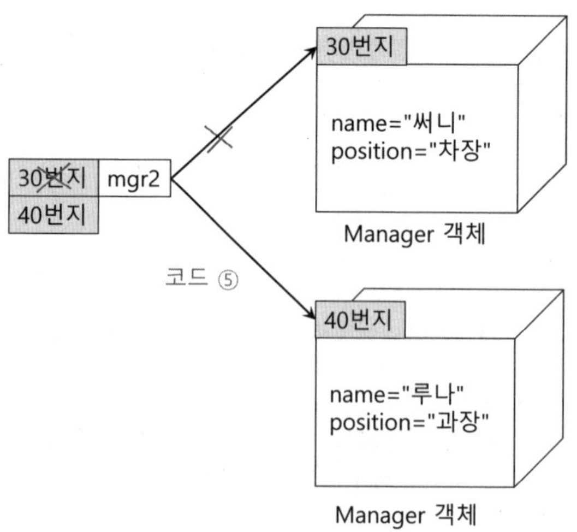

[그림 5-10] 새로운 Manager 객체를 참조하는 mgr2

40번지의 Manager 객체는 create_test.py 프로그램이 실행되는 동안 살아있다가 프로그램이 종료되는 시점에 소멸자 함수가 호출되면서 메모리에서 삭제된다. 참조 변수가 객체를 참조하는 과정을 실행 결과로 살펴보자.

【 실행 결과 】

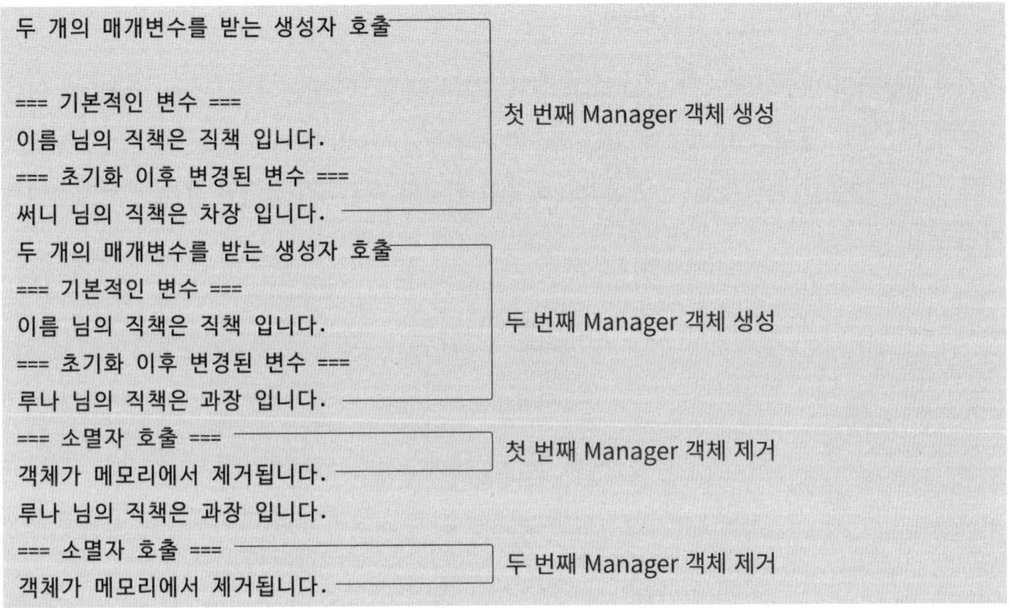

이처럼 더 이상 사용할 필요가 없는 객체를 없애고 싶다면 그 객체를 참조하는 변수에 None이나 새로운 객체를 할당하면 된다.

5.4 상속

상속(inheritance)은 객체지향 언어의 특징 중 하나다. 상속 관계는 클래스에서 사용하며, 부모(parent) 클래스가 가진 모든 속성(변수와 메소드)을 자식(child) 클래스에 물려주는 것을 의미한다.

여러 개의 클래스에서 쓰이는 변수나 메소드가 공통적인 특징이 있을 때 클래스마다 동일한 코드를 반복해서 작성하는 것은 비효율적이다. 공통부분을 모아서 부모 클래스에 정의하고, 나머지 클래스가 이를 상속하면 된다.

또한 상속은 클래스에 변경이 발생했을 때도 유용하다. 상속을 사용하지 않으면 클래스마다 똑같은 부분의 코드를 일일이 수정해야 한다. 하지만 상속은 부모 클래스만 변경하면 자식 클래스가 부모 클래스를 그대로 물려받으므로 변경하지 않아도 된다. 이때 자식 클래스에서는 상속한 코드의 일부를 변경하거나 새로운 코드를 추가할 수 있다.

동물원 관리 프로그램을 작성한다고 가정해보자. 각 동물 클래스는 동물의 이름, 나이, 먹이 등의 변수와 먹이주기( ), 관리하기( ) 등의 다양한 메소드를 가진다. 동물들은 서로 공통적인 특징도 있고, 동물마다 고유한 특징도 있을 것이다.

여기서 공통적인 변수와 메소드는 Animal이라는 부모 클래스에 만들고, 각 동물 클래스가 이를 상속한다. 즉, 부모 클래스 Animal에 있는 변수와 메소드는 Wolf, Lion, Tiger 등 모든 동물에 상속되므로 따로 정의할 필요가 없다. 동물마다 고유한 변수나 메소드가 있다면 각 동물 클래스에 추가하면 된다.

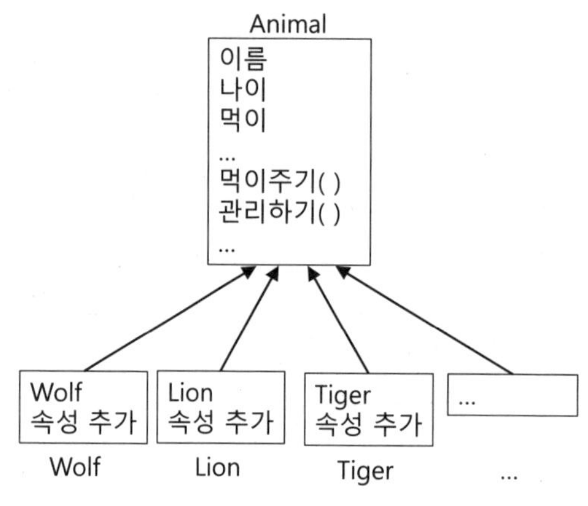

[그림 5-11] 동물 클래스의 상속

이처럼 상속을 사용하면 공통 속성을 한 번에 관리할 수 있어 코드의 재사용성과 유지보수성 및 가독성을 높일 수 있다.

클래스의 상속을 선언하는 방법은 클래스 선언부의 괄호 안에 상속할 부모 클래스를 적어주면 된다.

```
class 클래스명(부모 클래스):
```

상속의 장점을 정리하면 다음과 같다.

- 부모 클래스에 공통된 속성과 메소드를 정의함으로써 각 클래스에서 동일한 코드가 반복되지 않는다.
- 공통된 속성을 부모 클래스에서 관리하므로 수정, 추가, 삭제 등의 유지보수가 쉽다.
- 자식 클래스에서는 특화된 메소드와 데이터를 추가할 수 있어 클래스마다 고유한 특징을 사용할 수 있다.

- 부모 클래스로부터 상속한 메소드는 메소드 오버라이딩을 통해 다형성을 구현할 수 있다.

5.4.1 메소드 오버라이딩

메소드 오버라이딩(method overriding)이란 부모 클래스의 메소드를 자식 클래스에서 다시 정의(재정의)하는 것을 의미한다. 메소드를 다시 정의한다는 것이 무슨 뜻일까?

메소드의 선언부는 같고 구현부만 다르게 만드는 것이다. 즉, 메소드의 이름과 매개변수는 같은데 내부의 동작하는 코드가 다른 것을 말한다. 클래스를 다양한 형태로 나타내는 이러한 특성을 객체 지향의 다형성(polymorphism)이라고 한다.

예를 들어 일반 사원과 관리자의 월급 계산을 생각해보자. 사원과 관리자의 월급을 계산하는 로직은 다르지만 월급을 계산한다는 기능은 같다. 따라서 선언부에 월급 계산이라는 메소드명과 필요한 매개변수는 똑같고, 구현부만 다르게 작성하면 되는 것이다.

메소드 오버라이딩은 상속과 함께 사용된다. 부모 클래스의 메소드를 자식 클래스에서 오버라이딩 했을 때, 어떤 메소드가 호출될까? 부모 클래스의 메소드일까? 아니면 자식 클래스의 메소드일까? 상속을 받은 자식 클래스의 객체를 생성하고 오버라이딩 메소드를 호출하면, 자식 클래스에서 오버라이딩한 메소드가 호출된다.

basic 패키지에 inherit_test.py 파일을 새로 만들고 클래스의 상속과 메소드 오버라이딩을 테스트 해보자. Employee 클래스를 상속하는 Manager 클래스에서 메소드를 재정의한다.

【 inherit_test.py 】

```
class Empolyee:
    name = "사원 이름"        ❶
    salary = 300

    def __init__(self, name):        ❷
        self.name = name

    def info(self):
        print("=== 사원 정보 ===")        ❸
        print("{0} 님의 정보입니다.".format(self.name))

    def calcSalary(self):
        print("=== 사원의 월급 계산 ===")        ❹
        print("사원의 월급은 {0} 입니다.".format(self.salary))
```

```
class Manager(Empolyee):                  ❺
    title = "직책"

    def __init__(self, name, title):      ┐
        self.name = name                  ├ ❻
        self.title = title                ┘

    def calcSalary(self):                 ┐
        print("=== 관리자의 월급 계산 ===")   │
        if self.title == "대리":           │
            self.salary += 50             │
        elif self.title == "과장":         │
            self.salary += 100            │
        elif self.title == "차장":         ├ ❼
            self.salary += 150            │
        elif self.title == "부장":         │
            self.salary += 200            │
        else:                             │
            self.salary += 300            │
                                          │
        print("{0}의 월급은 {1} 입니다.".format(self.title, self.salary))  ┘

emp = Empolyee("써니")                    ┐
emp.info()                                ├ ❽
emp.calcSalary()                          ┘

mgr = Manager("루나", "과장")              ┐
mgr.info()                                │
mgr.calcSalary()                          ├ ❾
mgr2 = Manager("엘리", "차장")             │
mgr2.info()                               │
mgr2.calcSalary()                         ┘
```

【 코드 설명 】

① Employee 클래스에 이름인 name과 기본급인 salary 변수를 선언한다.

② Employee 클래스의 name을 매개변수로 받는 __init__( ) 생성자를 선언하고, 매개변수로 받은 값을 self.name 에 할당한다.

③ self.name을 출력하는 info( ) 메소드를 선언한다.

④ 사원의 월급으로 self.salary 변수를 출력하는 calcSalary( ) 메소드를 선언한다.

⑤ Employee 클래스를 상속하는 Manager 클래스를 선언한다. Manager 클래스는 기본적으로 name과 salary를 Employee 클래스에서 상속하고, 추가로 선언한 title 변수를 가진다.

⑥ Manager 클래스에 name과 title을 매개변수로 받는 __init__( ) 생성자를 선언하고, 매개변수로 받은 name과 title을 각각 self.name과 self.title에 할당한다.

⑦ 상속한 calcSalary( ) 메소드의 선언부를 Employee 클래스와 동일하게 작성하고 구현부를 새로 작성하여 메소드를 오버라이딩한다. 오버라이딩한 calcSalary( ) 메소드에서는 매개변수로 받은 직책에 따라 기본급인 300에 직책별로 지정한 값을 더한다.

⑧ emp에 할당된 Employee 객체의 info( )와 calcSalary( ) 메소드를 호출한다.

⑨ mgr과 mgr2에 할당된 Manager 객체의 info( )와 calcSalary( ) 메소드를 호출한다. info( ) 메소드는 Employee 클래스에서 상속한 것이며, calcSalary( ) 메소드는 Employee 클래스의 메소드를 오버라이딩한 것이다.

inherit_test.py에서 이뤄지는 클래스 상속과 메소드 호출을 이해하기 위해 코드의 일부를 다시 살펴보자. 먼저, 다음 코드가 수행되면 생성자를 통해 name 값이 써니로 변경된다. 그리고 info( ) 메소드와 calcSalary( ) 메소드가 호출된다.

```
emp = Empolyee("써니")
emp.info()
emp.calcSalary()
```

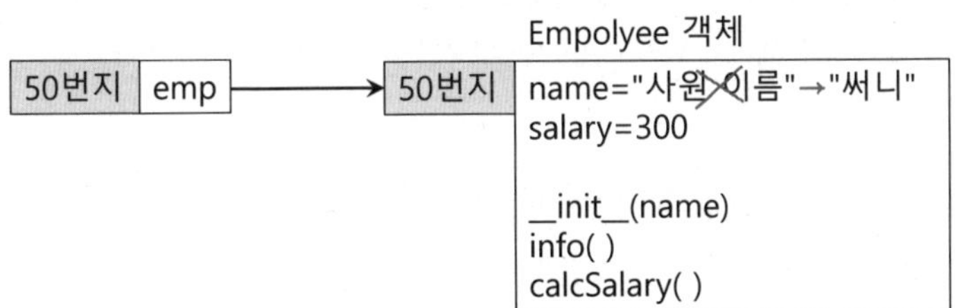

[그림 5-12] emp 변수가 참조하는 Employee 객체

그다음 코드가 수행되면 생성자를 통해 name 값은 루나로, 직책은 과장으로 변경된다.

```
mgr = Manager("루나", "과장")
mgr.info()
mgr.calcSalary()
```

info( )와 calcSalary( ) 메소드를 호출할 때는 Manager 객체의 끝에서부터 찾아 올라간다. info( ) 메소드는 Manager 객체에 없으므로 Employee 객체까지 올라가서 Employee 객체에 있는 info( ) 메소드를 호출한다. calcSalary( ) 메소드는 Manager 객체의 메소드가 호출된다.

title, salary, name 변수도 메소드와 마찬가지로 Manager 객체에서 먼저 찾고, 없으면 Employee 객체로 올라가면서 찾는다.

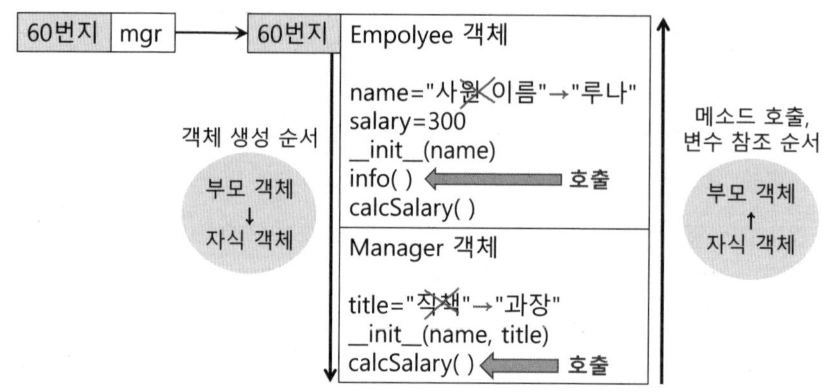

[그림 5-13] mgr 변수가 참조하는 Manager 객체

참고 _ mgr은 어떤 객체를 참조할까?

[그림 5-13]을 보면 mgr 변수가 Employee 객체를 참조하고 있다. mgr 변수는 Manager 객체를 생성했으므로 Manager 객체를 참조해야 할 것 같지만, 상속을 통해 부모 객체인 Employee부터 자식까지의 모든 객체를 참조할 수 있기 때문에 Employee 객체를 참조하는 것으로 표현했다. mgr 변수는 실제로는 Employee 객체를 포함하는 Manager 객체를 참조하는 것이다. 이는 표현의 차이일 뿐, mgr이 Manager 객체를 참조하도록 표현해도 된다.
여기서 중요한 것은 mgr 변수가 Manager 객체를 참조하는지 Employee 객체를 참조하는지가 아니다. 변수나 메소드를 참조할 때는 Manager 객체에서 먼저 찾고, 없으면 부모인 Employee 객체를 참조한다는 것이 중요하다.

마지막으로 mgr2 변수는 생성자를 통해 name 값이 엘리로, 직책은 차장으로 변경된다. 메소드가 호출되는 과정은 mgr 변수와 같다.

```
mgr2 = Manager("엘리", "차장")
mgr2.info()
mgr2.calcSalary()
```

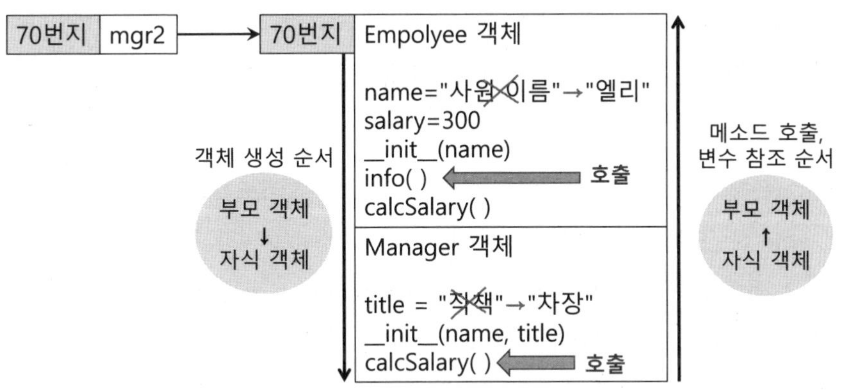

[그림 5-14] mgr2 변수가 참조하는 Manager 객체

inherit_test.py를 실행해보면 Employee 클래스를 상속한 Manage 객체를 참조하는 mgr, mgr2 변수가 직책에 따라 월급을 다르게 출력하는 것을 확인할 수 있다.

【 실행 결과 】

```
=== 사원 정보 ===
써니 님의 정보입니다.
=== 사원의 월급 계산 ===
사원의 월급은 300 입니다.
=== 사원 정보 ===
루나 님의 정보입니다.
=== 관리자의 월급 계산 ===
과장의 월급은 400 입니다.
=== 사원 정보 ===
엘리 님의 정보입니다.
=== 관리자의 월급 계산 ===
차장의 월급은 450 입니다.
```

5.4.2 다중 상속

두 개 이상의 클래스를 상속하는 것을 다중 상속이라고 한다. 다중 상속으로 여러 부모 클래스에 있는 모든 속성(변수와 메소드)을 그대로 상속하고, 메소드 오버라이딩도 가능하다. 상속을 선언할 때 클래스 선언부의 괄호 안에 부모 클래스를 입력했던 것처럼 다중 상속은 콤마로 여러 클래스를 지정하면 된다.

```
class 클래스명(부모 클래스, 부모 클래스, ...):
```

만약 상속한 여러 부모 클래스에 동일한 메소드가 있다면 어떤 메소드가 호출될까? 다중 상속에서 메소드는 메소드 결정 순서(method resolution order)에 의해 호출된다. 메소드 결정 순서는 클래스의 속성인 __mro__에서 정의한다.

참고로 파이썬3부터 모든 클래스는 선언부에 따로 명시하지 않아도 object 클래스를 묵시적으로 상속한다. 즉, object는 모든 클래스의 부모 클래스이다. 앞에서 설명한 모든 객체의 그림에서도 객체 맨 위에 object 객체가 만들어진다. 다만, 앞에서는 Employee 객체나 Manager 객체의 설명에 집중하기 위해 object 객체를 생략했다. 이후로는 파이썬의 모든 객체가 만들어질 때 object 객체가 기본적으로 만들어진다고 보면 된다.

다중 상속을 테스트하기 위해 multi_test.py 파일을 생성하고 다음 코드를 작성한다.

【 multi_test.py 】

```
class Employee:                                   ─┐
    def info(self):                                │
        print("일반직 사원 정보")                    │ ❶
    def calcSalary(self):                          │
        print("일반직 사원 월급 계산...")          ─┘

class Sales:                                      ─┐
    def sale(self):                                │
        print("영업직 사원 정보")                    │ ❷
    def calcSalary(self):                          │
        print("영업 수당 추가 월급 계산....")      ─┘

class SalesEmployee(Sales, Employee):             ─┐
    def manage(self):                              │ ❸
        print("영업 관리 정보")                    ─┘

s = SalesEmployee()  ── ❹
s.info()
s.sale()
s.calcSalary()  ──── ❺
s.manage()

print("=== method resolution order ===")
print(SalesEmployee.__mro__)
```

【 코드 설명 】

① info( )와 calcSalary( ) 메소드를 가진 Employee 클래스를 정의한다.

② sale( )과 calcSalary( ) 메소드를 가진 Sales 클래스를 정의한다.

③ Sales 클래스와 Employee 클래스를 상속하는 SalesEmployee 클래스를 정의하고, manage( ) 메소드를 구현한다.

④ SalesEmployee 객체를 생성하여 s 변수에 할당한다. SalesEmployee는 다중 상속으로 Sales, Employee, object 클래스의 모든 값을 상속한다.

⑤ 호출할 메소드는 일반 상속과 똑같이 자식 객체에서 부모 객체 순서로 찾는다. 자식 객체에 해당 메소드가 없으면 부모 객체로 올라간다. calcSalary( ) 메소드는 SalesEmployee 클래스에는 없고, Employee와 Sales 클래스에 같은 이름의 메소드가 있다. 이 중에서 나중에 선언된 Sales 객체의 메소드가 호출된다.

Sales의 메소드가 호출되는 이유를 다음 그림으로 살펴보자.

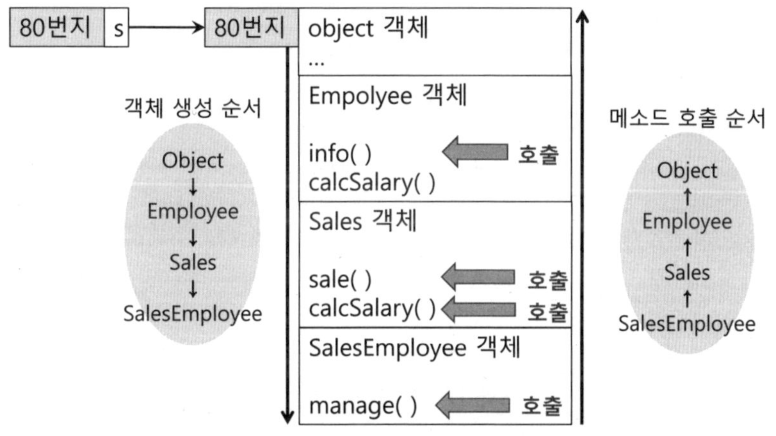

[그림 5-15] calcSalary( ) 메소드가 호출되는 과정

앞에서 객체는 부모 클래스 다음에 자식 클래스의 순서로 생성된다고 했는데, 클래스의 선언부에 나중에 작성한 순서대로 생성된다고 생각하면 쉽다. 반대로 메소드는 클래스 선언부에 작성한 순서대로 호출된다.

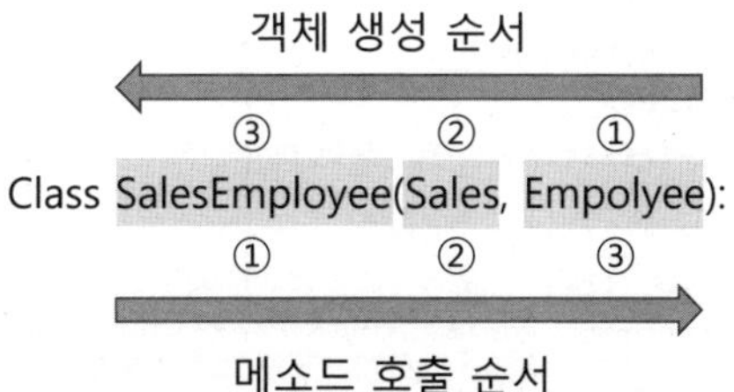

[그림 5-16] 선언부에 따른 객체 생성과 메소드 호출 순서

실행 결과에 출력된 메소드 결정 순서를 보면 선언부에 작성한 클래스 순서와 일치하는 것을 확인할 수 있다.

【 실행 결과 】

```
일반직 사원 정보
영업직 사원 정보
영업 수당 추가 월급 계산....
영업 관리 정보
=== method resolution order ===
(<class '__main__.SalesEmployee'>, <class '__main__.Sales'>, <class '__main__.Employee'>,
<class 'object'>)
```

참고 _ object에는 어떤 변수와 메소드가 있을까?

파이썬 셸에서 다음 명령을 수행해보자. dir( ) 내장 함수는 객체나 모듈에서 사용할 수 있는 변수와 메소드의 목록을 보여준다.

```
>>> dir(object)
['__class__', '__delattr__', '__dir__', '__doc__', '__eq__', '__format__', '__ge__',
'__getattribute__', '__gt__', '__hash__', '__init__', '__init_subclass__', '__le__',
'__lt__', '__ne__', '__new__', '__reduce__', '__reduce_ex__', '__repr__', '__setattr__',
'__sizeof__', '__str__', '__subclasshook__']
>>>
```

파이썬3부터는 모든 클래스가 기본적으로 object를 상속한다고 했다. 따라서 어떤 클래스든지 object의 모든 메소드를 사용할 수 있다.

파이참에서 multi_test.py의 마지막 행에 s.을 입력해보자. 다음 그림처럼 Employee, Sales, SalesEmployee뿐만 아니라 object에 속한 메소드도 자동 완성 기능으로 추천해주는 것을 볼 수 있다.

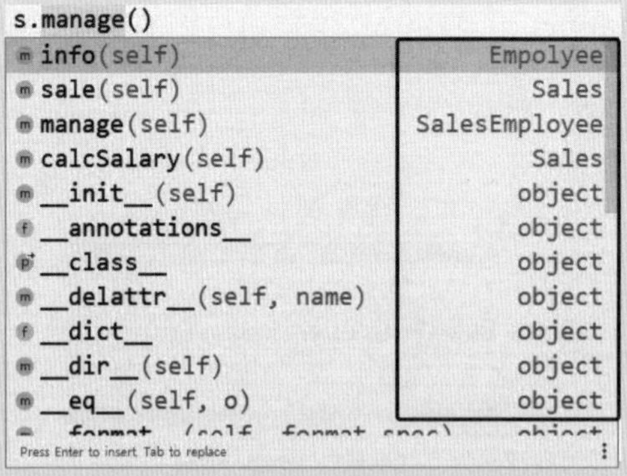

```
s.manage()
m info(self)                      Empolyee
m sale(self)                      Sales
m manage(self)                    SalesEmployee
m calcSalary(self)                Sales
m __init__(self)                  object
f __annotations__                 object
p __class__                       object
m __delattr__(self, name)         object
f __dict__                        object
m __dir__(self)                   object
m __eq__(self, o)                 object
Press Enter to insert, Tab to replace
```

[그림 5-17] SalesEmployee 객체가 사용할 수 있는 메소드와 속성들

5.4.3 메소드 오버로딩

앞에서 살펴본 메소드 오버라이딩이 부모 클래스에서 상속한 메소드를 자식 클래스에서 재정의하는 것이었다면 메소드 오버로딩(method overloading)이란 동일한 클래스 내부에서 동일한 이름의 메소드를 중복해서 정의하는 것을 말한다. 메소드 오버라이딩에서 쓰인 재정의라는 단어와 혼란스럽지 않기 위해 메소드 오버로딩은 메소드 중복 정의라고 표현했다.

메소드 오버라이딩이 메소드명과 매개변수가 모두 같고 구현부만 달랐다면 메소드 오버로딩은 메소드명은 같지만 메소드가 가진 매개변수의 타입이나 개수를 다르게 선언하는 것이다. 즉, 메소드 오버로딩은 매개변수의 타입이나 개수에 따라서 다른 기능을 수행하는 메소드가 필요할 때 사용한다.

그런데 파이썬은 메소드 오버로딩을 지원하지 않는다. 다음 표에서 메소드 오버로딩을 지원하는 자바의 예를 한번 살펴보자.

void	print(boolean b)	Prints a boolean value.
void	print(char c)	Prints a character.
void	print(char[] s)	Prints an array of characters.
void	print(double d)	Prints a double-precision floating-point number.
void	print(float f)	Prints a floating-point number.
void	print(int i)	Prints an integer.
void	print(long l)	Prints a long integer.
void	print(Object obj)	Prints an object.
void	print(String s)	Prints a string.

print라는 메소드의 이름은 같은데 매개변수의 타입이 모두 다르다. 메소드 오버로딩은 자료형이나 매개변수의 순서를 엄격하게 지키는 언어에서 필요하다. 하지만 파이썬은 그럴 필요가 없다. 앞서 배운 기본 매개변수를 사용하면 메소드 오버로딩을 하지 않아도 다양한 방식으로 메소드를 호출할 수 있기 때문이다.

overloading_test1.py 파일을 생성하여 파이썬에서 메소드 오버로딩을 지원하지 않는다는 것을 확인해보자.

【 overloading_test1.py 】

```
class Employee():
    def calcSalary(self, x, y):
        print(x * y)
```

```
    def calcSalary(self, x, y, z):
        print(x * y * z)

emp = Employee()
emp.calcSalary(100, 200, 300)
```

【 실행 결과 】

```
6000000
```

Employee 클래스에 매개변수의 개수가 다른 두 개의 calcSalary( ) 메소드를 정의했다. 파이썬에서 메소드 오버로딩을 사용할 수 있다면 매개변수를 두 개 전달했을 때 calcSalary(self, x, y) 메소드가 호출되고, 매개변수를 세 개를 전달했을 때 calcSalary(self, x, y, z)가 호출될 것이다.

하지만 메소드 오버로딩을 지원하지 않는 파이썬에서는 두 개의 메소드 중 나중에 정의된 calcSalary(self, x, y, z) 메소드만이 유효하다. 따라서 emp.calcSalary(100, 200, 300)처럼 매개변수가 세 개인 메소드를 호출해야 정상적으로 실행된다.

만약 마지막 코드를 emp.calcSalary(100, 200)으로 변경하고 실행하면 다음과 같이 z에 해당하는 매개변수가 전달되지 않았다는 에러가 발생한다.

```
Traceback (most recent call last):
  File "C:\PyCharmProjects\pythonProject\basic\overloading_test1.py", line 9, in <module>
    emp.calcSalary(100, 200)
TypeError: Employee.calcSalary() missing 1 required positional argument: 'z'
```

이를 통해 파이썬은 메소드 오버로딩을 지원하지 않는다는 것을 알 수 있다. 만약 파이썬에서 메소드 오버로딩을 하고 싶다면 다음과 같은 방법을 사용하면 된다.

- 메소드 안에서 if문 등을 이용하여 매개변수로 받은 값의 조건에 따라 적절한 코드를 실행한다.
- multipledispatch라는 라이브러리를 설치하여 구현한다.

참고 _ 파이썬에서 multipledispatch 라이브러리로 메소드 오버로딩하는 방법

여기서 설명하는 내용은 파이썬에서 메소드 오버로딩을 꼭 써야 하는 경우를 대비하여 참고만 하고 넘어가기 바란다. 명령 프롬프트에서 다음 명령을 실행하여 multipledispatch 라이브러리를 설치한다. pip 명령어는 파이썬 표준 라이브러리가 제공하는 라이브러리 이외에 추가적인 라이브러리를 설치할 때 사용한다.

```
C:\Users\psy>pip install multipledispatch
Collecting multipledispatch
  Downloading multipledispatch-0.6.0-py3-none-any.whl (11 kB)
Collecting six
  Downloading six-1.16.0-py2.py3-none-any.whl (11 kB)
Installing collected packages: six, multipledispatch
Successfully installed multipledispatch-0.6.0 six-1.16.0
WARNING: You are using pip version 22.0.4; however, version 22.2.2 is available.
You should consider upgrading via the 'C:\Python310\python.exe -m pip install --upgrade pip'
command.
```

라이브러리가 설치됐으면 파이참에서 overloading_test2.py라는 파이썬 파일을 생성하고 다음 코드를 작성한다.

【 overloading_test2.py 】

```
from multipledispatch import dispatch

class Employee():
    @dispatch(int, int)
    def calcSalary(x, y):
        print(x * y)

    @dispatch(int, int, int)
    def calcSalary(x, y, z):
        print(x * y * z)

    @dispatch(float, float)
    def calcSalary(x, y):
        print(x * y)

emp = Employee()
emp.calcSalary(100, 200)
emp.calcSalary(100, 200, 300)
emp.calcSalary(400.0, 500.0)
```

@를 붙인 코드를 어노테이션이라고 하는데, 메소드 선언부에 타입과 매개변수의 개수가 다른 어노테이션을 각각 선언하면 메소드 오버로딩처럼 세 개의 메소드를 모두 호출할 수 있다.

【 실행 결과 】

```
20000
6000000
200000.0
```

정리하면 파이썬에서 메소드 오버로딩을 할 수 있는 방법은 있지만, 메소드를 선언할 때 기본 매개변수 값을 지정할 수 있으므로 메소드 오버로딩보다 더 쉽게 다양한 매개변수를 처리할 수 있다. 또한 4장에서 살펴본 것처럼 메소드의 매개변수를 선언할 때 변수의 타입을 따로 선언하지 않으므로 오버로딩이 필요하지도 않다.

06

모듈과 라이브러리 사용

모듈은 자주 사용하거나 유용한 코드를 묶어 다른 곳에서 재사용할 수 있도록 만든 코드 모음을 말한다. 각 모듈은 서로 관련 있는 함수의 그룹을 포함하는데, 함수는 파이썬이 제공하는 기본적인 내장 함수(built-in functions), 내장 상수(built-in constants), 내장 타입(built-in types), 내장 예외 사항(built-in exceptions)을 제외하고는 모듈 형태로 제공된다.

하나의 모듈은 주로 하나의 파이썬 파일(~.py)로 작성하며, 디렉터리 밑에 패키지 형태로 모듈을 작성한 파이썬 파일을 모아놓기도 한다. 하나의 파일로 작성되는 모듈의 구조는 [그림 6-1]과 같다.

모듈을 작성하는 코드의 순서는 정해져 있지 않으며, [그림 6-1]의 요소 중 하나 이상으로 구성된다. 예를 들어 하나의 모듈 안에는 함수 호출 구문이나 변수만 있을 수도 있고, 모든 요소를 조합해서 구성할 수도 있다. 모듈 내의 모든 구성 요소들은 생략하거나 여러 번 사용될 수 있다.

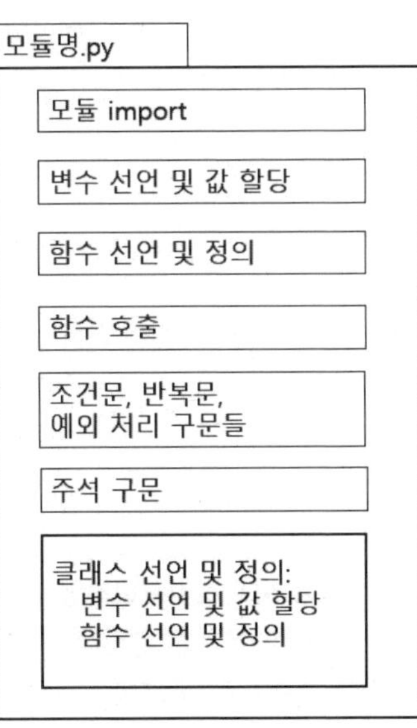

[그림 6-1] 모듈의 구조

6.1 라이브러리

라이브러리(library)는 여러 패키지와 모듈을 모아놓은 것을 의미하며, 패키지(package)는 특정 기능을 수행하기 위해서 관련 있는 모듈들을 폴더 형태로 모아놓은 것을 의미한다. 라이브러리는 패키지들이 모여 있는 형태로 패키지보다는 좀 더 포괄적인 개념이지만 일반적으로 라이브러리와 패키지라는 용어는 혼용해서 사용하므로 이 책에서도 알맞게 혼용하기로 한다.

모듈은 변수, 함수, 클래스, 기타 구문들을 모아놓은 파일로 구성되며 라이브러리와 구분할 필요가 있다. 일반적으로 라이브러리명과 모듈명은 동일하다. 그러나 라이브러리와 모듈은 다르게 사용되므로 꼭 구분해야 한다. 라이브러리를 설치할 때는 라이브러리명을 사용하고, 파이썬 코드 내에서 참조할 때는 모듈명을 사용한다.

먼저 pip와 PyPI에 대해 알아본 다음에 라이브러리와 모듈을 좀 더 자세히 구분해보자.

6.1.1 pip

파이썬을 처음 설치하면 기본적으로 파이썬의 표준 라이브러리들이 함께 설치된다. 표준 라이브러리가 제공하는 기본 기능 외에 더 다양한 기능을 사용하고 싶다면 외부 라이브러리를 설치하는데, 이때 pip 명령어로 설치한다.

pip는 package installer for python의 약자이며, 파이썬으로 작성된 패키지 소프트웨어를 설치 및 관리하는 패키지 관리 시스템이다. pip는 파이썬 3.4 버전부터 기본적으로 파이썬 설치 프로그램에 포함되어 있으므로 추가로 설치하지 않아도 사용할 수 있다.

명령 프롬프트에서 사용할 수 있는 pip 명령은 다음과 같다.

- 설치된 라이브러리(패키지) 목록 보기

```
pip list
```

- 라이브러리(패키지) 설치하기

```
pip install 라이브러리명
```

  - 버전 번호를 명시하지 않은 경우에는 최신 버전을 설치
  - 라이브러리가 이미 있는 경우에는 uninstall 후 재설치
  - 의존성 라이브러리가 있는 경우 의존성 라이브러리의 지정된 버전을 함께 설치

- 라이브러리(패키지)의 특정 버전 설치하기

```
pip install 라이브러리명==버전번호
```

- 라이브러리(패키지)의 상세 정보 확인하기

```
pip show 라이브러리명
```

  - 라이브러리의 이름, 버전, 만든 사람, 홈페이지, 의존성 라이브러리 등의 정보를 제공

의존성 라이브러리는 Requires 또는 Dependencies라고 하는데, 특정 라이브러리를 설치하거나 사용할 때 필요로 하는 다른 라이브러리를 의미한다.

명령 프롬프트를 실행하여 간단한 pip 명령을 연습해보자. 먼저 설치된 라이브러리(패키지) 목록을 보여주는 pip list 명령을 실행한다.

```
C:\Users\psy>pip list
Package          Version
---------------- -------
multipledispatch 0.6.0
pip              22.0.4
setuptools       58.1.0
six              1.16.0
WARNING: You are using pip version 22.0.4; however, version 22.3 is available.
You should consider upgrading via the 'C:\Python310\python.exe -m pip install --upgrade pip'
command.
```

마지막에 뜨는 WARNING은 pip 버전을 업그레이드하라는 메시지인데, 무시하고 넘어간다.

다음은 5장에서 설치한 multipledispatch 라이브러리를 pip install multipledispatch 명령으로 다시 설치해본다.

```
C:\Users\psy>pip install multipledispatch
Requirement already satisfied: multipledispatch in c:\python310\lib\site-packages (0.6.0)
Requirement already satisfied: six in c:\python310\lib\site-packages (from multipledispatch)
(1.16.0)
WARNING: You are using pip version 22.0.4; however, version 22.3 is available.
You should consider upgrading via the 'C:\Python310\python.exe -m pip install --upgrade pip'
command.
```

우리는 라이브러리를 이미 설치했기 때문에 요구 사항이 이미 충족됐다는 안내 메시지가 뜨지만, 처음 설치하는 라이브러리라면 성공적으로 설치됐다는 메시지가 뜰 것이다.

다음은 pip show multipledispatch 명령으로 multipledispatch 라이브러리의 정보를 확인한다.

```
C:\Users\psy>pip show multipledispatch
Name: multipledispatch
Version: 0.6.0
Summary: Multiple dispatch
Home-page: http://github.com/mrocklin/multipledispatch/
Author: Matthew Rocklin
Author-email: mrocklin@gmail.com
License: BSD
Location: c:\python310\lib\site-packages
Requires: six
Required-by:
```

정보 목록 중에 밑에서 두 번째 줄에 있는 Requires는 라이브러리의 의존성을 나타낸다. 여기서는 multipledispatch를 설치할 때 six라는 라이브러리도 함께 설치된 것을 의미한다.

설치된 라이브러리를 지울 때는 **pip uninstall multipledispatch** 명령을 사용한다.

```
C:\Users\psy>pip uninstall multipledispatch
Found existing installation: multipledispatch 0.6.0
Uninstalling multipledispatch-0.6.0:
  Would remove:
    c:\python310\lib\site-packages\multipledispatch-0.6.0.dist-info\*
    c:\python310\lib\site-packages\multipledispatch\*
Proceed (Y/n)? y
Successfully uninstalled multipledispatch-0.6.0
```

삭제 시 'Proceed (Y/n)?'이라고 묻는데, y를 입력하면 된다. 라이브러리를 삭제해도 의존성 라이브러리는 남으므로 의존성 라이브러리도 따로 삭제해야 한다. multipledispatch의 의존성 라이브러리인 six도 삭제한다.

```
C:\Users\psy>pip uninstall six
Found existing installation: six 1.16.0
Uninstalling six-1.16.0:
  Would remove:
    c:\python310\lib\site-packages\six-1.16.0.dist-info\*
```

```
    c:\python310\lib\site-packages\six.py
Proceed (Y/n)? y
  Successfully uninstalled six-1.16.0
```

명령 프롬프트에 pip을 입력하면 pip 명령의 자세한 사용법을 알 수 있다.

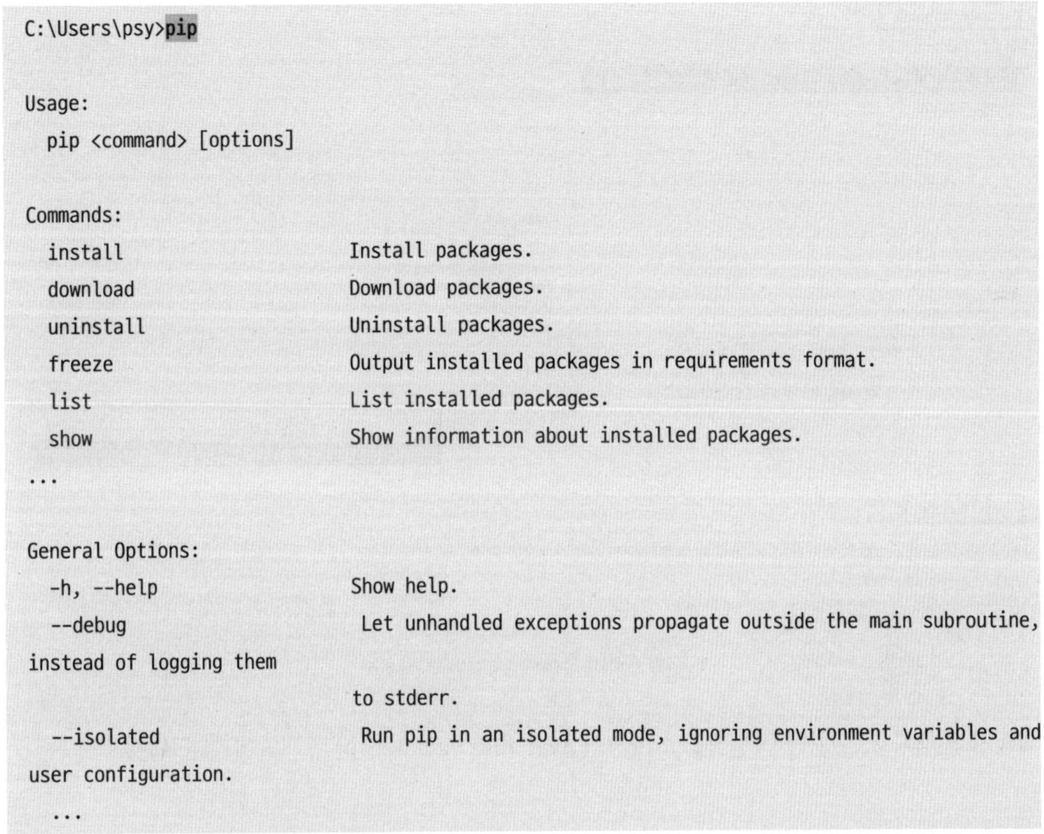

```
C:\Users\psy>pip

Usage:
  pip <command> [options]

Commands:
  install                     Install packages.
  download                    Download packages.
  uninstall                   Uninstall packages.
  freeze                      Output installed packages in requirements format.
  list                        List installed packages.
  show                        Show information about installed packages.
...

General Options:
  -h, --help                  Show help.
  --debug                      Let unhandled exceptions propagate outside the main subroutine,
instead of logging them
                              to stderr.
  --isolated                   Run pip in an isolated mode, ignoring environment variables and
user configuration.
  ...
```

파이참에서는 pip 명령을 직접 입력하지 않고도 라이브러리를 좀 더 쉽게 설치할 수 있다. 파이참을 실행하고 [File] → [Settings] → [Project: pythonProject] → [Python Interpreter] 메뉴를 선택한다. 그리고 메뉴 오른쪽에 〈+〉 버튼을 클릭한다.

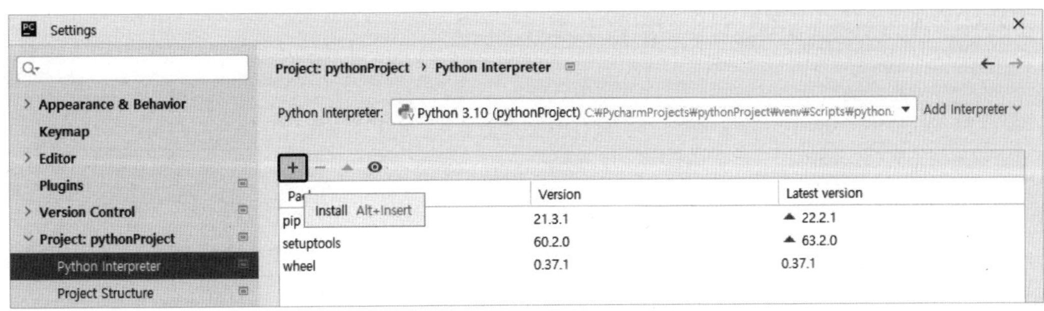

[그림 6-2] 파이참에서 패키지 설치

Available Packages창이 뜨면 검색창에 multipledispatch를 입력하고 multipledispatch를 선택한다. 오른쪽 하단의 Specify version을 체크해서 0.6.0 버전을 선택하고, 왼쪽 하단의 〈Install Package〉 버튼을 클릭한다.

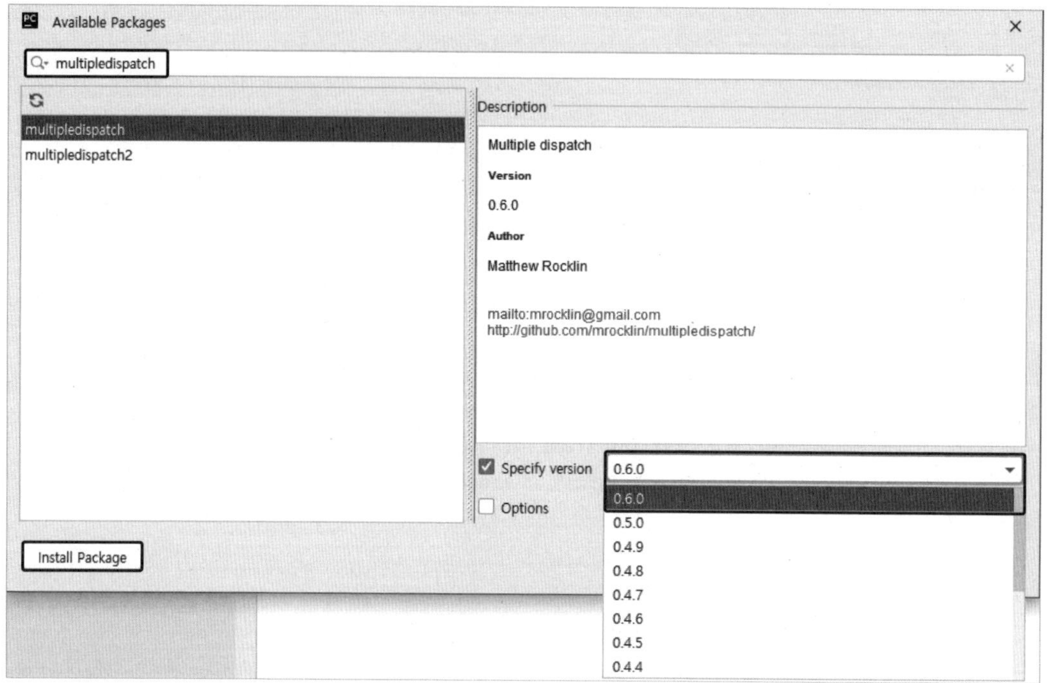

[그림 6-3] multipledispatch 패키지 설치

설치가 진행되고, 설치를 정상적으로 마치면 Available Packages창 아래쪽에 성공 메시지가 뜬다.

[그림 6-4] multipledispatch 패키지 설치 성공 메시지

Available Packages창을 닫고 Python Interpreter로 돌아오면, 방금 설치한 패키지와 함께 의존성을 가지는 패키지들이 설치된 것을 확인할 수 있다.

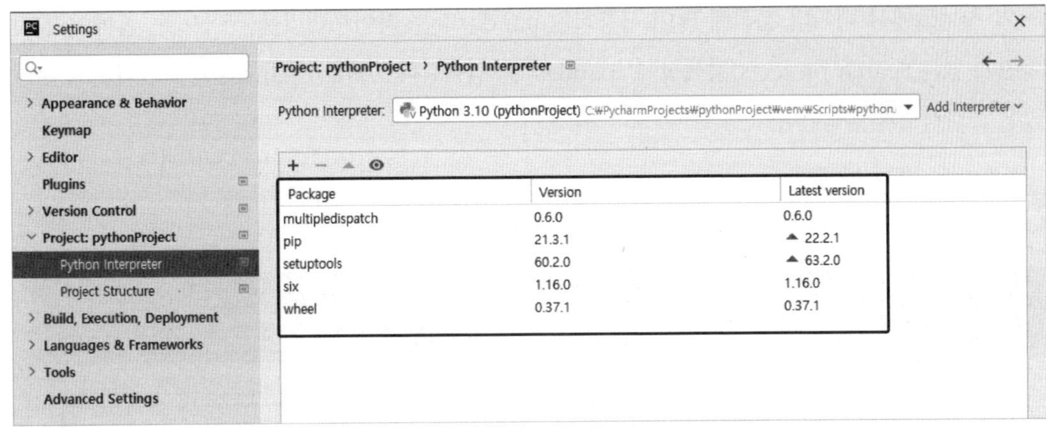

[그림 6-5] multipledispatch와 함께 설치된 의존성 패키지

6.1.2 PyPI

파이썬에서 외부 라이브러리(패키지)를 사용하고 싶을 때는 PyPI 사이트(https://pypi.org)에서 다양한 파이썬 라이브러리를 다운받을 수 있다. PyPI는 Python Package Index의 약자이며, 파이썬 관련 소프트웨어를 모두가 사용할 수 있도록 만들어진 오픈소스 라이선스 패키지의 공개 저장소다.

PyPI 사이트에서는 파이썬 라이브러리의 설치 방법이나 버전 정보 등을 확인할 수 있다. 홈페이지 첫 화면에서 현재 기준으로 443,055개의 라이브러리(패키지)가 존재하는 것을 알 수 있고, 이 숫자는 계속 늘어난다.

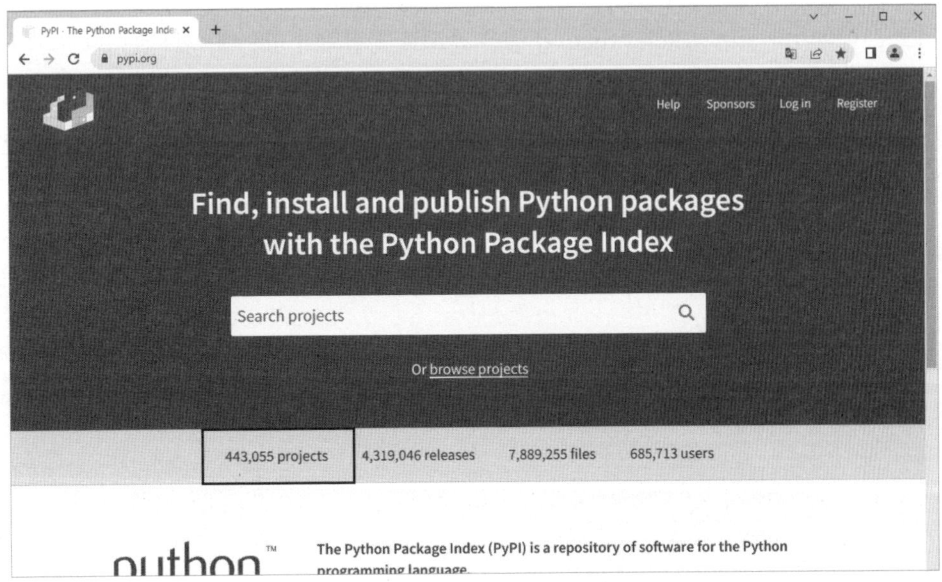

[그림 6-6] PyPI에서 제공하는 파이썬 패키지 수

PyPI 사이트에서 데이터 분석에 많이 사용하는 pandas라는 라이브러리를 찾아보자. 홈페이지 첫 화면에 있는 Search projects 검색창에 'pandas'를 입력한다. 그러면 pandas를 포함하는 무수히 많은 프로젝트가 검색된다.

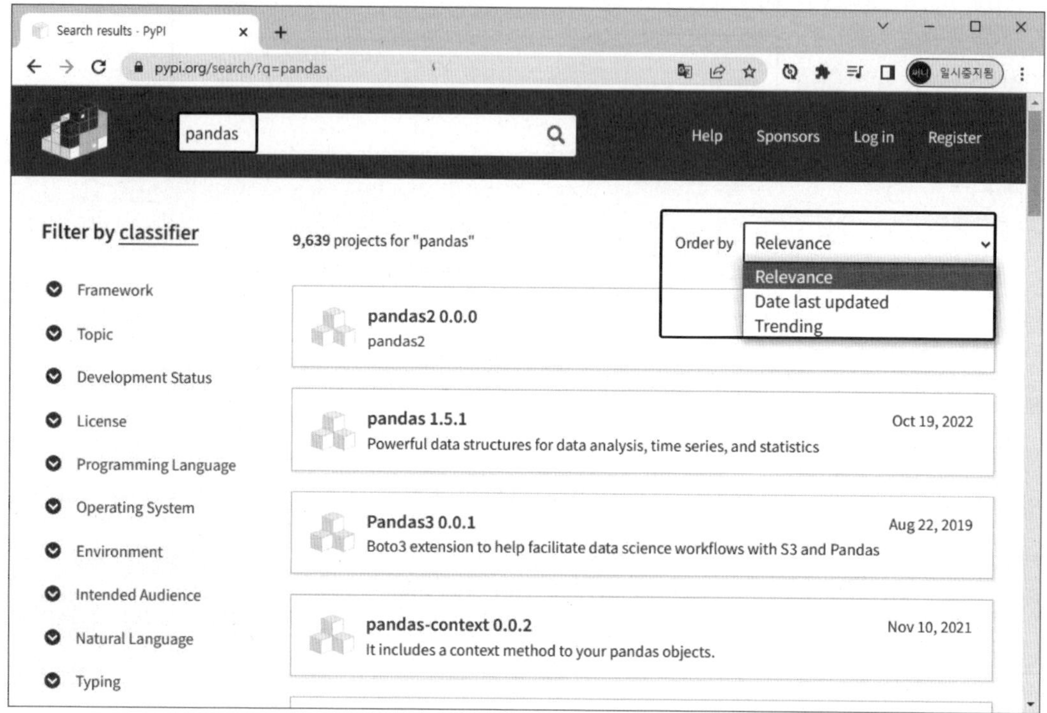

[그림 6-7] pandas 라이브러리 검색 결과

기본적으로 검색어와 관련성(Relevance)이 높은 순으로 정렬되어 있는데, 최신순이나 인기순으로 정렬할 수 있다. 검색 결과에서 'pandas 1.5.1'을 찾아 클릭한다. 버전은 계속 달라질 수 있다. 이후 나오는 페이지에서는 pandas 라이브러리의 설치 방법과 홈페이지, 문서 등의 다양한 정보를 확인할 수 있다.

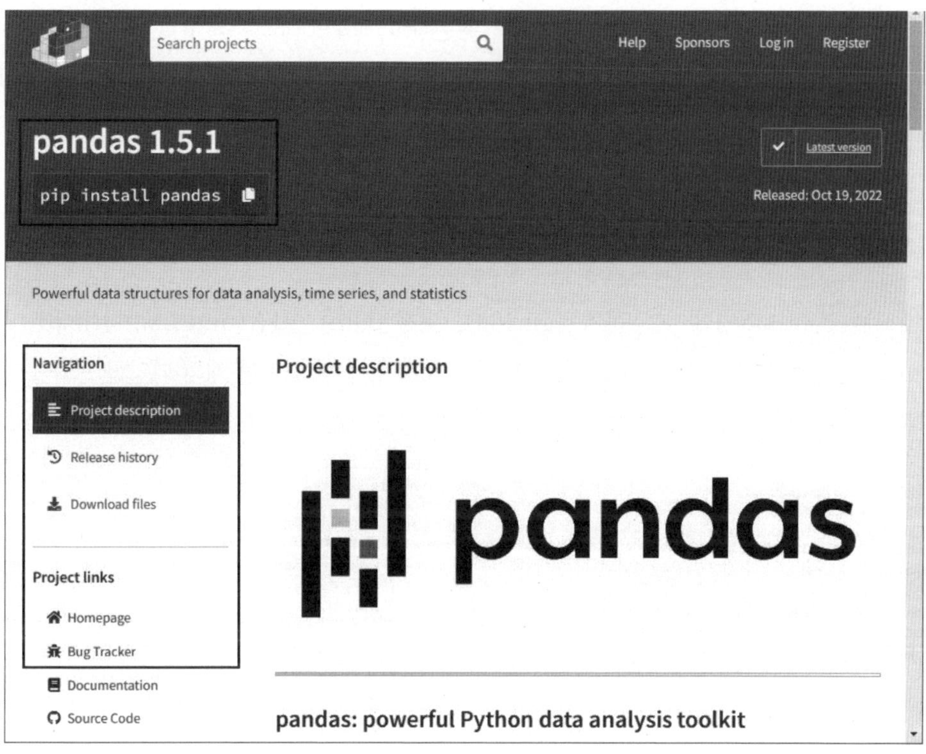

[그림 6-8] pandas 상세 페이지

6.1.3 모듈과 라이브러리

라이브러리(패키지) 저장소는 좀 더 복잡한 구조로 구성되어 있지만 구조를 간단히 살펴보면 다음과 같다.

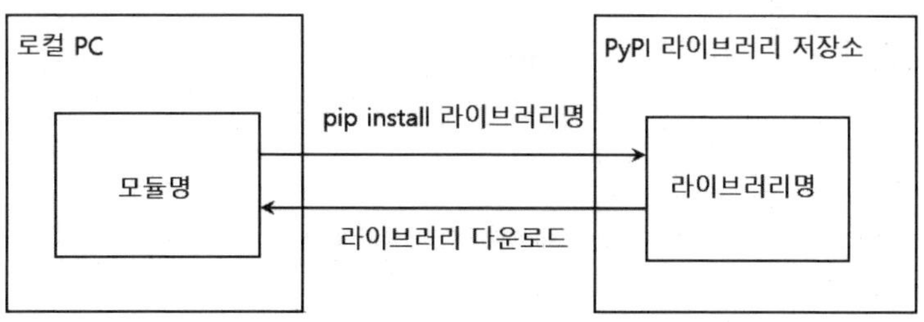

[그림 6-9] 라이브러리 설치와 모듈의 저장

pip 명령 등으로 라이브러리를 설치할 때 라이브러리 이름을 입력하면 PyPI 사이트의 저장소에 접속하여 해당 라이브러리를 찾아서 PC에 다운로드된다. 그리고 라이브러리가 PC에 저장될 때는 모듈명으로 저장된다.

따라서 PC에 다운로드된 라이브러리를 파이썬 코드에서 사용하려면 모듈명을 사용해야 한다. 즉, 라이브러리를 설치할 때는 라이브러리명을 사용하고, 코드에서 사용할 때는 모듈명을 사용한다는 정도로만 이해하자.

6.2 모듈 사용

파이썬 표준 라이브러리에서는 문자열(string), 날짜(date), 시간(time), 수학(math), 분수(fraction), 십진법(decimal), 랜덤(random), 파일(file) 등등 약 200여 개의 다양한 모듈을 제공한다. 기본으로 사용할 수 있는 모듈명을 확인하기 위해 명령 프롬프트에서 다음 명령을 실행해보자.

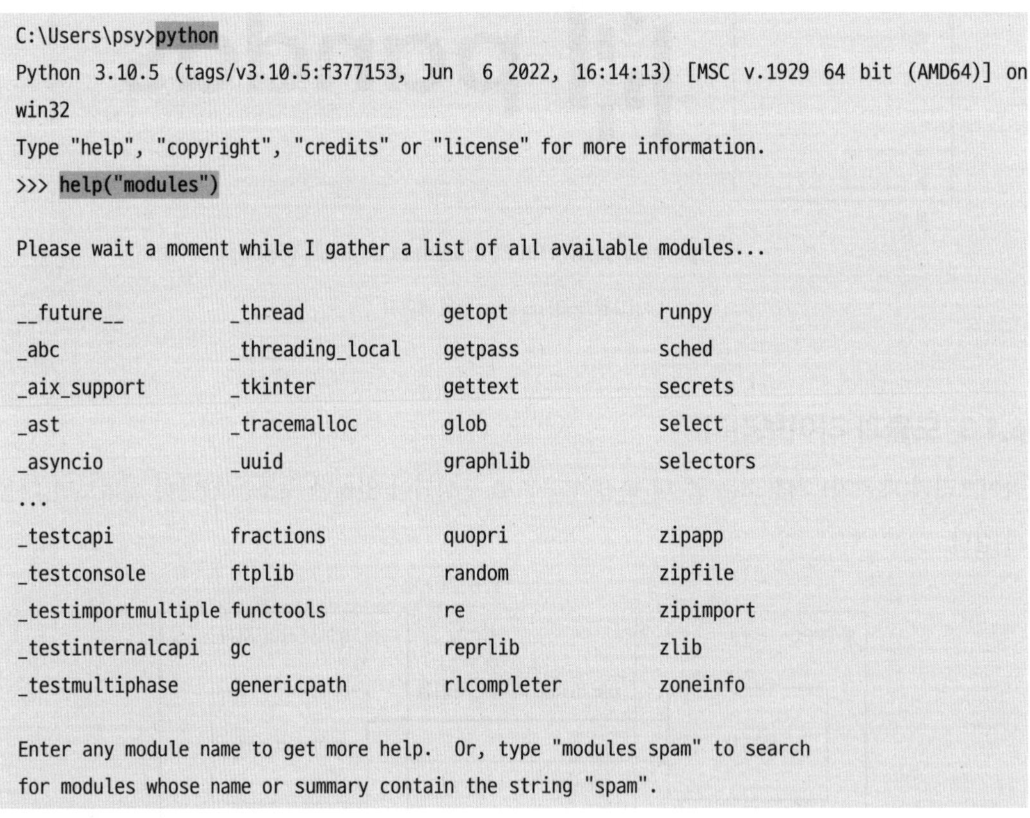

```
C:\Users\psy>python
Python 3.10.5 (tags/v3.10.5:f377153, Jun  6 2022, 16:14:13) [MSC v.1929 64 bit (AMD64)] on
win32
Type "help", "copyright", "credits" or "license" for more information.
>>> help("modules")

Please wait a moment while I gather a list of all available modules...

__future__          _thread             getopt              runpy
_abc                _threading_local    getpass             sched
_aix_support        _tkinter            gettext             secrets
_ast                _tracemalloc        glob                select
_asyncio            _uuid               graphlib            selectors
...
_testcapi           fractions           quopri              zipapp
_testconsole        ftplib              random              zipfile
_testimportmultiple functools           re                  zipimport
_testinternalcapi   gc                  reprlib             zlib
_testmultiphase     genericpath         rlcompleter         zoneinfo

Enter any module name to get more help.  Or, type "modules spam" to search
for modules whose name or summary contain the string "spam".
```

모듈은 크게 세 가지로 나눌 수 있다.

- 사용자 정의 모듈: 개발자가 직접 작성한 모듈
- 파이썬 표준 라이브러리에서 제공하는 모듈: 파이썬 표준 라이브러리에서는 약 200여 개의 모듈을 제공한다. 파이썬 프로그램을 설치하면 기본적으로 포함된다.
- 서드파티 라이브러리에서 제공하는 모듈: 서드파티 라이브러리는 파이썬 표준 라이브러리 이외에 제삼자가 제공하는 라이브러리를 의미하며, pip 등의 명령어로 추가 설치를 해야 한다.

참고 _ 서드파티(third party)란?

서드파티란 일반적으로 제조사와 사용자 이외 외부의 생산자를 가리키는 뜻인데, 프로그래밍에서는 프로그래밍을 도와주는 플러그인이나 라이브러리 등을 만드는 개인 개발자나 프로젝트 팀, 혹은 업체 등을 말한다. 즉, 파이썬 표준 라이브러리에서 제공하는 것이 아닌 제삼자가 만든 라이브러리를 서드파티 라이브러리라고 한다.

세 가지 모듈 중 사용자 정의 모듈을 사용하기 위한 단계를 살펴보자.

1. 사용하고자 하는 모듈을 〈모듈명〉.py 파일로 작성한다.
2. 다음 중 하나로 모듈의 위치를 정한다.
   - 현재 작업 디렉터리
   - 환경변수 PYTHONPATH에 지정한 디렉터리
   - [PYTHON_HOME]₩Lib 디렉터리

참고 _ [PYTHON_HOME]₩Lib 디렉터리에는 뭐가 있을까?

PYTHON_HOME은 파이썬 설치 디렉터리를 의미한다. 우리는 파이썬을 C:₩Python310에 설치했으므로 C:₩Python310₩Lib 디렉터리에 파이썬 표준 라이브러리 모듈이 위치한다.

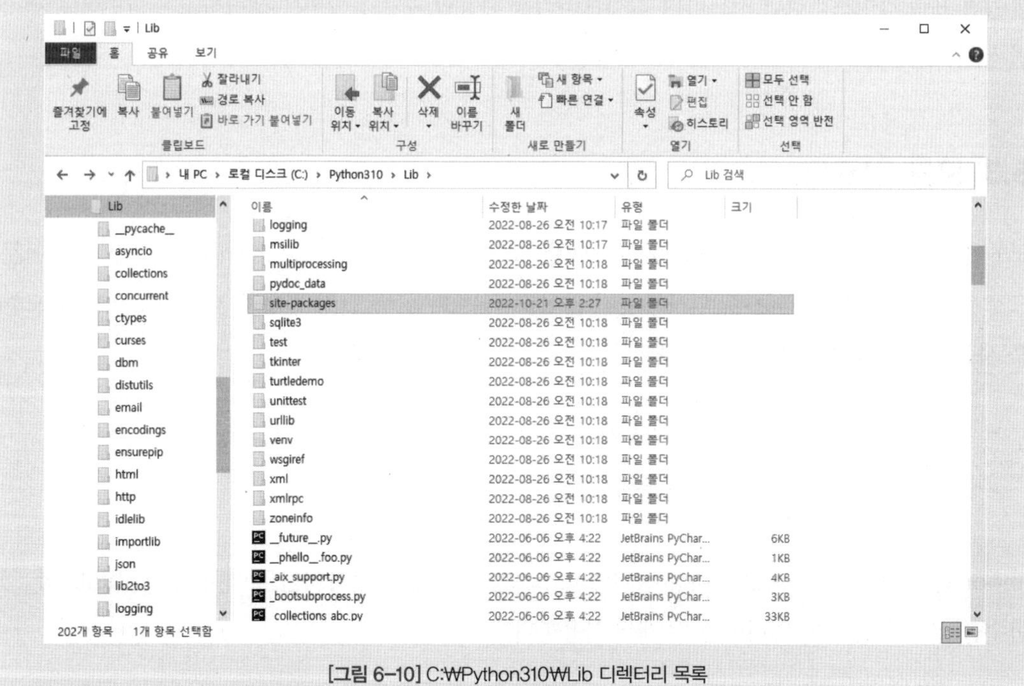

[그림 6-10] C:₩Python310₩Lib 디렉터리 목록

또한, C:₩Python310₩Lib₩site-packages에는 파이썬 표준 라이브러리 이외에 파이썬을 설치하면 기본적으로 제공되는 서드파티 라이브러리들이 위치한다. 서드파티 라이브러리를 추가로 설치해도 이 디렉터리에 다운로드된다.

개발 팁 _ 같은 이름의 파일이 여러 군데 있다면?

만약 세 군데 모두 동일한 파일이 존재한다면 위에서부터 차례대로 우선순위가 적용된다. 항상 현재 작업 디렉터리가 우선이며, 차례로 환경변수에 지정한 디렉터리와 Lib 디렉터리가 그다음이다.

처음에 자주 하는 실수 중 하나는 모듈명과 동일한 이름으로 파이썬 파일을 만드는 것이다. 예를 들면 selenium이라는 모듈이 있는데, 파이썬 코드를 작성할 때 파일 이름을 selenium.py 파일로 생성하는 것이다. 그렇게 하면 파이썬은 PyPI에서 다운받은 selenium이라는 모듈이 아니라 내가 만든 selenium.py 파일을 먼저 인식하기 때문에 selenium 모듈에서 제공하는 함수를 쓸 수 없게 된다.

따라서 파이썬 파일의 이름은 파이썬 표준 라이브러리의 모듈이나 pip로 설치한 모듈 이름과는 반드시 다르게 만들어야 한다는 것을 꼭 기억하자!

3. 모듈을 사용하고자 하는 코드(모듈과 다른 파이썬 파일)에서 해당 모듈을 임포트한다.
   - 'import 모듈명' 형식으로 작성하며, import문은 다음 절에서 자세히 살펴본다.

4. 모듈 내부의 함수 등을 호출하여 사용한다.
   - '모듈명.함수명( )' 형식으로 작성하며, 모듈이 제공하는 함수나 클래스는 내장 함수 dir(모듈명)으로 확인할 수 있다.

파이썬 표준 라이브러리나 서드파티 라이브러리를 사용할 때는 1, 2번은 생략하고 3, 4번만 수행하면 된다.

6.3 모듈 임포트

모듈을 임포트하는 여러 가지 방법을 알아보자. 모듈에 있는 함수 등을 사용하려면 먼저 import문으로 모듈을 가져와야 하는데, 임포트하지 않아도 되는 다음 두 가지 경우를 제외하고는 항상 모듈을 사용하기 이전에 모듈을 임포트해야 한다.

- 내장 함수나 내장 타입 등의 내장 영역일 때
- 동일한 코드 내에 선언된 변수, 함수, 클래스일 때

import문 없이 사용할 수 있는 내장 영역의 리스트를 출력해보자. 파이썬 셸에서 dir(__builtins__) 함수를 실행한다. 이때 언더바는 두 개씩 사용한다.

```
>>> dir(__builtins__)
['ArithmeticError', 'AssertionError', 'AttributeError', 'BaseException',
'BlockingIOError', 'BrokenPipeError', 'BufferError', 'BytesWarning', 'ChildProcessError',
```

```
'ConnectionAbortedError', 'ConnectionError', 'ConnectionRefusedError',
...
'oct', 'open', 'ord', 'pow', 'print', 'property', 'quit', 'range', 'repr', 'reversed',
'round', 'set', 'setattr', 'slice', 'sorted', 'staticmethod', 'str', 'sum', 'super', 'tuple',
'type', 'vars', 'zip']
```

참고 _ 모듈은 왜 임포트해야 할까?

예를 들어 워드 문서에 이미지를 넣는 과정을 생각해보자. [그림 삽입] 메뉴에서 해당 이미지가 있는 디렉터리를 찾아서 삽입할 이미지를 선택한다. 이는 워드 프로그램에게 어디에 있는 어떤 파일을 가져올지 내부적으로 이미지 파일의 이름과 위치 정보인 경로를 명시해주는 것이다.

이처럼 모듈을 사용할 때도 import문으로 모듈의 경로를 알려주는 것이다. 조금 어려운 표현으로 모듈을 현재 네임스페이스(namespace)로 가져온다고 한다.

이제 모듈을 임포트하는 방법을 살펴보자. 임포트할 때는 import, from, as라는 파이썬 예약어를 사용한다. 다음은 모듈을 임포트하는 가장 기본적인 방법이다.

```
import 모듈명
```

모듈을 임포트하고 나면 코드 내에서 '모듈명.함수명( )' 형식으로 모듈 안의 함수나 클래스, 변수 등을 사용할 수 있다.

다음은 모듈명을 별칭(alias)으로 사용하는 방법이다. 모듈명이 길어서 매번 입력하기 번거로울 때 편리하다.

```
import 모듈명 as 별칭명
```

'별칭명.함수명( )' 형식으로 모듈 안의 함수나 클래스, 변수 등을 사용할 수 있다.

다음은 모듈 전체가 아니라 모듈에 있는 특정 함수, 클래스, 변수를 사용하기 위해 임포트하는 방법이다.

```
from 모듈명 import <함수명 혹은 클래스명 혹은 변수명>
```

모듈의 특정 함수, 클래스, 변수를 모듈명 대신 별칭으로 사용할 때는 다음과 같이 작성한다.

```
from 모듈명 import <함수명 혹은 클래스명 혹은 변수명> as 별칭명
```

다음과 같이 *를 이용해 모듈의 모든 구성 요소를 임포트하면 코드 내에서 함수, 클래스, 변수 등을 모듈명 없이 '함수명( )' 형식으로 사용할 수 있다.

```
from <모듈명> import *
```

6.4 사용자 정의 모듈

파이썬을 설치할 때 기본으로 포함된 파이썬 표준 라이브러리의 모듈이나 추가로 설치하는 서드파티 라이브러리의 모듈을 주로 사용하기는 하지만, 프로그래밍을 하다 보면 모듈을 직접 정의해야 할 때도 있다. 이번에는 모듈을 직접 만들어서 사용하는 방법을 알아본다.

6.4.1 모듈 작성하기

파이참에서 basic 패키지에 [New] → [Python File]을 추가하고, 파이썬 파일명은 employee로 지정한다. 그리고 생성된 파일에는 모듈과 각 함수의 구현부 첫 번째 줄에 독스트링을 작성한다. 각 함수는 print( ) 함수에서 % 문자열 포매팅을 이용하여 구문을 출력한다.

【 employee.py 】

```
"""사용자 정의 모듈.
사원의 급여를 출력하는 함수를 제공.
"""

# 사원의 형태와 급여를 입력받아 급여를 계산하여 출력하는 함수
def calc_salary(emp, salary):
    """급여 계산 함수.
    emp : 입력값은 사원 혹은 임원
    salary : 급여
    사원과 임원의 급여를 계산하여 출력한다."""
    base = 2000000
    extra = 5000000
    if emp == "사원":
        salary = base + salary
    elif emp == "임원":
        salary = base + salary + extra
    print("%s의 급여는 %s 입니다." % (emp, salary))

# 사원의 코드를 입력받아 사원과 부서의 정보를 출력하는 함수
```

```
def info(code):
    """사원 정보 출력 함수.
    code : 사원 코드
    사원 코드에 따라 사원과 부서의 정보를 출력한다."""
    if code == "001-001":
        employee = "총무팀 일반직"
    elif code == "001-002":
        employee = "총무팀 관리직"
    elif code == "002-001":
        employee = "개발팀 일반직"
    elif code == "002-002":
        employee = "개발팀 관리직"
    elif code == "003-002":
        employee = "운영팀 일반직"
    elif code == "003-002":
        employee = "운영팀 관리직"
    elif code == "004-001":
        employee = "임원"
    else:
        employee = "기타"
    print("조회하신 사원의 정보입니다.")
    print("%s 코드는 %s 사원입니다." % (code, employee))

# 위에서 정의한 함수들을 다양한 매개변수로 호출한다.
print("사원의 급여와 사원 코드 정보를 모두 출력합니다.")
calc_salary("사원", 3000000)
info("001-001")
calc_salary("임원", 5000000)
info("004")
```

직접 만든 employee라는 모듈의 실행 결과는 다음과 같다.

【 실행 결과 】

```
사원의 급여와 사원 코드 정보를 모두 출력합니다.
사원의 급여는 5000000 입니다.
조회하신 사원의 정보입니다.
001-001 코드는 총무팀 일반직 사원입니다.
임원의 급여는 12000000 입니다.
조회하신 사원의 정보입니다.
004 코드는 기타 사원입니다.
```

6.4.2 모듈 사용하기

앞에서 정의한 모듈을 사용하는 코드를 작성해보자. employee.py 파일과 다른 패키지에 파일을 생성하기 위해 pythonProject에서 [New] → [Python Package]를 선택하고, 새로운 패키지로 basic2를 생성한다.

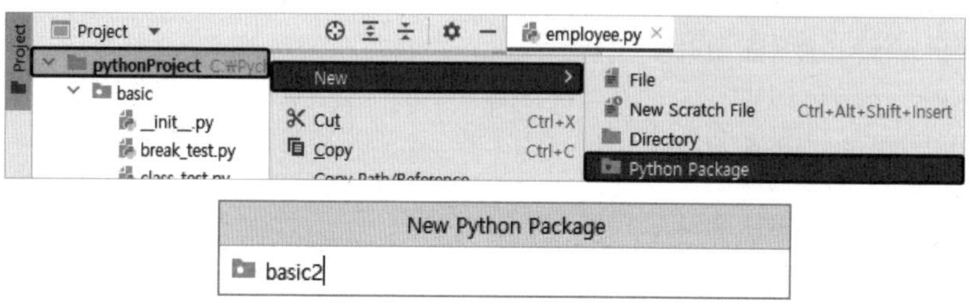

[그림 6-11] basic2 패키지 생성

basic2 패키지에는 employee_test.py 파일을 만든다. 사용자 정의 모듈인 employee.py와 employee_test.py는 같은 프로젝트에 속하므로 모듈을 사용할 때는 프로젝트명을 제외하고 패키지명부터 명시하면 된다.

basic2 패키지에 있는 employee_test.py 파일에서 basic 패키지에 있는 employee 모듈을 사용하기 위해 import basic.을 입력하면 파이참이 employee를 코드 추천으로 보여준다.

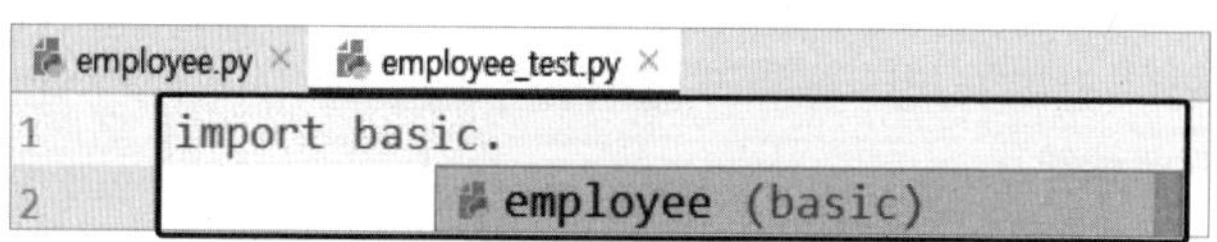

[그림 6-12] import문에서 employee 모듈 추천

employee 모듈은 emp라는 별칭으로 가져온다. 그리고 import문 아래에 emp.을 입력하면 employee 모듈이 가진 함수를 보여준다.

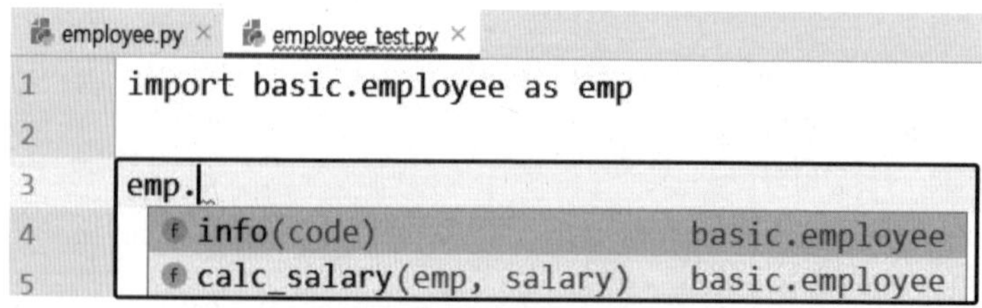

[그림 6-13] employee 모듈이 가진 함수

info( ) 함수를 선택하고 다음과 같이 코드를 완성한다.

【 employee_test.py 】

```
import basic.employee as emp

print("==== employee의 함수 호출 ====")
emp.info("001-001")
```

【 실행 결과 】

```
사원의 급여와 사원 코드 정보를 모두 출력합니다.
사원의 급여는 5000000 입니다.
조회하신 사원의 정보입니다.
001-001 코드는 총무팀 일반직 사원입니다.
임원의 급여는 12000000 입니다.
조회하신 사원의 정보입니다.
004 코드는 기타 사원입니다.
==== employee의 함수 호출 ====
조회하신 사원의 정보입니다.
001-001 코드는 총무팀 일반직 사원입니다.
```

코드를 실행하면 "==== employee의 함수 호출 ====" 밑으로만 출력돼야 할 것 같지만 info( ) 함수와는 상관이 없는 출력 결과들이 포함되어 있다. 왜 그럴까? 비밀은 바로 "__main__"에 있다.

6.4.3 __main__ 속성 사용하기

employee 모듈의 구조를 보면 calc_salary( ) 함수와 info( ) 함수를 정의하는 코드 외에도 두 함수를 호출하는 코드가 있다. 따라서 employee_test에서 employee 모듈의 info( ) 함수를 호출할 때 employee 모듈에 포함된 다른 함수들까지 호출된 것이다.

참고로 파이참 에디터에서 소스 코드 앞에 있는 〈-〉, 〈+〉 버튼을 클릭하면 소스를 접었다 펼칠 수 있다. employee.py의 코드를 축약해서 전체 구조를 보면 다음과 같다.

```
employee.py × employee_test.py ×
1  """사용자 정의 모듈.
2  사원의 급여를 출력하는 함수를 제공.
3  """
4
5  # 사원의 형태와 급여를 입력받아 급여를 계산하여 출력하는 함수
6  def calc_salary(emp, salary):...
18
19 # 사원의 코드를 입력받아 사원과 부서의 정보를 출력하는 함수
20 def info(code):...
42
43 # 위에서 정의한 함수들을 다양한 매개변수로 호출한다.
44 print("사원의 급여와 사원 코드 정보를 모두 출력합니다.")
45 calc_salary("사원", 3000000)
46 info("001-001")
47 calc_salary("임원", 5000000)
48 info("004")
```

[그림 6-14] employee.py 파일의 코드 구조

[그림 6-14]에서 44~48행은 employee 모듈에서만 실행하고 싶고, info( ) 함수와 calc_salary( ) 함수는 employee 모듈 외부에서 필요할 때만 호출하고 싶은 건데 employee 모듈을 임포트하는 순간 employee 모듈의 모든 코드가 실행돼서 위와 같은 결과가 나온 것이다.

그럼 employee를 단독으로 실행할 때는 44~48행의 코드를 실행하고, 외부에서 employee를 임포트한 경우에는 이 코드들이 실행되지 않게 하려면 어떻게 해야 할까? 이때 바로 __main__ 속성을 사용하면 된다.

우선 기존 함수는 그대로 두고 들여쓰기에 주의해서 44~48행을 main( ) 함수로 감싼다. 즉, 44~48행을 main( ) 함수의 구현부에 작성한다. 그리고 main( ) 함수 다음에 if문을 추가한다. __name__과 __main__은 모두 언더바를 두 개씩 붙인다.

【 employee.py 】

```
"""사용자 정의 모듈.
사원의 급여를 출력하는 함수를 제공.
"""


def calc_salary(emp, salary):...


def info(code):...


def main():
    print("사원의 급여와 사원 코드 정보를 모두 출력합니다.")
```

```
    calc_salary("사원", 3000000)
    info("001-001")
    calc_salary("임원", 5000000)
    info("004")

if __name__ == "__main__":
    main()
```

맨 아래에 추가한 if문은 __name__이 __main__인 경우에만 main( ) 함수를 호출하라는 의미다. __name__ 값은 언제 __main__과 같은 값이 될까? employee.py 파일을 직접 실행하면 __name__과 __main__의 값이 같다. 따라서 employee 모듈을 직접 실행했을 때 if문이 True가 되어 main( ) 함수가 호출된다.

다른 파일에서 이 모듈을 임포트할 때는 __name__에 패키지명을 포함한 파일명인 "basic.employee"가 할당된다. 이때는 if문이 False가 되어 main( ) 함수가 호출되지 않는다.

이를 확인하기 위해 employee_test 파일 마지막에 __name__ 값을 출력하는 코드를 추가해보자.

【 employee_test.py 】

```
import basic.employee as emp

print("==== employee의 함수 호출 ====")
emp.info("001-001")

print("__name__은? " + emp.__name__)
```

【 실행 결과 】

```
==== employee의 함수 호출 ====
조회하신 사원의 정보입니다.
001-001 코드는 총무팀 일반직 사원입니다.
__name__은? basic.employee
```

코드를 실행해보면 employee의 info( ) 함수만을 수행하고, employee 모듈의 __name__이 basic.employee라는 것을 확인할 수 있다. 즉, __name__ == "__main__"이 False이므로 main( ) 함수가 호출되지 않는다. 파이썬으로 작성된 파일에서 if __name__ == "__main__":은 종종 나오는 구문이므로 소스 코드 분석을 위해 잘 알아두기 바란다.

추가적으로 employee 모듈에 선언한 독스트링이나 calc_salary( )와 info( ) 함수의 독스트링을 확인하고 싶다면 employee_test 파일에 다음 코드를 추가한다.

【 employee_test.py 】

```
import basic.employee as emp

print("==== employee의 함수 호출 ====")
emp.info("001-001")

print("__name__은? " + emp.__name__)

print("==== employee 객체의 docstring 확인 ====")
print(help(emp))
print("==== employee 객체의 info 함수의 docstring 확인 ====")
print(help(emp.info))
print("==== employee 객체의 calc_salary 함수의 docstring 확인 ====")
print(help(emp.calc_salary))
```

【 실행 결과 】

```
...
==== employee 객체의 docstring 확인 ====
Help on module basic.employee in basic:

NAME
    basic.employee

DESCRIPTION
    사용자 정의 모듈.
    사원의 급여를 출력하는 함수를 제공.

FUNCTIONS
    calc_salary(emp, salary)
        급여 계산 함수.
        emp : 입력값은 사원 혹은 임원
        salary : 급여
        사원과 임원의 급여를 계산하여 출력한다.

    info(code)
        사원 정보 출력 함수.
        code : 사원 코드
        사원 코드에 따라 사원과 부서의 정보를 출력한다.

    main()

FILE
```

```
    c:\pycharmprojects\pythonproject\basic\employee.py

None
==== employee 객체의 info 함수의 docstring 확인 ====
Help on function info in module basic.employee:

info(code)
    사원 정보 출력 함수.
    code : 사원 코드
    사원 코드에 따라 사원과 부서의 정보를 출력한다.

None
==== employee 객체의 calc_salary 함수의 docstring 확인 ====
Help on function calc_salary in module basic.employee:

calc_salary(emp, salary)
    급여 계산 함수.
    emp : 입력값은 사원 혹은 임원
    salary : 급여
    사원과 임원의 급여를 계산하여 출력한다.

None
```

6.5 파이썬 표준 라이브러리 모듈

파이썬 표준 라이브러리의 사용법은 파이썬 홈페이지에서 제공하는 공식 문서를 통해 확인할 수 있다. 다음 주소에 접속해본다.

- https://docs.python.org/3

다음의 파이썬 공식 문서에서 보이는 버전은 3.10.6인데, 세 번째 숫자는 버그 픽스 버전이어서 자주 바뀔 수 있다. 파이썬의 버전은 두 번째 숫자까지만 일치하면 내부에 포함된 모듈이 같으므로 동일한 문서를 참고하면 된다. [Library Reference] 링크를 클릭한다.

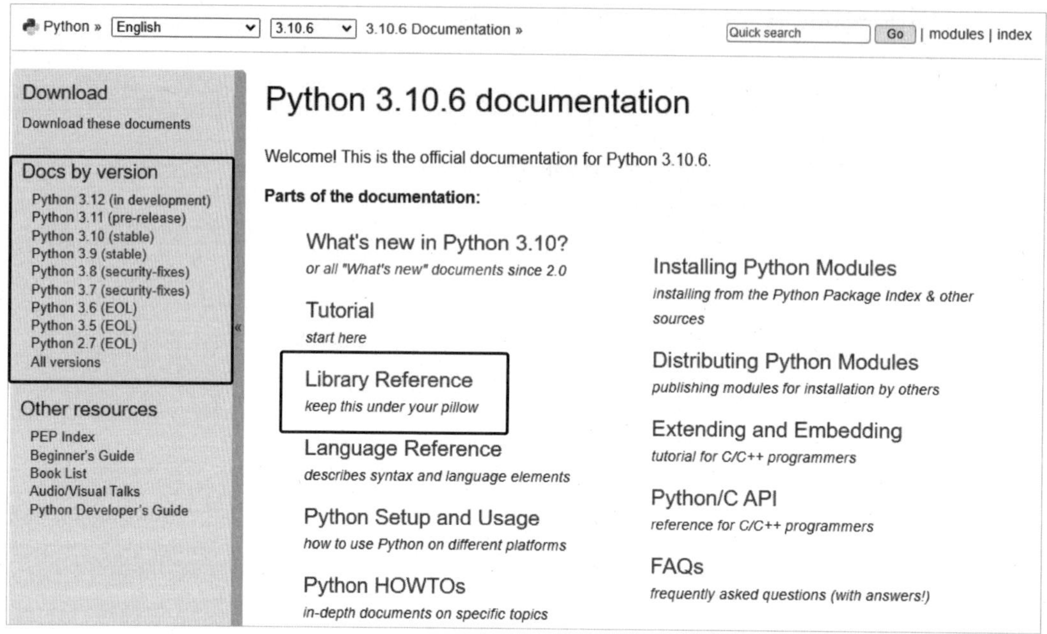

[그림 6-15] 파이썬 공식 문서

상단 메뉴에서 [Korean]을 선택하면 문서 내용을 한국어로도 볼 수 있다. 공식 문서는 한글 번역이 어색할 수도 있으니 영문 버전과 함께 보면 좋다. 이 책에서는 영문 버전을 기준으로 설명한다.

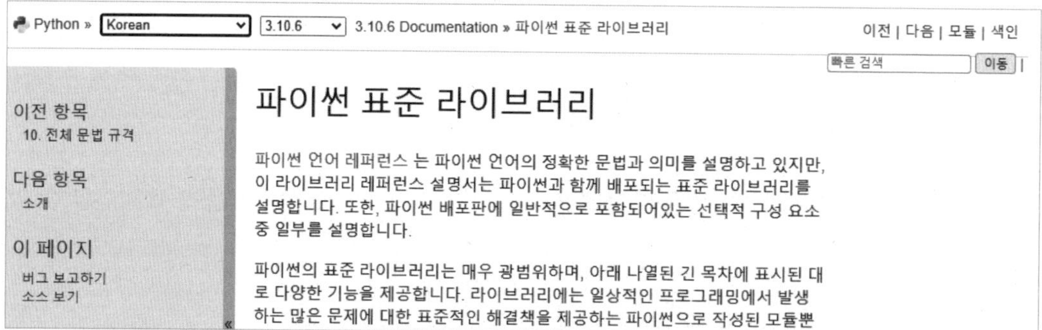

[그림 6-16] 파이썬 공식 문서 한글 버전

스크롤 바를 조금 내리면 제목에 Built-in이라는 단어가 붙은 항목들이 있을 것이다. 이 항목들이 내장 영역이다.

- Introduction
  - Notes on availability
- Built-in Functions
- Built-in Constants
  - Constants added by the `site` module
- Built-in Types
  - Truth Value Testing
  - Boolean Operations — `and`, `or`, `not`
  - Comparisons
  - Numeric Types — `int`, `float`, `complex`
  - Iterator Types
  - Sequence Types — `list`, `tuple`, `range`
  - Text Sequence Type — `str`
  - Binary Sequence Types — `bytes`, `bytearray`, `memoryview`
  - Set Types — `set`, `frozenset`
  - Mapping Types — `dict`
  - Context Manager Types
  - Type Annotation Types — Generic Alias, Union
  - Other Built-in Types
  - Special Attributes
- Built-in Exceptions
  - Exception context
  - Inheriting from built-in exceptions
  - Base classes
  - Concrete exceptions
  - Warnings
  - Exception hierarchy

[그림 6-17] 파이썬 표준 라이브러리의 내장 영역들

내장 영역 이후부터는 다양한 모듈을 목적에 따라 분류하여 보여준다. 모든 모듈을 다 살펴볼 수는 없으므로 주요 클래스와 모듈을 간단히 살펴보자.

6.5.1 str 클래스

str 클래스는 파이썬에 기본적으로 내장된 클래스다. 이를 내장 타입(built-in types)이라고 부른다. 작은따옴표 혹은 큰따옴표 안에 문자열을 입력하면 str 클래스의 객체가 생성된다.

명령 프롬프트에서 python 명령을 수행하여 파이썬 셸에서 다음 명령을 입력한다.

```
C:\Users\psy>python
Python 3.10.5 (tags/v3.10.5:f377153, Jun  6 2022, 16:14:13) [MSC v.1929 64 bit (AMD64)] on
win32
Type "help", "copyright", "credits" or "license" for more information.
>>> s = "python"
>>> type(s)
<class 'str'>
>>> s
'python'
```

s라는 변수에 문자열 "python"을 할당했다. s 변수의 type을 확인해보면 str 클래스라는 것을 확인할 수 있다. s 변수를 통해 문자열 "python"을 참조할 수 있으며, 문자열이 할당된 s 변수는 str 클래스의 객체이므로 str 클래스가 가지고 있는 다양한 함수를 호출할 수 있다.

2장에서 살펴본 문자열과 관련된 함수들은 모두 str 클래스에 정의된 함수들이다. dir( ) 함수로 str 클래스에 어떤 구성 요소가 있는지 확인해본다.

```
>>> dir(str)
['__add__', '__class__', '__contains__', '__delattr__', '__dir__', '__doc__', '__eq__',
 '__format__', '__ge__', '__getattribute__', '__getitem__', '__getnewargs__', '__gt__',
 '__hash__', '__init__', '__init_subclass__', '__iter__', '__le__', '__len__', '__lt__',
 '__mod__', '__mul__', '__ne__', '__new__', '__reduce__', '__reduce_ex__', '__repr__',
 '__rmod__', '__rmul__', '__setattr__', '__sizeof__', '__str__', '__subclasshook__',
 'capitalize', 'casefold', 'center', 'count', 'encode', 'endswith', 'expandtabs', 'find',
 'format', 'format_map', 'index', 'isalnum', 'isalpha', 'isascii', 'isdecimal', 'isdigit',
 'isidentifier', 'islower', 'isnumeric', 'isprintable', 'isspace', 'istitle', 'isupper',
 'join', 'ljust', 'lower', 'lstrip', 'maketrans', 'partition', 'removeprefix', 'removesuffix',
 'replace', 'rfind', 'rindex', 'rjust', 'rpartition', 'rsplit', 'rstrip', 'split',
 'splitlines', 'startswith', 'strip', 'swapcase', 'title', 'translate', 'upper', 'zfill']
```

str 클래스의 주요 함수는 다음과 같다.

- capitalize( ): 첫 문자는 대문자, 나머지 문자는 소문자로 변경한다.
- count(keyword, [start], [end]): keyword가 몇 번 포함돼 있는지를 리턴한다. start와 end를 지정하면 슬라이싱과 같은 효과를 얻을 수 있다.
- encode([encoding, [errors]]): 파이썬3에서 str 클래스는 기본적으로 모두 유니코드다. encode( ) 함수는 유니코드를 인코딩이 있는 바이너리로 변환한다.
- endswith(postfix, [start, end]): postfix로 문자열이 끝나면 True를 리턴하고 문자열로 끝나지 않으면 False를 리턴한다. start와 end를 지정하면 슬라이싱 효과를 얻을 수 있다.
- expandtabs([tabsize]): tab을 공백으로 치환한다.
- strip( ): 좌우의 공백을 제거한다.
- rstrip( ): 오른쪽의 공백을 제거한다.
- lstrip( ): 왼쪽의 공백을 제거한다.
- join( ): 문자열로 합쳐서 리턴한다.

6.5.2 math 모듈

삼각함수, 제곱근, 로그함수 등 수학과 관련된 기능을 담당하는 모듈이다. 모듈을 사용하기 전에 반드시 임포트를 먼저 해야 한다.

```
>>> import math
>>> dir(math)
['__doc__', '__loader__', '__name__', '__package__', '__spec__', 'acos', 'acosh', 'asin',
 'asinh', 'atan', 'atan2', 'atanh', 'ceil', 'comb', 'copysign', 'cos', 'cosh', 'degrees',
 'dist', 'e', 'erf', 'erfc', 'exp', 'expm1', 'fabs', 'factorial', 'floor', 'fmod', 'frexp',
 'fsum', 'gamma', 'gcd', 'hypot', 'inf', 'isclose', 'isfinite', 'isinf', 'isnan', 'isqrt',
 'lcm', 'ldexp', 'lgamma', 'log', 'log10', 'log1p', 'log2', 'modf', 'nan', 'nextafter',
 'perm', 'pi', 'pow', 'prod', 'radians', 'remainder', 'sin', 'sinh', 'sqrt', 'tan', 'tanh',
 'tau', 'trunc', 'ulp']
```

6.5.3 time 모듈

시간 데이터를 처리할 때 사용하는 모듈로, 모듈을 사용하기 전에 반드시 임포트를 먼저 해야 한다. time 모듈의 주요 함수는 다음과 같다.

- time.time( ): 1970년 1월 1일 자정 이후로 누적된 초를 float 단위로 리턴한다.
- time.sleep(secs): 현재 동작 중인 프로세스를 주어진 초만큼 정지시킨다.
- time.gmtime([secs]): 입력된 초를 변환해 협정 세계시 기준의 struct_time 시퀀스 객체로 리턴한다.
- time.localtime([secs]) : 입력된 초를 변환해 지방 표준시 기준의 struct_time 시퀀스 객체로 리턴한다.

참고 _ 협정 세계시와 지방 표준시란?

협정 세계시(Universal Time Coordinated, UTC)는 1972년 1월 1일부터 시행된 국제 표준시이며, 지방 표준시(Local Standard Time, LST)는 협정 세계시를 기준으로 경도 15도마다 1시간씩 차이가 발생한다.

time 모듈은 시간을 표현하는 정보를 모아 놓은 struct_time 객체를 가지며, 객체의 속성은 다음과 같다.

- tm_mon: 월
- tm_mday: 일

- tm_hour: 시
- tm_min: 분
- tm_sec: 초
- tm_wday: 각 요일을 숫자로 나타내며, 월요일을 0부터 시작한다.

6.5.4 datetime 모듈

datetime 모듈은 날짜와 시간에 관련된 기능을 제공하며 주요 클래스는 다음과 같다.

- datetime.date 클래스: 우리나라를 비롯해 전 세계적으로 통용되는 양력인 그레고리력의 년, 월, 일을 나타낸다.
- datetime.time 클래스: 시간을 시, 분, 초, 마이크로초까지 나타낸다.
- datetime.datetime 클래스: date 클래스와 time 클래스의 조합으로 시간 정보를 년, 월, 일, 시, 분, 초, 마이크로초로 나타낸다.
- datetime.timedelta 클래스: 두 개의 날짜 혹은 시간의 간격을 표현한다.

datetime 모듈의 datetime.date 클래스를 이용해 오늘 날짜를 출력해보자.

```
>>> import datetime
>>> d = datetime.date.today()
>>> d
datetime.date(2022, 11, 14)
>>> d.year
2022
>>> d.month
11
>>> d.day
14
```

다음은 timedelta 클래스를 이용해 현재 날짜를 기준으로 기간을 계산한다.

```
>>> td = datetime.timedelta(days=10)
>>> d + td
datetime.date(2022, 11, 24)

>>> d - td
datetime.date(2022, 11, 4)
```

6.5.5 calendar 모듈

calendar 모듈은 달력에 대한 정보를 확인할 수 모듈로, 모듈이 가진 함수 및 속성을 확인하면 다음과 같다.

```
>>> import calendar
>>> dir(calendar)
['Calendar', 'EPOCH', 'FRIDAY', 'February', 'HTMLCalendar', 'IllegalMonthError',
 'IllegalWeekdayError', 'January', 'LocaleHTMLCalendar', 'LocaleTextCalendar', 'MONDAY',
 'SATURDAY', 'SUNDAY', 'THURSDAY', 'TUESDAY', 'TextCalendar', 'WEDNESDAY', '_EPOCH_ORD',
 '__all__', '__builtins__', '__cached__', '__doc__', '__file__', '__loader__', '__name__',
 '__package__', '__spec__', '_colwidth', '_locale', '_localized_day', '_localized_month',
 '_monthlen', '_nextmonth', '_prevmonth', '_spacing', 'c', 'calendar', 'datetime', 'day_abbr',
 'day_name', 'different_locale', 'error', 'firstweekday', 'format', 'formatstring', 'isleap',
 'leapdays', 'main', 'mdays', 'month', 'month_abbr', 'month_name', 'monthcalendar',
 'monthrange', 'prcal', 'prmonth', 'prweek', 'repeat', 'setfirstweekday', 'sys', 'timegm',
 'week', 'weekday', 'weekheader']
```

이 중에서 prmonth( )는 주어진 연도의 월을 달력 형태로 출력해주는 함수이다.

```
>>> calendar.prmonth(2023, 1)
    January 2023
Mo Tu We Th Fr Sa Su
                   1
 2  3  4  5  6  7  8
 9 10 11 12 13 14 15
16 17 18 19 20 21 22
23 24 25 26 27 28 29
30 31
```

6.6 파이썬 서드파티 라이브러리

파이썬의 장점 중 하나는 여러 분야에서 사용할 수 있는 수많은 라이브러리를 제공한다는 점이다. 여기서 소개할 라이브러리들은 실제 업무에서 많이 사용하는 서드파티 라이브러리로, 8장에서 직접 설치하여 다뤄볼 것이다.

6.6.1 넘파이

넘파이(numerical python, NumPy)는 빠르고 효율적으로 리스트 및 배열 객체를 다룰 수 있어 주로 과학이나 수학 연산, 빅데이터 분석에 많이 사용한다. 주요 기능은 선형대수 계산, 푸리에 변환, 난수 생성이다.

넘파이는 왜 빠를까? 파이썬은 실행할 때 코드를 읽으면서 해석하는 인터프리터 언어여서 미리 기계어로 번역된 코드를 실행하는 컴파일 방식의 언어보다 실행 속도가 느리다. 그런데 넘파이는 컴파일 방식의 C 언어로 구현되어 있어 파이썬보다 훨씬 실행 속도가 빠르다.

데이터 분석용 라이브러리인 판다스, 시각화 라이브러리인 맷플롯립이 내부적으로 넘파이를 사용하고 있으며 과학 및 수학 연산에 관련된 다른 라이브러리들도 넘파이를 기반으로 하고 있다. 따라서 넘파이를 파운데이션(foundation: 토대, 기초) 라이브러리라고도 부른다.

넘파이 관련 문서는 다음 사이트에서 확인할 수 있다.

- http://www.numpy.org

6.6.2 판다스

판다스(pandas)는 다차원으로 구조화된 데이터를 뜻하는 패널 데이터(PANel Data)와 파이썬 데이터 분석(python data analysiS)의 합성어다. 구조화된 데이터를 빠르고 쉬우면서도 다양한 형식으로 가공할 수 있는 풍부한 자료 구조와 함수를 제공하여 파이썬으로 데이터 분석을 할 때 가장 많이 사용하며, 머신러닝이나 딥러닝 라이브러리와 함께 사용되기도 한다.

판다스의 특징은 다음과 같다.

- 넘파이 기반으로 실행 속도가 빠르다.
- 엑셀보다 방대한 규모의 데이터 분석을 할 수 있으며, 속도가 매우 빨라 빅데이터 분석에 적합하다.
- 파이썬만 사용할 때보다 2~3배 혹은 수십, 수백 배까지 코드를 간결하게 작성할 수 있다.
- 넘파이의 고성능 배열 계산 기능과 스프레드시트나 SQL 같은 관계형 데이터베이스의 유연한 데이터 조작 기능 및 통계 등 데이터 분석을 위한 함수를 풍부하게 제공한다.
- 효율적인 인덱싱 기능으로 쉽게 데이터를 조각내거나 재배치하고, 집계 또는 부분 집합을 간단하게 구할 수 있다.
- 시계열 처리 및 금융 데이터를 다루는 다양한 고성능의 기능을 제공한다.
- 시각화 라이브러리를 비롯한 수많은 라이브러리와 연계할 수 있다.

판다스 관련 문서는 다음 사이트에서 확인할 수 있다.

- http://pandas.pydata.org

6.6.3 기타

사이파이

사이파이(SciPy)는 과학 계산 컴퓨팅 영역의 여러 기본 문제를 다루는 라이브러리다. 미적분 같은 고급 수학 함수와 최적화, 신호 처리 등을 위한 다양한 과학 기술 계산 기능을 제공한다.

사이파이 관련 문서는 다음 사이트에서 확인할 수 있다.

- http://www.scipy.org

사이킷런

사이킷런(scikit−learn)은 머신러닝 학습용 라이브러리다. 사이킷런에서는 머신러닝 모델을 대부분 제공하므로 파이썬으로 머신러닝을 공부할 때 최적의 학습 도구라고 할 수 있다.

사이킷런 관련 문서는 다음 사이트에서 확인할 수 있다.

- http://scikit-learn.org

텐서플로

텐서플로(TensorFlow)는 신경망 등의 딥러닝 모델을 위한 파이썬 라이브러리다. 심볼릭 연산과 그래프 연산 모형 및 다양한 연산 방식을 제공하므로 대량 연산이 필요한 딥러닝 학습에 필수적인 라이브러리다.

텐서플로 관련 문서는 다음 사이트에서 확인할 수 있다.

- https://www.tensorflow.org

케라스

케라스(Keras)는 텐서플로 라이브러리를 쉽게 사용할 수 있도록 도와주는 고수준의 라이브러리로, 특히 신경망 모델을 손쉽게 구현할 수 있다.

케라스 관련 문서는 다음 사이트에서 확인할 수 있다.

- https://keras.io

아이파이썬

아이파이썬(IPython)은 Interactive Python의 줄임말로, 사용자와 상호작용 방식으로 동작하면서 매우 생산적인 개발 및 실행 환경을 제공한다. 이때 상호작용이란 코드를 입력하면 결과를 보여주고 그에 따른 다양한 명령을 수행할 수 있는 것을 의미한다.

파이썬 코드를 작성할 때 자동 완성 기능을 제공하고, 테스트 및 디버깅과 코드를 실행할 수 있는 향상된 파이썬 셸을 제공한다. 또한 아이파이썬은 웹 브라우저와 연결할 수 있는 HTML 노트북인 주피터 노트북(Jupyter Notebook)을 제공한다. 다음 그림처럼 주피터 노트북에서 코드를 실행하면 바로 실행 결과를 확인할 수 있다.

```
In [3]:  # Storing the data in a pandas data frame.

         df = pd.read_csv("PewDiePie.csv")
         df.head(10)
```

Out[3]:

	Date	Subscribers
0	1	71915
1	2	48270
2	3	47746
3	4	42276
4	5	36867
5	6	28722
6	7	29794
7	8	33125
8	9	27877
9	10	30675

[그림 6-18] 주피터 노트북의 실행 예시

주피터 노트북은 그래프를 그리거나 코드를 여러 줄로 나눠서 편집할 수 있는 기능들이 제공되어 파이썬으로 데이터 분석과 시각화를 할 때 가장 많이 사용된다.

아이파이썬 관련 문서는 다음 사이트에서 확인할 수 있다.

- https://ipython.org

맷플롯립

맷플롯립(matplotlib)은 데이터 시각화를 위한 라이브러리다. 파이썬의 수많은 시각화 라이브러리가 맷플롯립을 기반으로 한다. 맷플롯립은 데이터 분석 결과를 엑셀보다 빠르고 다양하게 시각화할 수 있고, 아이파이썬에 통합되어 있어서 주피터 노트북에서 편리하게 사용할 수 있다.

다음 사이트에서 맷플롯립 관련 문서와 다양한 그래프 샘플을 확인할 수 있다.

- http://matplotlib.org/

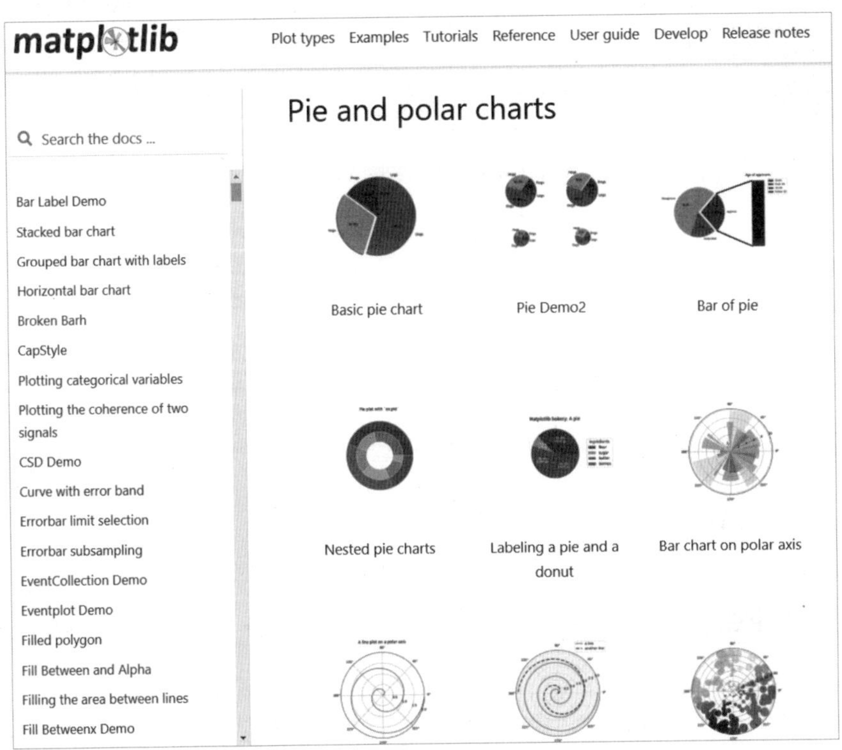

[그림 6-19] 맷플롯립의 다양한 그래프 예시

시본

시본(seaborn)은 맷플롯립을 기반으로 만들어진 시각화 라이브러리다. 맷플롯립에 비해서 코드를 짧게 작성할 수 있으면서도 디자인적으로 좀 더 세련된 그래프 그리기를 지원한다. 맷플롯립과 유사한 방식으로 주피터 노트북에서 사용할 수 있다.

다음 사이트에서 시본 관련 문서와 다양한 그래프 샘플을 확인할 수 있다.

- https://seaborn.pydata.org

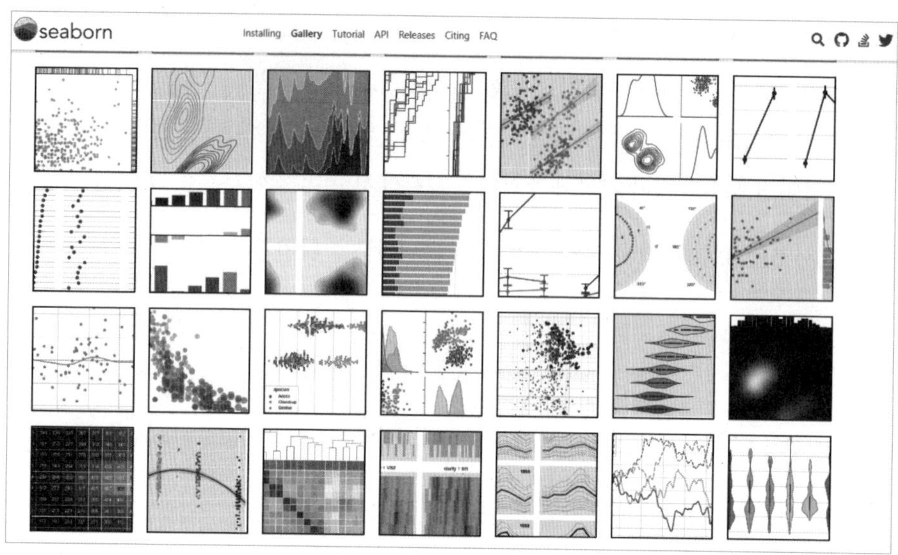

[그림 6-20] 시본의 다양한 그래프 예시

보케

보케(bokeh)는 웹 브라우저상에서의 시각화에 효과적인 파이썬 인터랙티브 시각화 라이브러리다. 맷플롯립과 사용 방법이 유사하며, 주피터 노트북과도 원활히 호환된다.

다음 사이트에서 보케 관련 문서와 다양한 그래프 샘플을 확인할 수 있다.

- https://docs.bokeh.org

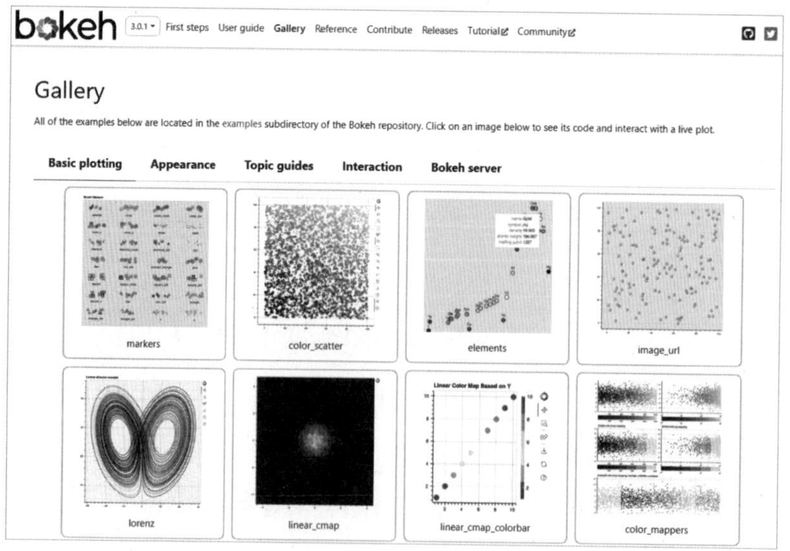

[그림 6-21] 보케의 다양한 그래프 예시

플롯나인

플롯나인(plotnine)은 사용자 정의 및 기타 복잡한 그래프를 단순하게 생각하고 작성하기 쉽게 해주는 파이썬 시각화 라이브러리다. R에서 시각화를 할 때 주로 사용하는 ggplot2 패키지를 기반으로 하여 기존의 R 사용자들이 거의 동일한 방식으로 파이썬 그래프를 작성할 수 있으며, 특히 통계적인 시각화에 강력하다.

다음 사이트에서 플롯나인 관련 문서와 다양한 그래프 샘플을 확인할 수 있다.

- https://plotnine.readthedocs.io

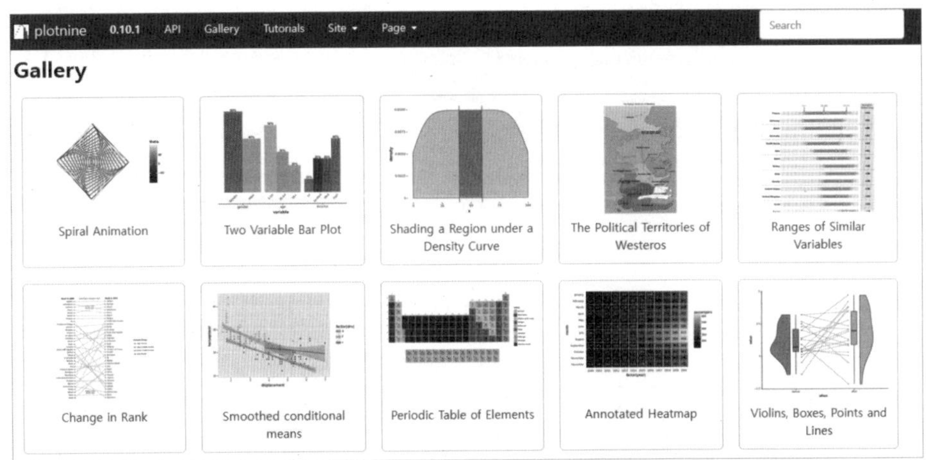

[그림 6-22] 플롯나인의 다양한 그래프 예시

폴리움

폴리움(Folium)은 지리적 데이터 시각화에 특화된 라이브러리로 리플릿(leaflet.js)을 기반으로 한다. 위도와 경도만 입력하면 지도를 그려줄 정도로 지도 데이터 사용을 위한 선행 작업이 적다. 지도에 마커를 설정하거나 등치 지역도(choropleth map) 등 다양한 지도로 시각화하는 방법을 제공한다.

다음 사이트에서 폴리움 관련 문서와 다양한 그래프 샘플을 확인할 수 있다.

- https://python-visualization.github.io/folium
- https://nbviewer.jupyter.org/github/python-visualization/folium/tree/main/examples
- https://nbviewer.jupyter.org/github/python-visualization/folium_contrib/tree/main/notebooks

Choropleth maps

Choropleth can be easily created by binding the data between Pandas DataFrames/Series and Geo/TopoJSON geometries. Color Brewer sequential color schemes are built-in to the library, and can be passed to quickly visualize different combinations.

[13]:
```
import pandas as pd

url = (
    "https://raw.githubusercontent.com/python-visualization/folium/master/examples/data"
)
state_geo = f"{url}/us-states.json"
state_unemployment = f"{url}/US_Unemployment_Oct2012.csv"
state_data = pd.read_csv(state_unemployment)

m = folium.Map(location=[48, -102], zoom_start=3)

folium.Choropleth(
    geo_data=state_geo,
    name="choropleth",
    data=state_data,
    columns=["State", "Unemployment"],
    key_on="feature.id",
    fill_color="YlGn",
    fill_opacity=0.7,
    line_opacity=0.2,
    legend_name="Unemployment Rate (%)",
).add_to(m)

folium.LayerControl().add_to(m)

m
```

[13]:

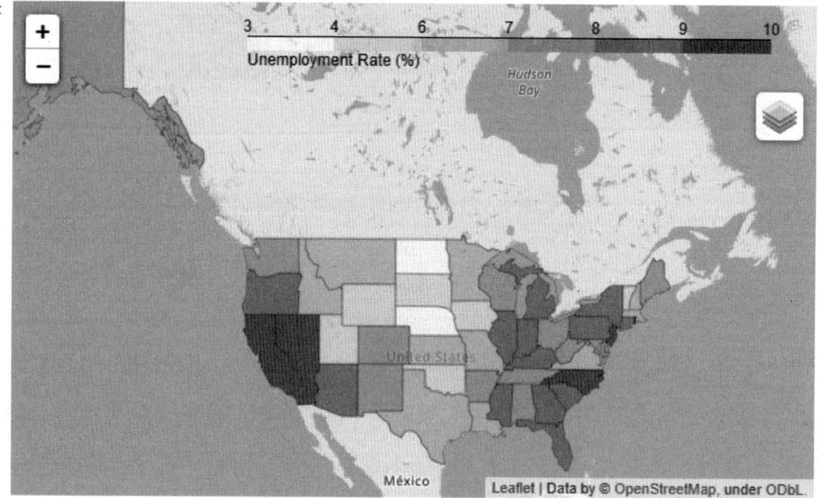

[그림 6-23] 폴리움으로 그린 등치 지역도의 예시

07

파일 및 디렉터리 다루기

이번 장에서는 파이썬 표준 라이브러리를 사용하여 파일을 생성하고 읽어오며, 디렉터리를 다루는 방법을 학습한다.

7.1 기본 입출력

7.1.1 표준 출력

앞서 많이 사용해봤듯이 어떤 내용을 화면에 출력할 때는 파이썬 내장 함수 print( )를 사용한다. 명령 프롬프트에서 python을 입력하여 파이썬 셸을 실행하고 help( ) 함수로 print( ) 함수의 도움말을 확인해보자.

```
C:\Users\psy>python
Python 3.10.5 (tags/v3.10.5:f377153, Jun  6 2022, 16:14:13) [MSC v.1929 64 bit (AMD64)] on
win32
Type "help", "copyright", "credits" or "license" for more information.
>>> help(print)
Help on built-in function print in module builtins:

print(...)
    print(value, ..., sep=' ', end='\n', file=sys.stdout, flush=False)
```

```
Prints the values to a stream, or to sys.stdout by default.
Optional keyword arguments:
file:  a file-like object (stream); defaults to the current sys.stdout.
sep:   string inserted between values, default a space.
end:   string appended after the last value, default a newline.
flush: whether to forcibly flush the stream.
```

도움말, 즉 독스트링을 보면 print( ) 함수의 다양한 속성을 매개변수로 지정할 수 있는 것을 확인할 수 있다. 속성을 간단하게 살펴보면 다음과 같다.

- sep: 매개변수 출력 시 값을 구분하는 문자, 기본값은 공백
- end: 마지막 값 다음에 입력할 문자, 기본값은 줄바꿈
- file: 파일로 출력할지를 지정, 기본값은 화면에 출력하는 표준 출력
- flush: 당장 내보내기 할지를 지정, 기본값은 False이며 True로 변경하면 즉시 파일로 내보내기

sep 속성을 확인하기 위해 문자열을 연결하여 출력해보자. 문자열 변수와 문자열 값을 더하기 연산자로 연결한다.

```
>>> msg = 'hello '
>>> print(msg + 'pyo sun young')
hello pyo sun young
```

이번에는 print( ) 함수에서 매개변수를 콤마로 연결해 출력해보자.

```
>>> print(msg, 'pyo sun young')
hello  pyo sun young
```

sep 속성은 기본값이 공백이므로 두 개의 매개변수를 공백으로 연결한다. 따라서 'hello ' 다음에 공백이 한 칸 더 입력된 것을 확인할 수 있다.

7.1.2 표준 입력

실행 화면에서 사용자에게 직접 입력을 받을 때는 내장 함수 input( )을 사용한다. 함수의 매개변수로 화면에 출력할 텍스트를 지정할 수 있고, 사용자가 입력한 문자열을 리턴한다.

```
>>> name = input('이름을 입력하세요 :')
이름을 입력하세요 :선영
>>> print(name)
선영
```

'선영'이라는 이름을 입력받아 name 변수에 할당한 다음, name을 출력하면 입력받은 문자열을 그대로 출력하는 것을 알 수 있다.

7.1.3 파일 입출력

파일의 내용을 읽거나 쓸 때는 파이썬 내장 함수 open( ) 함수를 사용한다. open( ) 함수는 하드 디스크에 저장된 파일을 열어서 데이터를 읽어오고, 파일에 내용을 출력한다. open( ) 함수의 사용 방법은 다음과 같다.

```
파일 객체 = open(file, mode='r', encoding=None, newline=None, ...)
```

매개변수로 파일명과 파일 열기 모드 등을 설정할 수 있고, 한글처럼 ASCII 이외의 문자를 사용할 때는 인코딩 옵션을 utf-8이나 cp949, 혹은 euc-kr로 지정한다. 그러나 파이썬3 버전부터는 경로명이나 파일명에 한글이 있어도 문제없이 동작한다.

open( ) 함수는 다음 표에 나오는 모드에 따라 생성된 파일 객체를 리턴하고, 파일을 열 수 없으면 OSError가 발생한다.

모드	의미
r	읽기용으로 열기(기본값)
w	쓰기용으로 열고 기존 내용에 덮어쓰기
a	쓰기용으로 열고 기존 내용 다음에 덧붙이기
x	파일을 단독으로 생성하여 열고, 파일이 이미 존재하는 경우 파일 열기 실패
b	바이너리(이진) 모드로 열기
t	텍스트 모드로 열기(기본값)
+	파일 업데이트를 위한 읽기와 쓰기가 모두 가능

파이썬 셸에서 현재 작업 중인 디렉터리에 파일을 생성하고, 파일에 출력할 내용을 작성해보자.

```
>>> f = open('test.txt', 'w')
>>> print('file write', file=f)
```

여기까지만 코드를 실행하고 파일이 생성됐는지 확인한다. 디렉터리를 따로 지정하지 않았으니 현재 작업 디렉터리(C:₩Users₩psy)에 test.txt 파일이 생성된다.

그런데 test.txt 파일을 열어보면 아무런 내용이 기록되지 않은 것을 알 수 있다. 파일에 작성한 내용은 메모리 효율을 위해 임시 저장 공간인 버퍼에 보관했다가 파일을 flush하거나 close할 때 실제 파일에 출력된다.

```
>>> f.close()
```

이처럼 파일 객체의 close( ) 함수를 실행하고 파일을 다시 열어보면 print( ) 함수에 작성한 내용이 파일에 출력된 것을 볼 수 있다.

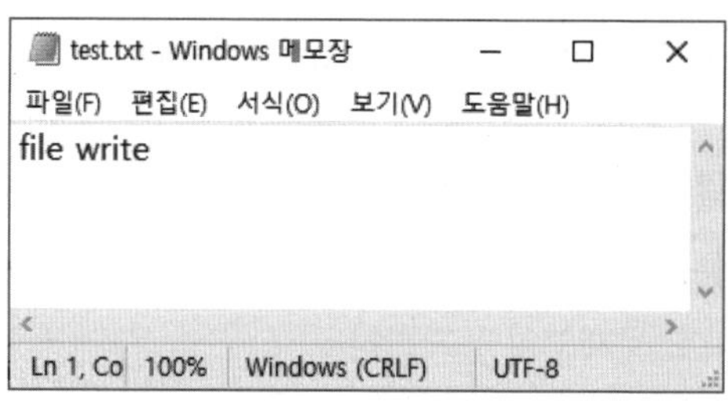

[그림 7-1] 현재 작업 디렉터리에 생성된 test.txt 파일

이번에는 새로운 디렉터리를 생성한 후, 파일을 만들고 내용을 작성해본다. 디렉터리를 생성할 때는 os 모듈의 mkdir( ) 함수를 사용하는데, os 모듈을 사용하기 위해서는 먼저 모듈을 임포트해야 한다.

```
>>> import os
>>> os.mkdir('test1')
>>> f = open('test1/test.txt', 'w')
>>> print('파일 쓰기 테스트', file=f)
>>> f.close()
```

현재 작업 디렉터리에 만들어진 test1 디렉터리의 test.txt 파일을 열어서 확인한다.

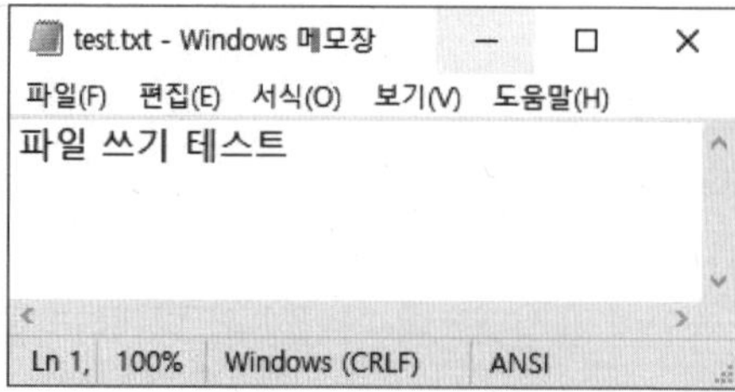

[그림 7-2] test1 디렉터리에 생성된 test.txt 파일

다음은 open( ) 함수의 mode 속성을 기본값인 읽기 모드(mode='r')로 두고 앞에서 생성한 파일의 내용을 읽어오는 예제다.

```
>>> f = open('test1/test.txt')
>>> f.read()
'파일 쓰기 테스트\n'
>>> f.close()
```

with문을 사용하면 close( ) 함수를 실행하지 않아도 자동으로 파일을 닫아주는 코드를 작성할 수 있다. with문은 콜론으로 선언하고 print( ) 함수를 호출하도록 구현한다. with문과 사용된 open( ) 함수는 리턴한 파일 객체를 as 뒤에 나온 변수에 넣는다. with문 작성이 끝나면 〈Enter〉를 한 번 더 눌러서 >>>로 빠져나온다.

```
>>> with open('test1/auto.txt', 'w') as f:
...     print('파일 자동 닫기 테스트', file=f)
...
>>>
```

test1 디렉터리에 생성된 auto.txt 파일을 열어보면 close( ) 함수를 수행하지 않았어도 내용이 출력된 것을 확인할 수 있다.

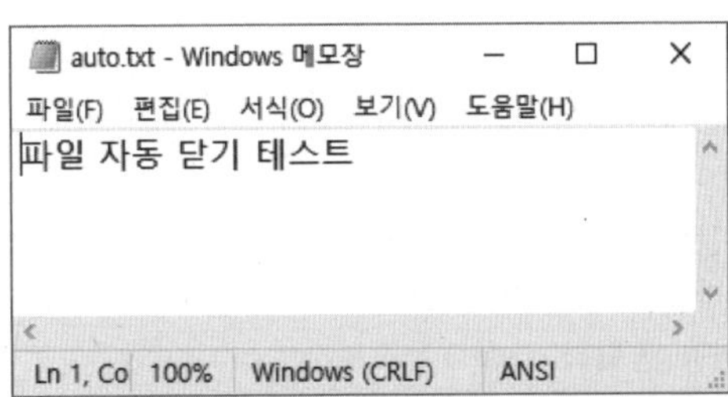

[그림 7-3] test1 디렉터리에 생성된 auto.txt 파일

이번에는 디렉터리명과 파일명을 한글로 작성해보자. 앞에서 os 모듈을 임포트했으니 여기서는 생략해도 된다.

```
>>> import os
>>> os.mkdir('디렉터리1')
>>> f = open('디렉터리1/파일1.txt', 'w')
>>> print('파일 쓰기 테스트', file=f)
>>> f.close()
```

인코딩을 지정하지 않아도 디렉터리명과 파일명이 한글로 문제없이 생성되는 것을 확인할 수 있다.

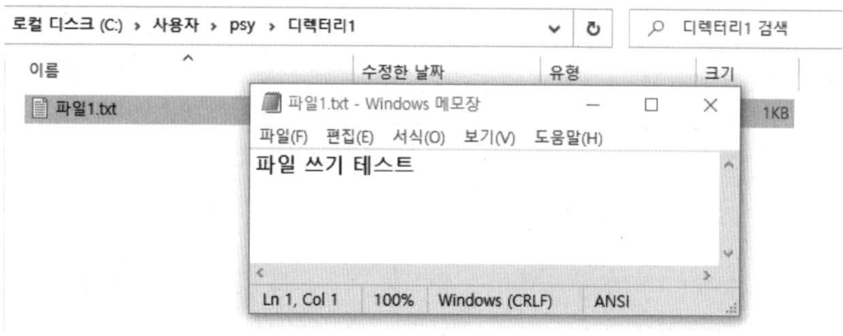

[그림 7-4] 한글로 생성된 디렉터리명과 파일명

open( ) 함수는 파일 형태의 객체를 리턴하는데, 이 객체로 사용할 수 있는 읽기와 쓰기에 관련된 다양한 함수는 다음과 같다.

- readline( ): 한 줄 읽기
- readlines( ): 모든 줄을 한 번에 읽은 후 한 줄씩 처리
- write( ): 문자열을 파일에 쓰기
- writelines( ): 문자열 리스트를 파일에 쓰기

문자열 리스트를 만들어서 파일에 출력해보자. write( ) 함수와 writelines( ) 함수는 줄바꿈이 자동으로 되지 않으므로 줄바꿈 문자(₩n)를 추가한다.

```
>>> contents = ['파이썬 기본 입출력', '여러 줄의 내용 출력', '파이썬은 재미있다']
>>> with open('디렉터리1/파일2.txt', 'w') as f:
...     f.write('리스트 내용 출력하기.\n')
...     f.writelines(contents)
...
13
```

write( ) 함수는 작성된 문자열의 길이를 리턴하므로 줄바꿈까지 포함해 13이라는 숫자가 출력된다. 파일2.txt의 내용을 확인하면 다음과 같다.

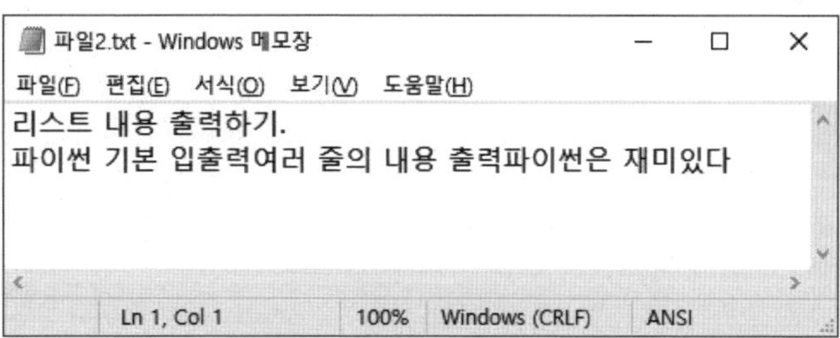

[그림 7-5] 디렉터리1에 생성된 파일2.txt

만약 리스트에 있는 내용을 하나씩 꺼내서 파일에 출력하고 싶다면, 반복문을 사용하여 리스트의 요소를 하나씩 꺼내어 파일에 출력하면 된다.

f.write('리스트 내용을 출력하기.₩n') 코드 다음 줄에 아래 2줄을 추가하면 된다. for 문 다음에 들여쓰기를 유의한다.

```
for text in contents:
    f.write(text+"\n")
```

이번 장에서는 파이썬 표준 라이브러리의 기본 내장 함수를 사용하여 표준 입출력과 파일의 입출력을 알아보았다. 다음 장부터는 다양한 모듈을 사용하여 여러 가지 파일의 포맷으로 입출력하는 방법을 학습할 것이다.

08

CSV와 JSON 파일 다루기

프로그래밍을 처음 학습할 때는 모든 문법을 공부하려다가 지쳐버리기 십상이다. 처음부터 모든 문법을 다 공부하고 나서 코드를 작성하기보다 기본과 핵심 내용을 중심으로 학습한 이후, 실무에서 사용되는 코드를 다양하게 작성하면서 문법적인 부분을 어떻게 적용할 것인지 이해하는 것이 훨씬 효과적이다. 기본 내용에서 추가로 필요한 부분이 있다면 그때마다 문서를 찾아보면서 다양한 방면으로 코드를 연습하는 것이 프로그래밍에 대한 흥미를 잃지 않고 지속해서 공부할 수 있는 방법이다.

앞장까지는 파이썬의 기본적인 문법을 살펴봤다면 이번 장부터는 파이썬을 활용하는 단계로 들어선다. 다양한 플랫폼에서 다양한 업무에 사용하는 파이썬의 실무적인 코드를 작성해보도록 한다.

업무에서 활용할 수 있는 파이썬의 기능은 다음과 같다.

- 파일 입출력과 파일 다루기
- 업무 자동화
- 데이터베이스 연동
- 웹 크롤링을 통한 데이터 수집
- 데이터 분석
- 데이터 시각화

- 머신러닝, 딥러닝
- 웹 애플리케이션

8.1 데이터의 종류

애플리케이션(혹은 웹 애플리케이션)을 작성할 때는 데이터를 다루는 것이 중요하다. 데이터를 다룬다는 것은 데이터가 저장된 파일이나 데이터베이스 또는 웹으로부터 가져온 데이터를 통계 등의 연산이나 데이터 분석 및 시각화 등으로 처리하고, 다시 파일이나 데이터베이스에 저장하는 것을 말한다.

다음은 데이터의 다양한 형태를 나타낸 그림이다. 이러한 데이터들을 다루기 위해 파이썬은 수많은 라이브러리를 제공한다.

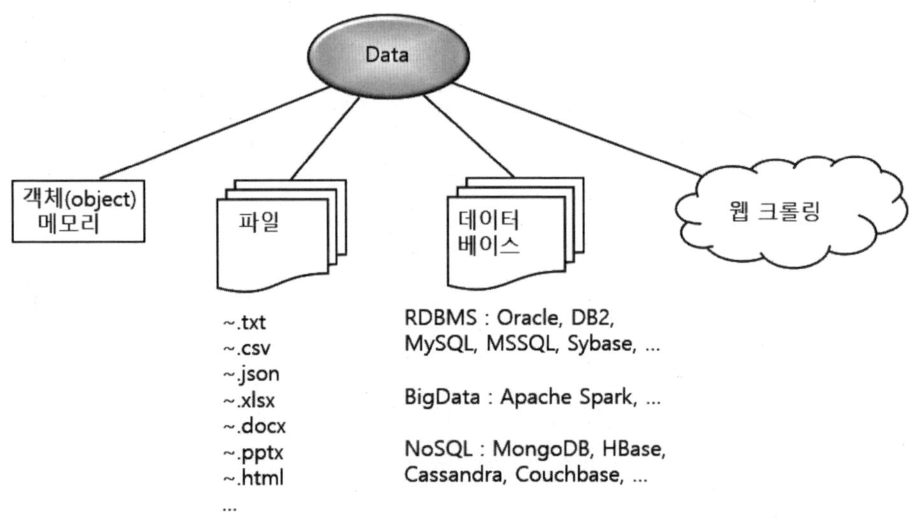

[그림 8-1] 데이터의 다양한 형태

이 중에서 우리는 객체와 파일, 웹 크롤링으로 얻은 데이터를 처리하는 방식을 학습한다. 이미 앞에서 리스트, 튜플, 딕셔너리, 문자열 등의 내장 타입 객체와 클래스로부터 생성한 객체를 사용해봤다. 변수나 함수 등의 모든 객체는 파이썬이 실행될 때만 메모리에 존재했다가 객체를 더 이상 사용하지 않거나 파이썬 프로세스가 종료되면 가비지 컬렉터에 의해서 메모리에서 사라진다.

파이썬 실행이 끝나거나 컴퓨터를 껐다가 켜도 사용하던 데이터들이 사라지지 않게 하기 위해서는 파일이나 데이터베이스 등의 영구적인 저장장소에 저장해야 한다. 파일은 다양한 형식이 있는데 이번 장에서는 CSV와 JSON 파일을 다루고, 이어서 업무에서 자주 사용하는 엑셀, 워드, 파워포인트 파일도 다뤄볼 것이다.

데이터베이스는 종류가 매우 다양하고 SQL이라는 문법 등 추가로 학습해야 하는 부분이 많아서 종류만 간단히 살펴보고 넘어가겠다. 데이터베이스는 크게 세 가지로 분류할 수 있다.

- **관계형 데이터베이스 관리 시스템**(Relational Database Management System, RDBMS)

  관계형이란 데이터를 행과 열의 2차원 형태로 표현한 테이블 간에 관계가 형성되어 있다는 의미로, DBMS는 SQL(Structured Query Language) 언어를 사용해 데이터베이스의 데이터를 조작(등록/수정/삭제/조회)한다.

  RDBMS는 회계, 인사, 재고 관리 등 대부분의 애플리케이션에서 가장 광범위하게 사용되고 있어 일반적으로 데이터베이스라고 하면 RDBMS를 의미하는 경우가 많다. 종류로는 Oracle, DB2, MySQL, MSSQL, Sybase, Informix 등이 있다.

- **빅데이터**(BigData)

  빅데이터란 대규모의 데이터 집합에서 데이터를 분석하는 기술로서 데이터 마이닝, 머신러닝, 자연어 처리, 패턴 인식 등이 빅데이터 기술에 속한다. 대표적으로 아파치 하둡과 아파치 스파크 프레임워크를 사용한다.

- NoSQL

  NoSQL(Not only SQL) 데이터베이스는 데이터를 조작할 때 SQL이 아닌 여러 가지 쿼리 언어와 트리 혹은 그래프 등의 다양한 방법을 사용한다. SNS에서 사용자가 올린 사진과 메시지 등을 저장하거나 온라인 쇼핑몰에서 실시간 선호 상품 추천 같은 웹에서 크롤링한 빅데이터를 저장하고, 실시간 웹 애플리케이션의 상업적 이용에 널리 쓰인다. 종류로는 MongoDB, Hbase, Cassandra 등이 있다.

실무에서 데이터베이스를 사용하게 된다면 어떤 데이터베이스를 사용하는지에 따라 다음 단계를 진행하면 된다.

1. 데이터베이스의 특징을 이해
2. 데이터베이스 설치 혹은 데이터베이스에 대한 연결 정보(서버 주소, 포트 번호 등)를 확인
3. 데이터를 조작하는 방법(SQL 언어 혹은 기타)을 학습
4. 데이터베이스에 저장된 데이터의 구조를 파악
5. 파이썬에서 데이터베이스를 연결할 때 필요한 라이브러리를 찾아서 설치
6. 파이썬 라이브러리를 사용하여 데이터베이스를 조작하는 코드를 작성

8.2 라이브러리 설치

이제 파일 다루기에 필요한 라이브러리를 설치한다. 라이브러리와 패키지 중 어떤 용어를 사용해도 되지만 이번 장에서는 라이브러리로 통칭한다. 라이브러리 버전이 다르면 제공하는 함수가 다를 수 있으니 책에 명시한 버전을 설치하기 바라며, 버전을 지정하여 설치할 때는 라이브러리명==버전번호 사이에 공백을 입력하면 안 된다.

앞서 살펴봤던 pip 명령어를 다시 한번 정리하면 다음 표와 같다.

최신 버전으로 라이브러리 설치 기존에 라이브러리가 있다면 삭제 후 설치	pip install 라이브러리명
지정한 버전으로 라이브러리 설치 기존에 라이브러리가 있다면 삭제 후 설치	pip install 라이브러리명==버전번호
라이브러리 버전 업그레이드	pip install --upgrade 라이브러리명
라이브러리 삭제	pip uninstall 라이브러리명
설치된 라이브러리 목록 보기	pip list
라이브러리 정보 보기	pip show 라이브러리명

pip는 system 경로에 라이브러리를 설치하므로 루트 또는 관리자 권한이 필요한 문제가 발생할 수 있다. 이때는 사용자 경로에 설치할 수 있는 --user 옵션을 추가하면 루트 권한이 없어도 라이브러리를 설치할 수 있다.

```
pip install 라이브러리명 --user
```

pip 명령을 사용하다 보면 다음과 같이 최신 버전으로 업그레이드하라는 경고 문구가 뜨기도 하는데, pip는 라이브러리 설치와 삭제 등 간단한 목적으로만 사용하므로 굳이 최신 버전을 사용할 필요는 없다.

```
WARNING: You are using pip version 22.0.4; however, version 22.2.1 is available.
You should consider upgrading via the 'C:\Python310\python.exe -m pip install --upgrade pip'
command.
```

그러나 pip를 실행할 때마다 나타나는 경고 문구가 싫다면 최신 버전으로 업그레이드하면 된다. 명령 프롬프트에서 다음을 실행하여 pip를 최신 버전으로 업그레이드한다.

```
C:\Users\psy>pip install --upgrade pip --user
Requirement already satisfied: pip in c:\python310\lib\site-packages (22.0.4)
Collecting pip
  Downloading pip-22.2.1-py3-none-any.whl (2.1 MB)
     ---------------------------------------- 2.1/2.1 MB 13.1 MB/s eta 0:00:00
Installing collected packages: pip
   WARNING: The scripts pip.exe, pip3.10.exe and pip3.exe are installed in 'C:\Users\User\
AppData\Roaming\Python\Python310\Scripts' which is not on PATH.
  Consider adding this directory to PATH or, if you prefer to suppress this warning, use --no-
warn-script-location.
Successfully installed pip-22.2.1
WARNING: You are using pip version 22.0.4; however, version 22.3.1 is available.
You should consider upgrading via the 'C:\Python310\python.exe -m pip install --upgrade pip'
command.
```

이제 엑셀 파일을 다루기 위해 필요한 openpyxl, xlsxwriter 라이브러리를 설치해보자. 두 라이브러리에 대한 버전 및 설치, 홈페이지 정보는 다음 사이트에서 확인할 수 있다.

- https://pypi.org/project/openpyxl
- https://pypi.org/project/XlsxWriter

```
C:\Users\psy>pip install openpyxl==3.0.9
Collecting openpyxl==3.0.9
  Downloading openpyxl-3.0.9-py2.py3-none-any.whl (242 kB)
     ---------------------------------------- 242.2/242.2 kB 14.5 MB/s eta 0:00:00
Collecting et-xmlfile
  Downloading et_xmlfile-1.1.0-py3-none-any.whl (4.7 kB)
Installing collected packages: et-xmlfile, openpyxl
Successfully installed et-xmlfile-1.1.0 openpyxl-3.0.9

C:\Users\psy>pip install xlsxwriter==3.0.2
Collecting xlsxwriter==3.0.2
  Downloading XlsxWriter-3.0.2-py3-none-any.whl (149 kB)
     ---------------------------------------- 149.9/149.9 kB 3.0 MB/s eta 0:00:00
Installing collected packages: xlsxwriter
Successfully installed xlsxwriter-3.0.2
```

다음은 워드 파일을 다루기 위한 python-docx 라이브러리의 0.8.11 버전을 설치한다. python-docx 라이브러리에 관한 문서는 https://pypi.org/project/python-docx에서 확인할 수 있다.

```
C:\Users\psy>pip install python-docx==0.8.11
Collecting python-docx==0.8.11
  Downloading python-docx-0.8.11.tar.gz (5.6 MB)
     ---------------------------------------- 5.6/5.6 MB 32.3 MB/s eta 0:00:00
  Preparing metadata (setup.py) ... done
Collecting lxml>=2.3.2
  Downloading lxml-4.9.1-cp310-cp310-win_amd64.whl (3.6 MB)
     ---------------------------------------- 3.6/3.6 MB 20.8 MB/s eta 0:00:00
Installing collected packages: lxml, python-docx
  DEPRECATION: python-docx is being installed using the legacy 'setup.py install' method, because it does not have a 'pyproject.toml' and the 'wheel' package is not installed. pip 23.1 will enforce this behaviour change. A possible replacement is to enable the '--use-pep517' option. Discussion can be found at https://github.com/pypa/pip/issues/8559
  Running setup.py install for python-docx ... done
Successfully installed lxml-4.9.1 python-docx-0.8.11
```

다음은 파워포인트 파일을 다루기 위한 python-pptx 라이브러리의 0.6.21 버전을 설치한다. https://pypi.org/project/python-pptx에서 문서를 확인할 수 있다.

```
C:\Users\psy>pip install python-pptx==0.6.21
Collecting python-pptx==0.6.21
  Downloading python-pptx-0.6.21.tar.gz (10.1 MB)
     ---------------------------------------- 10.1/10.1 MB 42.9 MB/s eta 0:00:00
  Preparing metadata (setup.py) ... done
Requirement already satisfied: lxml>=3.1.0 in c:\python310\lib\site-packages (from python-pptx==0.6.21) (4.9.1)
Collecting Pillow>=3.3.2
  Downloading Pillow-9.3.0-cp310-cp310-win_amd64.whl (2.5 MB)
     ---------------------------------------- 2.5/2.5 MB 52.2 MB/s eta 0:00:00
Requirement already satisfied: XlsxWriter>=0.5.7 in c:\python310\lib\site-packages (from python-pptx==0.6.21) (3.0.2)
Installing collected packages: Pillow, python-pptx
  DEPRECATION: python-pptx is being installed using the legacy 'setup.py install' method, because it does not have a 'pyproject.toml' and the 'wheel' package is not installed. pip 23.1 will enforce this behaviour change. A possible replacement is to enable the '--use-pep517' option. Discussion can be found at https://github.com/pypa/pip/issues/8559
  Running setup.py install for python-pptx ... done
Successfully installed Pillow-9.3.0 python-pptx-0.6.21
```

다음은 웹 크롤링에 필요한 selenium 라이브러리의 4.1.0 버전을 설치한다. https://pypi.org/project/selenium에서 문서를 확인할 수 있다.

```
C:\Users\psy>pip install selenium==4.1.0
Collecting selenium==4.1.0
  Downloading selenium-4.1.0-py3-none-any.whl (958 kB)
     ---------------------------------------- 958.8/958.8 kB 20.2 MB/s eta 0:00:00
Collecting trio~=0.17
  Downloading trio-0.22.0-py3-none-any.whl (384 kB)
     ---------------------------------------- 384.9/384.9 kB 23.4 MB/s eta 0:00:00
Collecting urllib3[secure]~=1.26
  Downloading urllib3-1.26.12-py2.py3-none-any.whl (140 kB)
     ---------------------------------------- 140.4/140.4 kB ? eta 0:00:00
...
Collecting pycparser
  Downloading pycparser-2.21-py2.py3-none-any.whl (118 kB)
     ---------------------------------------- 118.7/118.7 kB ? eta 0:00:00
Collecting h11<1,>=0.9.0
  Downloading h11-0.14.0-py3-none-any.whl (58 kB)
     ---------------------------------------- 58.3/58.3 kB 3.2 MB/s eta 0:00:00
Installing collected packages: urllib3-secure-extra, sortedcontainers, urllib3, sniffio,
pycparser, idna, h11, exceptiongroup, certifi, attrs, async-generator, wsproto, outcome, cffi,
trio, cryptography, trio-websocket, pyOpenSSL, selenium
Successfully installed async-generator-1.10 attrs-22.1.0 certifi-2022.9.24 cffi-1.15.1
cryptography-38.0.3 exceptiongroup-1.0.1 h11-0.14.0 idna-3.4 outcome-1.2.0 pyOpenSSL-22.1.0
pycparser-2.21 selenium-4.1.0 sniffio-1.3.0 sortedcontainers-2.4.0 trio-0.22.0 trio-
websocket-0.9.2 urllib3-1.26.12 urllib3-secure-extra-0.1.0 wsproto-1.2.0
```

마지막으로 파이썬 실행 파일을 만들어 배포할 수 있는 pyinstaller 라이브러리의 4.7 버전을 설치한다. https://pypi.org/project/pyinstaller에서 문서를 확인할 수 있다.

```
C:\Users\psy>pip install pyinstaller==4.7
Collecting pyinstaller==4.7
  Downloading pyinstaller-4.7-py3-none-win_amd64.whl (2.0 MB)
     ---------------------------------------- 2.0/2.0 MB 21.2 MB/s eta 0:00:00
Collecting pefile>=2017.8.1
  Downloading pefile-2022.5.30.tar.gz (72 kB)
     ---------------------------------------- 72.9/72.9 kB 3.9 MB/s eta 0:00:00
  Preparing metadata (setup.py) ... done
Collecting pyinstaller-hooks-contrib>=2020.6
  Downloading pyinstaller_hooks_contrib-2022.12-py2.py3-none-any.whl (250 kB)
     ---------------------------------------- 250.0/250.0 kB ? eta 0:00:00
...
  Running setup.py install for future ... done
```

```
  DEPRECATION: pefile is being installed using the legacy 'setup.py install' method, because
it does not have a 'pyproject.toml' and the 'wheel' package is not installed. pip 23.1 will
enforce this behaviour change. A possible replacement is to enable the '--use-pep517' option.
Discussion can be found at https://github.com/pypa/pip/issues/8559
  Running setup.py install for pefile ... done
Successfully installed altgraph-0.17.3 future-0.18.2 pefile-2022.5.30 pyinstaller-4.7
pyinstaller-hooks-contrib-2022.12 pywin32-ctypes-0.2.0
```

openpyxl, xlsxwriter, python-docx, python-pptx, selenium, pyinstaller를 모두 설치하고 난 뒤 pip list 명령을 수행하면 설치된 라이브러리와 버전을 다음과 같이 확인할 수 있다.

```
C:\Users\psy>pip list
Package                   Version
------------------------- ---------
altgraph                  0.17.2
async-generator           1.10
attrs                     22.1.0
certifi                   2022.6.15
cffi                      1.15.1
cryptography              37.0.4
et-xmlfile                1.1.0
future                    0.18.2
h11                       0.13.0
idna                      3.3
lxml                      4.9.1
openpyxl                  3.0.9
outcome                   1.2.0
pefile                    2022.5.30
Pillow                    9.2.0
pip                       22.2.1
pycparser                 2.21
pyinstaller               4.7
pyinstaller-hooks-contrib 2022.8
pyOpenSSL                 22.0.0
python-docx               0.8.11
python-pptx               0.6.21
pywin32-ctypes            0.2.0
selenium                  4.1.0
setuptools                58.1.0
sniffio                   1.2.0
sortedcontainers          2.4.0
```

```
trio                    0.21.0
trio-websocket          0.9.2
urllib3                 1.26.11
wsproto                 1.1.0
XlsxWriter              3.0.2
```

이렇게 설치한 라이브러리는 파이참이나 다른 도구에서 사용할 수 있다. 파이참을 실행하고 [File] → [Settings] → [Project: pythonProject] → [Python Interpreter]에서 pip로 설치한 라이브러리 목록을 확인해보자.

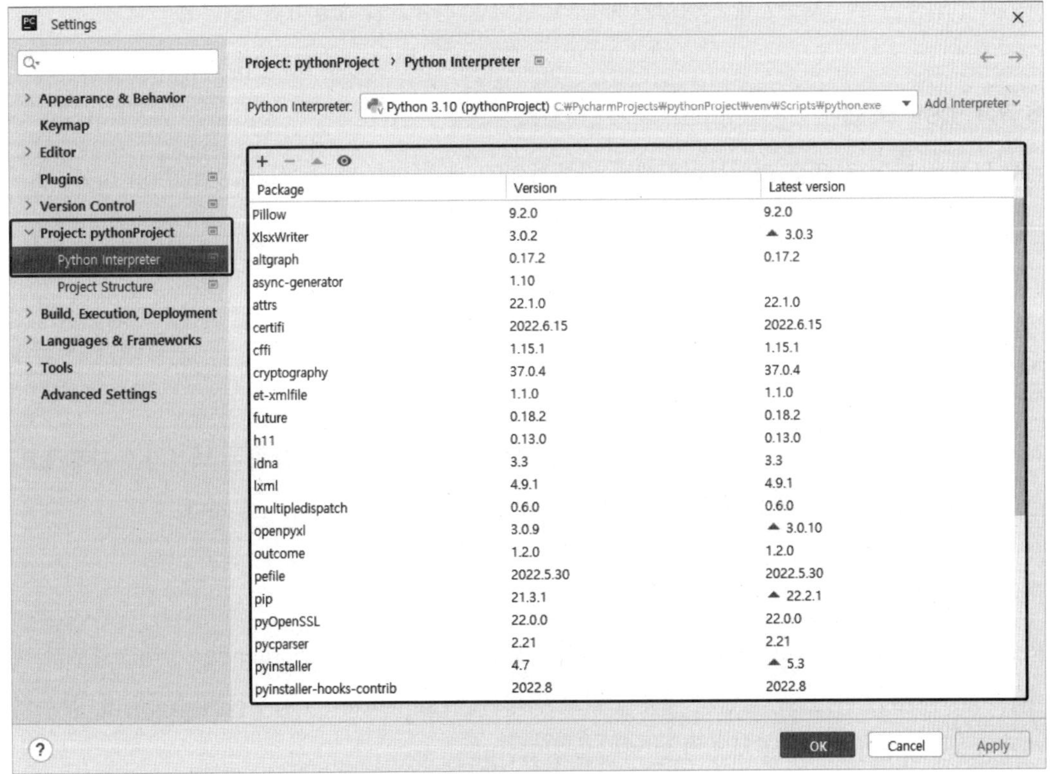

[그림 8-2] 파이참에서 설치된 라이브러리 목록 확인

파이참 같은 툴에서도 라이브러리를 검색하여 간단하게 설치할 수 있지만, 여러 가지 이유로 pip로 직접 설치해야 하는 경우가 종종 있으므로 파이썬 개발자라면 pip 명령어를 알아 두는 것이 좋다.

이제 파이썬 표준 라이브러리에서 제공하는 모듈을 사용하여 CSV 파일과 JSON 파일을 다루는 방법을 알아보자.

8.3 CSV 파일

CSV(Comma Separated Values) 파일은 콤마(쉼표)로 구분된 데이터를 포함하는 파일로 텍스트를 데이터 테이블 형식, 즉 표 형식으로 저장한다. CSV 파일의 각 줄은 테이블의 행을 의미하고 CSV 파일의 콤마는 행에서 열(셀)을 구분한다.

CSV 파일은 작성이 단순하고 용량이 작으며 특별한 프로그램이 설치되어 있지 않아도 사용할 수 있어서 많은 프로그램에서 지원한다. 데이터 타입이 정해져 있지 않고 모든 값은 텍스트 즉, 문자열이다. 글꼴 크기 또는 색상, 셀의 폭과 높이를 지정할 수 없고 셀 병합이나 그림 또는 차트를 포함할 수 없다. 단순한 텍스트들만을 저장하기 때문에, 다양한 기능들을 제공하진 않는다.

8.3.1 csv 모듈

csv 모듈은 파이썬 표준 라이브러리에서 기본적으로 제공하며, https://docs.python.org/3.10/library/csv.html에서 문서를 확인할 수 있다.

csv 모듈에서는 DictReader, DictWriter, Dialect, excel, excel_tab, unix_dialect, Sniffer 등의 클래스를 제공한다. 이 중 가장 중요한 객체는 Reader 객체와 Writer 객체다. csv 모듈의 주요 객체를 살펴보자.

이번 장에서 CSV 파일과 csv 모듈을 구분하기 위해서, CSV 파일을 지칭할 때는 대문자를 사용하고, csv 모듈을 지칭할 때는 소문자를 사용한다. 참고로 모듈명은 일반적으로 소문자다.

Reader 객체

Reader 객체는 csv.reader( ) 함수를 호출하여 리턴값을 전달받거나 DictReader 클래스로부터 객체를 생성할 수 있다. CSV 파일의 내용을 읽기 위해서는 csv.reader( ) 함수를 호출하는데, 함수의 매개변수로 open( ) 함수를 사용해 연 파일을 전달한다.

즉, 다음 코드처럼 open( ) 함수로 address.csv 파일을 열고 리턴된 파일 객체를 f 변수에 할당한 다음 csv.reader( ) 함수의 매개변수로 파일 객체인 f를 전달하여 Reader 객체를 리턴받는다.

```
>>> import csv
>>> f = open('address.csv')
>>> reader = csv.reader(f)
```

csv.reader( ) 함수를 호출할 때는 매개변수로 파일 이름의 문자열을 직접 전달하지 않도록 주의한다. 만약 파일 이름을 직접 전달한다면 다음과 같은 결과를 얻게 된다.

```
>>> reader = csv.reader('address.csv')
>>> data = list(reader)
>>> data
[['a'], ['d'], ['d'], ['r'], ['e'], ['s'], ['s'], ['.'], ['c'], ['s'], ['v']]
```

Writer 객체

Writer 객체는 csv.writer( ) 함수를 호출하여 리턴값을 전달받거나 DictWriter 클래스로부터 객체를 생성할 수 있다. CSV 파일에 데이터를 쓰기 위해서는 csv.writer( ) 함수를 사용하고, 읽을 때와 마찬가지로 open( ) 함수로 파일을 열어서 파일 객체를 매개변수로 전달해야 한다.

```
>>> import csv
>>> f = open("write_test1.csv", 'w')
>>> writer = csv.writer(f, lineterminator='\n')
>>> writer.writerow(('번호', '이름', '성적'))
9
>>> f.close()
```

Dialect 객체

dialect는 방언이라는 뜻으로, 플랫폼이나 프로그램의 개별적인 규칙을 방언이라는 용어로 표현한 것이다. Dialect 객체의 여러 포맷 형식으로 CSV 파일에서 입력과 출력의 형식을 더 쉽게 지정할 수 있다. Dialect의 종류는 'excel', 'excel-tab', 'unix' 등이 있다.

Dialect 객체의 주요 속성은 다음과 같다.

- Dialect.delimiter: 필드를 구분하는 데 사용되는 하나의 문자로, 기본값은 ','이다.
- Dialect.lineterminator: Writer 객체에 의해서 생성된 줄을 종료하는 데 사용되는 문자열로, 기본값은 '₩r₩n'이다.

DictReader 객체

CSV 파일을 읽어서 딕셔너리 형태로 리턴하며, 다음과 같이 CSV 파일을 읽기 쉽게 만들어 주는 다양한 메소드와 속성을 제공한다.

- fieldnames: 열 이름과 목록을 제공
- dialect: CSV 파일 형식
- line_num: 읽고 있는 현재 행 번호 표시
- next( ): 다음 행으로 이동

이제 csv 모듈을 사용하여 CSV 파일을 읽어오는 코드를 작성해본다. 파이참을 실행하고 pythonProject에서 [New] → [Python Package]를 선택하여 csv_test라는 이름의 패키지를 만든다.

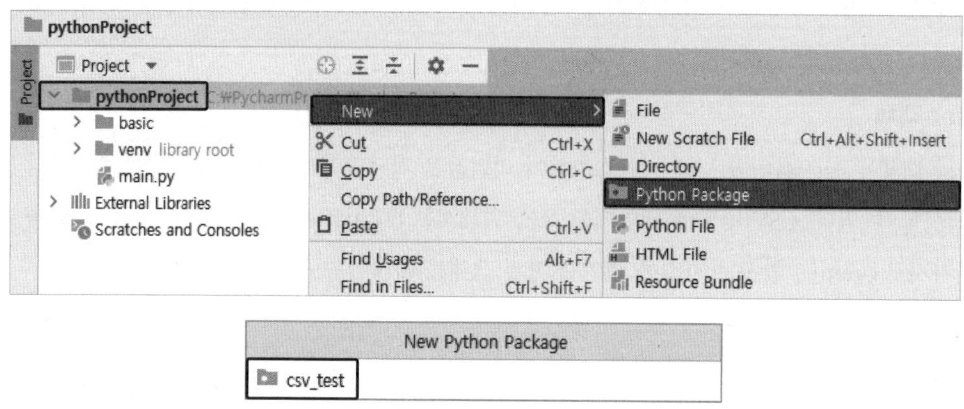

[그림 8-3] csv_test 패키지 생성

그리고 책의 소스 파일에 있는 csv_read_test.csv 파일을 csv_test 패키지에 복사한다. 참고로 소스로 제공하는 CSV, 엑셀, 워드, 파워포인트 등의 다양한 파일은 파이참에서 여는 것이 아니라 각각의 연결 프로그램을 통해서 파일을 실행해야 한다.

파이참으로 복사한 csv_read_test.csv 파일을 더블 클릭하면 Register New File Type Association이라는 팝업창이 뜬다. 기본값은 Open matching files in PyCharm(파이참에서 열기)으로 설정되어 있는데, 맨 아래 항목의 Open matching files in associated application을 선택하고 〈OK〉를 누른다.

Register New File Type Association
The file 'csv_read_test.csv' is not associated with any file type. Please define the association:
File pattern: *.csv
To change the association later, go to Settings | File types | Files opened in associated applications
Open matching files as text and auto-detect file type by content, e.g. hashbang
Open matching files in PyCharm:
Scalable Vector Graphics
Shell script
Spell checker dictionary
SQL (syntax highlighting only)
Text
TOML
XHTML
XML
XML Document Type Definition
YAML
Open matching files in associated application
OK Cancel

[그림 8-4] 연결 프로그램으로 파일 열기

csv_read_test.csv 파일을 마우스 오른쪽 클릭해서 [Register New File Type Association] 메뉴를 선택해도 동일한 설정을 할 수 있다. 해당 메뉴가 안 보인다면 파일을 최초에 열 때 무심코 기본값인 파이참에서 열기로 〈OK〉를 눌렀을 수도 있다. 이러한 경우에는 파일을 오른쪽 클릭하고 [Open In] → [Explorer] 메뉴를 선택하면 연결되는 탐색기에서 연결 프로그램 설정 등을 바꿀 수 있다.

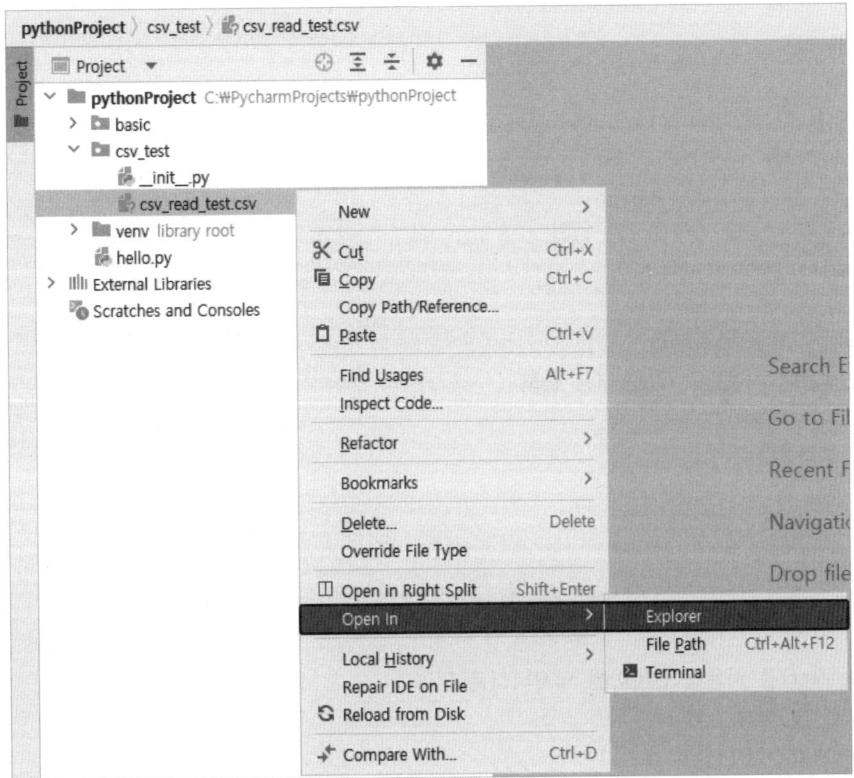

[그림 8-5] 탐색기로 파일 열기

8.3.2 CSV 파일의 내용 읽기

CSV 파일의 내용을 읽어오는 다양한 방법을 코드로 작성해보자. csv_test 패키지를 마우스 오른쪽 클릭한 후 [New] → [Python File]을 선택하고, csv_read.py 파일을 만들어 다음 코드를 작성한다.

【 csv_read.py 】

```
import csv

# reader() 메소드를 사용하여 CSV file 읽기
# 읽어온 데이터를 파이썬의 리스트로 변환하여 출력하기
f = open('csv_read_test.csv')  ——— ❶
```

```
try:
    reader = csv.reader(f)
    # 읽어온 데이터를 파이썬의 리스트로 변환하여 출력하기
    print("CSV로부터 읽어온 파일: ", list(reader))
except Exception as e:                                              ❷
    print("예외 사항 발생 - ", e)
finally:
    f.close()

print("이용 가능한 Dialects:", csv.list_dialects())
print("=" * 30)                                                     ❸

# csv 파일의 내용을 반복문으로 읽기
f = open("csv_read_test.csv")
try:
    reader = csv.reader(f)
    # 반복문을 사용하여 읽은 내용 출력
    for r in reader:                                                ❹
        print(r)
finally:
    f.close()

print("=" * 30)

# DictReader()를 사용하여 파이썬 딕셔너리로 읽기
f = open("csv_read_test.csv")
print("파이썬 딕셔너리로 읽기")
try:
    reader = csv.DictReader(f)                                      ❺
    # 전체 파일로부터 반복하면서 하나의 행씩 꺼내어 r이라는 임시 변수에 담기
    for r in reader:
        # 딕셔너리 키를 주고 value 꺼내어 출력                          ❻
        print(r['성'], r['이름'], r['이메일'])
finally:
    f.close()

print("=" * 30)
```

코드 설명

① 읽어올 CSV 파일을 매개변수로 전달하며 open( ) 함수를 호출한다. 함수의 리턴값으로 생성되는 파일 객체를 f 변수에 저장한다.

② 예외 사항이 발생할 경우를 대비해 try문을 추가한다. 예외가 발생하지 않으면 try문과 finally문을 수행한다. 예외가 발생하면 except문이 수행되어 발생한 예외 객체 정보를 출력하고 finally문을 수행한다. 이후 파일을 다루는 대부분의 코드에서 이런 예외 처리 구문을 추가할 것이다.

try문에서는 csv 모듈의 reader( ) 함수를 호출하여 reader 객체를 생성하는데, 앞에서 오픈한 파일 객체를 매개변수로 전달한다. 그리고 CSV 파일의 내용이 담긴 reader 객체를 파이썬의 리스트로 변환하여 파일의 내용을 출력한다.

③ csv 모듈에서 지원하는 다이얼렉트의 종류를 출력하고, 출력 결과를 구분하기 위해 구분선도 함께 출력한다. "="* 30은 =을 30번 반복하라는 의미이다.

④ CSV 파일의 내용을 반복문으로 읽어서 출력한다.

⑤ DictReader( ) 함수를 호출하여 DictReader를 리턴받는다. DictReader 객체는 데이터를 딕셔너리 형태로 리턴한다.

⑥ 반복문으로 딕셔너리 형태의 데이터를 꺼내 출력한다. 파일의 한 행씩을 반복해서 꺼내 r이라는 임시 변수에 담고, 딕셔너리의 키를 주고 값을 꺼내어 출력한다. 딕셔너리의 키는 CSV 파일의 컬럼명이다.

파이썬 코드로 읽을 csv_read_test.csv 파일의 내용은 다음과 같다.

	A	B	C	D	E	F	G	H	I
1	성	이름	이메일	우편번호	구	시	나라	전화	
2	표	선영	sunny@gmail.com	94043	강남구	서울특별시	대한민국	12340166457	
3	홍	길동	jhj@gmail.com	20009	강남구	서울특별시	대한민국	19980166457	
4	전	우치	gangs@gmail.com	94043	송파구	서울특별시	대한민국	12345678901	
5									

address

[그림 8-6] csv_read_test.csv 파일

csv_read.py를 실행하면 csv_read_test.csv 파일의 내용을 읽어서 다음과 같이 출력하는 것을 확인할 수 있다.

【 실행 결과 】

```
CSV로부터 읽어온 파일:  [['성', '이름', '이메일', '우편번호', '구', '시', '나라', '전화'], ['표', '선영', 'sunny@gmail.com', '94043', '강남구', '서울특별시', '대한민국', '12340166457'], ['홍', '길동', 'jhj@gmail.com', '20009', '강남구', '서울특별시', '대한민국', '19980166457'], ['전', '우치', 'gangs@gmail.com', '94043', '송파구', '서울특별시', '대한민국', '12345678901']]
이용 가능한 Dialects: ['excel', 'excel-tab', 'unix']
==============================
['성', '이름', '이메일', '우편번호', '구', '시', '나라', '전화']
['표', '선영', 'sunny@gmail.com', '94043', '강남구', '서울특별시', '대한민국',
```

```
'12340166457']
['홍', '길동', 'jhj@gmail.com', '20009', '강남구', '서울특별시', '대한민국', '19980166457']
['전', '우치', 'gangs@gmail.com', '94043', '송파구', '서울특별시', '대한민국',
'12345678901']
==============================
파이썬 딕셔너리로 읽기
표 선영 sunny@gmail.com
홍 길동 jhj@gmail.com
전 우치 gangs@gmail.com
==============================
```

8.3.3 CSV 파일 생성과 내용 출력

이번에는 CSV 파일을 생성하고 내용을 기록해본다. csv_test 패키지에 csv_write.py 파일을 만들고 다음 코드를 작성한다.

【 csv_write.py 】

```
import csv

fruits = ["사과", "파인애플", "배", "복숭아"]  ─┐
numbers = [50, 20, 30, 60]                      ├ ❶
values = [1500, 5000, 2500, 2000]              ─┘

f = open("csv_write_result1.csv", 'w')  ──── ❷

try:
    writer = csv.writer(f, lineterminator='\n')  ── ❸
    writer.writerow(('번호', '과일', '판매수량', '가격', '판매금액'))  ──── ❹

    # fruits 리스트의 개수
    num = len(fruits)          ─┐
    for i in range(num):       ─┘ ❺
        # 리스트 인덱싱을 통해서 각 값들을 읽어온 후 파일에 쓰기
        writer.writerow((i+1,fruits[i],numbers[i],values[i],(numbers[i]*values[i])))  ── ❻
finally:
    f.close()  ──── ❼

# 앞서 만든 파일의 내용을 읽어서 출력
print(open('csv_write_result1.csv').read())  ──── ❽
```

```
f = open('csv_write_result2.csv', 'w')

csv_writer = csv.writer(f, lineterminator='\n')
csv_writer.writerow(['첫 번째', '두 번째', '세 번째'])
csv_writer.writerow(['123', '456', '789'])
csv_writer.writerow(['test', 'hello', 'hi'])

f.close()
```
❾

【 코드 설명 】

① fruits, numbers, values 변수에 리스트 형태의 데이터를 생성한다.

② CVS 파일을 생성할 때는 open( ) 함수 호출 시 생성할 파일의 이름과 쓰기 모드인 'w'를 매개변수로 전달한다.

③ csv 모듈의 writer( ) 함수를 호출할 때 앞에서 생성한 파일 객체 f를 전달하고, 파일의 줄바꿈을 위해 lineterminator='₩n'도 함께 전달한다.

④ writer 객체의 writerow( ) 함수의 매개변수로 튜플 형태의 데이터를 전달한다. 전달한 데이터는 컬럼의 이름이 된다.

⑤ 반복할 횟수를 지정하기 위해 fruits 리스트의 개수를 파악하고, range( ) 함수에 리스트의 개수를 입력한다. 특정 횟수를 반복하기 위해서 for in 구문을 사용할 때는 in 다음에 숫자를 입력하는 것이 아니라 반드시 range(반복횟수) 형태로 사용해야 한다. in 키워드 다음에는 반복 가능한 객체가 와야 하기 때문이다.

⑥ 리스트 인덱싱으로 읽어온 값들을 CSV 파일의 각 행에 기록한다. 마지막 값은 판매수량과 가격을 곱해서 판매금액을 계산한 후 기록한다.

⑦ 파일 쓰기를 완료하기 위해서 파일을 닫는다.

⑧ 앞에서 생성한 파일의 내용을 읽어서 출력한다.

⑨ 같은 방식으로 csv_write_result2.csv 파일에 다른 내용을 출력한다.

csv_write.py 파일을 실행하면 다음과 같은 내용이 출력된다.

【 실행 결과 】

```
번호,과일,판매수량,가격,판매금액
1,사과,50,1500,75000
2,파인애플,20,5000,100000
3,배,30,2500,75000
4,복숭아,60,2000,120000
```

그리고 csv_write_result1.csv 파일과 csv_write_result2.csv 파일이 생성된다.

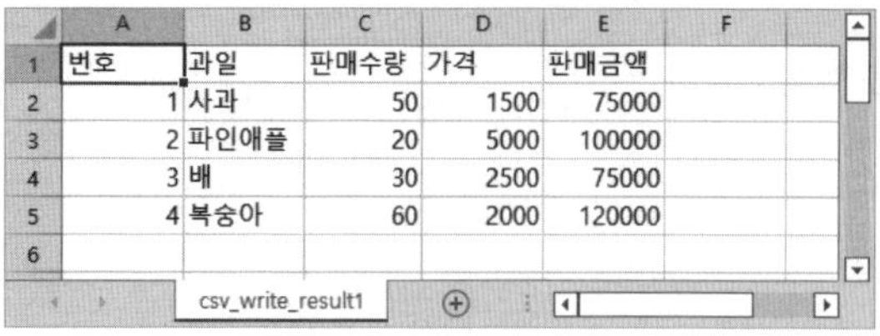

	A	B	C	D	E	F
1	번호	과일	판매수량	가격	판매금액	
2	1	사과	50	1500	75000	
3	2	파인애플	20	5000	100000	
4	3	배	30	2500	75000	
5	4	복숭아	60	2000	120000	
6						

csv_write_result1

(가) csv_write_result1.csv

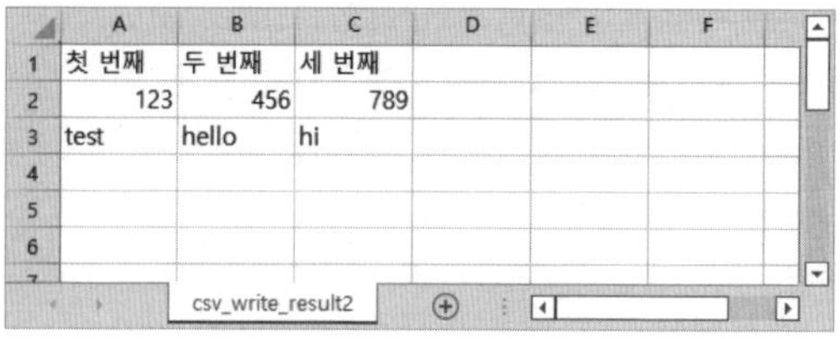

	A	B	C	D	E	F
1	첫 번째	두 번째	세 번째			
2	123	456	789			
3	test	hello	hi			
4						
5						
6						

csv_write_result2

(나) csv_write_result2.csv

[그림 8-7] 생성된 CSV 파일

8.4 JSON 파일

JSON(JavaScript Object Notation) 데이터는 자바스크립트에서 사용하는 객체 표기 방법을 기반으로 한다. 그렇다고 해서 자바스크립트 전용으로만 쓰이는 데이터는 아니며 웹 브라우저에서 또는 애플리케이션에서 데이터를 주고받을 때 널리 사용하는 표준 파일 형식 중 하나이다.

웹을 통해 API를 제공하는 Open API 서비스는 XML 문서 혹은 JSON 문서로 데이터를 전달하는데, 많은 서비스들이 XML 문서보다는 JSON 파일을 훨씬 많이 사용한다. JSON 파일은 파이썬의 딕셔너리와 동일하게 {key:value, key:value, ...} 형태로 사용한다. http://www.json.org 사이트에서 자세한 문서를 확인할 수 있다.

이번 장에서 JSON 파일과 json 모듈을 구분하기 위해서, JSON 파일을 지칭할 때는 대문자를 사용하고, json 모듈을 지칭할 때는 소문자를 사용한다.

8.4.1 json 모듈

파이썬에서 JSON을 다루기 위해서는 파이썬 표준 라이브러리에서 제공하는 json 모듈을 사용한다. JSON에는 문자열, 정수, 불리언, 리스트, 딕셔너리, NoneType 등의 다양한 데이터를 포함할 수 있다. https://docs.python.org/3.10/library/json.html에서 문서를 확인할 수 있으며, json 모듈의 주요 함수는 다음과 같다.

- dumps( ) 함수: dump string이라는 의미로 JSON 파일을 생성할 때 사용한다. 파이썬 데이터를 JSON 형태로 변환해주며, fp라는 매개변수를 제외하고는 dump( ) 함수와 같다.

```
json.dumps(obj, *, skipkeys=False, ensure_ascii=True, check_circular=True,
    allow_nan=True, cls=None, indent=None, separators=None, default=None,
    sort_keys=False, **kw)
```

- dump( ) 함수: JSON 파일을 생성하는 함수로, 파이썬 데이터를 JSON 형태로 변환해준다. 함수를 의미하는 첫 번째 fp 매개변수를 제외하고는 dumps( ) 함수와 같다.

```
json.dump(obj, fp, *, skipkeys=False, ensure_ascii=True, check_circular=True,
    allow_nan=True, cls=None, indent=None, separators=None, default=None,
    sort_keys=False, **kw)
```

- loads( ) 함수: load string이라는 의미로 JSON 파일의 데이터를 읽어올 때 사용한다. JSON 문자열을 파이썬 데이터로 변환해주며, 첫 매개변수를 제외하고는 load( ) 함수와 같다.

```
json.loads(s, *, cls=None, object_hook=None, parse_float=None, parse_int=None,
    parse_constant=None, object_pairs_hook=None, **kw)
```

- load( ) 함수: JSON 파일의 데이터를 읽어올 때 사용한다. JSON 문자열을 파이썬 데이터로 변환해주며, 함수를 의미하는 첫 번째 매개변수를 제외하고는 loads( ) 함수와 같다.

```
json.load(fp, *, cls=None, object_hook=None, parse_float=None, parse_int=None,
    parse_constant=None, object_pairs_hook=None, **kw)
```

다음은 JSON 데이터와 json 모듈의 주요 함수를 사용한 예시다. 이해를 돕기 위해서 JSON 데이터를 딕셔너리 형태로 만들었다. 이후 코드에서는 JSON 파일을 사용한다.

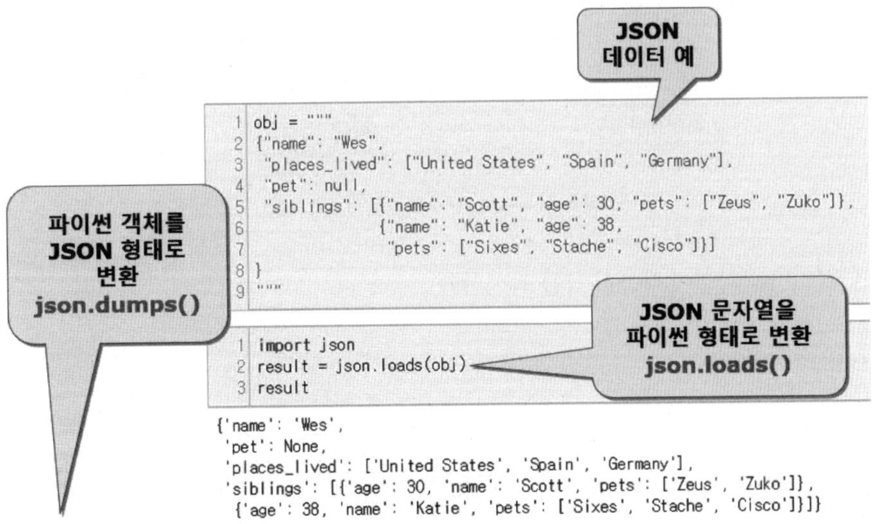

[그림 8-8] JSON 데이터와 json 모듈의 주요 함수

8.4.2 JSON 파일 읽기와 쓰기

JSON 파일을 읽어와서 출력하고 새로운 JSON 파일을 생성해보자. pythonProject에 json_test라는 패키지를 추가하고, json_read_write.py 파일을 만든다. 그리고 json_test 패키지에 소스 파일에 있는 bitcoin_sample.json 파일을 복사한다. bitcoin_sample.json 파일의 일부 내용은 다음과 같다.

bitcoin_sample.json

```
[
    {
        "id": "bitcoin",
        "name": "Bitcoin",
        "symbol": "BTC",
        "rank": "1",
        "price_usd": "3608.55912253",
        "price_btc": "1.0",
        "24h_volume_usd": "5083790874.36",
        "market_cap_usd": "63149062932.0",
        "available_supply": "17499800.0",
        "total_supply": "17499800.0",
        "max_supply": "21000000.0",
        "percent_change_1h": "0.07",
        "percent_change_24h": "0.78",
        "percent_change_7d": "-1.67",
        "last_updated": "1548381564"
    },
    {
        "id": "ripple",
        "name": "XRP",
        "symbol": "XRP",
        "rank": "2",
        "price_usd": "0.3185199229",
        "price_btc": "0.00008831",
```

[그림 8-9] bitcoin_sample.json 파일의 내용

json_read_write.py 파일에 다음 코드를 작성한다.

【 json_read_write.py 】

```
import json

# json 파일을 읽어서 출력
data_json = open('bitcoin_sample.json').read()     ─┐
data = json.loads(data_json)                        ─┘ ❶
# data = json.loads(open('bitcoin_sample.json').read())  ── ❷
print(data)
```

```
# 읽어온 데이터를 json 파일로 출력
f = open('json_result.json' , 'w')  ──── ❸
json.dump(data, f)  ──── ❹
f.close()  ──── ❺
print("=" * 30)

data = json.load(open('bitcoin_sample.json'))  ──── ❻
print(data)

print("=" * 30)
# 리스트 컴프리헨션
values = [item.values() for item in data]  ─┐
print(values)  ──────────────────────────────┘ ❼
```

【 코드 설명 】

① CSV 파일을 읽을 때와 동일하게 open( ) 함수로 JSON 파일을 오픈한다. 다른 점이 있다면 파일을 open( )한 이후, read( ) 함수를 호출하여 데이터를 읽어서 json 모듈의 loads( ) 함수에 전달한다.

② data_json 변수와 data 변수를 따로 선언하지 않고 loads( ) 함수에 바로 입력해도 된다. 주석으로 처리한 이번 코드는 ①의 코드 두 줄과 같은 의미다.

③ 읽어온 데이터를 새로운 JSON 파일에 기록한다. open( ) 함수의 매개변수로 생성할 JSON 파일명과 쓰기 모드를 전달한다.

④ 데이터를 JSON 파일로 기록하기 위해서 json 모듈의 dump( ) 함수를 호출한다. 이때 쓰기를 수행할 데이터와 파일 객체를 매개변수로 전달한다.

⑤ 파일 쓰기를 완료하기 위해서 파일을 닫는다.

⑥ JSON 데이터를 읽어오기 위해 이번에는 json 모듈의 load( ) 함수를 사용한다. loads( ) 함수와의 차이점은 파일을 open( )한 다음 read( ) 함수를 호출하지 않고 바로 load( ) 함수에 넘겨주는 것이다.

⑦ 리스트 컴프리헨션으로 JSON의 key:value 중에서 value 값들만 출력한다.

json_read_write.py 파일을 실행하면 다음과 같이 출력되며, json_test 패키지에 json_result.json 파일이 생성된 것을 확인할 수 있다. json_result.json 파일의 내용은 bitcoin_sample.json 파일과 같다.

【 실행 결과 】

```
[{'id': 'bitcoin', 'name': 'Bitcoin', 'symbol': 'BTC', 'rank': '1', ...
==============================
[{'id': 'bitcoin', 'name': 'Bitcoin', 'symbol': 'BTC', 'rank': '1', ...
==============================
[dict_values(['bitcoin', 'Bitcoin', 'BTC', '1', '3608.55912253', '1.0', ...
```

개발 팁 _ JSON **파일은 언제 사용할까?**

실무에서는 서로 다른 언어 간에 데이터를 교환하거나 크롤링을 통해 데이터를 가져오거나 Open API를 사용하여 함수를 호출할 때 JSON 형태의 파일을 많이 사용한다. JSON 파일을 이해하면 이러한 작업을 보다 수월하게 진행할 수 있다.

09

엑셀 파일 다루기

이번 장에서는 앞서 설치한 파이썬 표준 라이브러리인 openpyxl과 xlsxwriter를 이용해 마이크로소프트 오피스의 엑셀 파일을 다루는 파이썬 프로그래밍을 학습할 것이다. 기본적으로 Excel 프로그램이 설치되어 있어야 한다.

9.1 엑셀

엑셀은 윈도우 운영체제에서 인기 있는 강력한 스프레드시트 프로그램으로, 앞서 배운 텍스트 형식의 CSV 파일과는 다르게 바이너리(binary) 형식의 파일이다.

엑셀 파일은 워크북(workbook)이라고 하는데, 워크북은 하나 이상의 워크시트(worksheets)를 포함하므로 엑셀 파일을 스프레드시트(spreadsheets)라고도 한다. 스프레드시트는 열과 행, 즉 셀(cell)로 이루어진 표 형식의 데이터를 조작, 분석, 저장하는 애플리케이션을 의미한다.

엑셀로는 데이터를 생성하고 수식을 사용하여 각종 통계 및 분석 기능 수행하거나 차트 그리기, 데이터의 일부를 선택하거나 편집하는 등의 다양한 작업을 수행할 수 있다. 다음과 같은 라이브러리를 사용하면 엑셀로 할 수 있는 작업들을 파이썬 프로그램에서도 자유롭게 할 수 있다.

- xlrd: 엑셀 파일의 데이터 읽기
- xlwt: 엑셀 파일을 생성하고 데이터 쓰기

- openpyxl: 엑셀 파일의 데이터를 읽고 쓰기
- xlsxwriter: 엑셀 파일을 생성하고 데이터 쓰기, 현재 읽기 작업은 미지원

9.2 openpyxl 라이브러리

openpyxl은 엑셀과 관련된 XLSX, XLSM, XLTX, XLTM 파일을 읽고 쓰기 위한 파이썬 라이브러리이다. 엑셀 통합 문서 작성, 문서 읽기, 수식, 셀 병합, 이미지 삽입, 데이터 분석 라이브러리인 판다스(pandas)와의 연계, 차트 삽입, 피벗 테이블, 필터 및 정렬 등의 다양한 기능을 제공한다. openpyxl은 라이브러리명과 모듈명이 동일하다.

다음 명령어로 openpyxl 라이브러리가 설치되어 있는지 확인해보자.

```
C:\Users\psy>pip show openpyxl
Name: openpyxl
Version: 3.0.9
Summary: A Python library to read/write Excel 2010 xlsx/xlsm files
Home-page: https://openpyxl.readthedocs.io
Author: See AUTHORS
Author-email: charlie.clark@clark-consulting.eu
License: MIT
Location: c:\python310\lib\site-packages
Requires: et-xmlfile
Required-by:
```

pip show 명령어로 라이브러리 기본 정보, 버전, 홈페이지, 의존성 라이브러리 등을 확인할 수 있다. 혹시 라이브러리가 설치되어 있지 않다면 8장을 참고해서 라이브러리를 설치한다. openpyxl은 https://openpyxl.readthedocs.io에서 문서를 확인할 수 있다.

이제 파이썬으로 openpyxl 모듈을 사용하는 방법을 단계별로 살펴보자.

1. 모듈을 임포트한다.

```
import openpyxl
```

2. 전체 엑셀 시트를 읽어온다. 엑셀을 다루는 모듈에서는 제일 먼저 엑셀 파일을 의미하는 워크북 객체를 생성한다. load_workbook( ) 함수를 통해 매개변수로 주어진 엑셀 파일이 객체 형태로 메모리에 로딩된다.

```
workbook = openpyxl.load_workbook('file_name.xlsx')
```

참고로 할당 연산자(=) 왼쪽에 있는 workbook이라는 이름은 임의의 이름으로 선언한 변수이며, workbook 객체를 workbook이라는 변수가 참조하게 된다.

3. 워크북에 존재하는 모든 시트의 정보를 가져오거나 특정 워크시트를 가져온다.

```
# 워크북에 존재하는 모든 시트의 정보를 가져온다.
workbook.sheetnames
# 주어진 시트 이름의 워크시트 객체를 가져와서 worksheet 변수에 할당한다.
worksheet = workbook['sheet_name']
```

4. 워크시트 내의 셀을 읽어와서 다양한 작업을 수행한다.

셀을 읽어오려면 셀의 열과 행 정보를 알아야 하는데, 엑셀에서 셀을 선택하면 맨 왼쪽 위에 열 이름과 행 번호가 합쳐진 A1 형태의 셀 정보를 보여준다. 열은 A부터 시작하여 증가하고, 행은 1부터 시작하여 증가한다.

A1 | 번호

	A	B	C	D	E
1	번호	성	이름	전화번호	주소
2	1	김	선영	111-2222	강남구
3	2	홍	길동	111-3333	송파구
4	3	전	우치	111-2222	성북구
5	4	이	지훈	222-9999	강서구

[그림 9-1] 엑셀의 행과 열

예를 들어 worksheet['A1']이라고 하면 워크시트의 A1에 해당하는 셀을 의미하고, 셀의 값을 가져오려면 worksheet['A1'].value를 사용한다. 이처럼 셀의 정보를 가져올 때는 셀의 이름을 사용하거나 행과 열의 번호, 즉 위치 정보를 사용한다.

셀 객체는 cell( ) 메소드를 사용하여 접근한다. 예를 들어 3행 2열의 셀 객체 정보를 가져오려면 다음처럼 cell( ) 메소드의 매개변수로 행과 열을 명시한다.

```
worksheet.cell(row=3, column=2)
```

3행 2열의 값을 가져올 때는 뒤에 value라는 속성을 사용하면 된다.

```
worksheet.cell(row=3, column=2).value
```

9.2.1 엑셀 파일 데이터 읽기

엑셀 파일의 데이터를 읽어오는 파이썬 프로그램을 작성한다. pythonProject에 excel_test라는 패키지를 추가한 후, excel_test 패키지에 excel_read.py 파일을 생성한다. 그리고 소스 파일에 있는 excel_read.xlsx 파일을 excel_test 패키지에 복사한다. excel_read.xlsx 파일의 내용은 다음과 같다.

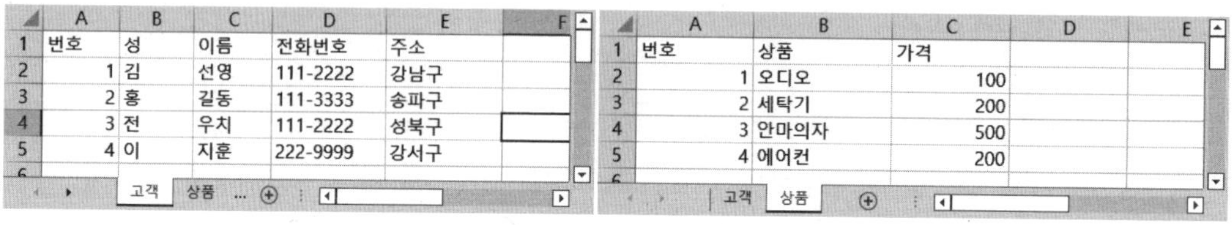

	A	B	C	D	E	F
1	번호	성	이름	전화번호	주소	
2	1	김	선영	111-2222	강남구	
3	2	홍	길동	111-3333	송파구	
4	3	전	우치	111-2222	성북구	
5	4	이	지훈	222-9999	강서구	

고객 / 상품

	A	B	C	D	E
1	번호	상품	가격		
2	1	오디오	100		
3	2	세탁기	200		
4	3	안마의자	500		
5	4	에어컨	200		

고객 / 상품

[그림 9-2] 읽기를 수행할 excel_read.xlsx 엑셀 파일

excel_read.py 파일에 다음 코드를 작성한다.

【 excel_read.py 】

```
# openpyxl 모듈은 워크시트 객체와 셀에 접속할 수 있는 메소드 제공
import openpyxl  ──── ❶
# 최초 실행을 한 이후에 다음 두 줄의 주석을 해제한다.
#import warnings
#warnings.simplefilter("ignore")

# 전체 엑셀 시트(워크북)를 메모리에 로드
workbook = openpyxl.load_workbook('excel_read.xlsx')  ──── ❷

# 엑셀 워크북에 있는 모든 워크시트의 이름 가져오기
print("워크북 내의 워크시트 : ", workbook.sheetnames)  ──── ❸
print("=" * 30)

# 고객 이름의 워크시트 가져오기
customer = workbook['고객']  ──┐
print("고객 워크시트 객체 : ", customer)  ──┘ ❹

# 셀 객체 읽기
# 이름 혹은 행/열 위치를 기준으로 셀 읽기
print("첫 번째 셀 객체 : ", customer['A1'])  ──── ❺
print("첫 번째 셀 객체의 값 : ", customer['A1'].value)  ──── ❻

# 셀 객체는 cell() 메소드를 사용하여 접근
```

```
# 3행 2열의 셀 정보 가져오기
print("다른 cell 객체 정보 :", customer.cell(row=3, column=2))
print("다른 cell 객체가 가진 값 :", customer.cell(row=3, column=2).value)    ❼

print("이름 :", customer['B3'].value, customer['C3'].value)
```

【 코드 설명 】

① 워크시트 객체와 셀에 접근할 수 있는 메소드를 제공하는 openpyxl 모듈을 임포트한다.

② workbook 객체에 openpyxl 모듈의 load_workbook( ) 함수로 excel_read.xlsx 파일의 데이터를 읽어온다. 이를 통해 전체 엑셀 시트가 메모리에 로드된다.

③ workbook 객체의 sheetnames 속성을 통해 엑셀 파일에 존재하는 모든 워크시트의 이름을 출력한다.

④ workbook 객체에서 고객이라는 이름의 워크시트를 가져와서 출력한다.

⑤ 고객 워크시트의 A1 셀 객체를 읽어와서 〈Cell '고객'.A1〉이라는 셀 객체가 출력된다.

⑥ value 속성을 이용하여 고객 워크시트의 A1 셀 객체의 데이터를 출력한다.

⑦ cell( ) 메소드를 사용하여 셀 객체에 접근하고, 3행 2열의 셀 정보와 값을 읽어와서 출력한다.

【 실행 결과 】

```
워크북 내의 워크시트 :  ['고객', '상품']
==============================
고객 워크시트 객체 :  <Worksheet "고객">
첫 번째 셀 객체 :  <Cell '고객'.A1>
첫 번째 셀 객체의 값 :  번호
다른 cell 객체 정보 : <Cell '고객'.B3>
다른 cell 객체가 가진 값 : 홍
이름 : 홍 길동
C:\Python310\lib\site-packages\openpyxl\worksheet\_reader.py:312: UserWarning: Unknown
extension is not supported and will be removed warn(msg)
```

실행 결과의 맨 마지막을 보면 경고 메시지가 있는데, openpyxl 모듈에서 발생한 경고이며 심각한 에러는 아니므로 무시하고 넘어가도 된다.

개발 팁 _ 경고 메시지 무시하기

방금처럼 나타나는 경고 메시지는 때때로 개발자에게 혼란을 줄 수 있다. 따라서 경고를 무시하는 설정을 알아보자. 먼저 파이썬 표준 라이브러리의 warnings 모듈을 임포트하고, 경고를 무시("ignore")하도록 필터 설정을 하면 된다. 경고 무시 필터 설정은 excel_read.py 파일에서 두 번째 줄에 주석으로 처리한 다음과 같은 코드이다. 해당 주석을 해제하고 코드를 다시 실행하면 경고 메시지가 뜨지 않을 것이다.

```
import warnings
# warnings 모듈의 simplefilter() 혹은 filterwarnings() 함수를 사용한다.
warnings.simplefilter("ignore")
#warnings.filterwarnings("ignore")
```

특히 그래프 등의 시각화 모듈을 사용할 때는 경고 메시지가 길게 나오는 경우가 종종 있어서 실행 결과를 확인하는 데 방해가 될 때가 많은데, 이때 경고 무시 필터 설정이 유용하다.

9.3 xlsxwriter 라이브러리

xlsxwriter는 엑셀 파일을 생성하고 내용을 기록할 때 사용하는 파이썬 라이브러리이다. 엑셀 파일에 텍스트와 이미지, 차트, 수식, 하이퍼링크 등을 삽입할 수 있고 데이터 분석용 라이브러리인 pandas 모듈과의 연동, 필터, 조건부 서식 등의 기능을 지원한다. xlsxwriter는 라이브러리명과 모듈명이 동일하다.

다음 명령어로 라이브러리 설치 여부를 확인한다.

```
C:\Users\psy>pip show xlsxwriter
Name: XlsxWriter
Version: 3.0.2
Summary: A Python module for creating Excel XLSX files.
Home-page: https://github.com/jmcnamara/XlsxWriter
Author: John McNamara
Author-email: jmcnamara@cpan.org
License: BSD-2-Clause
Location: c:\python310\lib\site-packages
Requires:
Required-by: python-pptx
```

이제 파이썬으로 xlsxwriter 모듈을 사용하는 방법을 단계별로 살펴보자.

1. 모듈을 임포트한다.

```
import xlsxwriter
```

2. 워크북 객체를 생성한다. 엑셀을 다루는 모듈에서는 제일 먼저 워크북 객체를 생성한다. Workbook( ) 함수를 사용하여 workbook 객체를 생성하고, 매개변수로 전달한 이름으로 엑셀 파일이 생성된다.

```
workbook = xlsxwriter.Workbook('file_name.xlsx')
```

3. 앞에서 생성한 workbook 객체의 add_worksheet( ) 함수를 사용하여 워크시트를 추가한다.

```
worksheet = workbook.add_worksheet()
```

4. worksheet 객체의 write( ) 메소드를 사용하여 데이터를 엑셀 시트에 추가하는 등 다양한 작업을 수행한다. write( ) 메소드의 첫 번째 매개변수에는 셀 이름을 문자열로 전달한다.

```
worksheet.write('A1', '안녕')
```

write( ) 메소드에 첫 번째 매개변수로 행의 번호를, 두 번째 매개변수로 열의 번호를 사용하여 지정된 행과 열에 값을 추가할 수 있다. 이때 행과 열의 번호는 0부터 시작한다.

```
worksheet.write(0, 0, "안녕")
```

5. close( ) 메소드를 호출하여 workbook 객체를 닫는다. 파일 쓰기를 한 뒤에는 workbook 객체에 close( ) 메소드를 호출해야 작성한 내용이 실제 파일에 기록된다.

```
workbook.close()
```

9.3.1 엑셀 파일 생성

엑셀 파일을 생성하고 내용을 기록하는 파이썬 프로그램을 작성한다. excel_test 패키지에 excel_write.py 파일을 만들고 다음 코드를 작성한다.

【 excel_write.py 】

```
import xlsxwriter

# Workbook 메소드를 사용하여 workbook 객체를 생성
workbook = xlsxwriter.Workbook('result_excel_write.xlsx')  ——— ❶
# add_worksheet 메소드를 사용하여 worksheet 객체를 생성
worksheet = workbook.add_worksheet()  ——— ❷
```

```
# items 2차원 리스트에 데이터를 추가
items = [
    ['선영', 1000],
    ['비니',  100],
    ['지훈',  300],
    ['강이',   50]
]                                    ❸

row = 0
col = 0

for item, cost in items:
    worksheet.write(row, col, item)
    worksheet.write(row, col+1, cost)
    row += 1                         ❹

worksheet.write(row, 0, 'Total')
worksheet.write(row, 1, '=SUM(B1:B4)')   ❺

workbook.close()   ❻
```

【 코드 설명 】

① xlsxwriter 모듈의 Workbook( ) 함수를 호출하여 workbook 객체를 생성한다. 매개변수로 전달한 값인 result_excel_write.xlsx 이름으로 파일이 생성된다. Workbook( ) 함수의 리턴값으로 생성된 workbook 객체를 workbook 변수에 할당한다.

② workbook 객체의 add_worksheet( ) 함수를 호출하여 새로운 워크시트를 추가하고 worksheet 객체를 리턴받는다. 시트 이름을 지정하지 않으면, 기본적으로 Sheet1이라는 이름의 시트를 추가한다.

③ 테이블 형식의 데이터를 2차원 리스트로 만들어서 items 변수에 할당한다.

④ for 반복문으로 2차원 리스트 items에서 리스트를 하나씩 꺼낸다. 꺼내온 하나의 리스트 내의 요소들을 각각 item과 cost 변수로 가져온다. 행번호는 0부터 시작한다. 첫 반복때는 0행의 0열에 item을 1열에는 cost를 기록한다. 마지막에 행번호를 하나씩 증가시키고, 반복문을 계속해서 실행하면서 다음 행에 동일하게 기록한다.

⑤ 문자열 형태의 수식을 write( ) 메소드의 매개변수로 전달한다.

⑥ 파일의 쓰기를 완성하기 위해 워크북을 닫는다.

excel_write.py 파일을 실행하면 excel_test 패키지에 다음과 같은 result_excel_write.xlsx 파일이 생성된다.

	A	B	C	D	E	F	G
1	선영	1000					
2	비니	100					
3	지훈	300					
4	강이	50					
5	Total	1450					
6							

Sheet1

[그림 9–3] 생성된 result_excel_write.xlsx 파일

이번에는 excel_write.py에서 다음과 같이 ⑥번 코드를 주석으로 처리하고 파일 이름을 result_excel_write2.xlsx로 변경한 다음 다시 실행해본다.

```
workbook = xlsxwriter.Workbook('result_excel_write2.xlsx')
# workbook.close()
```

에러는 발생하지 않지만, write_result2.xlsx 파일이 생성되지 않은 것을 확인할 수 있다. 즉, 파일 쓰기를 할 때는 마지막에 close( ) 하는 것이 중요하다.

9.3.2 엑셀 수식과 차트

xlsxwriter를 사용하면 기본적인 읽기와 쓰기 외에도 데이터의 표준편차, 로그, 다른 작업 간의 추세 파악 같은 엑셀 시트가 지원하는 수많은 작업을 수행할 수 있다. 특히 수식을 사용하여 다양한 연산을 수행할 수 있고, 차트를 생성할 수도 있다.

앞에서 write( ) 메소드에 문자열 형태로 '=SUM(B1:B4)'처럼 수식을 입력해봤는데, worksheet 객체의 write_formula( ) 메소드를 통해서도 문자열로 수식을 사용할 수 있다.

```
worksheet.write(row, 1, '=SUM(B1:B4)')
worksheet.write_formula('A1', '=SUM(1, 2, 3)')
```

또한, write_formula( ) 메소드에는 지정된 셀에 수식 또는 함수 등을 사용할 수 있다.

```
worksheet.write_formula(0, 0, '=B3 + B4')
worksheet.write_formula(2, 0, '=SUM(B1:B5)')
worksheet.write_formula('A5', '=AVERAGE(1, 2, 3, 4)')
```

xlsxwriter 모듈로는 선형 차트(line chart), 막대 차트(bar chart), 파이 차트(pie chart) 등 다양한 형태의 차트도 그릴 수 있다. 다음 사이트에서 다양한 차트 예제를 확인해보기 바란다.

- https://xlsxwriter.readthedocs.io/working_with_charts.html

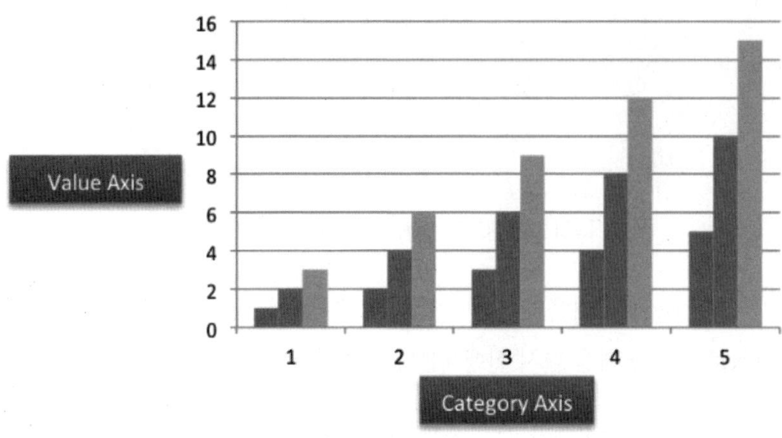

[그림 9–4] 엑셀 차트 예시

차트를 그릴 때는 add_chart( ), add_series( ), insert_chart( ) 메소드를 사용하며 차트를 그리기 위한 단계는 다음과 같다.

1. workbook 객체의 add_chart( ) 메소드를 사용하여 차트 유형 만든다. 매개변수에는 딕셔너리 형태로 차트의 형태를 전달한다.

```
chart = workbook.add_chart({'type' : 'line'})
```

2. chart 객체의 add_series( ) 메소드로 차트를 그리는 데 필요한 데이터가 있는 셀을 지정한다. 특이한 점은 'A1'이라는 이름을 표현할 때 '$A$1'의 형태로 $를 붙여서 사용한다는 점이다. 예를 들어 Sheet1 시트의 A1부터 A6까지의 데이터로 차트를 그린다면 '=Sheet1!$A$1:$A$6'라고 입력한다. 'Sheet1'은 시트명이다.

```
chart.add_series({'values': '=Sheet1!$A$1:$A$6'})
```

chart 객체의 add_series( ) 메소드는 차트에 데이터 시리즈를 추가할 때 사용하며, 매개변수는 차트 시리즈 옵션을 딕셔너리 형태로 지정한다. 차트 시리즈란 엑셀에서 값, 축 레이블 및 서식과 같이 표시되는 데이터를 정의하는 정보다. add_series( ) 메소드에 설정할 수 있는 주요 속성은 다음과 같다.

- values: 차트와 워크시트 데이터를 연결하는 시리즈의 가장 중요한 속성이며 모든 차트 개체의 유일한 필수 옵션이다. 데이터 범위는 수식을 사용하거나 값 목록을 사용하여 설정할 수 있다.
- categories: 차트 카테고리의 레이블을 설정한다. 범주는 X축과 거의 같으며 차트는 1..n 형식이다.
- name: 수식 입력줄에 표시되는 시리즈의 이름을 설정한다. 원형/도넛형이 아닌 차트에는 범례에도 표시된다.
- line: 선의 종류와 색상, 너비 등의 속성을 설정한다.
- border: 테두리 색상, 스타일 등의 속성을 설정한다.

- fill: 단색 채우기 속성을 설정한다.
- pattern: 패턴 채우기 속성을 설정한다.
- gradient: 그라데이션 채우기 속성을 설정한다.
- marker: 스타일, 색상 등 시리즈 마커의 속성을 설정한다.

다음은 add_series( ) 메소드에 데이터 범위로 수식을 사용하는 예시다.

```
chart.add_series({
    'categories': '=Sheet1!$A$1:$A$5',
    'values':     '=Sheet1!$B$1:$B$5',
    'line':       {'color': 'red'}
})
```

다음은 add_series( ) 메소드에 데이터 범위로 값 목록을 사용하는 예시다. 값의 목록을 표시할 때는 [시트이름, 첫 번째행, 첫 번째열, 마지막행, 마지막열]의 형식으로 입력한다.

```
chart.add_series({
    'categories': ['Sheet1', 0, 0, 4, 0],
    'values':     ['Sheet1', 0, 1, 4, 1],
    'line':       {'color': 'red'}
})
```

3. worksheet 객체가 가진 insert_chart( ) 메소드로 엑셀 시트에 차트를 추가한다. insert_chart( ) 메소드의 첫 번째 매개변수에는 셀 이름으로 위치를 지정하고, 두 번째 매개변수에는 앞서 생성한 chart 객체를 전달한다.

```
worksheet.insert_chart('C1', chart)
```

9.3.3 엑셀 차트 그리기

excel_test 패키지에 excel_chart.py 파일을 생성하고, 소스 파일에 있는 python-logo.png 파일을 복사한다. 그리고 다음 코드를 작성하여 차트를 만들어본다.

【 excel_chart.py 】

```
import xlsxwriter

workbook = xlsxwriter.Workbook('result1_excel_chart.xlsx')   ❶
worksheet = workbook.add_worksheet()
```

```
score = [99, 98, 100, 99, 98, 100]                          ❷

worksheet.write_column('A1', score)
chart = workbook.add_chart({'type': 'column'})              ❸
chart.add_series({'values': '=Sheet1!$A$1:$A$6'})

worksheet.insert_chart('C1', chart)
worksheet.insert_image('A16', 'python-logo.png')            ❹
workbook.close()

workbook = xlsxwriter.Workbook('result2_excel_chart.xlsx')  ❺
worksheet = workbook.add_worksheet()
bold = workbook.add_format({'bold': 1})                     ❻

headings = ['과일', '판매량']
data = [
    ['사과', '배', '파인애플'],
    [100, 50, 20]
]

worksheet.write_row('A1', headings, bold)
worksheet.write_column('A2', data[0])                       ❼
worksheet.write_column('B2', data[1])

chart1 = workbook.add_chart({'type': 'pie'})
chart1.add_series({
    'categories': ['Sheet1', 1, 0, 3, 0],                   ❽
    'values': ['Sheet1', 1, 1, 3, 1]
})

chart1.set_title({'name': '과일 판매량'})                    ❾
worksheet.insert_chart('D3', chart1)
workbook.close()
```

【 코드 설명 】

① 생성할 엑셀 파일의 이름 result1_excel_chart.xlsx를 매개변수로 전달하며 workbook 객체를 생성하고, workbook 객체의 add_worksheet( ) 메소드를 호출하여 워크북에 워크시트를 추가한다.

② worksheet 객체의 write_column( ) 메소드를 호출하여 워크시트의 지정된 열(컬럼)에 score 리스트를 추가한다. score 리스트 안의 데이터는 총 여섯 개인데, write_column( ) 메소드에 시작하는 컬럼 위치를 지정하면 동일한 열에 행을 하나씩 증가하며 데이터를 기록한다.

③ workbook 객체의 add_chart( ) 메소드를 호출하여 차트를 추가한다. 매개변수로 'type'에 'column'을 지정하여 막대 차트를 만든다. 그리고 chart 객체에 add_series( ) 메소드로 추가할 데이터의 영역을 지정한다.

④ worksheet 객체의 insert_chart( ) 메소드를 통해 지정한 위치에 차트를 삽입하고, worksheet 객체의 insert_image( ) 메소드를 통해 지정한 위치에 이미지를 삽입한다. 그리고 workbook 객체의 close( ) 메소드를 호출하여 파일을 닫는다.

⑤ 두 번째로 파이 차트를 추가할 엑셀 파일의 이름 result2_excel_chart.xlsx을 매개변수로 전달하며 workbook 객체를 생성한다. 이어서 워크북에 워크 시트를 추가한다.

⑥ workbook 객체의 add_format( ) 메소드를 호출하여 서식을 지정한다. add_format( ) 메소드의 속성으로는 글꼴, 색상, 패턴, 테두리, 정렬 및 숫자 서식을 지정할 수 있다. bold = workbook. add_format({'bold': 1}) 코드에서 1은 True와 같은 값으로, 파이썬에서는 True는 1로, False는 0으로 대체해서 사용할 수 있다.

⑦ worksheet 객체의 write_row( ) 메소드와 write_column( ) 메소드를 호출하여 각각 1차원 리스트와 2차원 리스트의 값을 입력한다. data[0]은 2차원 리스트의 첫 번째 행인 ['사과', '배', '파인애플']을 의미하고, data[1]은 2차원 리스트의 두 번째 행인 [100, 50, 20]을 의미한다.

⑧ 파이 차트를 만들어서 데이터 목록으로 데이터를 추가한다. 'categories'의 목록은 [시트이름, 첫번째행, 첫번째열, 마지막행, 마지막열]의 형식으로 지정하므로 'Sheet1'의 1행 0열부터 3행 0열까지를 의미한다. 이 값들은 차트의 범례를 표시할 때 사용한다. 'values'의 값 목록도 'categories'와 마찬가지로 [시트이름, 첫번째행, 첫번째열, 마지막행, 마지막열]의 형식으로 지정하므로 'Sheet1'의 1행 1열부터 3행 1열까지를 의미한다.

⑨ 차트의 제목을 설정한다.

excel_chart.py 파일을 실행하면 result1_excel_chart.xlsx 파일에는 score 리스트의 데이터와 파이썬 로고 이미지, 막대 차트가 생성되어 있다. 그리고 result2_excel_chart.xlsx 파일에는 과일 판매량 데이터와 파이 차트가 만들어진 것을 확인할 수 있다.

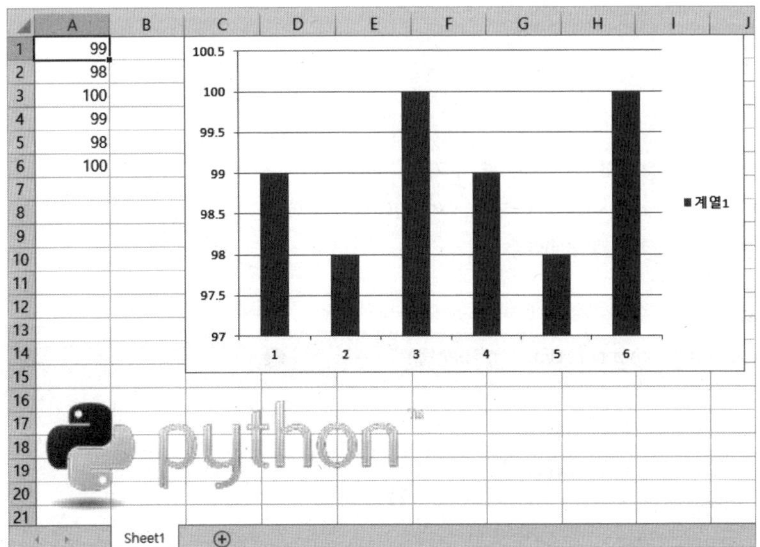

(가) result1_excel_chart.xlsx 파일

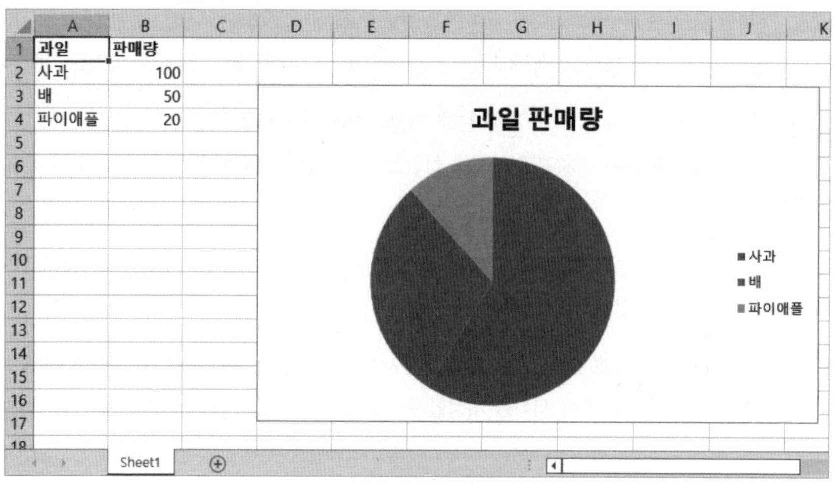

(나) result2_excel_chart.xlsx 파일

[그림 9-5] 작업 내용이 반영된 엑셀 파일의 모습

9.4 케이스 스터디 – 엑셀 작업

파이썬을 이용해 엑셀로 데이터를 분석하는 케이스 스터디를 진행해보자. 우리는 회사의 최근 4년간 내부 현황을 비교하여 엑셀 시트에 차트로 시각화해야 한다. 년도, 수익, 매출 원가, 이익으로 구성된 데이터는 파이썬의 리스트 형태로 제공되며, 엑셀 수식을 사용하여 백분율로 순수익을 계산하는 업무를 파이썬으로 실행한다.

excel_test 패키지에 excel_case.py 파일을 만들고 다음 코드를 작성한다.

【 excel_case.py 】

```
import xlsxwriter

# Workbook 객체를 생성하고 워크시트를 추가
workbook = xlsxwriter.Workbook('result_excel_case.xlsx')   ❶
worksheet = workbook.add_worksheet()

# bar chart를 추가
chart = workbook.add_chart({'type' : 'bar'})   ❷

# 2차원 리스트 형태로 데이터 제공
# 중첩 리스트 [[...] , [...], [...]]   ❸
# 표 형식의 2차원 배열
items = [
```

```
    ['년도', '2019', '2020', '2021', '2022'],
    ['수익', 3000, 5000, 5500, 6000],
    ['매출 원가', 1500, 3000, 2000, 3000],          ❸
    ['이익', 1500, 2000, 3500, 3000]
]

# write_row() -> 2차원 리스트를 한 행씩 꺼내서 행 단위로 write
row = len(items)
for r in range(row):                                  ❹
    worksheet.write_row('A'+str(r+1), items[r])

# 차트에 데이터를 추가
series_datas = ['=Sheet1!$B$2:$B$4', '=Sheet1!$C$2:$C$4',
                '=Sheet1!$D$2:$D$4', '=Sheet1!$E$2:$E$4']      ❺
first_row = len(items[0])  ❻
for r in range(first_row):
    if r == 0:
        continue                                                   ❼
    chart.add_series({'values': series_datas[r-1], 'name': items[0][r]})
worksheet.insert_chart('A8', chart)

# 수식으로 증가율 추가
formulas = ['증가율', '=(B4/B2)*100', '=(C4/C2)*100', '=(D4/D2)*100', '=(E4/E2)*100']
col = 0
for formula in formulas:
    worksheet.write(5, col, formula)                                         ❽
    col += 1

workbook.close()
```

【 코드 설명 】

① 매개변수로 생성할 엑셀 파일의 이름 result_excel_case.xlsx를 입력하고 workbook 객체를 생성한다. 그리고 워크북에 워크시트를 추가한다.

② 워크북에 막대 차트를 추가한다.

③ 중첩 리스트를 이용하여 2차원 리스트로 데이터를 제공한다.

④ write_row( ) 메소드를 호출하여 2차원 리스트를 한 행씩 꺼내 행 단위로 작성하는 작업을 items 리스트의 개수만큼 반복한다.

참고로 코드에 쓰인 반복문은 다음 코드처럼 반복문을 사용하지 않은 형태로 작성할 수도 있다. 코드만 봐도 반복문을 사용하는 것이 훨씬 효율적이라는 것을 비교해볼 수 있다.

```
worksheet.write_row('A1', items[0])
worksheet.write_row('A2', items[1])
worksheet.write_row('A3', items[2])
worksheet.write_row('A4', items[3])
```

⑤ 차트에 추가할 시리즈 값을 series_datas라는 리스트에 만든다.

⑥ 연도에 대한 정보는 items 리스트에서 첫 번째 행의 데이터이므로 첫 번째 행이 가진 열의 개수를 가져와서 first_row 변수에 할당한다. 이때 items의 첫 번째 행 데이터 ['년도', '2019', '2020', '2021', '2022']에서 첫 번째 열의 값인 '년도' 정보는 차트에 필요하지 않으므로 두 번째 열의 값인 2019부터 2022까지 가져와야 한다.

참고로 2차원 리스트의 특정 행과 열의 값을 알고 싶을 때는 인덱싱을 사용하는데, 2차원 배열이므로 대괄호를 2개 사용한다. 다음 형식으로 원하는 행과 열의 데이터를 얻을 수 있으며, 번호는 0부터 시작한다.

```
리스트객체[행번호][열번호]
```

⑦ 한 행에 있는 열의 개수만큼 반복하되 첫 번째 열은 continue 다음 구문을 수행하지 않고 반복문의 횟수를 증가시킨다. add_series( ) 메소드를 호출하여 차트에 데이터를 추가할 때 series_datas[r-1]은 series_datas 리스트의 첫 번째 값부터 가져오고, items[0][r]은 items의 0번째 행, 1열을 가져온다는 의미다. 차트는 A8 위치에 삽입한다.

⑧ formulas라는 리스트에 각 열에 넣을 값이나 수식을 입력해 증가율을 계산한다. 이 역시 반복문을 사용하는데, 5행의 각 열에만 수식으로 계산한 값을 추가할 것이므로 컬럼의 숫자만 증가하면서 값을 입력한다. 마지막으로 workbook 객체를 닫는다.

excel_case.py 파일을 실행한 뒤 생성된 result_excel_case.xlsx 파일을 열어보면 다음과 같은 차트가 작성된 것을 확인할 수 있다.

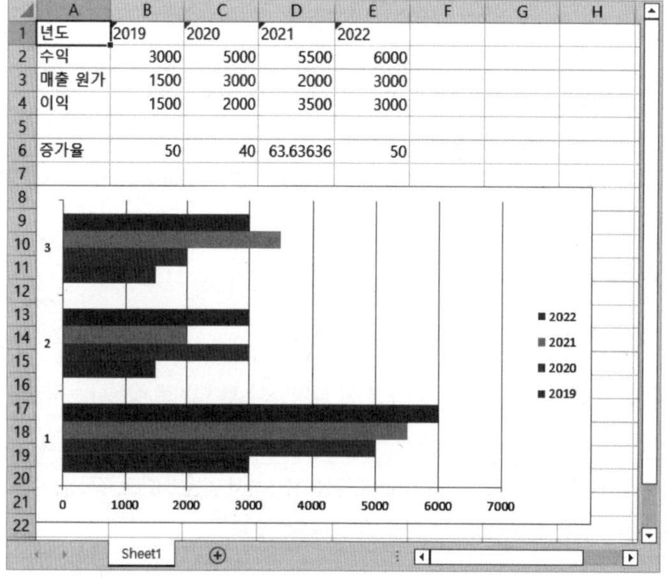

	A	B	C	D	E
1	년도	2019	2020	2021	2022
2	수익	3000	5000	5500	6000
3	매출 원가	1500	3000	2000	3000
4	이익	1500	2000	3500	3000
5					
6	증가율	50	40	63.63636	50

[그림 9-6] result_excel_case.xlsx 파일에 생성된 막대 차트

10

워드 파일 다루기

이번 장에서는 MS Office의 Word 파일을 다루는 파이썬 라이브러리를 학습한다. 기본적으로 Word 프로그램이 설치되어 있어야 한다.

10.1 python-docx 라이브러리

파이썬에는 워드 파일을 처리하기 위한 다양한 라이브러리가 존재한다. 이 책에서는 현업에서 주로 사용하고 문서의 단락, 테이블, 이미지, 스타일 등을 적용할 수 있는 python-docx 라이브러리를 살펴본다.

python-docx는 서드 파티 라이브러리이므로 추가로 설치해야 한다. 라이브러리명은 python-docx이므로 pip 명령으로 설치할 때는 라이브러리(패키지)명을 사용하고, 모듈명은 docx이므로 코드 내부에서 import할 때는 docx라는 모듈명을 사용한다. 라이브러리 설치 여부를 다음 명령어로 확인할 수 있다.

```
pip show python-docx
```

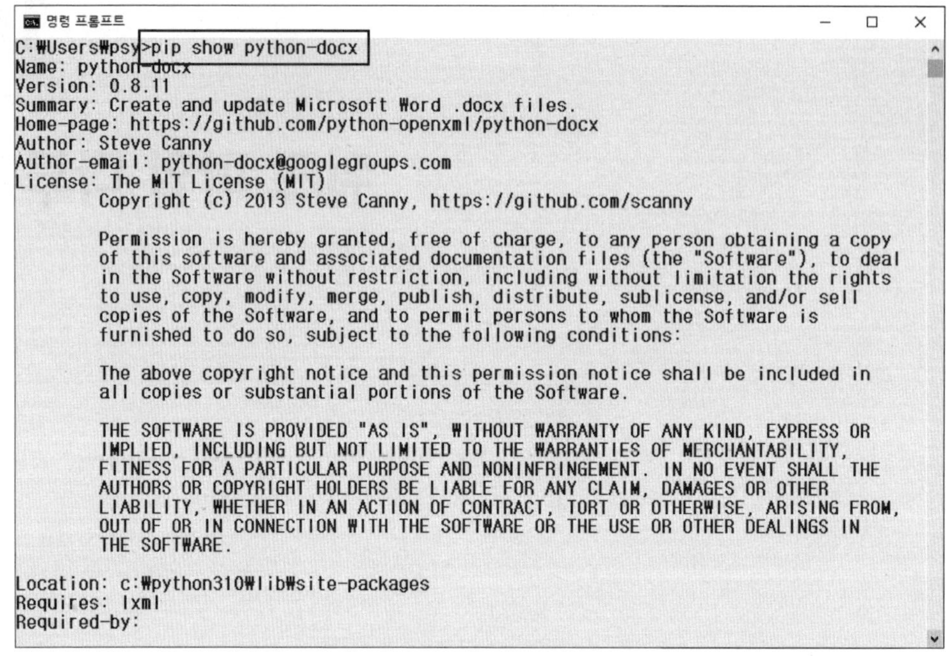
```
C:\Users\psy>pip show python-docx
Name: python-docx
Version: 0.8.11
Summary: Create and update Microsoft Word .docx files.
Home-page: https://github.com/python-openxml/python-docx
Author: Steve Canny
Author-email: python-docx@googlegroups.com
License: The MIT License (MIT)
        Copyright (c) 2013 Steve Canny, https://github.com/scanny

        Permission is hereby granted, free of charge, to any person obtaining a copy
        of this software and associated documentation files (the "Software"), to deal
        in the Software without restriction, including without limitation the rights
        to use, copy, modify, merge, publish, distribute, sublicense, and/or sell
        copies of the Software, and to permit persons to whom the Software is
        furnished to do so, subject to the following conditions:

        The above copyright notice and this permission notice shall be included in
        all copies or substantial portions of the Software.

        THE SOFTWARE IS PROVIDED "AS IS", WITHOUT WARRANTY OF ANY KIND, EXPRESS OR
        IMPLIED, INCLUDING BUT NOT LIMITED TO THE WARRANTIES OF MERCHANTABILITY,
        FITNESS FOR A PARTICULAR PURPOSE AND NONINFRINGEMENT. IN NO EVENT SHALL THE
        AUTHORS OR COPYRIGHT HOLDERS BE LIABLE FOR ANY CLAIM, DAMAGES OR OTHER
        LIABILITY, WHETHER IN AN ACTION OF CONTRACT, TORT OR OTHERWISE, ARISING FROM,
        OUT OF OR IN CONNECTION WITH THE SOFTWARE OR THE USE OR OTHER DEALINGS IN
        THE SOFTWARE.

Location: c:\python310\lib\site-packages
Requires: lxml
Required-by:
```

[그림 10-1] python-docx 라이브러리 정보

혹시 라이브러리가 설치되어 있지 않다면, 8장을 참고해서 라이브러리를 설치한다. https://python-docx.readthedocs.io에서 python-docx 라이브러리에 대한 문서를 확인할 수 있다. https://python-docx.readthedocs.io/en/latest/user/install.html에서 설치 방법을 확인할 수 있고, Dependencies 부분에서 의존성 라이브러리와 버전 등을 확인할 수 있다.

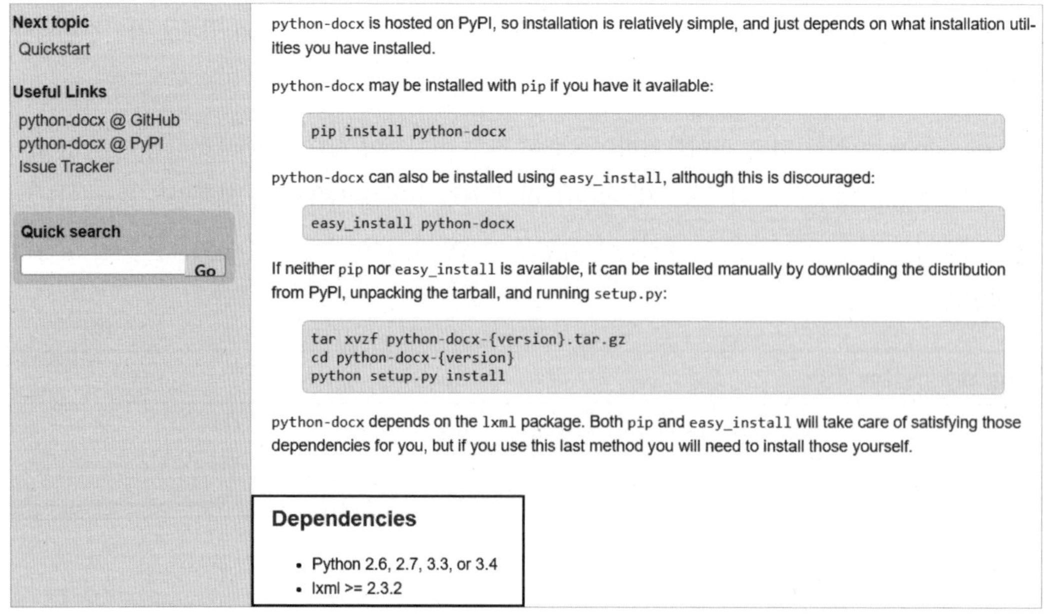

[그림 10-2] python-docx 라이브러리의 의존성

python-docx 라이브러리의 주요 객체는 다음 표와 같으며, 이외에 다양한 객체가 존재한다. 이는 예제를 작성하면서 알아본다.

객체	설명
Document	워드 문서 전체를 의미한다. Document 객체는 문서의 문단에 해당하는 Paragraph 객체의 리스트를 포함한다.
Paragraph	문서의 단락에 해당한다. 사용자가 워드 문서를 입력할 때 Enter 또는 Return 키를 누를 때마다 새로운 문단이 시작한다. Paragraph 객체는 하나 이상의 Run 객체의 리스트를 포함한다.
Run	동일한 스타일을 가지는 연속적인 텍스트를 의미한다. 글꼴, 크기, 색상, 다른 여러 스타일 정보들을 포함하며, 텍스트 스타일이 바뀔 때마다 새로운 Run 객체가 필요하다.

10.2 워드 문서 읽기

워드 문서로부터 데이터를 읽어오는 단계는 다음과 같다.

1. 모듈을 임포트한다.

```
import docx
```

2. 전체 워드 문서를 읽어온다. Document 객체는 워드 문서를 의미하기 때문에 가장 먼저 생성해야 한다. docx 모듈의 Document() 생성자 함수를 사용하여 인자 값으로 주어진 워드 파일이 객체의 형태로 메모리에 로딩된다.

```
doc = docx.Document('file_name.docx')
```

3. Document 객체에 존재하는 단락(paragraphs) 정보를 가져온다. Document 객체가 가진 속성 중 paragraphs 속성은 문서의 단락에 해당하는 객체 목록을 순서대로 나열한다. 리스트 형식의 단락들을 하나씩 접근하려면 paragraphs 객체[인덱스 번호] 형식을 사용한다.

```
doc.paragraphs[0].text
doc.paragraphs[1].text
doc.paragraphs[2].text
…
```

이렇게 단락에 접근하려면 워드 문서에 몇 개의 단락이 있는지 알아야만 하고, 단락의 개수만큼 인덱스 번호를 증가시키면서 사용해야 한다. 이런 경우 반복문을 사용하면 효율적이다. 반복문을 사용하면 단락의 개수를 일일이 명시하지 않아도 되고, 워드 문서가 변경되더라도 파이썬 코드는 변경하지 않아도 된다. 더불어 단락이 많아졌을 때 반복해서 기술해야 하는 코드도 줄어든다.

```
for item in doc.paragraphs:
    print(item.text)
```

4. Document 객체의 속성들을 사용하여 다양한 작업을 수행한다.

Document 객체 속성	설명
core_properties	문서의 핵심 속성에 대한 읽기/쓰기 액세스를 제공하는 CoreProperties 객체
paragraphs	문서의 단락에 해당하는 인스턴스 목록을 문서 순서로 나열하는 Paragraph 객체
sections	문서의 각 섹션에 대한 액세스를 제공하는 Sections 객체
settings	문서에 대한 문서 수준 설정에 대한 액세스를 제공하는 Settings 객체
styles	문서의 스타일에 대한 액세스를 제공하는 Styles 객체
tables	문서의 테이블에 해당하는 Table 객체의 리스트. 문서의 테이블 순서대로 리스트가 만들어지며, 문서의 최상위 수준에 나타나는 테이블만 리스트에 나타난다. 테이블 셀 안에 중첩된 테이블은 나타나지 않는다.

워드 파일을 읽어오는 예제를 작성해보자. 파이참 프로젝트에서 word_test라는 패키지를 추가한 후, [word_test 패키지] 오른쪽 클릭 → [New] → [Python File]을 선택하고, 파일 이름은 word_read로 생성한다. 책과 함께 제공되는 word_read_test.docx 파일은 동일한 word_test 패키지에 복사한다.

파이썬 코드에서 읽어올 word_read_test.docx 내용은 다음과 같다.

워드 파일 연습↵

파이썬으로 워드 읽기 테스트입니다.↵
한글 워드 문서에서 파일 읽기 입니다.↵
↵
회원 목록↵

이름↵	아이디↵	포인트↵
쌤즈↵	ssamz↵	2000↵
써니↵	sunny↵	5000↵
홍길동↵	kd↵	1000↵
전우치↵	ch↵	3000↵

↵
상품 목록↵

아이템↵	제품↵	가격↵
1↵	삼성 TV↵	1,000,000 원↵
2↵	LG TV↵	1,000,000 원↵
3↵	삼성 노트북↵	1,500,000 원↵
4↵	LG 노트북↵	1,300,000 원↵

[그림 10-3] 읽기를 수행할 word_read_test.docx 워드 파일

word_read.py에 다음 코드를 작성한다.

【 word_read.py 】

```
import docx

# word_read_test.docx 파일로부터 Document 객체 생성
document = docx.Document('word_read_test.docx') ──── ❶
print("Document 객체:", document)
print("Document의 제목: ", document.paragraphs[0].text) ──── ❷

# 반복문으로
for item in document.paragraphs:  ─┐
    print(item.text)              ─┘ ❸

print("=" * 30) ──── ❹

# 첫 번째 table을 가져온다
table = document.tables[0] ──── ❺
# table의 행 길이 len(table.rows)만큼 반복하면서
# 각 행의 cell(열)의 paragraphs의 문자열을 출력
for i in range(len(table.rows)):
    print(table.rows[i].cells[0].paragraphs[0].text)
for i in range(len(table.rows)):
    print(table.rows[i].cells[1].paragraphs[0].text)   ❻
for i in range(len(table.rows)):
    print(table.rows[i].cells[2].paragraphs[0].text)

print("*" * 50)

# 중첩 반복문
# table이 여러 개 있을 때 table 개수만큼 반복
# table을 하나씩 꺼내온다
for table in document.tables:
    # 하나의 table 내의 row의 개수만큼 반복
    for i in range(len(table.rows)):
        print("=" * 30)
        # 하나의 row 안의 cell의 개수만큼 반복
        for x in range(len(table.rows[i].cells)):
            # 하나의 cell 내부의 paragraphs의 개수만큼 반복
            for y in range(len(table.rows[i].cells[x].paragraphs)):
                # 각 paragraphs의 text를 가져와서 출력
                print(table.rows[i].cells[x].paragraphs[y].text)
print("*" * 50)
```

```
print("만든 사람:", document.core_properties.author)
print("생성 일자:", document.core_properties.created)
```
❼

【 코드 설명 】

① word_read_test.docx 파일로부터 Document 객체를 생성한다.

```
doc = docx.Document('word_read_test.docx')
```

② Document 객체의 paragraphs 객체 리스트의 첫 번째 단락을 가져와서 텍스트를 출력한다.

```
print("Document 의  Title: ", doc.paragraphs[0].text)
```

③ 문서를 구성하고 있는 단락 수만큼 반복하면서 단락의 텍스트를 출력한다.

```
for item in doc.paragraphs:
    print(item.text)
```

반복문을 사용하지 않는다면 다음 코드를 작성해야 한다(다음 코드는 비교를 위한 코드이므로 작성하지 않는다).

```
print(document.paragraphs[0].text)
print(document.paragraphs[1].text)
print(document.paragraphs[2].text)
```

④ 출력 결과를 구분하기 위해서 구분선을 넣는다. "=" * 30는 =을 30번 반복하라는 의미다.

```
print("=" * 30)
```

⑤ Document 객체의 tables 속성을 사용하여 전체 테이블 리스트를 가져온 후, 첫 번째 table을 선택하여 table 변수에 할당한다.

```
table = doc.tables[0]
```

⑥ table의 행 길이 len(table.rows)만큼 반복하면서, 각 행의 열(cell)의 단락(paragraphs) 문자열을 출력한다. 아래 코드에서는 반복문을 하나만 쓰고 있기 때문에 반복문에서는 행만을 반복하고, 열의 번호를 하나씩 증가시켜야 한다.

```
for i in range(len(table.rows)):
    print(table.rows[i].cells[0].paragraphs[0].text)
for i in range(len(table.rows)):
    print(table.rows[i].cells[1].paragraphs[0].text)
for i in range(len(table.rows)):
    print(table.rows[i].cells[2].paragraphs[0].text)
```

이와 같은 코드는 열의 개수를 알아야 하고 동일한 코드를 여러 번 사용해야 한다. 따라서 이런 경우 중첩 반복문을 사용해야 한다. 중첩 반복문을 사용하면, 문서에 몇 개의 table이 있건, table 안에 몇 개의 행이 있건, 행 안에 몇 개의 열이 있건, 열 안에 몇 개의 단락이 있건 간에 신경 쓸 필요가 없다. 물론 워드 파일이 변경된다고 하더라도 코드를 수정할 필요가 없다.

```
# table이 여러 개 있을 때 여러 개의 table반복하기. table의 개수만큼 반복
# table을 하나씩 꺼내온다
for table in doc.tables:
    # 하나의 table 내의 row의 개수만큼 반복
    for i in range(len(table.rows)):
        print("=" * 30)
        # 하나의 row 안의 cell의 개수만큼 반복
        for x in range(len(table.rows[i].cells)):
            # 하나의 cell 내부의 paragraphs의 개수만큼 반복
            for y in range(len(table.rows[i].cells[x].paragraphs)):
                # 각 paragraphs의 text를 가져와서 출력
                print(table.rows[i].cells[x].paragraphs[y].text)
```

⑦ Document 객체의 core_properties 속성을 통해 작성자와 생성일 정보를 출력한다.

```
print("만든 사람:", doc.core_properties.author)
print("생성 일자:", doc.core_properties.created)
```

Ctrl + Shift + F10 키를 눌러서 word_read.py 파일을 실행한다.

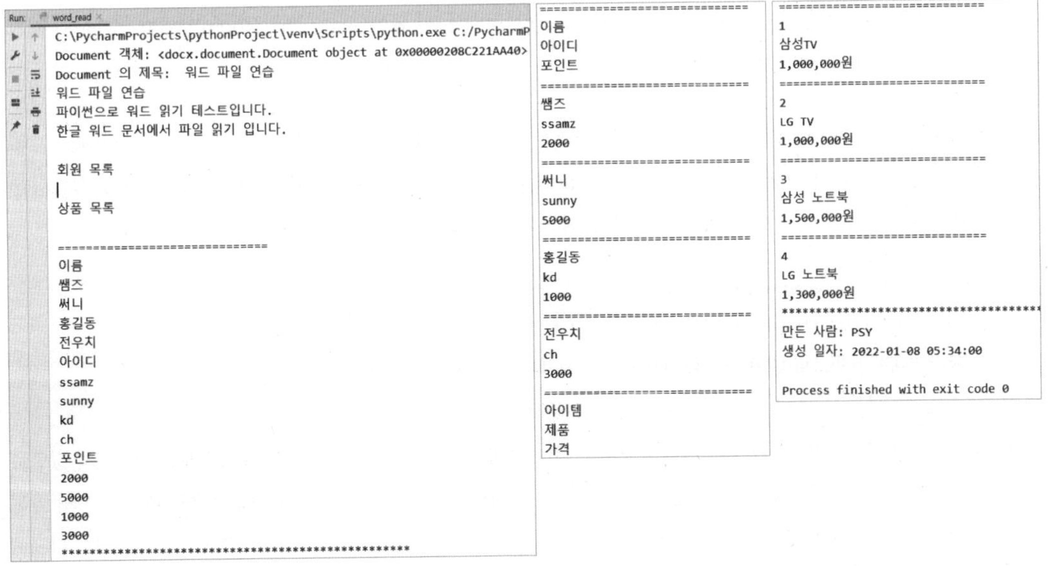

[그림 10-4] word_read.py 실행 결과

10.3 워드 문서 쓰기

워드 문서를 생성하고 데이터를 기록하는 단계는 다음과 같다.

1. 모듈을 import한다.

```
from docx import Document
```

2. 워드 문서 전체를 의미하는 Document 객체를 생성한다.

```
document = Document()
```

3. 문서에 구문을 추가하려면 document 객체의 add_heading() 메소드나 add_paragraph() 메소드를 사용한다. add_heading() 메소드의 첫 번째 인자 값으로는 삽입하고자 하는 텍스트를 넘겨주고, 두 번째 인자 값으로는 숫자를 넘기는데, 0은 제목, 1은 Heading1, 2는 Heading2 등의 텍스트로 표시된다. 0부터 9까지의 값을 넣을 수 있으며 숫자가 작을수록 큰 글자로 표기되고 숫자가 클수록 작은 글자로 표기된다.

```
document.add_heading('안녕하세요. 파이썬으로 만든 워드문서입니다:) ', 0)
document.add_heading('파이썬으로 워드 문서 작성하기 1', level=1)
document.add_heading('파이썬으로 워드 문서 작성하기 2', level=2)
document.add_paragraph('워드를 다루는 다양한 기능을 수행할 수 있어요^^').alignment =
align.CENTER
```

docx.enum.text.WD_ALIGN_PARAGRAPH의 LEFT, CENTER, RIGHT 등을 비롯한 다양한 속성들을 이용하여 구문을 정렬할 수 있다. https://python-docx.readthedocs.io/en/latest/api/enum/WdAlignParagraph.html 문서에서 다양한 정렬 속성을 확인할 수 있다.

4. 문서에 단락을 추가할 때 볼드나 이탤릭 등 텍스트 처리 효과를 설정할 수 있다. 이때는 add_run() 메소드를 함께 사용해야 한다. 먼저 document 객체의 add_paragraph() 메소드를 사용하여 문서에 구문을 추가하고, paragraph 객체의 add_run() 메소드를 사용하여 스타일을 설정한다.

```
paragraph = document.add_paragraph()
paragraph.add_run(datas[0]).bold = True
paragraph.add_run(datas[1]).italic = True
```

5. 이미지를 추가하려면 document 객체의 add_picture() 메소드를 사용한다. add_picture() 메소드의 인자 값으로 추가할 이미지를 지정하고, width 인자 값으로 Inches 객체를 넘겨준다. Inches 객체를 사용하여 이미지의 높이와 너비를 인치로 설정한다. Inches 객체를 사용하기 위해 docx.shared.Inches를 먼저 import해야 한다. 참고로 1인치는 2.54cm다.

```
from docx.shared import Inches
document.add_picture('python.png', width=Inches(1.25))
```

6. 테이블을 추가할 수도 있다. document 객체의 add_table() 메소드를 사용한다. 하나의 행과 3개의 열로 구성된 표를 생성하려면 rows와 cols에 값을 지정한다.

```
table = document.add_table(rows=1, cols=3)
```

table 객체의 rows와 columns를 사용하여 테이블에 딕셔너리 형태의 data를 입력하려면, 다음과 같이 코드를 작성한다. 이해를 돕기 위해 코드는 반복문을 사용하지 않고 있다.

```
data = {'id':1, 'items':'갤럭시', 'price':100}
```

테이블의 첫 번째 행의 셀들을 가져온다.

```
headings = table.rows[0].cells
```

각 셀에 텍스트를 넣는다. 이때 셀은 테이블의 헤딩이 된다. 헤딩은 테이블의 첫 번째 행을 의미한다. 테이블 열의 제목이 된다.

```
headings[0].text = 'Id'
headings[1].text = 'Items'
headings[2].text = 'Price'
```

헤딩 뒤에 새 행을 추가하고 데이터 딕셔너리에서 값을 가져와서 행의 열(cell) 값들을 채운다.

```
row = table.add_row().cells
```

딕셔너리로부터 키를 주고 값을 가져온 후, 행의 첫 번째 열부터 텍스트값으로 삽입한다.

```
row[0].text = str(data['id'])
row[1].text = data['items']
row[2].text = str(data['price'])
```

7. 문서를 저장한다. save() 메소드의 인자값으로는 생성할 워드 파일의 이름을 지정한다.

```
document.save('hanDoc.docx')
```

10.4 워드 문서 생성

단계별로 설명한 코드를 하나의 완성된 코드 로 작성해본다. 워드 문서에 쓰기 예제를 위해 [word_test 패키지] 오른쪽 클릭 → [New] → [Python File]을 선택하고, 파일 이름은 word_write로 생성한다. 이미지를 삽입할 것이기 때문에, 책과 함께 제공되는 python.png 파일은 동일한 word_test 패키지에 복사한다. 완성할 예제는 다음과 같다.

[그림 10-5] 작성할 result_word_write.docx 파일

다음 코드를 작성한다.

【 word_write.py 】

```
from docx import Document  ——— ❶
from docx.enum.text import WD_ALIGN_PARAGRAPH as align  ——— ❷

document = Document()  ——— ❸

# Title 텍스트로 표시, 0은 제목, 1은 Heading1, 2는 Heading2 텍스트로 표시
document.add_heading('파이썬으로 워드 문서 만들기 예제~' , level=0)
document.add_paragraph('워드를 다루는 다양한 기능을 수행할 수 있어요^^').alignment =
align.CENTER  ——— ❹

datas = ["워드 목록 만들기1 ", "워드 목록 만들기2 ","워드 목록 만들기3"]  ——— ❺
```

```
for data in datas:                                          ⑥
    document.add_paragraph(data, style='List Bullet')

# 새 라인을 추가. 볼드와 이텔릭 등 텍스트 처리
paragraph = document.add_paragraph()
paragraph.add_run(datas[0]).bold = True                     ⑦
paragraph.add_run(datas[1]).italic = True
paragraph.add_run(datas[2])

document.add_paragraph('파이썬 로고 이미지 입니다~').alignment = align.CENTER
document.add_picture('python.png')     ⑧
document.save('result_word_write.docx')     ⑨
```

【 코드 설명 】

① docx 모듈을 import할 때 Document 객체의 이름을 모듈명 없이 사용하려면 from 구문으로 import한다.

```
from docx import Document
```

② 정렬을 위한 WD_ALIGN_PARAGRAP을 align이라는 에일리어스 설정하면서 import한다.

```
from docx.enum.text import WD_ALIGN_PARAGRAPH as align
```

③ 워드 문서 자체를 의미하는 Document 객체를 생성한다.

```
document = Document()
```

④ 헤딩 문자열은 제목으로 추가하고, 구문을 가운데 정렬로 추가한다.

```
document.add_heading('파이썬으로 워드 문서 만들기 예제~' , level=0)
document.add_paragraph('워드를 다루는 다양한 기능을 수행할 수 있어요^^').alignment =
align.CENTER
```

⑤ 구문에 기록할 내용을 datas 리스트에 만든다.

```
datas = ["워드 목록 만들기1 ", "워드 목록 만들기2 ","워드 목록 만들기3"]
```

⑥ datas 리스트로부터 하나씩 꺼내어 문서에 구문으로 삽입하는데, List Bullet 형태의 글머리표를 추가한다.

```
for data in datas:
    document.add_paragraph(data, style='List Bullet')
```

⑦ 볼드와 이탤릭 등 텍스트 스타일을 가지는 구문을 추가한다.

```
paragraph = document.add_paragraph()
paragraph.add_run(datas[0]).bold = True
paragraph.add_run(datas[1]).italic = True
paragraph.add_run(datas[2])
```

⑧ 이미지를 추가한다.

```
document.add_picture('python.png')
```

⑨ result_word_write.docx라는 이름으로 저장한다.

```
document.save('result_word_write.docx')
```

Ctrl + Shift + F10 키를 눌러 word_write.py 파일을 실행하고 결과를 확인한다. 코드를 실행한 후 생성된 result_word_write.docx 파일은 다음과 같다.

파이썬으로 워드 문서 만들기 예제~

워드를 다루는 다양한 기능을 수행할 수 있어요^^

- 워드 목록 만들기 1
- 워드 목록 만들기 2
- 워드 목록 만들기 3

워드 목록 만들기 1 *워드 목록 만들기 2* 워드 목록 만들기 3

파이썬 로고 이미지 입니다~

[그림 10-6] 생성된 result_word_write.docx 파일

예제를 통해 생성한 워드 파일에서 만약 폰트가 깨졌다면 워드를 실행하고, [파일] → [옵션] → [저장] → [파일의 글꼴 포함 메뉴]를 체크하고 〈확인〉 버튼을 누른다.

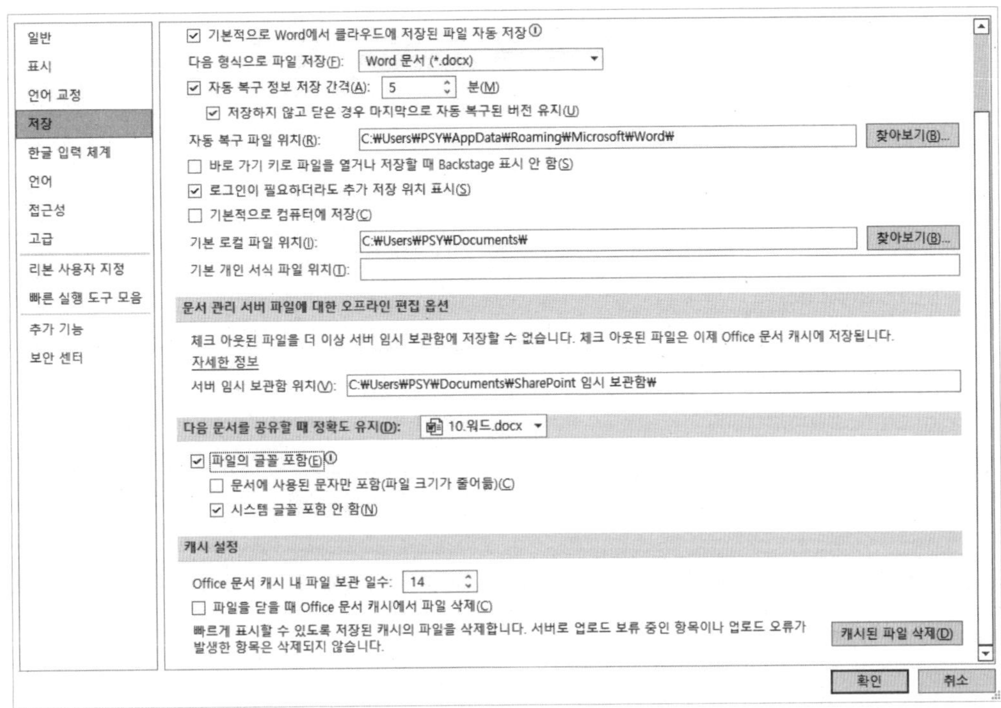

[그림 10-7] 워드 글꼴 설정

10.5 케이스 스터디 – 워드 작업

파이썬으로 현업에서 사용할 수 있는 간단한 케이스 스터디를 진행한다. 이 예제는 한 회사의 신입 사원들 정보 중에서 신입 사원이 속한 팀과 교육의 필요 여부를 판단하여, 각 팀별로 실시하는 교육 정보를 담고 있는 워드 파일을 각 사원의 이름으로 생성하는 업무를 프로그램으로 작성한다. 작성할 워드 파일은 다음과 같다

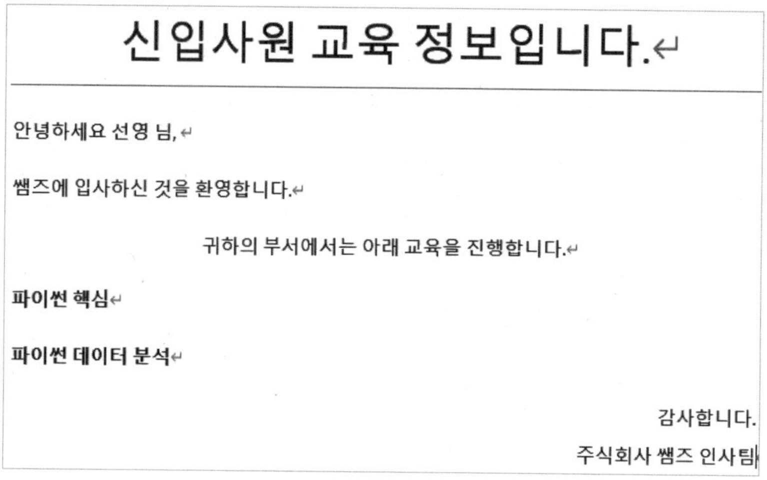

신입사원 교육 정보입니다.

안녕하세요 선영 님,

쌤즈에 입사하신 것을 환영합니다.

귀하의 부서에서는 아래 교육을 진행합니다.

파이썬 핵심

파이썬 데이터 분석

감사합니다.
주식회사 쌤즈 인사팀

[그림 10-8] 신입사원교육_선영.docx 파일

[word_test 패키지 오른쪽 클릭] → [New] → [Python File]을 선택하고, 파일 이름은 word_case로 생성한다.

【 word_case.py 】

```
from docx import Document                                   ❶
from docx.enum.text import WD_ALIGN_PARAGRAPH as align

document = Document()     ❷

datas = [
    {'사번': '11111', '이름': '길동', '부서': '경영지원팀', '교육여부': True},
    {'사번': '22222', '이름': '우치', '부서': '경영지원팀', '교육여부': False},
    {'사번': '33333', '이름': '선영', '부서': '개발팀', '교육여부': True},
    {'사번': '44444', '이름': '예진', '부서': '개발팀', '교육여부': False},      ❸
    {'사번': '55555', '이름': '지훈', '부서': '개발팀', '교육여부': True},
    {'사번': '66666', '이름': '송강', '부서': '클라우드팀', '교육여부': False},
    {'사번': '77777', '이름': '은우', '부서': '클라우드팀', '교육여부': True},
    {'사번': '88888', '이름': '빈이', '부서': '클라우드팀', '교육여부': False}
]

teams = {
    "경영지원팀": ["엑셀 기본", "엑셀로 작업하기"],
    "개발팀": ["파이썬 핵심", "파이썬 데이터 분석"],                          ❹
    "클라우드팀": ["클라우드 아키텍처", "멀티 하이브리드 환경 이해"]
}
```

```
# datas들을 반복하며 하나씩 가져온다
for person in datas:
    # 교육 여부가 True인 사람의 name으로 파일을 생성하여 저장한다
    if person['교육여부']:
        document.save("신입사원교육_{0}.docx".format(person['이름']))
```
❺

```
# 파일에 내용을 기록
for person in datas:                                               ❻
    if person['교육여부']:                                          ❼
        document = Document("신입사원교육_{0}.docx".format(person['이름']))
        name = person['이름']
        document.add_heading('신입사원 교육 정보입니다.', level=0).alignment \
            = align.CENTER
        document.add_paragraph('안녕하세요 {0} 님, '.format(name))
        document.add_paragraph('쌤즈에 입사하신 것을 환영합니다.')
        document.add_paragraph('귀하의 부서에서는 아래 교육을 진행합니다.').alignment \
            = align.CENTER
        dept = person['부서']                                         ❾
        for team in teams[dept]:
            paragraph = document.add_paragraph()
            paragraph.add_run(team).bold = True

        document.add_paragraph("감사합니다. \n 주식회사 쌤즈 인사팀").alignment \
            = align.RIGHT
        document.save("신입사원교육_{0}.docx".format(person['이름']))
```
(❽: document = Document(...) ~ = align.CENTER, ❿: for team in teams[dept]: ~ paragraph.add_run(team).bold = True)

【 코드 설명 】

① 필요한 모듈과 객체를 import한다.

```
from docx import Document
from docx.enum.text import WD_ALIGN_PARAGRAPH as align
```

② 워드 문서 자체인 Document 객체를 생성한다.

```
document = Document()
```

③ datas라는 변수에 2차원 표 형식의 데이터를 생성하는데, 리스트가 딕셔너리를 가지고 있는 형태이다. 딕셔너리 하나는 한 사원에 대한 정보를 가지고 있다.

```
datas = [
    {'사번': '11111', '이름': '길동', '부서': '경영지원팀', '교육여부': True},
```

```
    {'사번': '22222', '이름': '우치', '부서': '경영지원팀', '교육여부': False},
    # 코드 중략 ….
]
```

④ teams라는 변수에 2차원 표 형식의 데이터를 생성하는데, 딕셔너리가 리스트 값들을 가지고 있는 형태다. 각 딕셔너리의 키는 부서명이 되고, 값은 교육 내용을 담고 있는 리스트가 된다.

```
teams = {
    "경영지원팀": ["엑셀 기본", "엑셀로 작업하기"],
    "개발팀": ["파이썬 핵심", "파이썬 데이터 분석"],
    "클라우드팀": ["클라우드 아키텍처", "멀티 하이브리드 환경 이해"]
}
```

⑤ 리스트 datas들을 반복하며 딕셔너리를 하나씩 꺼낸다. 한 사원의 정보 중에서 교육 여부가 True인 사람을 선택하고, 해당 사원의 이름으로 파일명을 생성하여 저장한다.

파일을 생성할 때는 format() 함수 문자열 포매팅을 사용하고, 값은 person 딕셔너리로부터 '이름' 키의 값을 가져와서 넘겨준다. 결과로 신입사원교육_이름.docx 파일들이 생성된다.

파일에 내용을 기록하기 위한 반복문을 작성한다. 위에서 파일을 생성하는 반복문과 각 파일에 내용을 기록하는 반복문을 나누어서 작성해야 한다. 만약 하나의 반복문만 사용한다면 파일에 내용이 계속해서 누적되어 기록된다.

```
for person in datas:
    if person['교육여부']:
        document.save("신입사원교육_{0}.docx".format(person['이름']))
```

⑥ 리스트 datas로부터 한 사원의 정보 딕셔너리를 꺼낸다.

```
for person in datas:
```

⑦ 교육 여부가 True인 사람을 선택한다.

```
    if person['교육여부']:
```

⑧ 앞에서 생성한 이름의 파일을 인자값으로 Document 객체를 생성한다. 앞에서 생성한 파일의 이름의 파일을 열어서 내용을 기록하게 된다. 문서에 헤딩과 구문들을 추가한다. 문자열 포매팅을 사용하여 값을 입력하고, 정렬 방식은 가운데 정렬로 한다.

```
        document = Document("신입사원교육_{0}.docx".format(person['이름']))
        name = person['이름']
        document.add_heading('신입사원 교육 정보입니다.', level=0).alignment \
            = align.CENTER
```

```
        document.add_paragraph('안녕하세요 {0} 님, '.format(name))
        document.add_paragraph('쌤즈에 입사하신 것을 환영합니다.')
        document.add_paragraph('귀하의 부서에서는 아래 교육을 진행합니다.').alignment \
            = align.CENTER
```

참고로 코드 중간에 보이는 ₩ 문자는 코드의 가독성을 위하여 엔터를 입력했기 때문에 자동 입력된 값이다. 다음처럼 한 줄에 입력해도 무방하다.

```
document.add_heading('신입사원 교육 정보입니다.', level=0).alignment = align.CENTER
```

⑨ 한 사원의 딕셔너리의 부서 키값을 통해 부서를 가져와서 부서명을 입력한다.

```
        dept = person['부서']
```

⑩ teams 딕셔너리로부터 부서 이름의 리스트 값들을 가져온 후, 구문으로 추가한다.

```
        for team in teams[dept]:
            paragraph = document.add_paragraph()
            paragraph.add_run(team).bold = True
```

⑪ 오른쪽 정렬을 통해 구문을 추가하고, 마지막으로 문서를 저장한다.

```
        document.add_paragraph("감사합니다. \n 주식회사 쌤즈 인사팀").alignment \
            = align.RIGHT
        document.save("신입사원교육_{0}.docx".format(person['이름']))
```

Ctrl + Shift + F10 키를 눌러서 word_case.py 파일을 실행하여 4개의 docx 파일이 생성된 것을 확인한다.

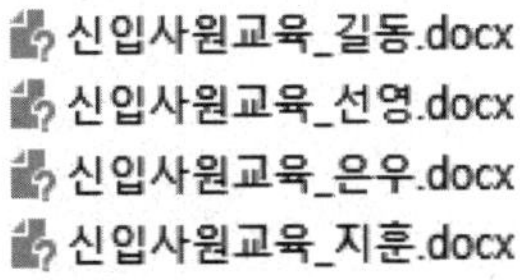

신입사원교육_길동.docx
신입사원교육_선영.docx
신입사원교육_은우.docx
신입사원교육_지훈.docx

[그림 10-9] 생성된 워드 파일

생성된 docx 파일마다 팀과 교육 내용이 다르게 생성되는 것을 확인할 수 있다.

신입사원 교육 정보입니다.

안녕하세요 선영 님,

쌤즈에 입사하신 것을 환영합니다.

귀하의 부서에서는 아래 교육을 진행합니다.

파이썬 핵심

파이썬 데이터 분석

감사합니다.

주식회사 쌤즈 인사팀

[그림 10-10] 신입사원교육_선영.docx 파일

신입사원 교육 정보입니다.

안녕하세요 은우 님,

쌤즈에 입사하신 것을 환영합니다.

귀하의 부서에서는 아래 교육을 진행합니다.

클라우드 아키텍처

멀티 하이브리드 환경 이해

감사합니다.

주식회사 쌤즈 인사팀

[그림 10-11] 신입사원교육_은우.docx 파일

11

파워포인트 다루기

이번 장에서는 파워포인트 문서로부터 데이터를 읽어오거나 파워포인트 문서를 생성하는 방법에 대해 학습한다. 기본적으로 PowerPoint 프로그램이 설치되어 있어야 한다.

파워포인트는 대화식 멀티미디어 슬라이드를 생성해 정보를 제공한다. 따라서 데이터 혹은 작업 관리 상태를 보고하거나 아이디어를 제시할 때 파워포인트 프레젠테이션은 매우 편리하다.

더불어 데이터를 가져와 분석하거나 다양한 통계 작업 등을 하고, 그 결과를 그래프 등으로 시각화를 하는 업무를 수행한다. 이러한 업무들을 수행한 결과물을 보고서로 만들 때 가장 많이 사용되는 방법이 파워포인트다. 또한 수많은 파워포인트 문서를 다루다 보면 파워포인트 문서 중에서 텍스트만을 가져와 저장할 수도 있다. 이러한 작업이 가능한 파이썬 라이브러리를 알아보자.

11.1 python-pptx 라이브러리

python-pptx는 PowerPoint(.pptx) 파일을 만들고 업데이트하기 위한 파이썬 라이브러리다. 일반적인 용도는 웹 응용 프로그램에서 링크를 클릭하여 다운로드할 수 있는 콘텐츠에서 사용자 지정 파워포인트 프레젠테이션을 생성하는 것이다. 또한 프레젠테이션 라이브러리에 대한 대량 업데이트를 수행하거나 다량의 슬라이드 제작을 자동화할 수도 있다.

python-pptx는 서드 파티 파이썬 라이브러리이기 때문에 추가로 설치해야 한다. 라이브러리명은 python- pptx이므로 pip 명령으로 설치할 때는 라이브러리(패키지)명을 사용하고, 모듈명은

pptx이므로 코드 내부에서 import할 때는 pptx라는 모듈명을 사용한다. 라이브러리 설치 여부를 다음 명령으로 확인할 수 있다.

```
pip show python-pptx
```

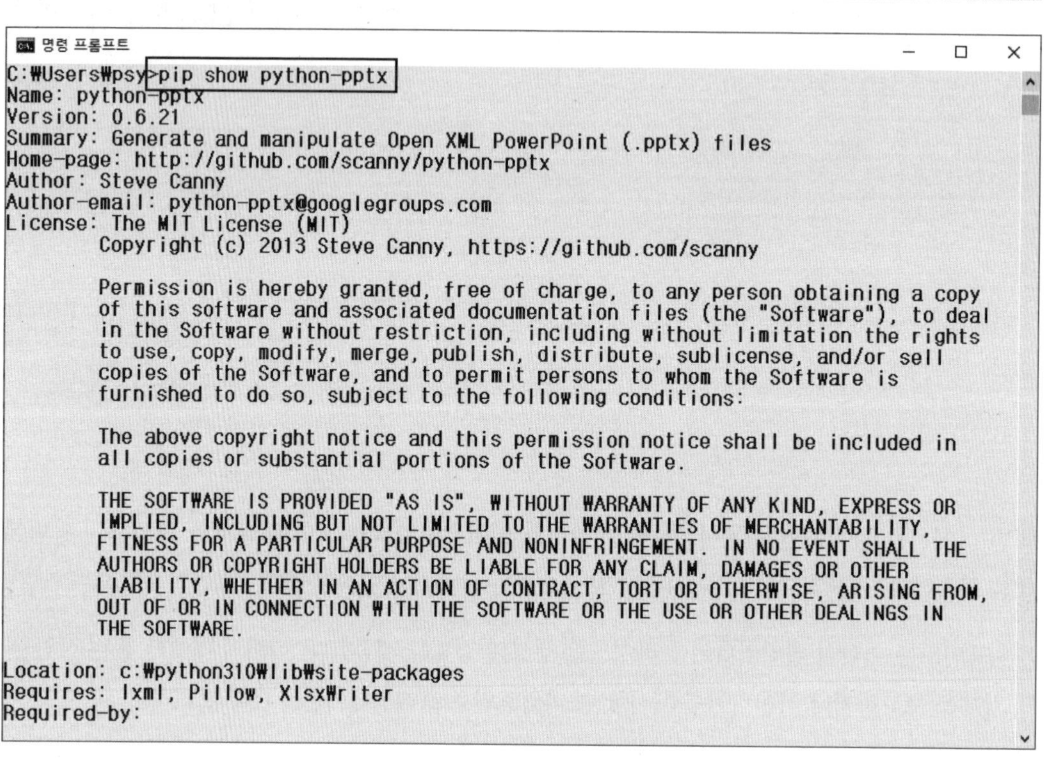

[그림 11-1] python-pptx 라이브러리 정보

python-pptx 라이브러리가 설치되어 있지 않다면, 8장을 참고해 라이브러리를 설치한다. https://python-pptx.readthedocs.io/에서 문서를 확인할 수 있다.

python-pptx 라이브러리의 주요 기능은 다음과 같다.

- 모든 요소를 포함하는 프레젠테이션(.pptx 파일)로부터 읽기와 쓰기
- 슬라이드 내용을 읽어오기
- 새로운 슬라이드 추가
- 글머리 기호 슬라이드를 만들기 위해 텍스트 자리 표시자 채우기
- 임의의 위치와 크기로 슬라이드에 이미지 추가
- 슬라이드에 텍스트 상자 추가 텍스트 글꼴 크기 및 굵게 조작

- 슬라이드에 표 추가
- 슬라이드에 자동 모양 추가(예: 다각형, 순서도 모양 등)
- 세로 막대형, 가로 막대형, 꺾은선형 및 원형 차트 추가 및 조작
- 제목 및 제목과 같은 핵심 문서 속성 액세스 및 변경

python-pptx 라이브러리의 주요 객체들은 다음과 같다.

객체	설명
Presentation	프레젠테이션 정보를 가지고 있는 객체
Slides	슬라이드 정보를 가지고 있는 객체
SlideLayouts	Slide 객체, 슬라이드의 레이아웃 정보를 가지고 있는 객체
SlideShapes	슬라이드에 나타나는 다양한 모양에 대한 정보를 가지고 있는 객체

이 외에도 Shape, Picture, Table, Chart, ChartData 등 다양한 객체가 있다. 먼저 주요 객체를 살펴본 후, 예제를 수행하면서 다양한 객체들을 알아본다.

11.2 파워포인트 문서 읽기

파워포인트 문서로부터 데이터를 읽어오는 단계는 다음과 같다.

1. 모듈을 임포트한다.

```
import pptx
```

2. Presentation 프레젠테이션 객체를 생성한다. Presentation 클래스와 동일한 이름의 생성자 함수를 호출한다. 생성자 매개변수로 파워포인트 파일을 넘겨준다.

```
prs = pptx.Presentation('ppt_read_test.pptx')
```

3. 프레젠테이션에는 여러 슬라이드가 포함되어 있다. Presentation 객체의 slides 변수(속성)를 사용하여 여러 슬라이드를 가져온다. Slides 변수에는 프레젠테이션에 포함되어 있는 여러 슬라이드(slide)들이 파이썬 리스트 형태로 담겨있다. 여러 개의 슬라이드가 있으므로 반복문을 사용하여 slides로부터 slide를 하나씩 가져온다. 다음 코드는 이렇게 가져온 slide 객체 정보를 출력한다.

```
for slide in prs.slides:
    print("Slide object:", slide)
```

4. 슬라이드에는 여러 셰이프(shape:모양) 정보가 포함되어 있다. 각 slide 객체에 포함되어 있는 셰이프 정보를 얻어온다. 프레젠테이션 → 슬라이드 → 셰이프까지 얻어오는 과정은 중첩 반복문을 사용하여 작성한다.

```
for slide in prs.slides:
    for shape in slide.shapes:
```

5. 이후 다양한 작업을 수행한다.

11.3 pptx 모듈의 주요 객체

pptx 모듈의 주요 객체들과 객체가 가진 함수 및 속성들을 살펴본다.

11.3.1 Presentation 객체의 함수 및 속성

Presentation 객체의 함수 및 속성은 다음과 같다.

속성 및 함수	설명
core_properties	프레젠테이션에 대한 작성자, 생성시간 등 다양한 정보를 제공해주는 CoreProperties 타입 객체
slides	프레젠테이션에 포함된 슬라이드들의 모음인 Slides 타입 객체 슬라이드의 각 슬라이드를 나타내는 Slide 객체들이 리스트 형태로 Slides 객체에 포함
slide_layouts	프레젠테이션에 포함된 슬라이드 레이아웃의 모음 SlideLayout 타입 객체
slide_master	슬라이드 마스터인 SlideMaster 타입 객체
slide_masters	슬라이드 마스터인 SlideMaster 타입 객체의 모음
notes_master	슬라이드 노트 마스터인 NotesMaster 타입 객체
slide_height	슬라이드의 높이
slide_width	슬라이드의 넓이
notes_master	슬라이드 노트 마스터
save(file)	프레젠테이션을 파일로 저장하는 함수

Presenataion 객체에 대한 문서는 다음과 같다.

- https://python-pptx.readthedocs.io/en/latest/api/presentation.html#presentation-objects

11.3.2 Slides 객체와 Slide 객체

프레젠테이션에는 슬라이드가 포함되어 있고, 각 슬라이드에는 세부 내용이 포함되어 있다. 프레젠테이션에서 슬라이드를 가져오고 싶다면, 프레젠테이션 객체의 slides 속성을 사용하여 [슬라이드 번호]를 지정한다. 번호는 0부터 시작한다.

slides 속성은 Slide 객체들이 리스트 형태로 포함되어 있기 때문에, 리스트 인덱싱을 사용했다. 이후 나오는 리스트 형태의 값들은 인덱싱을 통해 원하는 위치의 값들을 가져올 수 있다.

```
prs.slides[0] # prs는 Presentation 객체
```

슬라이드를 추가하고 싶다면, 프레젠테이션 객체의 slides 속성을 가져온 후 add_slide(slide_layout) 함수를 호출한다. slide_layout[0]은 제목 슬라이드이다.

```
prs.slides.add_slide(prs.slide_layouts[0])
```

11.3.3 슬라이드 레이아웃과 셰이프

하나의 슬라이드에는 다양한 레이아웃(slide_layout)과 셰이프(Shape:모양)가 포함되어 있다.

파워포인트와 함께 제공되는 레이아웃 정보, 다시 말해 프레젠테이션 테마에는 Title, Title 및 Content, Title Only 및 Blank와 같은 이름을 가진 약 9개의 슬라이드 레이아웃이 있다. 각각에는 0개 이상의 개체틀(placeholder: 플레이스홀더), 제목, 다단계 글머리 기호, 이미지 등을 배치할 수 있도록 미리 형식이 지정된 영역이 있다.

Presentation 객체의 속성인 slide_layouts으로부터 레이아웃 정보를 얻을 수 있다. 0번부터 8번까지 제공되며, slide_layouts[0]~slide_layouts[8]의 형태로 사용한다.

슬라이드 레이아웃이 파워포인트 문서에서 어떤 메뉴로 제공되는지 확인해보자. 예제 코드와 함께 제공되는 ppt_read_test.pptx 파워포인트 문서를 열고, [홈] → [레이아웃] 메뉴를 클릭한다. 파워포인트 문서에는 다음 그림과 같은 레이아웃들이 제공된다.

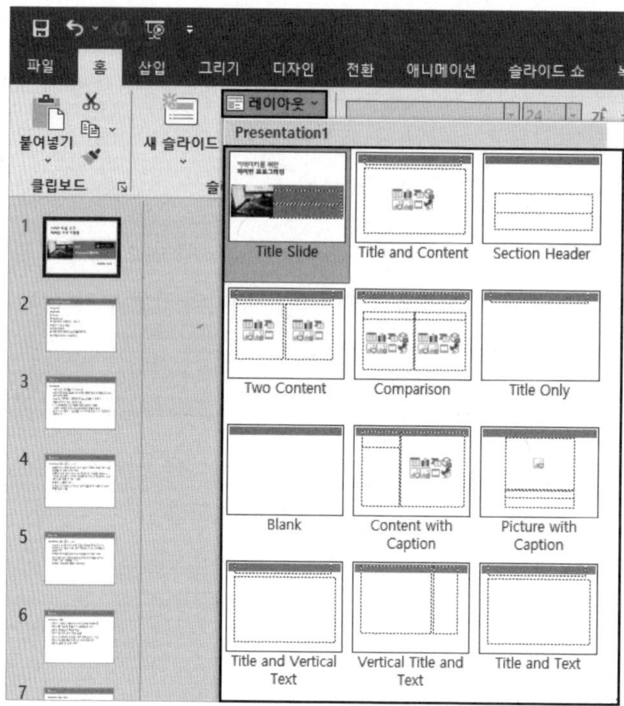

[그림 11-2] 파워포인트의 레이아웃

파워포인트의 메뉴명이 영문으로 나오기 때문에 아래 설명에는 영문 그대로 명시했다.

[0] : Title Slide(presentation title slide) – 제목(프레젠테이션 제목 슬라이드)

[1] : Title and Content – 제목 및 내용

[2] : Section Header(sometimes called Segue) – 섹션 헤더(Segue라고도 함)

[3] : Two Content(side by side bullet textboxes) – 두 개의 콘텐츠(글머리 기호 텍스트 상자 나란히)

[4] : Comparison (same but additional title for each side by side content box) – 비교(동일하지만 나란히 콘텐츠 상자에 대한 추가 제목)

[5] : Title Only – 제목만

[6] : Blank – 공백

[7] : Content with Caption – 캡션이 있는 콘텐츠

[8] : Picture with Caption – 캡션이 있는 그림

슬라이드 레이아웃 관련 내용은 다음 문서를 참조한다.

- https://python-pptx.readthedocs.io/en/latest/user/slides.html

대부분 파워포인트의 한글 버전을 사용한다. 한글 파워포인트에서 실제 메뉴의 이름이 한글과 영문으로 함께 제공된다. 하지만 pptx 모듈이 제공하는 객체 및 함수, 속성들은 모두 영문이다. 따라서 영문으로 된 객체나 함수, 속성들이 한글 버전에서는 어떤 이름으로 번역되는지 매핑할 필요가 있다.

예를 들어 placeholders라는 속성이 있는데, placeholder(플레이스홀더)는 한글 버전에서는 개체 틀로 번역되어 있다. 파워포인트 문서를 열고 메뉴 중에서 [보기] → [슬라이드 마스터] → [마스터 레이아웃] → [개체틀 삽입]이라는 메뉴가 바로 placeholder(플레이스홀더)를 의미한다.

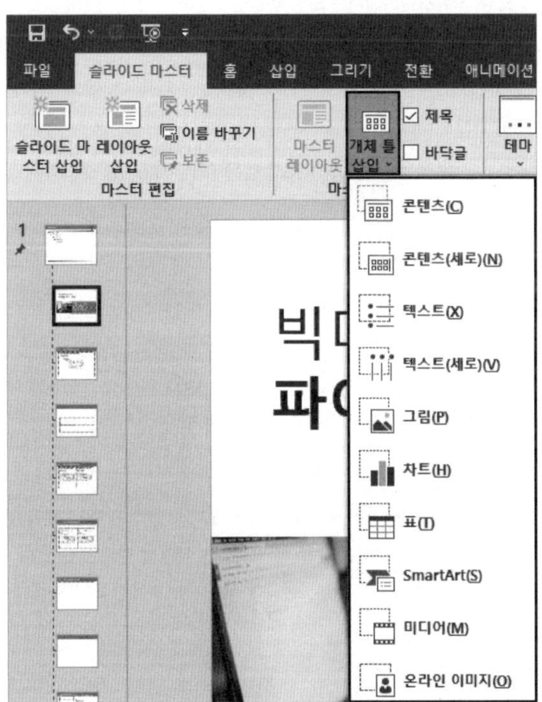

[그림 11-3] 파워포인트 개체틀(플레이스홀더)

슬라이드의 거의 모든 것은 셰이프(모양)다. 슬라이드에 셰이프를 제외하고 나타낼 수 있는 것은 슬라이드의 배경이다. 셰이프는 세는 방법에 따라 6~10가지 타입이 있다.

슬라이드에 포함되는 셰이프도 역시 다양하다. [메뉴] → [삽입]을 보면 다양한 메뉴가 있다

[그림 11-4] 슬라이드 셰이프

슬라이드에 배치할 수 있는 셰이프의 기본 6가지 타입은 다음과 같다.

셰이프	설명
auto shape	자동 모양. 직사각형, 타원 또는 블록 화살표와 같은 일반 모양이다. 약 180개 정도이며 미리 설정된 모양으로 제공된다. 채우기와 윤곽선이 있고 텍스트가 포함될 수 있다.
picture	그림. 사진이나 클립 아트와 같은 래스터 이미지(비트맵)를 파워포인트에서는 그림이라고 한다. 자동 모양과는 다른 동작을 가진 자체 모양이다.
graphic frame	그래픽 프레임. 테이블, 차트, 스마트 아트 다이어그램 또는 미디어 클립을 포함하는 컨테이너를 의미한다. 이중 하나를 단독으로 추가할 수는 없으며 그래픽 개체를 추가할 때 파일에 나타난다.
group shape	그룹 모양. 파워포인트에서는 모양 집합을 그룹화하여 선택, 이동, 크기 조정 및 하나의 단위로 채울 수 있다. 셰이프 집합을 그룹화하면 해당 구성원 셰이프를 포함하는 그룹 셰이프가 만들어진다.
line/connector	라인/커넥터. 선과 커넥터를 의미한다. 일부 선은 다른 셰이프에 연결될 수 있으며 다른 셰이프가 이동될 때 연결된 상태를 유지할 수 있다.
content part	콘텐츠 부분. 프레젠테이션에 SVG와 같은 "외부" XML을 포함하는 것과 관련이 있다. 많이 사용되지는 않는다.

위의 기본 6가지 이외에 실제 셰이프에는 9가지 타입이 있다.

셰이프 타입	설명
shape shapes	셰이프 셰이프. 채우기 및 윤곽선이 있는 자동 모양
text boxes	텍스트 상자. 채우기 및 윤곽선이 없는 자동 모양
placeholders	개체틀. 슬라이드 레이아웃 또는 마스터에 표시될 수 있고 해당 레이아웃을 사용하는 슬라이드에 상속되는 자동 모양으로 개체틀의 서식을 지정하는 내용을 추가할 수 있음
line/connector	위 표의 설명과 동일
picture	위 표의 설명과 동일
table	표(테이블)
chart	차트. 원형 차트, 꺾은 선형 차트 등
smart art	스마트 아트. 아직 지원되지 않지만 존재하는 경우 보존됨
media clip	미디어 클립. 비디오 또는 오디오

이와 관련된 문서는 다음과 같으며 참고하기 바란다.

- https://python-pptx.readthedocs.io/en/latest/user/understanding-shapes.html

기본 셰이프에서 언급한 오토 셰이프(auto shape: 자동 모양)에는 187개의 미리 정의된 오토 셰이프가 있다. 미리 정의된 다양한 도형이라고 보면 된다. 파워포인트 메뉴 중 〈삽입〉 → 〈도형〉을 클릭해보면 다음 그림처럼 다양한 도형들이 제공된다.

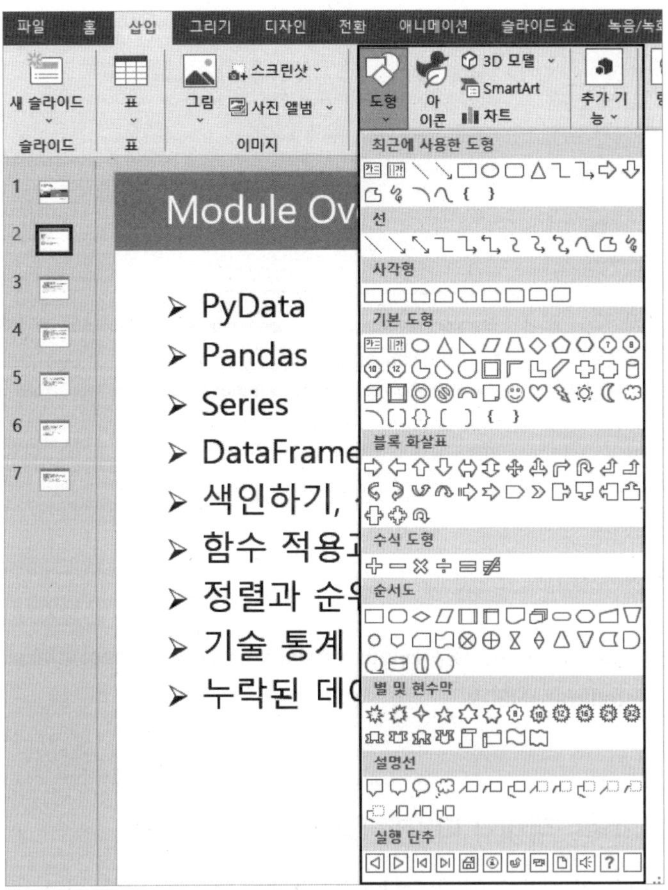

[그림 11-5] 다양한 도형

수많은 도형은 열거형인 MSO_AUTO_SHAPE_TYPE으로 제공된다. MSO란 Microsoft Office를 의미한다. MSO_AUTO_SHAPE_TYPE 타입은 다음 문서에서 확인할 수 있다.

- https://python-pptx.readthedocs.io/en/latest/api/enum/MsoAutoShapeType.html#msoautoshapetype

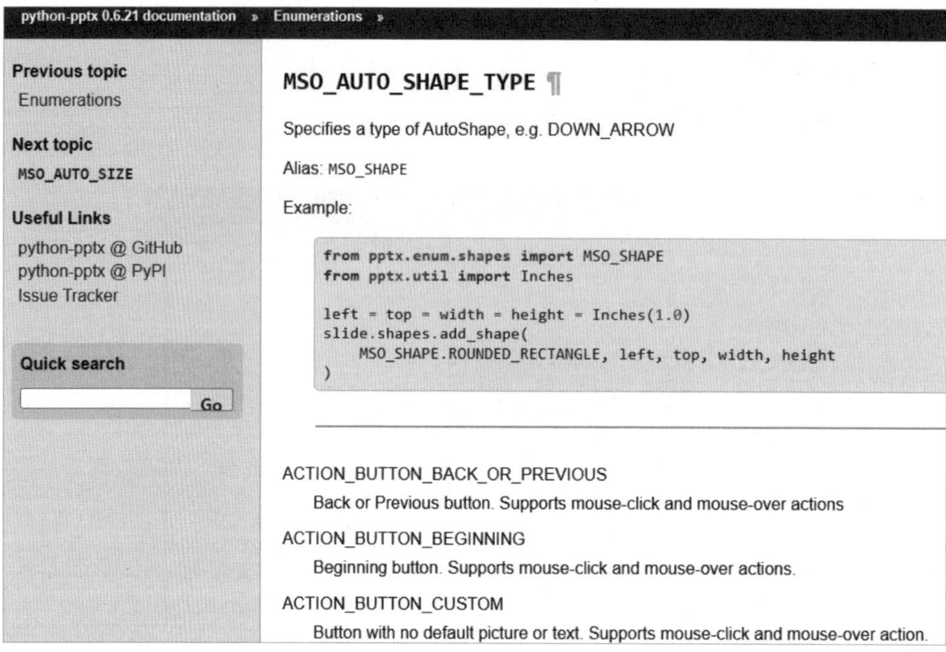

[그림 11–6] MSO_AUTO_SHAPE_TYPE

다음 MSDN 링크에서도 확인할 수 있다.

- https://docs.microsoft.com/en-us/previous-versions/office/developer/office-2007/aa432469(v=office.12)?redirectedfrom=MSDN

11.3.4 SlideShapes 객체와 다양한 Shape 객체

슬라이드 객체의 shapes 속성을 통해 SlideShapes 객체를 얻을 수 있다. SlideShapes 객체의 주요 함수들은 다음과 같다.

SlideShapes 객체의 주요 함수	설명
`add_chart(chart_type, x, y, cx, cy, chart_data)`	슬라이드에 chart_type의 새로운 타입을 추가한다. 차트는 (x , y) 위치에 있고, 크기 (cx , cy)를 가지며 차트에 그려질 데이터인 chart_data를 나타낸다. chart_type은 XL_CHART_TYPE 열거형 값 중 하나이다.
`add_picture(image_file, left, top, width=None, height=None)`	슬라이드에 image_file의 그림 모양을 추가한다. 위치는 왼쪽(left), 상단(top)에 추가하며, 너비와 높이를 지정할 수 있다.
`add_shape(autoshape_type_id, left, top, width, height)`	슬라이드에 셰이프 모양을 추가한다. autoshape_type_id은 MSO_AUTO_SHAPE_TYPE의 값으로 지정한다. 위의 설명 내용을 참고한다.
`add_table(rows, cols, left, top, width, height)`	슬라이드에 지정된 행(rows)과 열(cols)로 구성된 테이블을 왼쪽(left), 상단(top)에 추가하며, 너비와 높이를 지정할 수 있다.

SlideShapes 객체의 주요 함수	설명
`add_textbox(left, top, width, height)`	슬라이드에 텍스트 박스를 추가한다. 왼쪽(left), 상단(top)에 추가하며, 너비와 높이를 지정할 수 있다.

SlideShapes 객체의 주요 속성들은 다음과 같다.

SlideShapes 객체의 주요 속성	설명
index(shape)	셰이프의 목록에서 특정 셰이프를 반환한다.
placeholders	슬라이드가 가진 플레이스홀더(개체틀) 셰이프(placeholder shapes)의 목록 형태를 반환한다.
title	슬라이드의 플레이스홀더(개체틀) 중 제목에 해당하는 것을 반환한다.

Shape 객체는 텍스트 상자와 개체틀을 포함하는 도형에 대해 여러 속성과 메소드가 정의되어 있다.

Shape 객체의 속성	설명
has_text_frame	텍스트 프레임을 가지고 있는지 확인하는 속성이다. True인 경우 이 셰이프에 텍스트가 포함되어 있다는 의미이다.
text	텍스트 문자열을 의미한다.
text_frame	셰이프의 텍스트를 포함하고 텍스트 서식 속성에 대한 참조를 제공한다. TextFrame 타입의 객체다.

관련 문서는 다음과 같다

- https://python-pptx.readthedocs.io/en/latest/api/shapes.html#shape-objects-autoshapes

차트의 모양을 나타내는 XL_CHART_TYPE은 70여 가지 이상이 제공되는데, 상세한 다음 문서에서 확인할 수 있다.

- https://python-pptx.readthedocs.io/en/latest/api/enum/XlChartType.html#xlcharttype

XL_CHART_TYPE

Specifies the type of a chart.

Example:

```
from pptx.enum.chart import XL_CHART_TYPE

assert chart.chart_type == XL_CHART_TYPE.BAR_STACKED
```

THREE_D_AREA
3D Area.

THREE_D_AREA_STACKED
3D Stacked Area.

THREE_D_AREA_STACKED_100
100% Stacked Area.

THREE_D_BAR_CLUSTERED
3D Clustered Bar.

THREE_D_BAR_STACKED
3D Stacked Bar.

THREE_D_BAR_STACKED_100
3D 100% Stacked Bar.

THREE_D_COLUMN
3D Column.

THREE_D_COLUMN_CLUSTERED
3D Clustered Column.

[그림 11-7] 차트 타입

11.4 파워포인트 문서 생성

파워포인트 문서를 생성하고 슬라이드 추가 및 다양한 작업을 알아보자. 파워포인트 문서는 처음부터 레이아웃을 지정하면서 새로운 파워포인트 문서를 생성할 수도 있고, 기존 파워포인트 문서로부터 레이아웃을 그대로 복사하여 새로운 프레젠테이션을 생성할 수도 있다. 파워포인트 문서를 생성하여 작업하는 방법은 두 가지로 나누어서 설명한다.

첫 번째로 빈 템플릿으로 새로운 파워포인트 문서를 생성하는 방법이다.

1. 모듈을 임포트한다.

```
import pptx
```

2. Presentation 프레젠테이션 객체를 생성한다. 빈 템플릿으로 새로운 프레젠테이션을 생성하고자 한다면 다음과 같이 Presentation 객체의 생성자 함수에 매개변수를 넘기지 않는다.

```
prs = pptx.Presentation( )
```

3. 특정 슬라이드 레이아웃을 가지는 슬라이드를 생성하여 프레젠테이션에 추가한다. slide_layout[0]은 제목 슬라이드이다.

```
slide = prs.slides.add_slide(prs.slide_layouts[0])
```

4. 슬라이드의 셰이프를 통해 타이틀, 텍스트 프레임, 차트, 테이블, 이미지 등 다양한 셰이프들을 추가한다.

개발 팁

다음 코드에는 slide.shapes.add_picture("result.png", Inches(2.5), Inches(3), height=Inches(4), width=Inches(4)) 형태가 있다. 이후에도 이런 형태가 많이 사용되는데, 변수.변수.함수() 등의 코드처럼 . (점)이 연속적으로 사용된 경우 함수를 문서에서 확인하는 방법은 다음과 같다.

slide.shapes.add_picture() 함수를 문서에서 확인하기

코드1) slide = prs.slides.add_slide(blank_slide_layout)

코드1-1) prs.slides

설명) Presentation 객체의 slides 변수는 Slides 객체 타입이다.

참고문서) https://python-pptx.readthedocs.io/en/latest/api/presentation.html#presentation-objects

코드1-2) slide = prs.slides.add_slide(blank_slide_layout)

설명) slides 변수는 Slides 객체 타입이므로, Slides 객체에서 add_slide() 함수를 확인한다. 이 함수의 리턴 타입은 Slide 객체이다. 함수 호출을 통해 반환받은 Slide 객체를 slide 변수에 할당한다.

참고문서) https://python-pptx.readthedocs.io/en/latest/api/slides.html#pptx.slide.Slides

코드2) slide.shapes.add_picture()

코드2-1) slide.shapes

설명) Slide 객체 입의 slide는 SlideShapes 객체 타입의 shapes 변수를 제공한다.

참고문서) https://python-pptx.readthedocs.io/en/latest/api/slides.html#pptx.slide.Slides

코드2-2) slide.shapes.add_picture()

설명) shapes 변수는 SlideShapes 객체 타입이므로, SlideShapes 객체에서 add_picture() 함수를 확인한다.

참고문서) https://python-pptx.readthedocs.io/en/latest/api/shapes.html#pptx.shapes.shapetree.SlideShapes

이런 단계를 통해 문서에서 확인한 함수의 선언부는 add_picture(image_file, left, top, width=None, height=None) 이다. 첫째 매개변수로는 이미지 파일을 주고, 둘째 매개변수부터 차례대로 왼쪽 위치, 상단 위치, 너비, 높이를 Inches 객체 형태로 준다.

이와 같은 방법으로 shapes 변수는 SlideShapes 객체 타입이므로, SlideShapes 객체에서 title 변수를 찾고, title.text 를 지정하면 된다.

참고문서) https://python-pptx.readthedocs.io/en/latest/api/shapes.html#pptx.shapes.shapetree.SlideShapes

이후에 나오는 코드에서 위와 같은 형태로 사용되는 함수나 변수가 있다면, 앞에서부터 차례대로 찾아보면 된다.

```
slide.shapes.title.text = "안녕, 파이썬 :D"
slide.shapes.add_picture("result.png", Inches(2.5), Inches(3), height=Inches(4),
width=Inches(4))
```

5. 생성할 파일의 이름을 지정하여 파워포인트 문서를 저장한다.

```
prs.save('ppt_write_result.pptx')
```

두 번째로 이미 존재하는 파워포인트 문서를 읽어서 새로운 파워포인트 문서를 만드는 방법이다.

6. 모듈을 임포트트한다.

```
import pptx
```

7. Presentation 프레젠테이션 객체를 생성한다. 기존 파워포인트 문서를 템플릿으로 하여 새로운 파워포인트 문서를 생성하려면, Presentation 객체의 생성자 함수에 템플릿으로 이용할 파워포인트 문서를 매개변수로 넘겨준다.

```
prs = Presentation('sample_ppt.pptx')
```

8. 기존 템플릿을 바탕으로 생성하였다면, Presentation 객체 prs.slides[0]를 통해 첫 번째 슬라이드 참조하거나 새로운 레이아웃을 가지는 슬라이드를 추가할 수도 있다. slide_layout[0]은 제목 슬라이드이다.

```
first_slide = prs.slides[0]
second_slide = prs.slides.add_slide(prs.slide_layouts[0])
```

9. 슬라이드의 셰이프를 통해 타이틀, 텍스트 프레임, 차트, 테이블, 이미지 등 다양한 셰이프를 추가한다.

```
first_slide.shapes[0].text_frame.paragraphs[0].text = "안녕!"
second_slide.shapes.title.text = "안녕, 파이썬 :D"
```

10. 생성할 파일의 이름을 지정하여 파워포인트 문서를 저장한다.

```
prs.save('ppt_write_result.pptx')
```

11.5 다양한 개체 다루기

본격적인 예제를 만들어 보기 전에 다음과 같은 다양한 레이아웃, 개체들(플레이스홀더), 텍스트 박스를 사용하는 방법의 단편적인 코드들을 살펴보고, 하나의 코드로 완성해보자.

- 셰이프와 텍스트를 활용해 다양한 슬라이드 레이아웃으로 작업
- 다양한 유형의 슬라이드 레이아웃과 불릿 컨텐츠(bulleted content: 글머리 기호)를 사용
- 텍스트 프레임과 단락을 사용하여 슬라이드에 텍스트 추가
- 슬라이드에 필요한 치수의 텍스트 박스를 추가
- 프레젠테이션에 텍스트 박스를 추가
- 텍스트 박스를 사용해 포인트를 강조하고 텍스트 박스의 크기 조정 및 이동 기능을 효과적으로 사용

11.5.1 슬라이드와 개체들 추가

첫 번째 코드로는 불릿 라인(bulleted line: 불릿 기호가 붙어 있는 라인, 말머리 기호 또는 글머리 기호)을 가지는 텍스트 단락을 슬라이드에 추가해보자.

파이참 프로젝트에서 ppt_test라는 패키지를 추가한 후, 예제로 작성할 파일들을 추가한다. ppt_test 패키지 밑에 placeholders_test.py 파일을 생성하고, 다음 코드를 단계별로 작성한다.

pptx 모듈의 Presentation 객체를 import한다. 처음에는 빈 템플릿을 사용하여 프레젠테이션 객체를 생성한다.

```
from pptx import Presentation
prs = Presentation()
```

슬라이드 레이아웃[1]을 사용하여 슬라이드를 추가한다. slide_layouts[1]은 제목 및 내용으로 구성된다.

```
bullet_slide_layout = prs.slide_layouts[1]
slide = prs.slides.add_slide(bullet_slide_layout)
shapes = slide.shapes
```

플레이스홀더(placeholders)는 콘텐츠를 추가할 수 있는 사전에 지정된 개체들을 의미한다. 플레이스홀더는 모양의 분류이므로 여러 모양의 플레이스홀더가 존재한다. shapes.placeholders[1]로 개체들을 선택한다.

```
title_shape = shapes.title
body_shape = shapes.placeholders[1]
title_shape.text = '2개의 콘텐츠 슬라이드 추가하기'
```

셰이프가 가진 텍스트 프레임을 얻어와서 텍스트를 추가한다.

```
tf = body_shape.text_frame
tf.text = '첫 번째 라인입니다.'
```

text_frame에 add_paragraph() 함수로 단락 추가, 불릿 라인 등을 추가할 수 있다. 불릿 기호로 연속적인 라인을 추가하기 위해 add_paragraph() 함수를 사용하고, level을 통해 목록의 단계를 설정한다.

```
p = tf.add_paragraph()
p.text = '두번째 라인입니다.'
p.level = 1

p = tf.add_paragraph()
p.text = '세번째 라인입니다.'
p.level = 2
```

완성된 소스 코드는 다음과 같다.

【 placeholders_test.py 】

```
from pptx import Presentation

prs = Presentation()
two_content_slide_layout = prs.slide_layouts[3]
slide = prs.slides.add_slide(two_content_slide_layout)
shapes = slide.shapes

title_shape = shapes.title
body_shape = shapes.placeholders[1]
title_shape.text = '2개의 콘텐츠 슬라이드 추가하기'

tf = body_shape.text_frame
tf.text = '첫 번째 라인입니다.'

p = tf.add_paragraph()
p.text = '두 번째 라인입니다.'
```

```
p.level = 1

p = tf.add_paragraph()
p.text = '세 번째 라인입니다.'
p.level = 2

prs.save('placeholders_test.pptx')
```

placeholders_test.py 파일을 Ctrl + Shift + F10 키를 눌러 실행하면, 생성된 placeholders_test.pptx의 슬라이드는 다음과 같다.

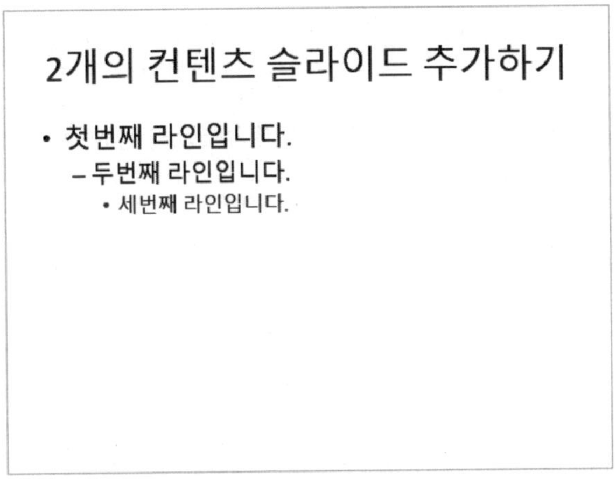

2개의 컨텐츠 슬라이드 추가하기

- 첫번째 라인입니다.
  - 두번째 라인입니다.
    - 세번째 라인입니다.

[그림 11-8] 생성된 placeholders_test.pptx

11.5.2 텍스트 박스 추가

새로운 레이아웃을 가지는 슬라이드를 생성하고, 텍스트 박스를 추가해보자. ppt_test 패키지 밑에 textbox_test.py 파일을 생성하고, 다음 코드를 단계별로 작성한다.

pptx 모듈의 Presentation 객체를 import한다. 사이즈 지정을 위해서는 pptx.util.Inches 클래스를 import한다. 폰트를 설정하기 위해 pptx.util.Pt 클래스를 import한다. Blank 레이아웃을 의미하는 slide_layouts[6]를 지정하여 슬라이드를 추가한다.

```
from pptx import Presentation
from pptx.util import Inches, Pt
prs = Presentation()
blank_slide_layout = prs.slide_layouts[6]
slide = prs.slides.add_slide(blank_slide_layout)
```

텍스트 박스를 생성하여 슬라이드에 추가한다. 텍스트 박스는 왼쪽 및 상단 좌표는 Inches(1)를 사용하고, 너비 및 높이를 각각 Inches(6) 및 Inches(2)로 설정한다.

```
txBox = slide.shapes.add_textbox(Inches(1), Inches(1), Inches(6), Inches(2))
```

텍스트 박스 객체를 사용하여 text_frame 속성으로 텍스트 프레임 객체 tf를 추가한다.

```
tf = txBox.text_frame
```

텍스트 프레임에 텍스트 "안쪽 텍스트 박스 추가"를 입력한다.

```
tf.text = "안쪽 텍스트 박스 추가"
```

텍스트 프레임에 단락을 추가하고, 볼드체로 설정한 텍스트를 추가한다.

```
p = tf.add_paragraph()
p.text = "볼드체로 두 번째 단락 추가"
p.font.bold = True
```

텍스트 프레임에 단락을 추가하고, 폰트 사이즈 40의 텍스트를 추가한다.

```
p = tf.add_paragraph()
p.text = "큰 글자체로 세 번째 단락 추가"
p.font.size = Pt(40)
```

완성된 소스 코드는 다음과 같다.

【 textbox_test.py 】

```
from pptx import Presentation
from pptx.util import Inches, Pt

prs = Presentation()
blank_slide_layout = prs.slide_layouts[6]
slide = prs.slides.add_slide(blank_slide_layout)

txBox = slide.shapes.add_textbox(Inches(1), Inches(1), Inches(6), Inches(2))
tf = txBox.text_frame

tf.text = "안쪽 텍스트 박스 추가"

p = tf.add_paragraph()
```

```
p.text = "볼드체로 두번째 단락 추가"
p.font.bold = True

p = tf.add_paragraph()
p.text = "큰 글자체로 세번째 단락 추가"
p.font.size = Pt(40)

prs.save('textBox_test.pptx')
```

textbox_test.py 파일을 Ctrl + Shift + F10 키를 눌러 실행하면, 생성된 textBox_test.pptx의 슬라이드는 다음과 같다.

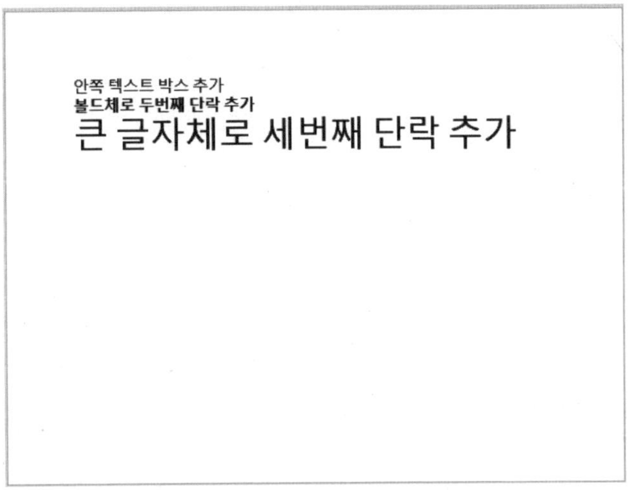

안쪽 텍스트 박스 추가
볼드체로 두번째 단락 추가
큰 글자체로 세번째 단락 추가

[그림 11-9] 생성된 textBox_test.pptx

11.5.3 다양한 모양과 그림 추가

이번에는 다양한 셰이프(모양)와 그림을 추가해보자. 다양한 모양을 사용하기 위해서는 앞에서 소개한 MSO_SHAPE를 사용한다.

ppt_test 패키지 밑에 shapes_test.py 파일을 생성하고, 다음 코드를 단계별로 작성한다.

pptx 모듈의 Presentation 객체와 pptx.enum.shapes의 MSO_SHAPE 객체와 pptx.util의 Inches 객체를 import한다.

```
from pptx import Presentation
from pptx.enum.shapes import MSO_SHAPE
from pptx.util import Inches
```

프레젠테이션과 슬라이드를 생성한다. 슬라이드의 레이아웃은 [5] 제목만 만든다.

```
prs = Presentation()
title_only_slide_layout = prs.slide_layouts[5]
slide = prs.slides.add_slide(title_only_slide_layout)
shapes = slide.shapes
```

셰이프의 제목을 입력한다.

```
shapes.title.text = '모양 추가'
```

슬라이드에 add_shape() 함수로 셰이프를 추가한다. add_shape() 함수는 Inches() 함수로 정의된 모양의 크기를 필요로 한다. 각각 왼쪽, 상단, 넓이와 높이의 사이즈를 지정한다.

```
left = Inches(0.93)
top = Inches(3.0)
width = Inches(1.75)
height = Inches(1.0)
```

PENTAGON(오각형) 모양의 셰이프를 추가한다.

```
shape = shapes.add_shape(MSO_SHAPE.PENTAGON,left, top, width, height)
shape.text = '1 단계'

left = left + width - Inches(0.4)
```

CHEVRON(갈매기 모양, V 모양) 모양은 시각적 균형을 위해 더 넓은 너비가 필요하다

```
width = Inches(2.0)
```

반복문을 사용하여 4개의 CHEVRON를 추가한다. 문자열 포매팅을 이용하여 2단계, 3단계 등으로 텍스트를 입력한다. 계속 오른쪽으로 배치해야 하므로 왼쪽에서부터 일정 간격을 더한다.

```
for n in range(2, 6):
    shape = shapes.add_shape(MSO_SHAPE.CHEVRON, left, top, width, height)
    shape.text = '%d 단계' % n
    left = left + width - Inches(0.4)
```

완성된 코드는 다음과 같다.

【 shapes_test.py 】

```
from pptx import Presentation
from pptx.enum.shapes import MSO_SHAPE
from pptx.util import Inches

prs = Presentation()
title_only_slide_layout = prs.slide_layouts[5]
slide = prs.slides.add_slide(title_only_slide_layout)
shapes = slide.shapes

shapes.title.text = '모양 추가'

# 0.93"은 이 전체 모양 세트를 중앙에 배치
left = Inches(0.93)
top = Inches(3.0)
width = Inches(1.75)
height = Inches(1.0)

shape = shapes.add_shape(MSO_SHAPE.PENTAGON,left, top, width, height)
shape.text = '1 단계'

left = left + width - Inches(0.4)
# chevrons 모양은 시각적 균형을 위해 더 넓은 너비가 필요하다
width = Inches(2.0)  # chevrons need more width for visual balance

for n in range(2, 6):
    shape = shapes.add_shape(MSO_SHAPE.CHEVRON, left, top, width, height)
    shape.text = '%d 단계' % n
    left = left + width - Inches(0.4)

prs.save('shapes_test.pptx')
```

shapes_test.py 파일을 Ctrl + Shift + F10 키를 눌러 실행하면, 생성된 shapes_test.pptx의 슬라이드는 다음과 같다.

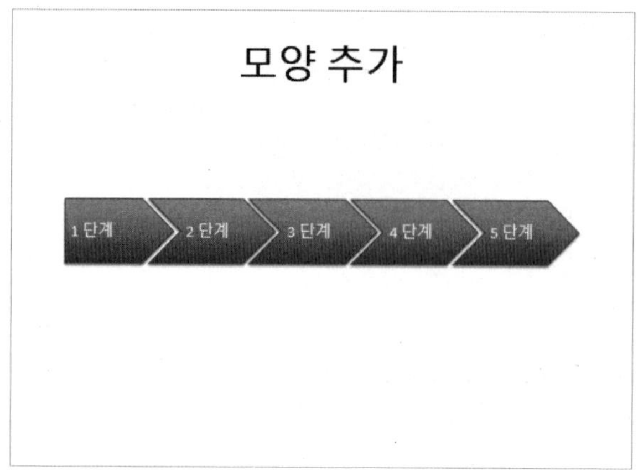

[그림 11-10] 생성된 shapes_test.pptx

참고

몇 가지 MSO_SHAPE의 영문 속성이름과 파워포인트 한글 버전의 메뉴를 매핑해보자.

MSO_SHAPE 중에서 CALLOUT(콜아웃)이라는 이름이 붙어있는 모양은 아래와 같은 설명선 중의 하나다. 파워포인트 메뉴 중 [삽입] → [도형] → [설명선]에서 확인할 수 있다. 예를 들어 RECTANGULAR_CALLOUT은 직사각형 설명선을 의미한다.

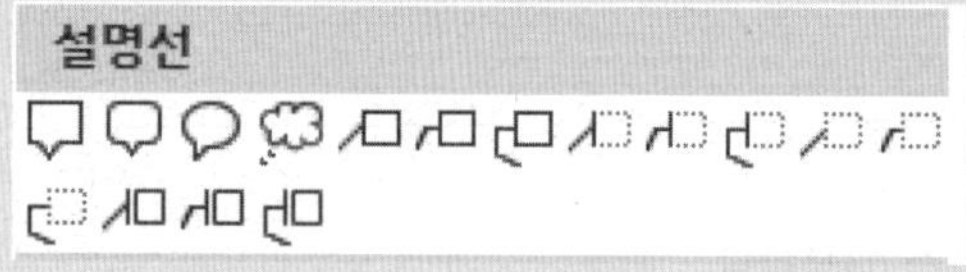

MSO_SHAPE 중에서 실행 단추(ACTION_BUTTON)는 파워포인트 메뉴 중 [삽입] → [도형] → [실행 단추]에서 확인할 수 있다.

11.5.4 테이블 추가

이번에는 슬라이드에 테이블(표)을 추가해보자. ppt_test 패키지 밑에 tables_test.py 파일을 생성하고, 다음 코드를 단계별로 작성한다.

pptx 모듈의 Presentation 객체와, pptx.util의 Inches 객체를 import한다. 프레젠테이션 객체를 생성하고, 제목만 만드는 슬라이드의 레이아웃[5]을 사용하여 슬라이드를 추가한다. 슬라이드 객체의 셰이프 객체를 가져온다.

```
from pptx import Presentation
from pptx.util import Inches
prs = Presentation()
slide = prs.slides.add_slide(prs.slide_layouts[5])
shapes = slide.shapes
```

셰이프에 add_table() 함수를 이용하여 테이블을 추가한다. add_table() 함수에는 테이블의 행과 열, 왼쪽 상단의 위치, 넓이와 높이를 지정한다.

앞에서 설명한 단계대로 문서를 찾아보면, SlideShapes 객체에서 add_table(rows, cols, left, top, width, height) 함수를 확인할 수 있다. 첫 번째 매개변수부터 차례대로 행, 열, 왼쪽위치, 상단 위치, 너비 사이즈, 높이 사이즈를 Inches 객체 형태로 준다.

- 참고문서) https://python-pptx.readthedocs.io/en/latest/api/shapes.html#pptx.shapes.shapetree.SlideShapes

```
table = shapes.add_table(4, 3, Inches(2.0), Inches(2.0), Inches(6.0), Inches(1.2)).table
```

생성된 테이블에 여러 속성값을 설정한다. table.columns.width 속성은 각 열의 너비를 설정하는 데 사용한다.

```
table.columns[0].width = Inches(2.0)
table.columns[1].width = Inches(2.0)
table.columns[2].width = Inches(2.0)
```

table.cell(row, column).text 속성에는 텍스트를 지정한다. cell() 함수는 행과 열을 매개변수로 넘긴다. 첫 번째 행은 제목 행을 나타낸다.

```
table.cell(0, 0).text = '사원 번호'
table.cell(0, 1).text = '사원 이름'
table.cell(0, 2).text = '사원 아이디'
```

테이블에 저장할 값들을 2차원 딕셔너리로 설정한다.

```
students = {
    1: ["표선영", 115],
    2: ["홍길동", 119],
    3: ["전우치", 101]
}
```

반복문을 사용하여 테이블의 지정된 행과 열의 텍스트에 딕셔너리의 값들을 넣는다.

```
for i in range(len(students)):
    table.cell(i+1, 0).text = str(i+1)
    table.cell(i+1, 1).text = str(students[i+1][0])
    table.cell(i+1, 2).text = str(students[i+1][1])
```

완성된 소스 코드는 다음과 같다.

【 tables_test.py 】

```
from pptx import Presentation
from pptx.util import Inches

prs = Presentation()
title_only_slide_layout = prs.slide_layouts[5]
slide = prs.slides.add_slide(title_only_slide_layout)
shapes = slide.shapes
shapes.title.text = '사원 정보'

table = shapes.add_table(4, 3, Inches(2.0), Inches(2.0), Inches(6.0), Inches(1.2)).table

table.columns[0].width = Inches(2.0)
table.columns[1].width = Inches(2.0)
table.columns[2].width = Inches(2.0)

table.cell(0, 0).text = '사원 번호'
table.cell(0, 1).text = '사원 이름'
table.cell(0, 2).text = '사원 아이디'

students = {
    1: ["표선영", 115],
    2: ["홍길동", 119],
    3: ["전우치", 101]
}

for i in range(len(students)):
    table.cell(i+1, 0).text = str(i+1)
    table.cell(i+1, 1).text = str(students[i+1][0])
    table.cell(i+1, 2).text = str(students[i+1][1])

prs.save('table_test.pptx')
```

tables_test.py 파일을 Ctrl + Shift + F10 키를 눌러 실행하면, 생성된 table_test.pptx 슬라이드는 다음과 같다.

사원 정보

사원 번호	사원 이름	사원 아이디
1	표선영	115
2	홍길동	119
3	전우치	101

[그림 11-11] 생성된 table_test.pptx

11.5.5 그림 추가

이번에는 슬라이드에 그림을 추가해보자. ppt_test 패키지 밑에 pictures_test.py 파일을 생성하고, 다음 코드를 단계별로 작성한다.

Presetation 객체와 Inches 객체를 import한다. 빈 템플릿의 프레젠테이션을 생성하고, 공백으로 구성된 slide_layout[6] 슬라이드를 추가한다. prs.slides.add_slide() 함수의 리턴값은 생성된 새로운 slide 객체다.

```
from pptx import Presentation
from pptx.util import Inches

image = 'pandas.png'
prs = Presentation()
blank_slide_layout = prs.slide_layouts[6]
slide = prs.slides.add_slide(blank_slide_layout)
```

새롭게 추가된 slide 객체의 shapes는 SlideShapes 객체 타입의 변수다. SlideShapes 객체의 add_picture() 함수를 사용하여 슬라이드의 셰이프에 pandas.png 이미지를 추가한다.

```
slide.shapes.add_picture(image, Inches(1), Inches(1))
```

아래쪽에 동일한 이미지를 다른 사이즈로 지정하여 추가한다.

```
slide.shapes.add_picture(image, Inches(3), Inches(3.5), Inches(2.5), Inches(4))
```

완성된 코드는 다음과 같다.

[pictures_test.py]

```
from pptx import Presentation
from pptx.util import Inches

image = 'pandas.png'
prs = Presentation()
blank_slide_layout = prs.slide_layouts[6]
#슬라이드 추가
slide = prs.slides.add_slide(blank_slide_layout)

# 이미지를 슬라이드에 추가, 코드에서는 2개의 이미지를 추가.  그림의 좌표와 크기
slide.shapes.add_picture(image, Inches(1), Inches(1))

#아래 코드는 img2를 왼쪽에서 2인치, 상단에서 5인치, 너비가 이미지 너비와 같도록 구성
slide.shapes.add_picture(image, Inches(3), Inches(3.5), Inches(2.5), Inches(4))

prs.save('pictures_test.pptx')
```

pictures_test.py 파일을 Ctrl + Shift + F10 키를 눌러 실행하면, 생성된 pictures_test.pptx의 슬라이드는 다음과 같다.

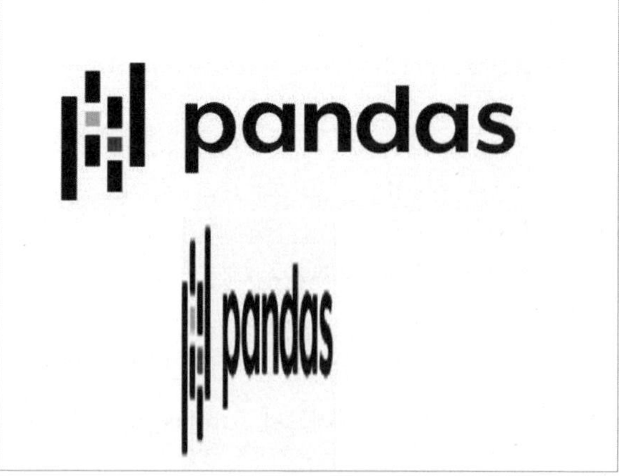

[그림 11-12] 생성된 pictures_test.pptx

11.5.6 차트 추가

이번에는 차트를 추가해보자. ppt_test 패키지 밑에 charts_test.py 파일을 생성하고, 다음 코드를 단계별로 작성한다.

차트를 다루는데 필요한 클래스들을 import한다.

```
from pptx import Presentation
from pptx.chart.data import ChartData
from pptx.enum.chart import XL_CHART_TYPE
from pptx.enum.chart import XL_LABEL_POSITION, XL_LEGEND_POSITION
from pptx.util import Inches
```

프레젠테이션과 슬라이드를 생성하고, 제목을 설정한다.

```
prs = Presentation()
slide = prs.slides.add_slide(prs.slide_layouts[5])
slide.shapes.title.text = '각 팀별 데이터'
```

ChartData 객체를 생성한다.

```
chart_data = ChartData()
```

chart_data.categories 속성을 사용하여 차트의 범주를 정의한다. 우리는 파이(원형) 차트를 추가한다.

```
chart_data.categories = ['총무팀', '영업팀', '개발팀', '운영팀', '마케팅팀']
```

차트에 나타낼 데이터를 add_series() 함수를 사용하여 추가한다. 시리즈 데이터는 팀별 비율이다.

```
chart_data.add_series('팀별 비율', (13, 32, 18, 23, 12))
```

슬라이드에 add_chart() 함수를 사용하여 차트를 추가한다.

SlideShapes 객체에서 add_chart(chart_type, x, y, cx, cy, chart_data) 함수를 제공한다. 차트의 유형은 파이 차트, 차트의 위치는 x , y , 크기는 cx , cy를 가지며 차트에 그려질 데이터는 chart_data에 넘겨준다.

```
x, y, cx, cy = Inches(2), Inches(2), Inches(6), Inches(4.5)
chart = slide.shapes.add_chart(
    XL_CHART_TYPE.PIE, x, y, cx, cy, chart_data
).chart
```

데이터 레전드(범례 혹은 라벨)를 설정한다.

```
chart.has_legend = True
chart.legend.position = XL_LEGEND_POSITION.BOTTOM
chart.legend.include_in_layout = False
```

데이터의 레이블을 설정하는데 그래프의 바깥쪽에 위치하도록 설정한다.

```
chart.plots[0].has_data_labels = True
data_labels = chart.plots[0].data_labels
data_labels.number_format = '0\%'
data_labels.position = XL_LABEL_POSITION.OUTSIDE_END
```

참고로 % 기호가 있는 데이터 레이블의 경우 data_labels.number_format = '0%'를 사용하면, 데이터값을 100%로 환산하여 결과가 표시된다. 즉, 13은 1300%, 32는 3200%, 23은 2300%로 표시된다.

따라서 number_format을 '0%'로 지정하려면 100을 곱했을 때의 값을 설정하면 된다.

```
chart_data.add_series('팀별 비율', (0.135, 0.324, 0.180, 0.235, 0.126))
data_labels.number_format = '0%'
```

숫자를 그대로 보고 싶다면 number_format을 '0₩%'로 지정한다.

```
chart_data.add_series('팀별 비율', (13, 32, 18, 23, 12))
data_labels.number_format = '0\%'
```

완성된 소스 코드는 다음과 같다.

【 charts_test.py 】

```
from pptx import Presentation
from pptx.chart.data import ChartData
from pptx.enum.chart import XL_CHART_TYPE
from pptx.enum.chart import XL_LABEL_POSITION, XL_LEGEND_POSITION
```

```
from pptx.util import Inches

prs = Presentation()
slide = prs.slides.add_slide(prs.slide_layouts[5])
slide.shapes.title.text = '각 팀별 데이터'

#클래스 객체 생성
chart_data = ChartData()

# chart_data.categories 속성
# 원형 차트의 범주를 정의
chart_data.categories = ['총무팀', '영업팀', '개발팀', '운영팀', '마케팅팀']

# 모든 지역의 데이터로 chart_data 객체를 구성
# chart_data.add_series('팀별 비율', (0.135, 0.324, 0.180, 0.235, 0.126))
chart_data.add_series('팀별 비율', (13, 32, 18, 23, 12))

x, y, cx, cy = Inches(2), Inches(2), Inches(6), Inches(4.5)
#프레젠테이션 슬라이드에 차트 추가. 차트의 유형 등을 설정
chart = slide.shapes.add_chart(
    XL_CHART_TYPE.PIE, x, y, cx, cy, chart_data
).chart
#데이터 레전드(범례 혹은 라벨) 설정
chart.has_legend = True
chart.legend.position = XL_LEGEND_POSITION.BOTTOM
chart.legend.include_in_layout = False

chart.plots[0].has_data_labels = True
data_labels = chart.plots[0].data_labels
# data_labels.number_format = '0%'
data_labels.number_format = '0\%'
# data_labels.show_percentage = True
data_labels.position = XL_LABEL_POSITION.OUTSIDE_END

prs.save('charts_test.pptx')
```

charts_test.py 파일을 Ctrl + Shift + F10 키를 눌러 실행하면, 생성된 charts_test.pptx의 슬라이드는 다음과 같다.

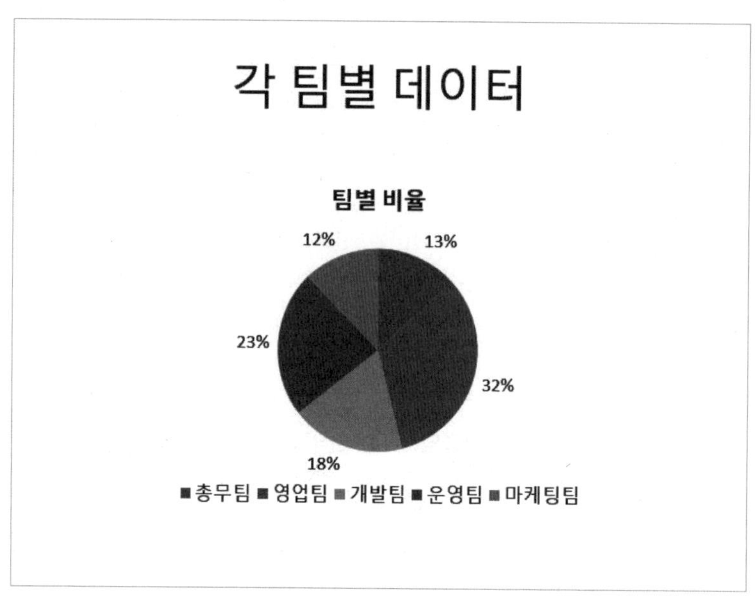

[그림 11-13] 생성된 charts_test.pptx

차트에 할당된 색은 기본적으로 차트의 각 계열에 할당된 색상은 순서대로 강조 1부터 강조 6까지의 테마 색상이다. 시리즈가 6개 이상인 경우 동일한 색상의 더 어둡고 밝은 버전이 사용된다. 최소한 일부 차트 유형에 대해 데이터 포인트(막대, 선, 원형 세그먼트 등)에 특정 색상을 할당하는 것이 가능하기도 하다. 만약 특정 색상을 할당하고 싶다면, "템플릿" 프레젠테이션에서 테마 색상을 변경하는 것이 간단하다.

11.5.7 텍스트 추출 후 저장하기

이제 완성된 예제를 통해 파워포인트 문서를 읽고 생성해보자. 일반적으로 파워포인트 문서를 읽어올 때 가장 많이 하는 작업들이 파워포인트 문서로부터 텍스트만을 뽑아내는 일이다. 보고서나 논문, 발표자료, 다양한 파워포인트 문서 중 텍스트 내용만 추출하는 예제를 작성해보자.

책의 소스 파일에서 제공되는 ppt_read_test.pptx 파일은 동일한 ppt_test 패키지에 복사한다. 파이썬 코드에서 읽어오는 ppt_read_test.pptx 파일의 내용은 다음과 같다.

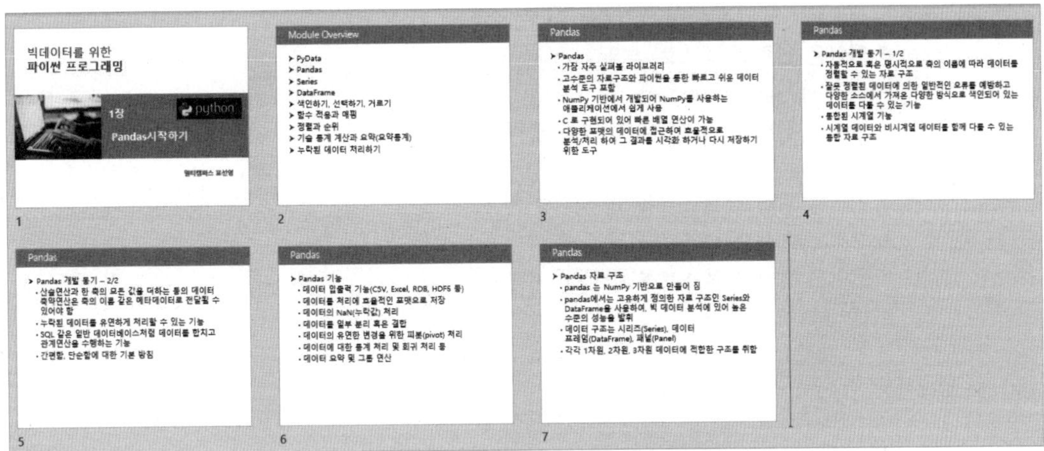

[그림 11-14] 읽어올 ppt_read_test.pptx 파일

가독성을 위해 파워포인트의 여러 파일 보기를 선택했다. 이 예제에서는 파워포인트 문서에서 추출한 텍스트들을 화면에 출력하기도 하지만, 텍스트 파일에 저장하여 추후 텍스트들만 저장되어 있는 텍스트 파일을 사용할 수 있도록 한다.

예제 소스는 반복문 등이 많이 포함되어 있으므로, 코드 내에 주석으로 설명한다. ppt_test 패키지 밑에 ppt_read.py 파일을 생성하고, 다음 코드를 작성한다.

【 ppt_read.py 】

```
from pptx import Presentation

ppt_file = 'ppt_read_test.pptx'
prs = Presentation(ppt_file)

# 읽어온 텍스트를 저장할 파일 객체 생성. 인코딩은 utf-8 로 지정.
wfile = open('ppt_read_text.txt', mode='w', encoding='utf-8')

# 읽어온 텍스트를 저장할 리스트
texts = [ ]
# 전체 Presentation 객체로부터 모든 슬라이드를 얻은 후, 슬라이드 하나씩 꺼내기
for slide in prs.slides:
    # 하나의 슬라이드 안의 여러 shapes 들을 얻은 후, shape  하나씩 꺼내기
    for shape in slide.shapes:
        # 텍스트가 없다면 반복문을 계속. 즉 슬라이드의 다음번 shape 가져오기 반복
        if not shape.has_text_frame:
            continue
        # 텍스트가 있다면 텍스트의 paragraphs 들을 얻은 후, paragraph 하나씩 꺼내기
```

```
        for paragraph in shape.text_frame.paragraphs:
            # 읽어온 단락의 텍스트 추출
            text = paragraph.text
            # 읽어온 단락의 텍스트를 화면에 출력
            print(text)
            # 읽어온 단락의 텍스트를 리스트에 추가
            texts.append(text)
            # 읽어온 단락의 텍스트를 파일에 저장
            wfile.write(text + '\n')

wfile.close()

# 구분선과 읽어온 텍스트가 저장된 리스트 출력
print("=" * 30)
print("읽어온 텍스트를 리스트로 보기 : ", texts)

# 구분선과 슬라이드 레이아웃 정보 출력
print("=" * 30)
slide1, slide2 = prs.slides[0], prs.slides[1]
print("슬라이드 레이아웃 정보: \n", slide1.slide_layout.name, ",", slide2.slide_layout.name)
print("슬라이드 shape 정보")

# 슬라이드 셰이프(모양) 정보 출력
# 여러 개의 슬라이드를 반복하면서 슬라이드를 하나씩 꺼내온다
i=1
for slide in prs.slides:
    # 슬라이드 번호 출력
    print('Slide', i)
    # 하나의 슬라이드로부터 여러개의 셰이프를 얻은 후, 셰이프를 하나씩 꺼낸다
    for shape in slide.shapes:
        # 셰이프 타입을 출력한다
        print("Shape: ", shape.shape_type)
    i +=1
```

Ctrl + Shift + F10 키를 눌러서 ppt_read.py 파일을 실행한다.

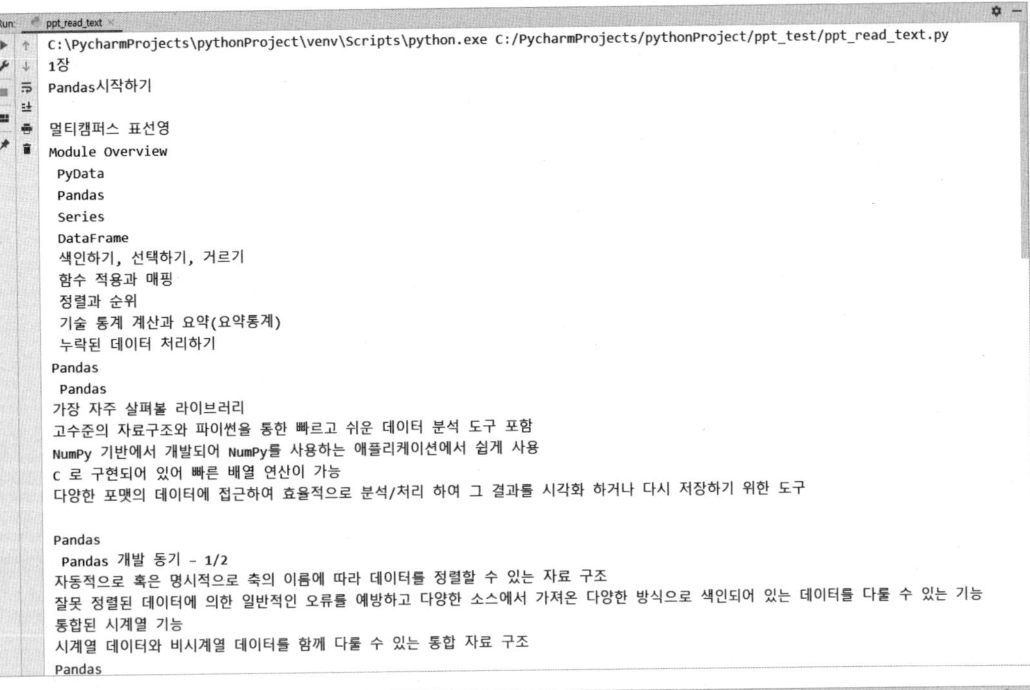


```
Pandas
 Pandas 개발 동기 - 2/2
산술연산과 한 축의 모든 값을 더하는 등의 데이터 축약연산은 축의 이름 같은 메타데이터로 전달될 수 있어야 함
누락된 데이터를 유연하게 처리할 수 있는 기능
SQL 같은 일반 데이터베이스처럼 데이터를 합치고 관계연산을 수행하는 기능
간편함, 단순함에 대한 기본 방침
Pandas
 Pandas 기능
데이터 입출력 기능(CSV, Excel, RDB, HDF5 등)
데이터를 처리에 효율적인 포맷으로 저장
데이터의 NaN(누락값) 처리
데이터를 일부 분리 혹은 결합
데이터의 유연한 변경을 위한 피봇(pivot) 처리
데이터에 대한 통계 처리 및 회귀 처리 등
데이터 요약 및 그룹 연산
Pandas
 Pandas 자료 구조
pandas 는 NumPy 기반으로 만들어 짐
pandas에서는 고유하게 정의한 자료 구조인 Series와 DataFrame을 사용하여, 빅 데이터 분석에 있어 높은 수준의 성능을 발휘
데이터 구조는 시리즈(Series), 데이터 프레임(DataFrame), 패널(Panel)
각각 1차원, 2차원, 3차원 데이터에 적합한 구조를 취함


==============================
읽어온 텍스트를 리스트로 보기 :  ['1장 ', 'Pandas시작하기\n', '멀티캠퍼스 표선영 ', 'Module Overview', ' PyData', ' Pandas', ' Ser
==============================
```

```
Run:  ppt_read_text
읽어온 텍스트를 리스트로 보기 : ['1장 ', 'Pandas시작하기\n', '멀티캠퍼스 표선영 ', 'Module Overview', ' PyData', ' Pandas', ' Ser
==============================
슬라이드 레이아웃 정보:
 Title Slide , Title and Text
슬라이드 shape 정보
Slide 1
Shape:  PLACEHOLDER (14)
Shape:  PLACEHOLDER (14)
Shape:  PICTURE (13)
Shape:  AUTO_SHAPE (1)
Slide 2
Shape:  PLACEHOLDER (14)
Shape:  PLACEHOLDER (14)
Slide 3
Shape:  PLACEHOLDER (14)
Shape:  PLACEHOLDER (14)
Slide 4
Shape:  PLACEHOLDER (14)
Shape:  PLACEHOLDER (14)
Slide 5
Shape:  PLACEHOLDER (14)
Shape:  PLACEHOLDER (14)
Slide 6
Shape:  PLACEHOLDER (14)
Shape:  PLACEHOLDER (14)
Slide 7
Shape:  PLACEHOLDER (14)
Shape:  PLACEHOLDER (14)

Process finished with exit code 0
```

[그림 11-15] ppt_read 실행 결과

동일한 내용이 실행되었을 뿐만 아니라 텍스트 파일로도 저장된다.

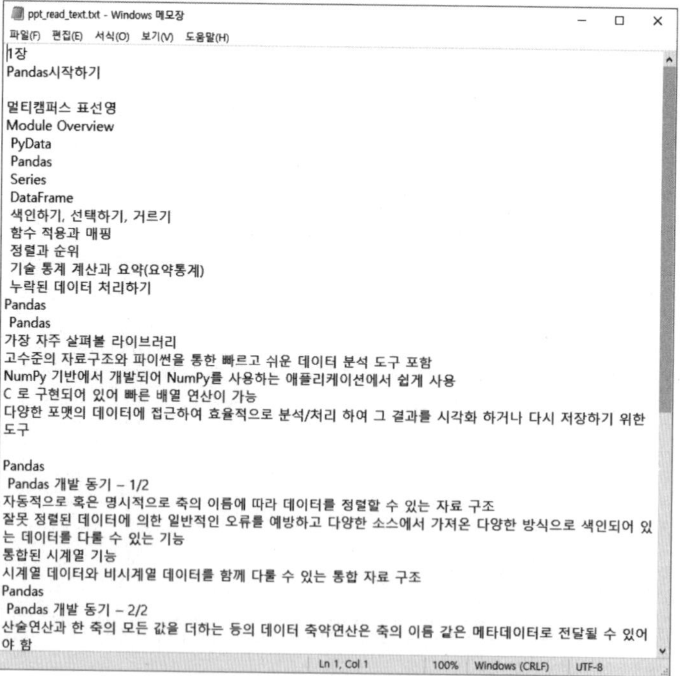

[그림 11-16] 생성된 ppt_read_text.txt 파일

11.5.8 다양한 템플릿으로 파워포인트 문서 생성

이번에는 빈 템플릿으로 파워포인트 문서를 만들고, 주어진 템플릿을 바탕으로 파워포인트 문서를 만드는 예제를 작성한다. 책의 소스 파일에서 제공되는 template.pptx 파일은 동일한 ppt_test 패키지에 복사한다. ppt_test 패키지 밑에 ppt_write.py 파일을 생성하고, 다음 코드를 작성한다.

template.pptx 파일로부터 템플릿 레이아웃을 복사하여 새로운 pptx 파일을 생성하는 코드를 작성한다.

【 ppt_write.py 】

```
from pptx import Presentation

# 빈 템플릿으로 프레젠테이션 객체를 생성한다
prs = Presentation()
# 프레젠테이션에 슬라이드를 추가한다
# 슬라이드 레이아웃[0]은 제목(프레젠테이션 제목 슬라이드) 형식이다
slide = prs.slides.add_slide(prs.slide_layouts[0])
# 슬라이드 셰이프의 타이틀을 입력한다
slide.shapes.title.text = "안녕, 파이썬 :D"
# 슬라이드 개체틀에 텍스트를 입력한다
slide.placeholders[1].text = "파이썬은 정말 멋져요~"
# 프레젠테이션 파일을 저장한다
prs.save('ppt_write_result.pptx')

# template.pptx 파일을 템플릿으로 하여 프레젠테이션 객체를 생성한다
prs = Presentation('template.pptx')
# 프레젠테이션의 첫번째 슬라이드를 얻어온다
first_slide = prs.slides[0]
# 슬라이드의 첫 번째 셰이프의 텍스트 프레임 첫 단락에 텍스트를 추가한다
first_slide.shapes[0].text_frame.paragraphs[0].text = "첫번째 슬라이드"
# 슬라이드의 두 번째 셰이프의 텍스트 프레임 첫 단락에 텍스트를 추가한다
first_slide.shapes[1].text_frame.paragraphs[0].text = " 파이썬 ppt 다루기 "
# 슬라이드의 두 번째 셰이프의 텍스트 프레임에
# 새로운 단락을 추가하고 텍스트를 추가한다
first_slide.shapes[1].text_frame.add_paragraph().text = " ppt 파일을 생성 "

# 프레젠테이션에 슬라이드를 추가한다
# 슬라이드 레이아웃[1]은 제목 및 내용 형식이다
slide2 = prs.slides.add_slide(prs.slide_layouts[1])
# 단락에 기록할 데이터들을 리스트로 선언한다
datas = [
```

```
        ' python-pptx 라이브러리 사용',
        ' Presentation 생성',
        ' Slide 추가',
        ' 단락 추가와 텍스트 추가'
    ]

    # 슬라이드의 첫 번째 셰이프의 텍스트 프레임 첫 단락에 텍스트를 추가한다
    slide2.shapes[0].text_frame.paragraphs[0].text = "두번째 슬라이드"

    # 슬라이드의 두 번째 셰이프의 텍스트 프레임을 얻어온다
    text_frame = slide2.shapes[1].text_frame
    # 텍스트 프레임의 첫 번째 단락을 꺼낸다
    p = text_frame.paragraphs[0]
    # 단락의 텍스트에 datas 리스트의 첫 번째 문자열 값을 대입한다
    p.text = datas[0]

    # 위의 코드를 반복문으로 처리한다
    # 단락의 텍스트에 datas 리스트의 두번째 문자열부터 끝까지 대입한다
    for data in datas[1:]:
        text_frame.add_paragraph().text = data
    # 프레젠테이션 파일을 저장한다
    prs.save('ppt_write_result2.pptx')
```

Ctrl + Shift + F10 키를 눌러 ppt_write.py 실행 결과를 확인한다. 생성된 ppt_write_result.pptx 파일은 아래 슬라이드 하나로 구성되어 있다.

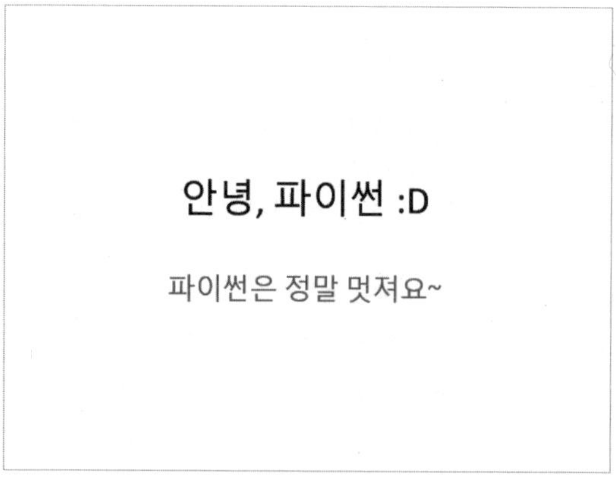

[그림 11-17] 생성된 ppt_write_result.pptx 파일

생성된 ppt_write_result2.pptx 파일은 슬라이드 두 개로 구성되어 있다.

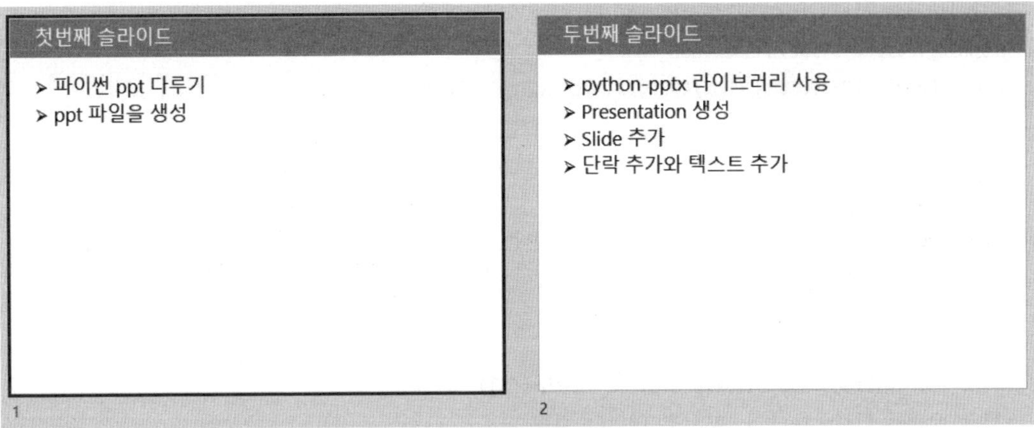

[그림 11-18] 생성된 ppt_write_result2.pptx 파일

11.6 케이스 스터디 – 파워포인트 작업

마지막 예제로는 업무에서 사용하는 부서별 통계 데이트를 차트로 표현하는 코드를 작성한다. ppt_test 패키지에 ppt_chart.py 파일을 생성하고, 아래 코드를 단계별로 작성한다.

이번 예제는 코드가 많기 때문에 파일 내부에 주석으로 명시하지 않고, 코드 작성 이후 설명한다.

【 ppt_chart.py 】

```
from pptx import Presentation
from pptx.chart.data import ChartData
from pptx.enum.chart import XL_CHART_TYPE
from pptx.enum.chart import XL_LABEL_POSITION, XL_LEGEND_POSITION
from pptx.util import Inches
from pptx.dml.color import RGBColor
from pptx.util import Pt

prs = Presentation()

chart_data = ChartData()
chart_data.categories = ['영업부', '마케팅부', '개발부']
chart_data.add_series('2020년도', (47.6, 59.8, 67.8))
chart_data.add_series('2021년도', (77.6, 89.9, 79.9))
chart_data.add_series('2022년도', (80.7, 60.6, 90.3))
x, y, cx, cy = Inches(2), Inches(2), Inches(6), Inches(4.5)

slide = prs.slides.add_slide(prs.slide_layouts[5])
```

```
slide.shapes.title.text = '부서별 데이터 칼럼 차트1'
graphic_frame = slide.shapes.add_chart(
    XL_CHART_TYPE.COLUMN_CLUSTERED, x, y, cx, cy, chart_data
)
chart = graphic_frame.chart
chart.has_legend = True
chart.legend.position = XL_LEGEND_POSITION.RIGHT
chart.legend.include_in_layout = False
#####

slide = prs.slides.add_slide(prs.slide_layouts[5])
slide.shapes.title.text = '부서별 데이터 칼럼 차트2'
graphic_frame = slide.shapes.add_chart(
    XL_CHART_TYPE.COLUMN_CLUSTERED, x, y, cx, cy, chart_data
)

chart = graphic_frame.chart
plot = chart.plots[0]
plot.has_data_labels = True
data_labels = plot.data_labels

data_labels.font.size = Pt(13)
data_labels.font.color.rgb = RGBColor(0x0A, 0x42, 0x80)
data_labels.position = XL_LABEL_POSITION.INSIDE_END

#####
slide = prs.slides.add_slide(prs.slide_layouts[5])
slide.shapes.title.text = '2022년도 부서별 데이터'
chart_data = ChartData()

chart_data.categories = ['영업부', '마케팅부', '개발부', '운영부', '기타부서']
chart_data.add_series('2022년도', (0.123, 0.199, 0.345, 0.123, 0.456))

x, y, cx, cy = Inches(1.5), Inches(1.5), Inches(6), Inches(5.5)
chart = slide.shapes.add_chart(
    XL_CHART_TYPE.PIE, x, y, cx, cy, chart_data
).chart
chart.has_legend = True
chart.legend.position = XL_LEGEND_POSITION.BOTTOM
chart.legend.include_in_layout = False

chart.plots[0].has_data_labels = True
```

```
data_labels = chart.plots[0].data_labels
print(type(chart.plots[0]))
# 결과 <class 'pptx.chart.plot.PiePlot'>
data_labels.number_format = '0%'
data_labels.position = XL_LABEL_POSITION.OUTSIDE_END

prs.save('ppt_chart.pptx')
```

【 코드 설명 】

빈 템플릿으로 프레젠테이션 객체를 생성한다.

```
prs = Presentation()
```

ChartData 객체를 생성한다. ChartData 객체는 차트에 묘사된 데이터를 지정하는 데 사용된다. 새로운 차트를 생성하거나 기존 차트의 데이터를 교체할 때 생성한다.

```
chart_data = ChartData()
```

ChartData 객체는 다양한 속성과 함수를 가진다. ChartData 객체의 categories 속성은 Categories 객체 타입의 속성이다. Categories 객체는 범주(카테고리) 객체 계층에 대한 액세스를 제공한다. 범주 레이블(문자열, 숫자 또는 날짜)의 개체를 반복 할당하면 Categories 객체가 시퀀스의 각 레이블에 대한 범주를 포함하는 새 개체로 바뀐다. chart_data에 categories 즉 범례 레이블을 할당한다.

```
chart_data.categories = ['영업부', '마케팅부', '개발부']
```

ChartData 객체의 add_series() 함수는 데이터 세트에 시리즈를 추가하는 함수다. add_series(name, values=(), number_format=None)라는 선언부를 가진다. name은 제목을 의미하고, 숫자값의 반복 가능한 values로 데이터 포인트를 지정한다. number_format은 시리즈값이 표시되는 방식을 지정하며 문자열일 수 있다. 차트에 데이터 시리즈값들을 추가한다.

```
chart_data.add_series('2020년도', (47.6, 59.8, 67.8))
chart_data.add_series('2021년도', (77.6, 89.9, 79.9))
chart_data.add_series('2022년도', (80.7, 60.6, 90.3))
```

추가하게 될 차트의 x ,y 위치와 cx, cy의 크기를 정의한다.

```
x, y, cx, cy = Inches(2), Inches(2), Inches(6), Inches(4.5)
```

Presentation 객체가 가진 slides 속성은 프레젠테이션의 슬라이드들을 포함하고 있는 Slides 객체 타입이다.

slides 객체의 add_slide() 함수를 통해 슬라이드를 추가한다. 슬라이드의 레이아웃은 slide_layouts[5]로 지정하는데 이는 Title Only를 의미한다.

```
slide = prs.slides.add_slide(prs.slide_layouts[5])
```

타이틀의 텍스트를 지정한다.

```
slide.shapes.title.text = '부서별 데이터 칼럼 차트1'
```

add_chart(chart_type, x, y, cx, cy, chart_data)는 슬라이드에 chart_type의 새 차트를 추가한다. 차트의 위치는 (x , y)이고 크기는 (cx , cy)이며, chart_data는 데이터를 의미한다. chart_type은 XL_CHART_TYPE 열거형값 중 하나다. chart_data는 ChartData 차트의 범주 및 계열 값으로 채워진 객체다. GraphicFrame 모양 객체가 반환된다. XL_CHART_TYPE 타입은 다음 문서에 상세하게 나와 있다.

- https://python-pptx.readthedocs.io/en/latest/api/enum/XlChartType.html#xlcharttype

차트의 타입은 COLUMN_CLUSTERED, 즉 막대 그래프 형태로 지정한다.

```
graphic_frame = slide.shapes.add_chart(
    XL_CHART_TYPE.COLUMN_CLUSTERED, x, y, cx, cy, chart_data
)
```

GraphicFrame 객체의 chart 속성은 그래픽 프레임의 차트를 포함하는 Chart 객체 타입이다.

```
chart = graphic_frame.chart
```

Chart 객체의 legend 속성은 차트의 범례 속성에 대한 액세스를 제공하는 Legend 객체 타입이다. 그래픽의 차트에 데이터 레전드(범례 혹은 라벨)를 True로 설정한다.

```
chart.has_legend = True
```

범례는 색상, 선 유형 또는 점 모양을 각 시리즈 이름에 매핑하여 각 데이터 요소를 할당된 의미와 연결하는 시각적 키를 제공한다. 범례는 선택 사항이지만 최대 하나만 있을 수 있다. 범례 대부분의 측면은 자동으로 결정되지만 해당 위치의 측면은 API를 통해 지정할 수 있다. 그래픽의 차트에 범례의 위치를 오른쪽으로 지정한다.

```
chart.legend.position = XL_LEGEND_POSITION.RIGHT
```

Legend 객체의 include_in_layout 속성은 True로 설정할 경우 플롯 영역 내부에 범례를 지정할 때 사용된다. 플롯 내부에 범례를 설정하지 않음으로 지정한다. 플롯(plot)은 그래프를 의미한다. 차트로 그려진 그래프를 플롯이라고 한다.

```
chart.legend.include_in_layout = False
#####
```

새로운 슬라이드를 추가하고 타이틀을 설정한다.

```
slide = prs.slides.add_slide(prs.slide_layouts[5])
slide.shapes.title.text = '부서별 데이터 컬럼 차트2'
```

차트를 추가하고, 차트의 타입은 COLUMN_CLUSTERED 즉 막대 그래프 형태로 지정한다.

```
graphic_frame = slide.shapes.add_chart(
    XL_CHART_TYPE.COLUMN_CLUSTERED, x, y, cx, cy, chart_data
)

chart = graphic_frame.chart
```

GraphicFrame 객체가 가진 Chart 객체 타입의 chart 속성으로부터 plots을 얻는다. plots은 _BasePlot 타입의 객체다. plots은 동일한 차트 유형(예: 막대, 세로 막대, 선 등)을 사용하여 그려지는 시리즈 그룹이다. 대부분의 차트에는 하나의 플롯만 있다. 하지만 동일한 차트의 막대 그림에 겹쳐진 선 그림과 같이 차트에 여러 개 있을 수도 있다. 차트가 가진 첫 번째 플롯 객체를 얻어온다.

```
plot = chart.plots[0]
```

plot 객체가 가진 data_labels이라는 속성은 플롯과 관련된 데이터 레이블 컬렉션에 대한 속성 및 메소드를 제공하는 DataLabels 객체 타입이다. DataLabels에 대한 자세한 설명은 다음 링크를 참고한다.

- https://python-pptx.readthedocs.io/en/latest/api/chart.html#pptx.chart.plot._BasePlot.data_labels

플롯과 관련된 데이터 레이블을 True로 설정한다.

```
plot.has_data_labels = True
data_labels = plot.data_labels
```

데이터 레이블의 폰트 사이즈를 지정한다. Pt 객체는 길이를 포인트 단위로 지정할 때 사용한다.

```
data_labels.font.size = Pt(13)
```

데이터 레이블의 폰트 컬러를 지정한다. RGBColor 객체를 사용하여 특정 RGB 색상을 정의할 수 있다. 16진수 값으로 색상을 지정한다.

```
data_labels.font.color.rgb = RGBColor(0x0A, 0x42, 0x80)
```

레이블의 위치를 차트 안쪽으로 설정한다.

```
data_labels.position = XL_LABEL_POSITION.INSIDE_END

slide = prs.slides.add_slide(prs.slide_layouts[5])
slide.shapes.title.text = '2022년도 부서별 데이터'

chart_data = ChartData()
```

파이 차트의 범주를 정의한다.

```
chart_data.categories = ['영업부', '마케팅부', '개발부', '운영부', '기타부서']
```

chart_data 객체에 모든 부서의 데이터를 넣는다.

```
chart_data.add_series('2022년도', (0.123, 0.199, 0.345, 0.123, 0.456))
```

프레젠테이션 슬라이드에 파이 차트를 추가한다.

```
chart = slide.shapes.add_chart(
    XL_CHART_TYPE.PIE, x, y, cx, cy, chart_data
).chart
```

데이터 레전드(범례 혹은 라벨)를 True로 설정한다.

```
chart.has_legend = True
```

데이터 범례의 위치를 아래쪽으로 설정한다.

```
chart.legend.position = XL_LEGEND_POSITION.BOTTOM
```

플롯 내부에 범례를 설정하지 않음으로 지정한다.

```
chart.legend.include_in_layout = False
chart.plots[0].has_data_labels = True
```

차트의 첫 번째 플롯이 가진 data_labels을 가져온다. chart.plots[0]는 파이 플롯을 의미한다.

```
data_labels = chart.plots[0].data_labels

print(type(chart.plots[0]))
# 결과 <class 'pptx.chart.plot.PiePlot'>
```

DataLabels 객체의 number_format 속성은 데이터 레이블 집합의 숫자 형식을 지정하는 읽기/쓰기 문자열이다. 이 형식 문자열은 렌더링된 데이터 레이블에 영향을 미치지 않는다.

앞에서 설정한 chart_data.add_series('2022년도', (0.123, 0.199, 0.345, 0.123, 0.456)) 안의 데이터 값을 100%로 환산하여 결과가 표시되도록 설정한다. 이 값들은 반올림이 되어서 0.123은 12%, 0.199는 20%처럼 표시된다.

```
data_labels.number_format = '0%'
```

레이블의 위치를 차트 바깥쪽으로 설정한다.

```
data_labels.position = XL_LABEL_POSITION.OUTSIDE_END
```

마지막으로 ppt_chart.pptx라는 파일로 저장한다.

```
prs.save('ppt_chart.pptx')
```

Ctrl + Shift + F10 키를 눌러서 ppt_chart.py 파일을 실행하여 결과를 확인한다. 생성된 ppt_chart_result.pptx 파일은 다음처럼 3개의 슬라이드로 구성되어 있다.

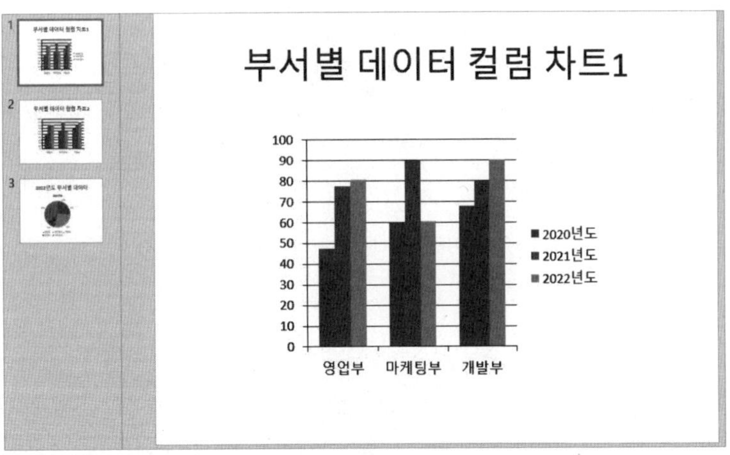

[그림 11-19] 생성된 ppt_chart_result.pptx 의 슬라이드1

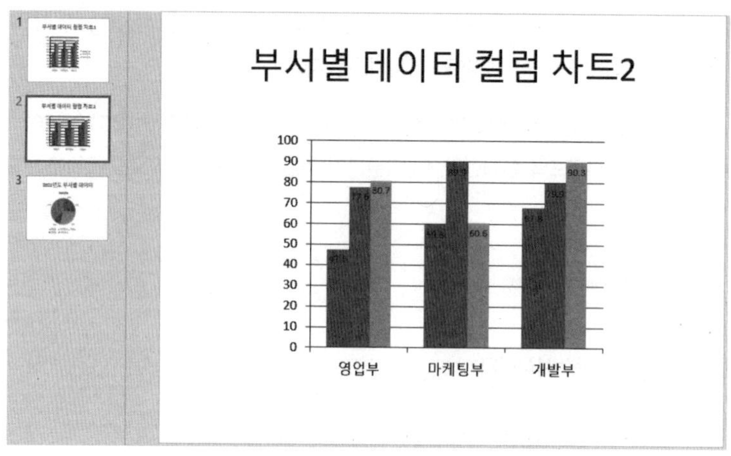

[그림 11-20] 생성된 ppt_chart_result.pptx 의 슬라이드2

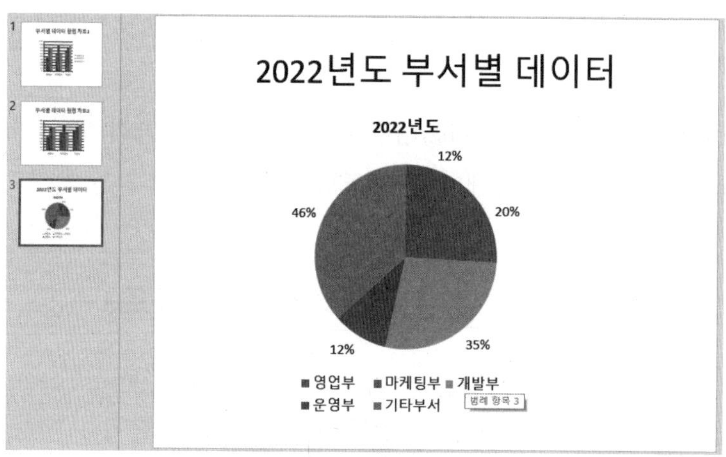

[그림 11-21] 생성된 ppt_chart_result.pptx의 슬라이드3

개발 팁

이번 장의 예제에서는 pptx 모듈의 객체들과 함수 등을 익히기 위해 직접 차트를 만들고 프레젠테이션에 추가하였다. 이렇게 차트들을 추가하기도 하지만, 실제 업무에서는 파이썬의 분석 라이브러리인 pandas 등으로 분석하고 matplotlib이나 seaborn 등의 다양한 시각화 라이브러리를 사용하여 그래프를 그려 이미지로 저장한 후, 저장된 이미지를 프레젠테이션에 추가하기도 한다.

12

웹에서 다양한 데이터 수집하기 - 크롤링

파이썬을 업무에서 가장 많이 활용하는 분야는 데이터 수집, 데이터 전처리와 분석, 머신러닝, 딥러닝, 데이터 시각화 등이다. 이 장에서는 웹에서 데이터를 수집하는 코드를 작성해 봄으로써 파이썬 프로그래밍을 재미있게 학습하기 위한 목적으로 크롤링하는 방법을 간단하게 다룬다.

12.1 데이터 분석 단계

데이터를 분석하는 단계는 데이터 수집과 전처리, 데이터 분석과 시각화 단계로 이루어진다. 이 책에서는 데이터를 수집하는 과정만을 다루지만, 데이터를 수집하고 분석 및 시각화하는 과정은 중요하기 때문에 전체 과정을 소개한다.

데이터 수집
데이터 수집단계는 제공되는 데이터셋을 사용하거나 직접 데이터를 수집
데이터 전처리/분석
데이터 전처리 및 분석 단계는 수집한 데이터를 바탕으로 데이터를 정제하고, 분석 및 통계 작업을 수행
데이터 시각화
데이터 시각화 단계는 분석한 데이터를 다양한 그래프나 차트 등으로 표현

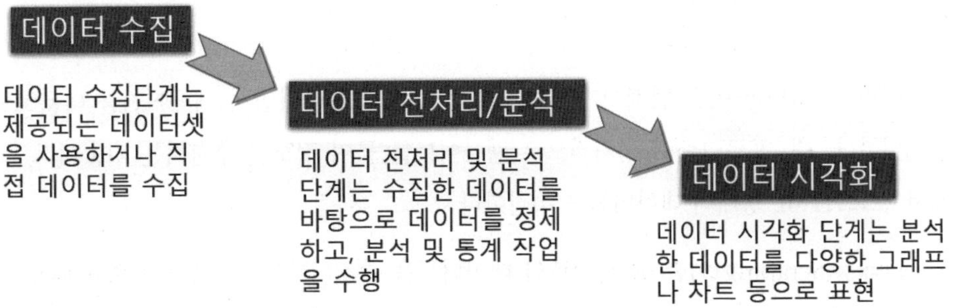

[그림 12-1] 빅데이터 분석 단계

데이터 수집은 실질적인 데이터 과학이 이루어지는 첫 단계이며,
분석 단계에서 사용될 재료를 얻는 중요한 단계다.

- 통계학자 로널드 피셔 -

마치 요리를 할 때 신선한 재료를 준비하는 것이 좋은 요리를 만드는 기본이 되는 것처럼 데이터를 수집하는 과정은 모든 데이터 분석에 있어서 가장 중요하다.

데이터를 수집하는 방법은 크게 두 가지가 있다.

1. **파일 형태의 데이터 세트(Data Set: 데이터 모음)**

   정부의 공공 데이터, 각 기업의 유료 혹은 무료 데이터, 직접 만들거나 회사에서 업무로 사용되는 데이터 세트가 있으며, 데이터 세트는 일반적으로 파일 형태로 제공된다. 파일로 제공되는 데이터 세트에서 데이터들을 읽어오거나 쓰기 위한 방법은 이전 장까지 살펴보았던 다양한 파일을 다루는 내용들을 참고한다. 파일 이외에도 업무에서 사용되는 데이터베이스에서 읽어올 수도 있다.

2. **웹에서 직접 데이터를 수집**

   크롤링을 통해 웹 사이트에서 데이터를 수집하거나, OpenAPI를 사용하여 데이터를 받아오는 방법이다. 이번 장에서는 크롤링을 통해 웹 페이지의 데이터를 수집하는 방법을 학습한다.

12.2 크롤링과 스크래핑

일반적으로 검색엔진은 자료수집, 인덱싱, 검색의 3단계로 구성되어 있는데, 크롤러가 웹페이지들을 수집하면 검색 시에 보다 빨리 찾기 위해서 인덱서가 수집한 결과들을 정리해서 보관하고, 그 후 사용자의 입력이 들어오면 결과를 찾아서 보여준다. 이러한 검색엔진으로 구글이 성장했고, 지금은 세계 곳곳에 데이터 센터를 만들어 두고, 웹 크롤러를 통해 수집한 데이터들을 저장하는 등의 작업을 수행한다.

여기서 크롤링(Crawling)이란 웹페이지의 연결된 링크를 돌아다니면서 웹페이지를 다운로드하는 작업을 의미한다. 즉, 프로그램이 정기적으로 웹사이트를 돌며 정보를 추출하는 기술이다. 크롤링을 통해서 주로 HTML 형태의 데이터들을 수집한다.

더불어 스크래핑(Scraping)이란 웹 사이트의 데이터들을 수집(긁어와서)해서 필요한 내용을 추출하는 것을 의미한다. 잡지나 신문의 특정 부분을 잘라내는 것을 스크랩이라고 하듯이 스크래핑은 웹사이트상에서 원하는 부분에 위치한 정보를 프로그램으로 하여금 자동으로 추출하여 수집하는

기술이다. 어떤 웹페이지에서 원하는 데이터를 특정 패턴이나 순서 등으로 추출하여 데이터를 가공하는 것을 파싱(parsing)이라고 한다. 스크래핑은 크롤링과 파싱을 하는 것이다. 크롤링도 일종의 스크래핑 기술이라고 할 수 있다.

대부분의 크롤링 라이브러리들과 스크래핑 라이브러리들이 웹페이지의 데이터를 수집해서 원하는 부분을 파싱하는 기능들을 포함하고 있기 때문에 굳이 크롤링과 스크래핑이라는 용어를 구분해서 사용할 필요는 없다. 이 책에서는 크롤링이라는 용어를 사용한다.

크롤링 프로그램을 작성하기 위해서는 웹사이트의 동작 방식을 이해하고, 크롤링을 수행하는 파이썬 라이브러리들을 알아야 한다. 웹사이트의 동작 방식은 웹클라이언트(브라우저)와 웹서버가 통신할 때 사용하는 HTTP 프로토콜의 요청과 응답, 웹페이지의 구성인 HTML 구조와 태그, CSS나 자바스크립트 등을 이해해야 한다.

먼저 웹의 동작 방식과 프로토콜, HTML과 CSS에 대해 알아보고, 파이썬 크롤링 라이브러리를 살펴본다.

12.3 HTTP 요청과 응답

통신 프로토콜 또는 통신 규약은 컴퓨터나 원거리 통신 장비 사이에서 메시지를 주고받는 양식과 규칙 체계다. 서로 다른 기기의 컴퓨터들이 통신하기 위해서는 네트워크에 접속하는 방법, 주고받는 데이터의 형식, 데이터를 변환하는 방식 등이 모두 다르기 때문에 원활하게 데이터를 주고받고 통신을 하기 위해서는 미리 통신 규칙과 약속을 정해서 사용해야 한다. 이러한 규칙을 프로토콜이라고 한다.

HTTP(HyperText Transfer Protocol)은 클라이언트와 서버 사이에 이루어지는 요청/응답(request/response) 프로토콜이다. 클라이언트인 웹브라우저가 HTTP를 통하여 서버에 웹페이지나 기타 정보를 요청하고, 서버는 이 요청에 응답하여 필요한 정보를 해당 사용자에게 전달한다.

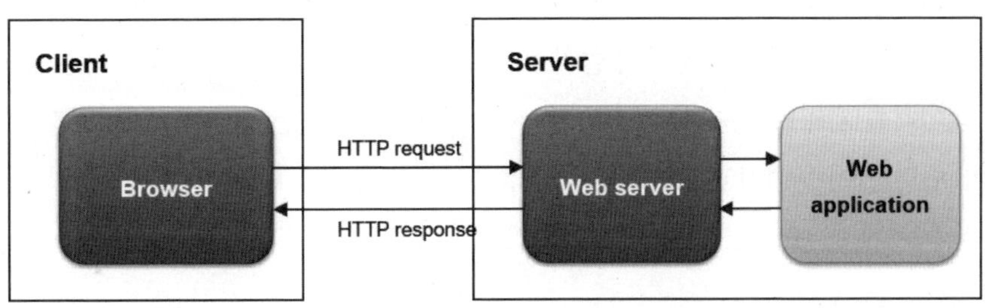

[그림 12-2] HTTP 클라이언트와 서버

클라이언트는 URL(Uniform Resource Locator)을 사용하여 요청을 보낸다. URL은 네트워크상에서 자원이 어디 있는지를 알려주기 위한 규약이다. 컴퓨터 네트워크와 검색 메커니즘에서의 위치를 알려주어 웹리소스에 대한 참조가 가능하게 한다.

URL 구조는 다음과 같다.

```
scheme:[//[user:password@]host[:port]][/]path[?query][#fragment]
```

HTTP 프로토콜을 사용한다면, 다음 형식으로 사용된다.

```
scheme://host[:port]][/]path[?query][#fragment]
```

scheme은 프로토콜을 의미하고, host는 서버의 IP 주소 혹은 도메인 네임을, port는 컴퓨터의 포트 번호를 의미한다. 웹의 기본 포트인 80번 포트인 경우에는 포트 번호를 생략할 수 있다. path는 서버에서 문서가 있는 경로와 파일명을 명시한다.

예를 들어 https://www.python.org 라고 브라우저의 주소창에 입력을 하면, https://www.python.org (:80/docBase/welcomeFile)을 요청하는 것이다. 괄호 안의 내용은 생략되어 있다.

docBase는 웹서버에서 문서를 공급할 루트로 설정된 디렉터리이고, welcomeFile은 공급할 문서를 의미한다. 어떤 디렉터리의 어떤 파일인지는 웹서버마다 다르다. 만약 웹서버에서 htdocs/index.html이라고 지정했다면, 웹 서버는 htdocs 디렉터리의 index.html 파일을 HTTP의 response(응답)으로 클라이언트로 전송한다. 클라이언트(웹 브라우저)는 이 파일을 다운받아서 화면에 표시한다.

80 포트 이외의 포트 번호는 생략할 수 없고 포트 번호를 명시해야 하며, docBase 디렉터리나 welcomeFile이 아니라면, path/path/path/file의 형태로 명시해야 한다. 결국 클라이언트는 HTTP의 응답으로 HTML 형태의 파일을 받게 되는 것이다.

?query는 ?name=value&name=value&name=value&… 형식의 쿼리문자열을 말한다. 쿼리문자열은 HTML의 form 태그 등을 사용하여 클라이언트 브라우저에서 사용자가 입력하거나 선택, 클릭하는 등의 데이터를 서버로 전송하는 것을 말한다. 요청을 전달하는 방식이 GET 방식인 경우에는 주소창(URL 입력창)에 보여지고 POST 방식인 경우에는 주소창에 보이지 않는다. 쿼리문자열은 사용되지 않을 수도 있다. #fragment는 웹페이지의 특정을 위치를 지정할 때 쓰인다.

HTTP 요청을 전달하는 방식(메소드)는 GET, POST, HEAD, PUT, DELETE, CONNECT, OPTIONS, TRACE, PATCH 등이 있다. 이 중에서 GET, POST가 가장 많이 사용된다.

GET은 요청의 헤더 뒤에 붙어서 전송되기 때문에 URL창에 보여지고, POST는 요청의 본문 뒤에 붙어서 전송되기 때문에 URL창에 보이지 않는다. 자세한 차이점들이 있지만, 우리는 웹사이트를 구축하기 위한 것이 아니라 크롤링을 하기 위한 목적이기 때문에 이 정도로만 알고 넘어가자.

HTTP 프로토콜은 무상태 프로토콜(stateless protocol)이기 때문에 클라이언트의 모든 요청이 독립적이다. 즉, 프로토콜에서 클라이언트의 요청이나 요청에 따른 데이터를 저장하지 않는다. 이를 보완하기 위해 쿠키(Cookie)나 세션(Session) 사용한다. 쿠키는 요청과 요청에 따른 데이터들을 클라이언트인 브라우저에 저장하여 유지시키고, 세션은 서버에 저장하여 유지시킨다. 크롤링 프로그램을 작성하다 보면 때로 쿠키나 세션을 다뤄야 하는 경우도 생긴다.

12.4 HTML 구조

HTML(Hyper Text Markup Language: 하이퍼 텍스트 마크업 언어) 웹페이지 표시를 위해 개발된 마크업 언어(markup language)다. 마크업 언어는 태그 등을 이용하여 문서나 데이터의 구조를 명시하는 언어를 의미한다.

위키 백과에서는 HTML을 다음과 같이 설명하고 있다.

> HTML은 제목, 단락, 목록 등과 같은 본문을 위한 구조적 의미를 나타내는 것뿐만 아니라 링크, 인용과 그 밖의 항목으로 구조적 문서를 만들 수 있는 방법을 제공한다. HTML은 웹 페이지 콘텐츠 안의 꺾쇠괄호에 둘러싸인 태그로 되어있는 HTML 요소 형태로 작성한다. HTML은 웹 브라우저와 같은 HTML 처리 장치의 행동에 영향을 주는 자바스크립트, 본문과 그 밖의 항목의 외관과 배치를 정의하는 CSS 같은 스크립트를 포함하거나 불러올 수 있다.

HTML 관련 표준은 https://html.spec.whatwg.org/multipage/ 사이트를 참고한다.

웹페이지를 직접 제작하는 경우에는 HTML의 모든 태그를 알아야 하지만, 크롤링이 목적이라면 주요 태그를 중심으로 익히고, 기타 태그들은 필요한 경우에 찾아본다.

HTML 문서를 구성하는 기본 요소(Element: 엘리먼트)들을 소개한다. HTML 요소(Element: 엘리먼트) 는 시작 태그(start tag)에서 종료 태그(end tag)까지의 모든 것을 의미한다. 즉 다음 코드 전체가 하나의 요소다.

```
<h1>환영합니다</h1>
```

<h1>은 시작 태그이고, 요소의 내용(콘텐츠)은 환영합니다 라는 텍스트(문자열)이며, </h1>은 종료 태그다. 태그명 앞에 /(슬래시)를 붙이면 종료 태그가 된다.

모든 태그는 시작 태그와 함께 속성(Attribute)을 사용할 수 있는데, 속성="값" 형식으로 사용된다. 아래 요소에서는 href="https://www.python.org/" 부분이 속성과 값이다.

```
<a href="https://www.python.org/">Welcome to Python.org</a>
```

일부 HTML 요소에는 내용(콘텐츠)과 종료 태그가 없는 빈 요소들도 존재한다. 빈 요소는 예를 들어 〈br〉 태그 등이 있다.

요소와 태그는 혼용되는 경우가 많은데, HTML 문서만을 다룰 때는 크게 상관없으나 CSS 선택자나 파이썬 라이브러리 등에서는 요소라는 표현을 중요하게 사용한다.

단순하게 웹 페이지의 HTML 태그들을 분석할 때는 태그라는 표현을 사용하고, CSS 선택자나 파이썬 라이브러리에서는 요소라는 표현을 사용한다.

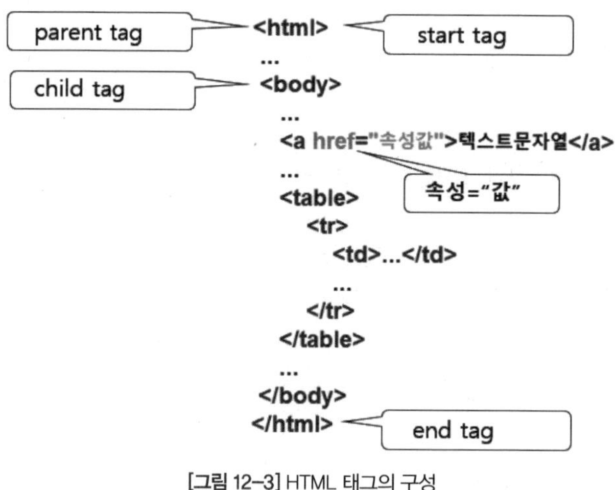

[그림 12-3] HTML 태그의 구성

〈html〉을 시작으로 태그들은 부모(parent)와 자식(child) 관계로 계층화되어 있다. 자식 태그는 부모의 시작 태그 다음에 나오며, 부모의 종료 태그 이전에 종료 태그가 나온다.

<html>	문서의 루트 태그이며, 하나의 문서에서 루트 태그는 하나만 허용된다. 모든 html 태그는 〈html〉의 자식 태그다.
<head>	문서의 제목, 스타일 파일 연결, 자바스크립트 삽입을 위한 태그들을 포함한다. 여러 자식 태그들을 포함한다. 문서 내에서 한 번만 사용되며, head의 내용은 웹 페이지에 표시되지 않는다. 주로 페이지 설명 등을 하는 메타 데이터를 포함한다.
<body>	문서의 본문을 나타내는 태그이며, 문서 내에서 한 번만 사용된다. 우리가 살펴볼 대부분의 태그는 body의 자식 태그다. 웹 페이지에서 보여지는 화면은 body 태그와 그 자식 태그들의 결과이다.

크롤링할 때 제일 중요한 것은 웹페이지가 어떻게 분할되어 있는지 레이아웃(구조)를 파악하는 것이다. 웹페이지는 눈에 보이지는 않지만 다양한 행과 열들로 구성된다.

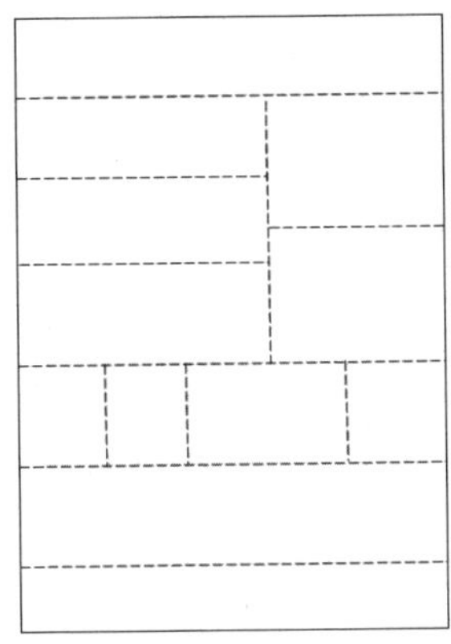

- 웹페이지는 한 화면을 다양하게 분할하여 사용한다. 그림에서 점선들은 실제로 보이는 선이 아니라 웹페이지들의 영역을 구분하기 위해 표시했다.
- 많은 웹페이지에서 <div>, <span>, <section> 등의 태그를 중첩하고 조합하여 화면을 분할한다.
- <table> 태그를 <div> 태그 등과 조합하여 사용하기도 한다.

아래 화면은 크롬 브라우저의 개발자 도구를 사용하여 네이버 뉴스 사이트의 태그 정보들을 보여준다. 대략적으로만 봐도 많은 <div> 태그가 사용된 것이 보인다.

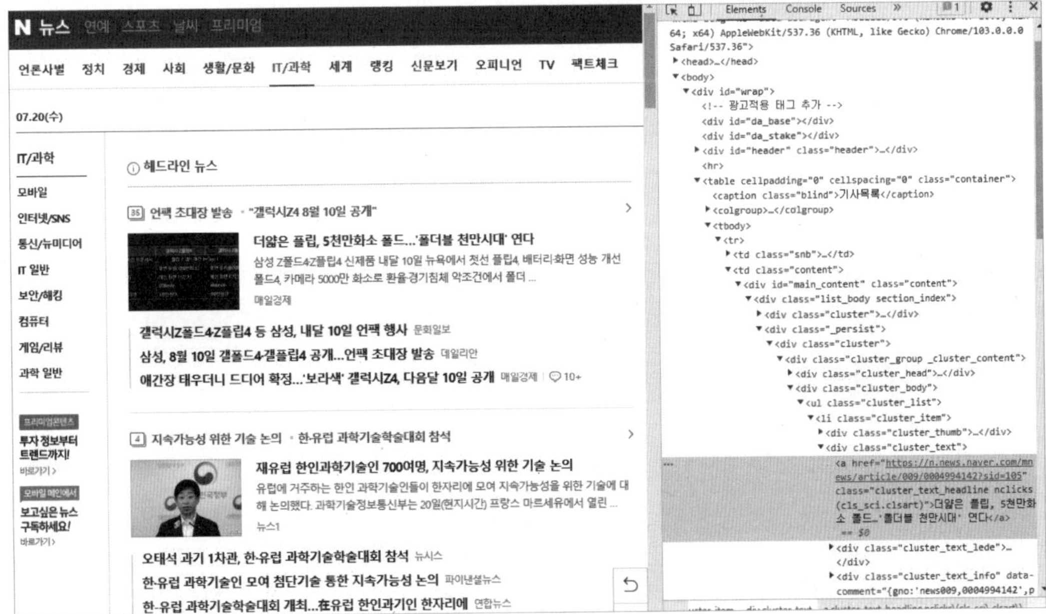

[그림 12-4] 크롬 개발자 도구로 분석한 웹 페이지

화면을 분할할 때 주로 사용되는 HTML 태그들은 다음과 같다.

<div>	division의 약자로 콘텐츠의 블록을 의미한다. 웹페이지의 레이아웃을 설정할 때, row(행) 구조로 데이터를 보여준다.

<span>	웹페이지의 레이아웃을 설정할 때, column(열) 구조로 데이터를 보여준다.
<nav>	문서 내에 Navigation(메뉴) 요소가 있을 때 사용한다.
<section>	문서의 영역을 구성할 때 사용하며, 페이지의 내용을 기술한다.

목록을 정의할 때는 다음과 같은 태그들을 사용한다. 뉴스기사, 카페나 블로그 글 목록, SNS 글 목록, 주식 현황, 상품 목록, 상품의 가격비교, 주문 목록 등에서 많이 사용된다.

<ol>	ordered list의 약자이며, 순서가 있는 목록을 정의한다.
<ul>	unordered list의 약자이며, 순서가 없는 목록을 정의한다.
<li>	list의 약자이며, 목록의 각 항목을 정의한다. 〈ul〉이나 〈ol〉 태그의 자식 태그로 사용된다.

[그림 12-5] 목록 태그 구성

HTML은 문서와 문서들을 연결할 수 있는데, 특정 링크를 클릭하면 해당 페이지로 이동한다. 이동하고 싶은 페이지가 있다면 〈a〉 태그를 사용하여 하이퍼 링크를 지정한다. 〈a〉 태그의 href 속성이 중요한데 속성의 값으로 이동할 페이지의 주소 URL을 명시한다.

<a href="이동할URL">보여지는텍스트문자열</a>

[그림 12-6] 〈a〉 태그 구성

테이블(표)를 만들 때는 다음 태그를 사용한다. 테이블 관련 주요 태그들은 다음과 같고, 이외에도 〈table〉의 자식 태그로 여러 태그가 존재한다.

<table>	테이블을 생성한다.
<tr>	table row의 약자이며, 테이블의 행을 정의한다. 〈table〉의 자식 태그다.
<th>	table header의 약자이며, 테이블의 제목을 정의한다. 〈tr〉의 자식 태그다.
<td>	table data의 약자이며, 테이블의 데이터(내용)를 정의한다. 테이블의 열을 의미한다. 〈tr〉의 자식 태그다.

```
<table>
  <tr>
    <th>...</th>
    <td>...</td>
    <td>...</td>
    ...
  </tr>
  ...
</table>
```

[그림 12-7] table 태그 구성

〈form〉 태그를 정의하면, 사용자가 값을 입력하거나 항목을 선택하거나 버튼 등을 클릭하는 행동들을 할 수 있으며, 사용자가 입력한(혹은 선택한) 값들을 쿼리 문자열을 통해 서버로 전송된다. 우리가 웹페이지에 로그인할 때 아이디나 패스워드를 입력하고 로그인 버튼을 클릭하는 것들은 모두 〈form〉 태그를 통해 이루어진다.

<form>	폼 서식이 포함될 영역을 정의한다. 다음은 〈form〉의 자식 태그다.
<input>	텍스트 입력 상자, 라디오 버튼, 체크박스 등 다양한 폼 서식을 정의한다. type 속성에는 보여질 모양에 대한 다양한 값들을 설정할 수 있다. text, search, password, checkbox, radio, file, hidden, image, button, reset, submit, 외에 다수가 있다.
<button>	전송, 취소 등 버튼을 정의한다.
<select>	리스트나 목록 상자를 정의한다.
<option>	리스트나 목록 상자 서식의 항목을 정의한다. 〈select〉의 자식 태그다.
<textarea>	여러 줄 입력 상자를 정의한다.

```
<form method=post action="">
  <input type="text" name="">
  <input type="password" name="">
  <input type="radio" name="">
  <select name="">
    <option value="">
    <option value="">
  </select>
  <input type="submit">
</form>
```

[그림 12-8] form 태그 구성

다음은 텍스트를 표현하는 주요 태그다. 이 외에도 다양한 태그가 존재한다.

<h1>~<h6>	header의 약자이며, 제목 등을 정의한다. 〈h1〉이 가장 큰 글자이며 〈h2〉에서 〈h6〉까지 순차적으로 번호가 증가할수록 글자의 크기는 작아진다.
<font>	일반적인 글자의 크기와 색상 등을 정의한다.
<strong>	중요한 콘텐츠를 강조할 때 사용된다.

12.5 CSS

CSS(Cascading Style Sheets: 캐스케이딩 스타일 시트)는 W3C의 표준이며, 웹페이지의 레이아웃과 스타일을 정의할 때 사용된다. CSS는 마크업 언어가 실제 표시되는 방법을 기술하는 언어로 HTML 구조는 그대로 두고 CSS 파일만 변경해도 다른 웹사이트처럼 보이게 할 수 있다.

마크업 언어가 웹사이트의 몸체를 담당한다면 CSS는 옷과 액세서리처럼 꾸미는 역할을 담당한다고 할 수 있다. CSS 관련 문서는 다음 링크에서 확인할 수 있다.

- https://www.w3.org/standards/webdesign/htmlcss.html
- https://www.w3.org/Style/CSS/

CSS 선택자(CSS Selector)는 CSS 규칙을 적용할 요소를 정의한다. CSS 선택자를 사용하여 HTML 요소들을 접근하고 레이아웃과 스타일을 정의한다. 크롤링 프로그램을 작성할 때, 크롤링한 웹페이지에서 원하는 부분을 선택하기 위해서는 CSS 선택자를 이용한다.

예를 들어 여러 〈div〉 태그로 구성된 페이지에서 특정 부분(다음 그림의 화살표 부분)을 선택하고 싶다면 어떻게 할까? 〈html〉 태그부터 쭉 내려와서 몇 번째 위치의 〈div〉 태그를 찾아야 할 것이다. 이는 매우 복잡하며, 프로그래밍하기 너무 어렵고, 불편하다.

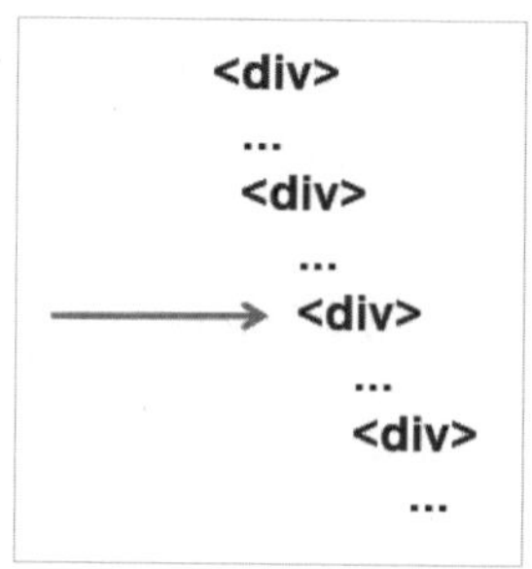

만약 〈div〉 태그를 구분할 수 있는 속성이 있다면 어떨까? 여러 〈div〉 태그로 구성된 페이지에서 특정 부분(아래 그림의 화살표 부분)을 선택하고 싶다면, id가 "product"인 〈div〉 태그를 찾으면 된다.

이와 같이 CSS 선택자를 사용하여 웹 페이지의 원하는 부분을 쉽게 선택할 수 있다. HTML 태그와 함께 id="값", class="값", name="값"의 속성들이 함께 사용되며, id 속성의 경우 한 페이지 내에서 유일한 값을 가진다.

주요 CSS 선택자들을 HTML 태그를 사용하는 예시로 먼저 설명한다.

CSS 선택자	의미
form	form 태그
body h3	body 태그의 후손 중 h3 태그. 태그 사이에 공백 사용
body > h3	body 태그의 자식 중 h3 태그. 태그 사이에 〉 부호 사용
body > *	body 태그 내부의 모든 자식 태그
#main	id 속성이 "main"인 태그. 태그의 이름은 상관없음 예) 〈?? Id="main"〉
li.active	class 속성으로 "active"를 포함하고 있는 li 태그 예) 〈li class="active"〉
input[type="text"]	type 속성이 "text"인 input 태그
a[href^="http://"]	href 속성이 "http://"로 시작하는 a 태그
img[src$=".jpg"]	src 속성이 ".jpg"로 끝나는 img 태그

CSS 선택자의 주요 형식은 다음과 같다. CSS 선택자 공식 문서에는 태그가 아닌 요소로 표현한다. CSS 선택자 형식에서 홑화살괄호〈 〉는 입력값이 아니다.

CSS 선택자 형식	의미
<요소> , <요소>	쉼표로 구분된 여러 개의 요소를 모두 선택
<요소> <요소>	요소 사이에는 공백을 사용 앞 선택자의 후손 중 뒤 요소에 해당하는 것을 모두 선택
<요소> > <요소>	앞 요소의 자식 중 요소에 해당하는 것을 모두 선택
<요소> + <요소>	같은 계층에서 바로 뒤에 있는 요소를 선택
<요소1> ~ <요소2>	요소1부터 요소2까지의 요소를 모두 선택
<요소>[<속성>]	해당 속성을 가진 요소를 선택
<요소>[<속성>=<값>]	해당 속성의 값이 지정한 값과 같은 요소를 선택
<요소>[<속성>^=<값>]	해당 속성의 값이 지정한 값으로 시작하면 선택
<요소>[<속성>$=<값>]	해당 속성의 값이 지정한 값으로 끝나면 선택

위에서 소개한 형식 이외에도 다양한 형식이 있는데, 필요한 경우 문서를 참고한다. CSS 선택자는 다음 링크에서 상세히 설명하고 있다.

- https://developer.mozilla.org/ko/docs/Web/CSS/CSS_Selectors

12.6 크롬 개발자 도구로 웹 페이지 분석

이 책에서 사용할 웹 브라우저는 크롬 브라우저이다. 크롬 브라우저가 설치되어 있지 않다면, https://www.google.co.kr/intl/ko/chrome/에서 다운받아 설치한다. 크롬 개발자 도구를 사용하여 웹 페이지의 HTML 태그들과 CSS 선택자들을 분석해본다.

먼저 크롬 브라우저를 열고, https://www.naver.com/ 페이지로 접속한 후 F12 키를 누른다. 오른쪽 화면에 웹페이지의 소스 코드를 보여준다.

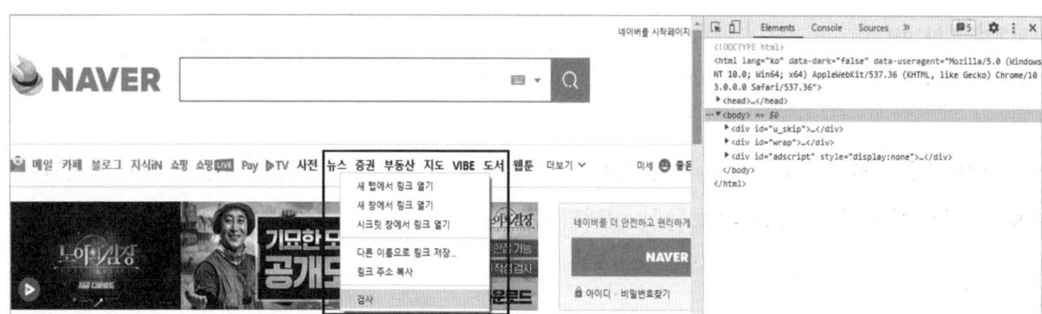

[그림 12-9] 크롬 개발자 도구 실행

페이지의 상단 메뉴 중에서 뉴스 메뉴에 마우스를 가져가고, 마우스 오른쪽 버튼을 클릭하여 보이는 메뉴 중에서 〈검사〉를 클릭한다. 오른쪽 소스 부분에는 우리가 〈검사〉를 누른 태그를 찾아준다.

오른쪽 소스에서 마우스를 움직여 보면, 태그의 위와 아래로 이동해 주고, 왼쪽 웹페이지에서는 하늘색으로 이동하는 소스에 해당하는 페이지 화면을 표시한다.

[그림 12-10] 크롬 개발자 도구 요소 검사

소스를 자세히 보면 수많은 〈div〉 태그들과 〈ul〉 태그, 그 아래 자식 태그로 〈li〉 태그가 존재하고, 그 아래 〈a〉 태그를 통해 뉴스 메뉴 클릭 시 이동하게 될 페이지의 링크가 표시되어 있는 소스가 선택되어 있다.

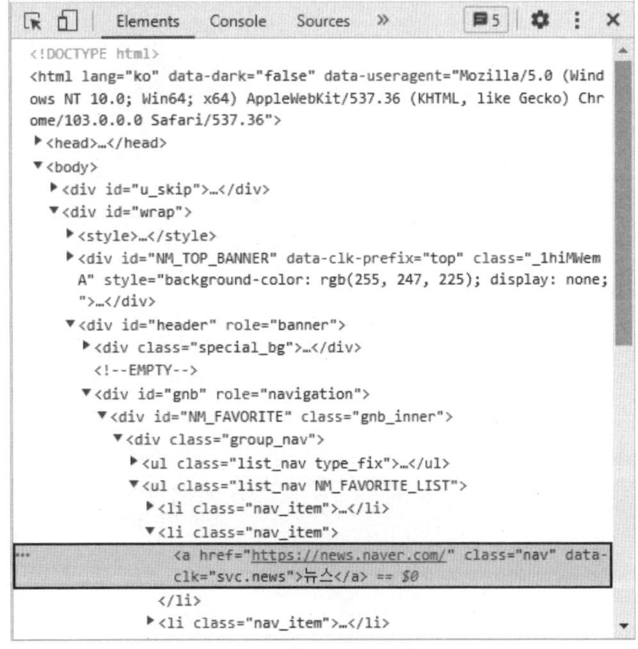

[그림 12-11] 크롬 개발자 도구로 소스 분석

선택된 소스에서 마우스 오른쪽 버튼을 클릭해 보면 많은 메뉴를 보여준다. 메뉴 중에서 〈Edit as HTML〉 을 클릭하면 해당 부분의 소스를 편집 가능한 상태로 보여주고, 필요한 경우 복사할 수 있다. 소스가 복잡한 경우에 이 메뉴를 사용하여 일부 선택된 소스를 분석해서 메모장이나 기타 에디터에 복사해서 분석하면 편리하다.

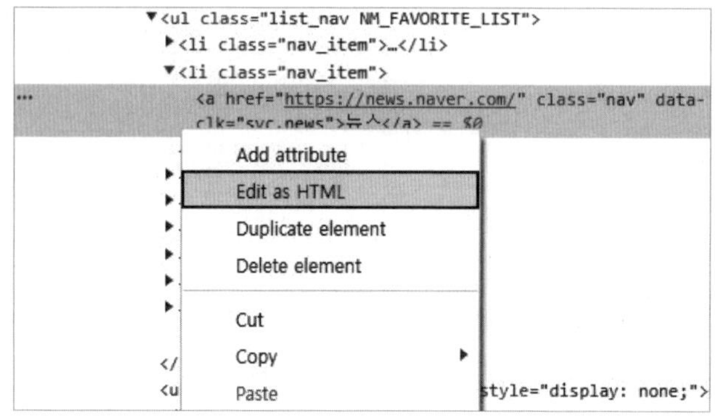

[그림 12-12] 크롬 개발자 도구의 Edit as HTML

CSS 선택자를 보고 싶다면, 선택된 소스에서 오른쪽 버튼 클릭 후, [Copy] → [Copy selector]를 선택하면 해당 CSS 선택자 소스를 복사해준다. 참고로, [Copy] → [Copy element]를 선택하면 해당 부분의 소스를 복사해 준다.

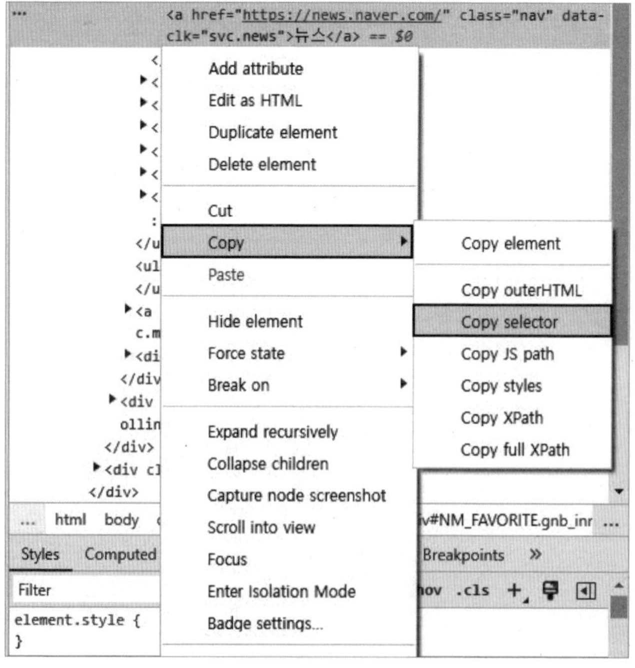

[그림 12-13] 크롬 개발자 도구에서 css 선택자 복사

메모장 등에 붙여넣기를 하면 다음 코드를 볼 수 있다.

```
#NM_FAVORITE > div.group_nav > ul.list_nav.NM_FAVORITE_LIST > li:nth-child(2) > a
```

의미는 id="NM_FAVORITE"인 태그의 자식 중 class="group_nav"인 div 태그, 자식 태그 중 class="list_nav NM_FAVORITE_LIST"인 ul 태그, 자식 태그 중 li 태그의 두 번째 자식 태그, 자식 태그 중 a 태그가 선택된 것이다.

참고로 class="list_nav NM_FAVORITE_LIST"처럼 값에 공백이 포함되어 있다면, 공백을 점으로 바꾸어서 ul.list_nav.NM_FAVORITE_LIST처럼 표현된다.

li 태그는 class="nav_item"으로 값이 모두 동일하기 때문에 li:nth-child(2)처럼 몇 번째 자식 요소를 가져올 것인지 명시하였다.

CSS 선택자와 매핑되는 HTML 소스를 간단히 정리해보면 다음과 같다.

```
<div id="NM_FAVORITE" class="gnb_inner">
  <div class="group_nav">
    ...
    <ul class="list_nav NM_FAVORITE_LIST">
      <li class="nav_item">
        <a href="https://dict.naver.com/" class="nav" data-clk="svc.dic">사전</a>
      </li>
      <li class="nav_item">
        <a href="https://news.naver.com/" class="nav" data-clk="svc.news">뉴스</a>
      </li>
      ...
    </ul>
    ...
```

[그림 12-14] 크롬 개발자 도구에서 css 선택자 분석

이처럼 크롤링하기 전에 먼저 크롤링하려는 페이지를 분석하고 어떤 부분을 선택할 것인지 확인하는 단계가 필요하다.

12.7 파이썬 크롤링 라이브러리

- urllib: 파이썬의 표준 라이브러리에서 제공하는 모듈이다. 크롤링 라이브러리이며 인터넷에서 데이터를 받아오는 기능을 제공한다. URL을 다루고, 인터넷 프로토콜을 다루는 기능을 제공한다.

  https://docs.python.org/3/library/urllib.html

- requests: 서드 파티 라이브러리이며 pip 등을 사용하여 추가 설치가 필요하다. 크롤링 라이브러리로써 인터넷에서 데이터를 받아오는 기능을 제공한다. urllib을 사용하는 것에 비해 비교적 쉽고 간편하게 웹페이지의 내용을 추출할 수 있다. requests를 사용하면 쉽게 쿠키나 세션 등을 이용한 접근이 가능하다. requests에는 HTTP에서 사용하는 GET, POST 등의 메소드와 동일한 이름의 메소드로 존재하며 매우 다양한 기능을 제공한다.

  https://requests.readthedocs.io/en/master/

- beautifulsoup4: 서드 파티 라이브러리이며 pip 등을 사용하여 추가 설치가 필요하다. 파싱을 목적으로 하기 때문에 데이터를 가져오는(크롤링) 기능은 없다. 웹으로부터 데이터를 다운로드하려면, urllib이나 requests 혹은 selenium 등의 크롤링 라이브러리를 함께 사용해야 한다. 다른 크롤링 라이브러리를 사용하여 크롤링한 데이터인 HTML 파일(혹은 XML 파일 등)에서 데이터를 뽑아내기 위한 파싱 라이브러리이다. 간단하고 이해하기 쉬운 API를 활용해 데이터를 추출할 수 있다.

  https://www.crummy.com/software/BeautifulSoup/bs4/doc/

이외에도 다양한 크롤링 라이브러리가 있다. 이 책에서는 현업에서 가장 많이 사용하는 셀레늄(selenium) 라이브러리로 크롤링을 진행한다.

12.8 셀레늄과 웹 드라이버

셀레늄(selenium)은 다양한 브라우저를 자동으로 조작하는 도구다. 원래 웹애플리케이션 자동 테스트 도구로 개발되었지만, 최근에는 웹페이지를 크롤링하기 위해 많이 사용된다.

셀레늄을 사용하면 마치 사용자가 컴퓨터 앞에 앉아서 웹브라우저를 직접 조작하는 것처럼 자동으로 브라우저를 제어해서 입력, 선택, 이동 등이 가능하다. 또한 자바스크립트를 실행할 수 있는 크롤러를 만들 수 있다.

다른 크롤링 라이브러리들을 사용한다면, 웹사이트에서 버튼 등을 클릭하거나 사용자의 입력을 통하여 얻을 수 있는 데이터에 접근하는 것에 한계가 있고, 자바스크립트를 사용하여 조건에 따른 데이터 접근 등에 한계가 있다. 이러한 작업을 하려면 셀레늄을 사용해야 한다.

셀레늄은 파이썬 이외에도 다양한 언어에서도 사용이 가능하다. 셀레늄 관련 문서는 https://www.selenium.dev/에서 찾아볼 수 있다. 파이썬용 셀레늄 라이브러리는 http://selenium-python.readthedocs.io/index.html에서 확인할 수 있다.

셀레늄을 사용하려면 셀레늄 웹 드라이버(Web Driver)가 필요하다. 웹 드라이버는 웹브라우저를 제어해주고, 셀레늄 라이브러리에서 호출해서 사용한다. 셀레늄 라이브러리가 사용하는 웹브라우저라고 봐도 무방하다. 웹 드라이버를 활용하면 다양한 OS, 다양한 웹브라우저(동일 브라우저의 다양한 버전 포함)를 조작할 수 있다. 웹 드라이버의 동작 원리를 그림으로 살펴보자.

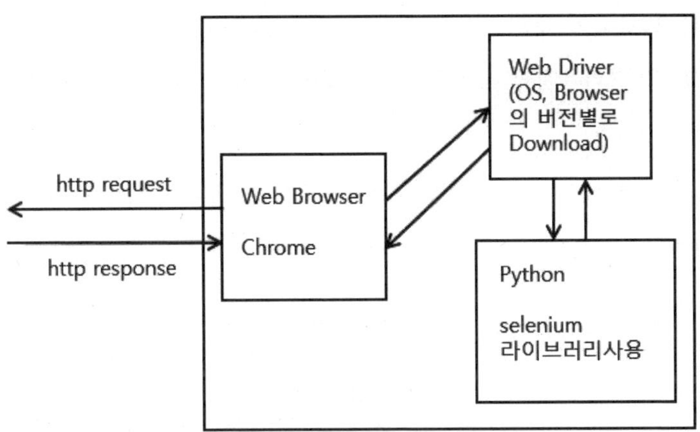

[그림 12–15] 셀레늄 라이브러리와 웹 드라이버의 동작 원리

셀레늄 라이브러리에서 직접 브라우저를 제어하지 않고, 중간에 웹 드라이버를 두는 이유는 다음과 같다.

우리가 사용하는 OS는 Windows, Mac, Linux 등으로 다양하며 각 OS 내부 구현 코드는 모두 다르다. 웹브라우저도 Firefox, Internet Explorer, Safari, Opera, Chrome, Edge 등으로 다양하며, 각 브라우저도 버전별로 내부 구현 코드도 다르다. 따라서 셀레늄 라이브러리에서는 OS와 웹 브라우저별로 다른 코드들을 작성해야 한다.

다음 그림에는 브라우저 종류별 제어 코드만 명시했지만, OS에 따라서 코드를 별도로 작성해야 한다.

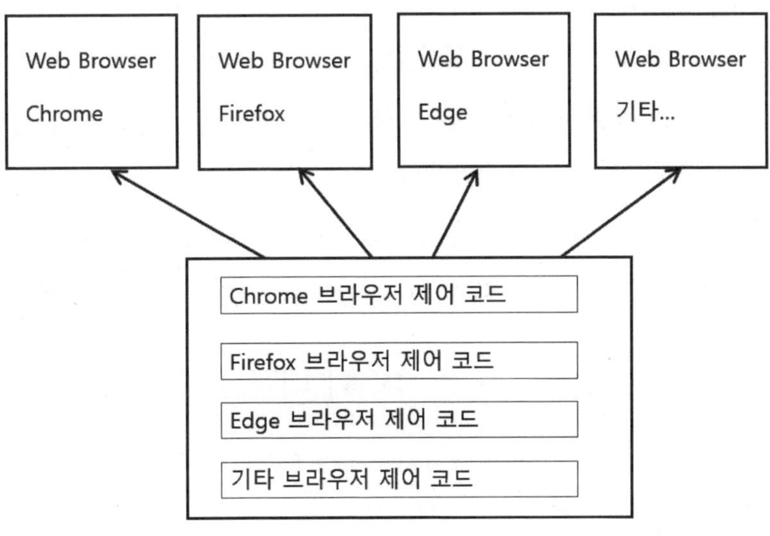

[그림 12–16] 웹 드라이버가 없다면 작성해야 할 코드

개발자들은 각 브라우저 내부 구현 코드를 알아야 하고, OS 내부 구현 코드도 알아야 하며 프로그램 코드에서 각 OS 및 브라우저별 제어 코드들을 넣어야 한다. 이는 매우 어려우며 복잡하고 비효율적이다.

중간에서 이런 작업을 해주는 것이 바로 웹 드라이버이다. 셀레늄 라이브러리에서 웹 드라이버에게 요청하면 각 브라우저에 맞는 제어 코드들이 동작한다.

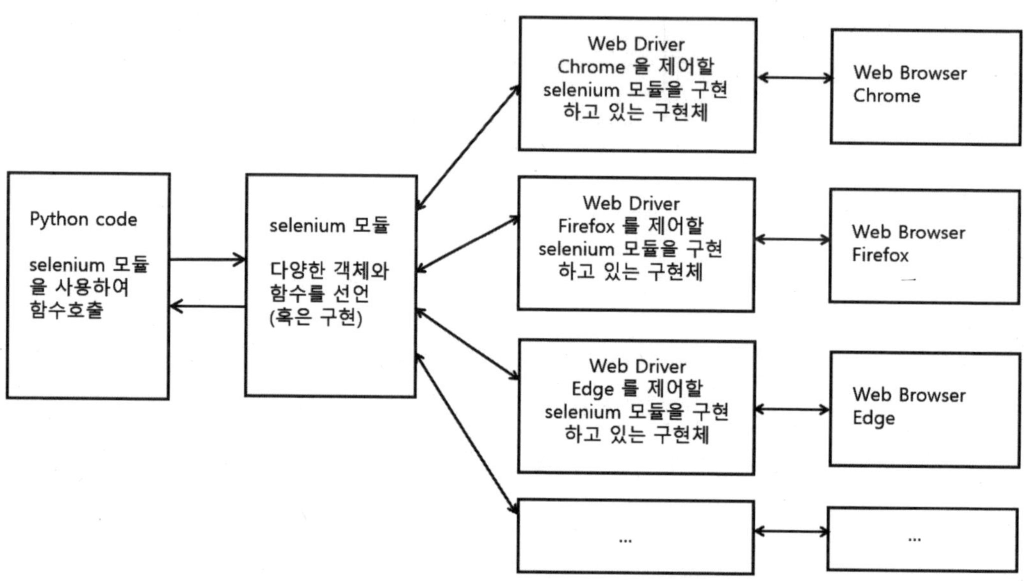

[그림 12-17] selenium 라이브러리와 웹 드라이버

어떤 웹브라우저를 사용하든지 웹 드라이버만 변경해주면, 파이썬 코드에서는 OS 및 브라우저와는 무관하게(독립적으로) 동일한 방식으로 동일한 함수를 사용하는 크롤링 코드를 작성할 수 있다.

개발자가 해야 하는 것은 OS와 브라우저 버전에 맞는 웹 드라이버를 다운받고, 파이썬 코드 내에서 브라우저의 이름의 객체를 생성하기만 하면 된다.

먼저 크롬 브라우저의 버전을 확인한다. 크롬 브라우저 상단 오른쪽 끝의 점 3개(Chrome 맞춤설정 및 제어) 부분을 클릭하고, [도움말] → [Chrome 정보] 메뉴를 클릭하여 크롬 버전을 확인한다.

[그림 12-18] 크롬 맞춤설정 및 제어 메뉴

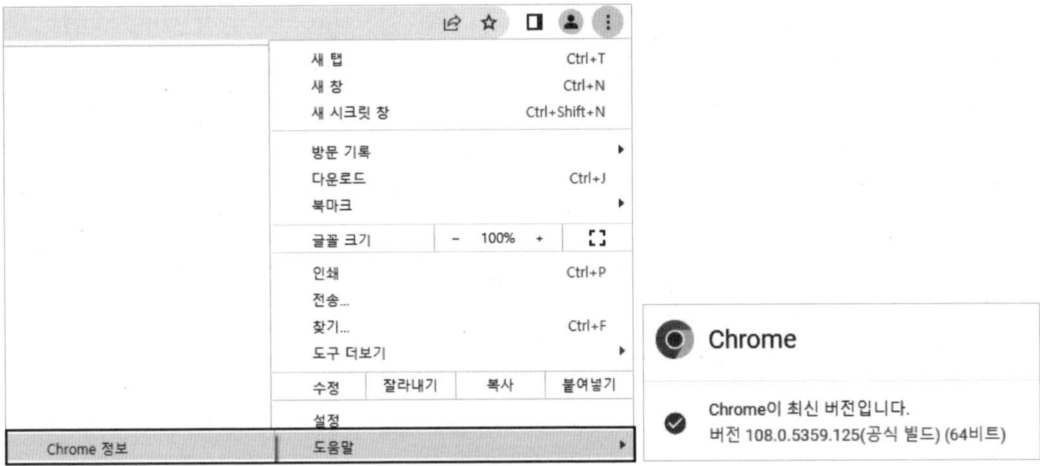

[그림 12-19] 크롬의 버전 확인

크롬 브라우저에 대한 웹 드라이버는 다음 링크에서 다운받는다.

- https://chromedriver.storage.googleapis.com/index.html

이 책 집필 시점에 사용하는 버전은 108.0.5359.125이다. 버전은 계속 업데이트되기 때문에 버전은 달라져도 상관없다. 각자 사용하는 브라우저에 맞추기만 하면 된다. 사용 브라우저의 버전 링크를 클릭한다. 사용하는 크롬 브라우저 버전과 정확하게 일치하는 것이 없을 때는 해당 버전보다 낮은 것 중에서 가장 가까운 버전을 선택한다. 108.0.5359.125인 경우, 108.0.5359.71 버전을 선택한다.

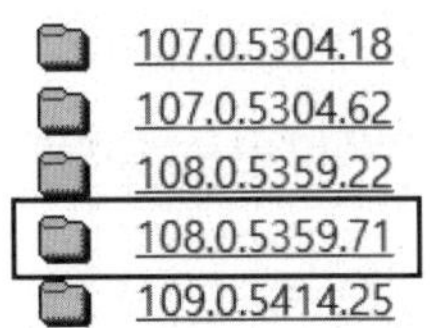

[그림 12-20] 크롬 웹 드라이버 다운로드1

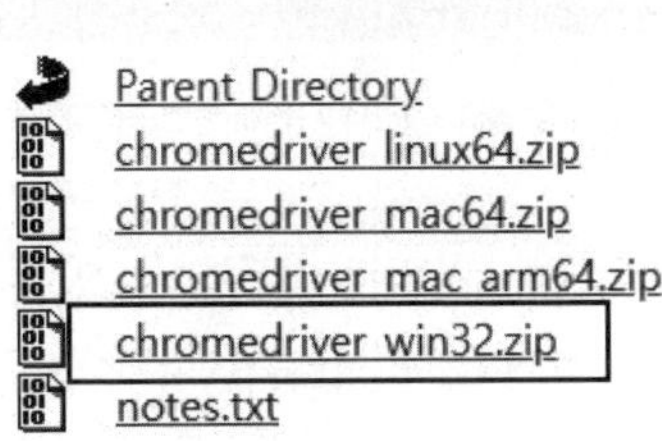

[그림 12-21] 크롬 웹 드라이버 다운로드2

사용하는 OS 버전에 맞는 것을 다운받는다. 윈도우 사용자는 chromedriver_win32.zip을 다운받는다. 윈도우는 64비트와 32비트 구분 없이 모두 하나의 파일을 제공한다. 다운로드된 chromedriver_win32.zip 파일의 압축을 해지하고 생성된 chromedriver.exe 파일을 복사하여 C:₩Python310 디렉터리에 붙여넣는다.

파일 확장자가 exe인데 이는 우리가 직접 실행하는 것이 아니라 셀레늄 라이브러리를 사용할 때 내부적으로 실행된다.

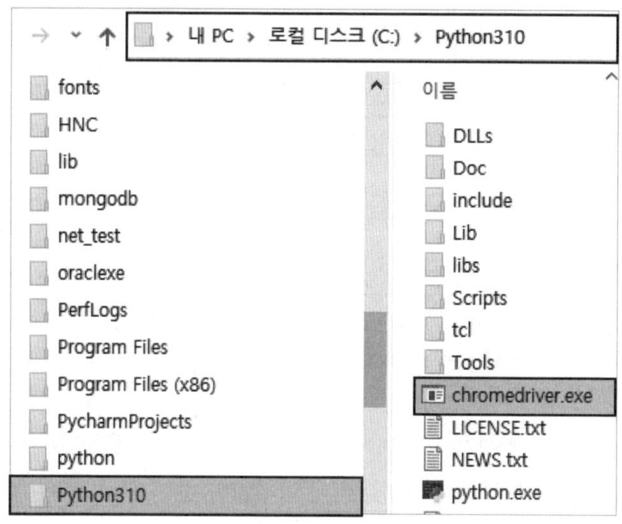

[그림 12-22] 크롬 웹 드라이버 복사

C:₩Python310 디렉터리는 파이썬 프로그램을 설치할 때 PATH로 지정된 디렉터리다. 직접 드라이버를 복사하여 PATH 디렉터리에 붙여넣는 방법 말고, 파이썬 소스 코드 내에서 직접 드라이버의 위치를 명시하는 방법도 가능하다. 만약 크롬 브라우저 이외에 다른 브라우저를 사용하고자 한다면, https://www.selenium.dev/downloads/ 링크에서 페이지 맨 아랫부분에 〈Platforms Supported by selenium〉 메뉴를 참고한다.

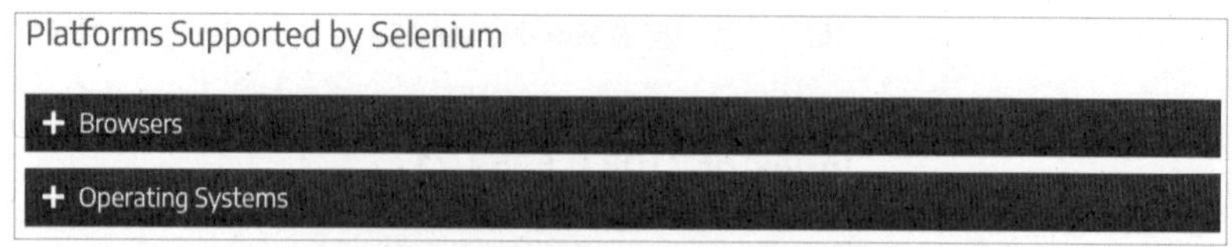

[그림 12-23] 셀레늄에서 지원하는 브라우저와 OS

〈+ Browsers〉의 〈+〉를 누르면, 각 브라우저별로 이동할 수 있는 링크가 나온다. 각 링크로 이동하면 브라우저별로 다운로드 및 사용 방법 등이 소개된다.

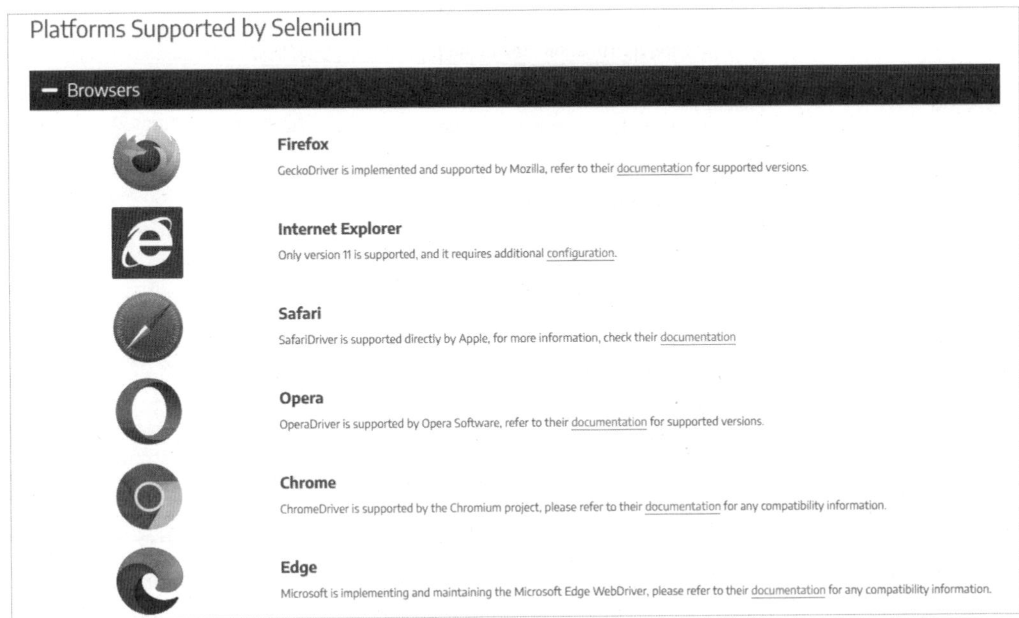

[그림 12-24] 셀레늄에서 지원하는 브라우저

브라우저 아랫부분에는 지원되는 각 OS가 나타난다.

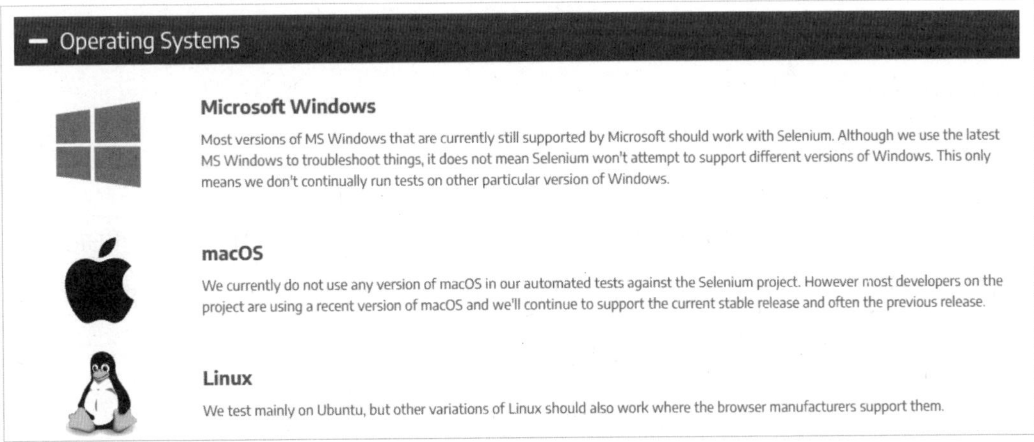

[그림 12-25] 셀레늄에서 지원하는 OS

selenium은 서드 파티 라이브러리이므로 추가로 설치해야 한다. 우리는 이미 8장에서 설치했다. 혹 설치가 안 된 경우 8장을 참고하여 설치한다. 설치 여부는 명령 프롬프트(cmd)를 열고 다음 명령을 입력한다.

```
pip show selenium
```

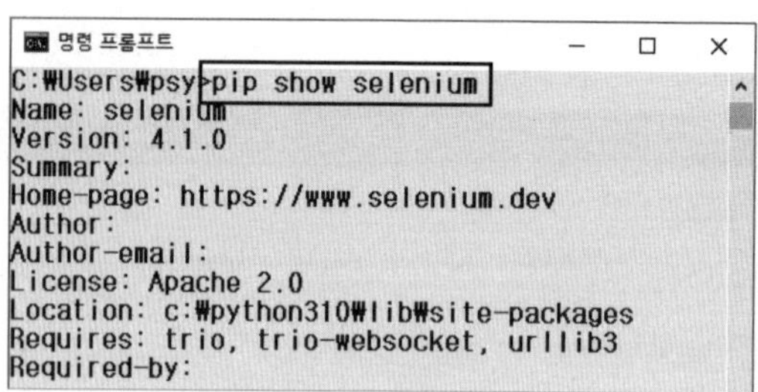
```
C:\Users\psy>pip show selenium
Name: selenium
Version: 4.1.0
Summary:
Home-page: https://www.selenium.dev
Author:
Author-email:
License: Apache 2.0
Location: c:\python310\lib\site-packages
Requires: trio, trio-websocket, urllib3
Required-by:
```

[그림 12-26] 셀레늄 라이브러리 정보

12.9 셀레늄으로 크롤링하기

selenium은 라이브러리명과 모듈명이 동일하다. selenium 모듈의 클래스와 함수 등을 알아보고 파이썬 크롤링 프로그램을 작성하면 된다. 크롤링하기 위해서 제일 먼저 해야 할 일은 웹 드라이버 구현 클래스로부터 객체를 생성하는 것이다.

selenium.webdriver 모듈은 웹 드라이버 구현 클래스들을 제공한다. 다음은 몇 가지 주요 클래스들이다.

- webdriver.Firefox
- webdriver.Chrome
- webdriver.Ie
- webdriver.Opera

이렇게 생성된 웹 드라이버 객체의 get() 함수 인자 값으로 크롤링하고자 하는 페이지의 URL을 입력하여 페이지를 다운받는다. 크롬을 사용하여 파이썬의 공식 홈페이지(http://www.python.org) 코드를 가져오려면 다음과 같은 코드를 작성한다.

```
from selenium import webdriver
driver = webdriver.Chrome()
driver.get("http://www.python.org")
```

이때 앞에서 다운받은 웹 드라이버가 PATH에 등록된 디렉터리(C:\Python310)에 없거나 드라이버의 버전이 브라우저와 맞지 않은 경우에 에러가 발생할 수 있다.

만약 직접 드라이버의 위치를 지정하고 싶은 경우, 예를 들어 c:/python/chromedriver.exe에 웹 드라이버가 있고 이를 사용하고 싶다면 다음 코드처럼 작성한다. 드라이버의 위치는 얼마든지 변경할 수 있다.

```
from selenium import webdriver
from selenium.webdriver.chrome.service import Service
service = Service(executable_path="c:/python/chromedriver.exe")
driver = webdriver.Chrome(service=service)
```

12.9.1 요소 찾기

이렇게 웹페이지를 크롤링한 후에는 원하는 요소를 찾아야 한다. 셀레늄 공식 문서에서도 요소라는 표현이 사용된다. 웹페이지에서 요소를 찾고자 한다면, 다음 두 함수를 사용한다.

함수	설명
find_element()	최초로 발견한 요소 하나만 반환한다.
find_elements()	내부의 모든(여러) 요소를 추출하여 리스트로 반환한다.

find_element() 함수는 매개변수가 중요하다. By.속성 형태로 매개변수를 넘기는데, 이 속성으로 원하는 요소를 찾을 수 있다.

find_element() 함수의 매개변수	설명
find_element(By.ID, "id")	id 속성으로 "id"에 해당하는 요소를 하나 추출한다.
find_element(By.NAME, "name")	name 속성으로 "name"에 해당하는 요소를 하나 추출한다.
find_element(By.CLASS_NAME, "class name")	class 속성으로 "class name"에 해당하는 요소를 하나 추출한다.
find_element(By.CSS_SELECTOR, "css selector")	CSS 선택자로 요소를 하나 추출한다.
find_element(By.TAG_NAME, "tag name")	태그 이름이 "tag name"에 해당하는 요소를 하나 추출한다.
find_element(By.LINK_TEXT, "link text")	링크 텍스트로 요소를 추출한다.
find_element(By.PARTIAL_LINK_TEXT, "partial link text")	링크의 자식 요소에 포함되어 있는 텍스트로 요소를 하나 추출한다.
find_element(By.XPATH, "xpath")	xpath를 지정해 요소를 하나 추출한다.

다음은 By 클래스로부터 사용할 수 있는 속성이다. selenium.webdriver.common.by.By 클래스를 import한 후 사용한다.

By 클래스 속성
ID = "id"
NAME = "name"
CLASS_NAME = "class name"

By 클래스 속성
CSS_SELECTOR = "css selector"
TAG_NAME = "tag name"
LINK_TEXT = "link text"
PARTIAL_LINK_TEXT = "partial link text"
XPATH = "xpath"

find_element() 함수와 동일한 방식으로 find_elements()를 사용할 수 있다. find_element()는 하나의 결과만을 가져오고, find_elements()는 여러 개의 결과를 가져온다.

참고로 우리가 사용하는 셀레늄 버전은 4.1.0이다. 이전 셀레늄 3.x 버전에서는 find_element_by_id(id), find_element_by_name(name), … 등으로 함수명이 모두 달랐는데, 버전이 올라가면서 함수가 변경되었다.

12.9.2 텍스트 상자 입력, 버튼 클릭 등 요소 조작

셀레늄에는 텍스트 상자, 버튼 클릭 등 다양한 요소를 조작할 수 있는 함수가 있다. 이런 함수를 통해 사용자가 브라우저에 값을 입력할 수도 있고, 요소를 선택하거나 클릭하는 등의 작업을 할 수 있다.

함수	설명
clear()	글자를 입력할 수 있는 요소의 글자를 지운다.
click()	요소를 클릭한다.
send_keys(value)	value로 주어진 키를 입력한다.
submit()	입력 양식을 전송한다. form 태그의 submit 기능이다.
get_attribute(name)	요소의 속성 중 name에 해당하는 속성의 값을 추출한다.
execute_script()	자바스크립트 코드를 실행한다.

send_keys(value) 함수는 텍스트뿐만 아니라 특수 키 등도 입력할 수 있다. 예를 들어 Enter 키나 방향키, Shift 키, ALT, Control 키, F1~F12 키 등을 입력할 수 있다. 특수 키 입력을 위해서는 selenium.Webdriver.common.keys.Keys를 import하고 사용한다. 아래는 Enter 키를 입력하기 위한 코드다. RETURN 대신 ENTER를 사용해도 된다. 키값은 모두 대문자다.

```
from selenium.Webdriver.common.keys import Keys
send_keys(Keys.RETURN)
```

12.10 페이지가 로딩될 때까지 기다리기

웹 페이지를 크롤링할 때 중요한 것은 웹 페이지가 로딩될 때까지 기다렸다가 원하는 요소들을 찾는 것이다. 만약 웹 페이지가 로딩되지 않았다면 element(요소)를 찾을 수 없다는 에러가 발생한다. 페이지 로딩을 기다리는 방식은 명시적 기다림과 묵시적 기다림 두 가지 방식이 있다.

1. **명시적 기다림(Explicit Waits)**

   원하는 요소가 로딩될 때까지 기다리거나 시간을 지정하는 방식이다. selenium.webdriver.support.expected_conditions의 presence_of_element_located() 함수를 사용하여 기다리는 조건과 시간을 초 단위로 명시한다.

   다음 코드는 id="value"를 가진 요소가 로딩될 때까지 기다리는데, 최대 기다리는 시간을 10초로 지정한 것이다. 10초가 되기 전에 요소가 로딩되면 기다리는 것을 멈춘다. expected_conditions의 이름이 길기 때문에 EC로 엘리어스(별칭)를 지정했다.

```
from selenium import webdriver
from selenium.webdriver.support.ui import WebDriverWait
from selenium.webdriver.support import expected_conditions as EC
# 코드 중략….
element = WebDriverWait(driver, 10).until(
        EC.presence_of_element_located((By.ID, "value"))
    )
# 코드 중략….
```

2. **묵시적 기다림(Implicit Waits)**

   조건부 기다림이 아니라 지정된 시간(초 단위) 동안 무조건 기다리는 방식이다. 묵시적 기다림은 두 가지 방식을 사용할 수 있다.

   webdriver의 함수 사용

```
from selenium import webdriver
driver = webdriver.Chrome()
driver.implicitly_wait(10)  # 초 단위 지정
```

   파이썬 표준 라이브러리의 time 모듈 사용

```
import time
time.sleep(10)  # 초 단위 지정
```

대부분의 크롤링 코드에서는 명시적 기다림과 묵시적 기다림을 함께 사용한다.

12.11 케이스 스터디 – 크롤링하고 엑셀로 저장하기

11번가에서 상품을 검색하고 상품 정보를 엑셀 파일로 저장하는 코드를 작성한다. 먼저 크롤링할 페이지를 분석하면서 크롤링할 시나리오를 생각해보자. 크롬 브라우저를 열고, https://www.11st.co.kr/로 접속한다. F12를 눌러 크롬 개발자 도구를 연다.

[그림 12-27] 11번가 페이지 접속

통합 검색창에 검색어를 입력하기 위해 검색창의 코드를 확인한다. 통합 검색 입력창에서 마우스 오른쪽 버튼 클릭 → 〈검사〉를 선택한다. 해당 코드는 다음과 같다.

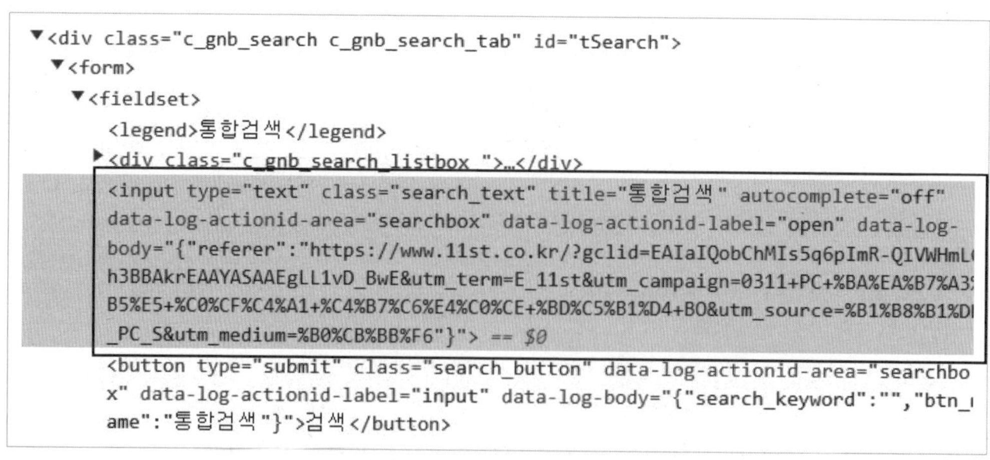

```
▼<div class="c_gnb_search c_gnb_search_tab" id="tSearch">
  ▼<form>
    ▼<fieldset>
        <legend>통합검색</legend>
      ▶<div class="c_gnb_search_listbox ">…</div>
        <input type="text" class="search_text" title="통합검색" autocomplete="off"
        data-log-actionid-area="searchbox" data-log-actionid-label="open" data-log-
        body="{"referer":"https://www.11st.co.kr/?gclid=EAIaIQobChMIs5q6pImR-QIVWHmL
        h3BBAkrEAAYASAAEgLL1vD_BwE&utm_term=E_11st&utm_campaign=0311+PC+%BA%EA%B7%A3
        B5%E5+%C0%CF%C4%A1+%C4%B7%C6%E4%C0%CE+%BD%C5%B1%D4+BO&utm_source=%B1%B8%B1%D
        _PC_S&utm_medium=%B0%CB%BB%F6"}"> == $0
        <button type="submit" class="search_button" data-log-actionid-area="searchbo
        x" data-log-actionid-label="input" data-log-body="{"search_keyword":"","btn_
        ame":"통합검색"}">검색</button>
```

[그림 12-28] 크롬 개발자 도구로 페이지 소스 분석

크롬 개발자 도구를 통해 확인한 HTML 소스 코드가 이후 작성하게 될 파이썬 소스 코드에서 어떻게 매핑이 되는지 살펴보자. HTML 소스 코드가 복잡하고, 파이썬 코드 또한 복잡하기 때문에 각 요소에 해당하는 부분들을 미리 코드와 매핑해 보면 소스 작성 시 도움이 된다.

11번가 페이지에 접속하여 가장 먼저 찾게 될 검색창의 코드는 〈input type="text" class="search_text" title="통합검색" …〉 부분이다.

class="search_text" 속성을 가지는 검색창 요소가 로딩되었는지 확인하고, 로딩이 되었다면 검색창에 해당하는 요소를 가져온다. 이에 해당하는 코드는 다음과 같다.

```
elem = WebDriverWait(driver, 10).until(
        EC.presence_of_element_located((By.CLASS_NAME, 'search_text'))
)
```

[그림 12-29] 검색어 입력

통합 검색창에 검색어 마스크를 입력하고 엔터 키를 누른다. 이에 해당하는 코드는 다음과 같다.

```
elem.send_keys('마스크')  # 검색창에 '마스크'를 입력한다
elem.send_keys(Keys.RETURN)  # 엔터키를 누른다
```

엔터키를 누르는 대신 검색 버튼을 클릭하는 코드로 작성해도 무방하다.

검색된 페이지의 상단 메뉴 중에서 쇼킹딜에서 마우스 오른쪽 버튼 클릭 → [검사]를 선택한다. 해당 코드는 다음과 같다.

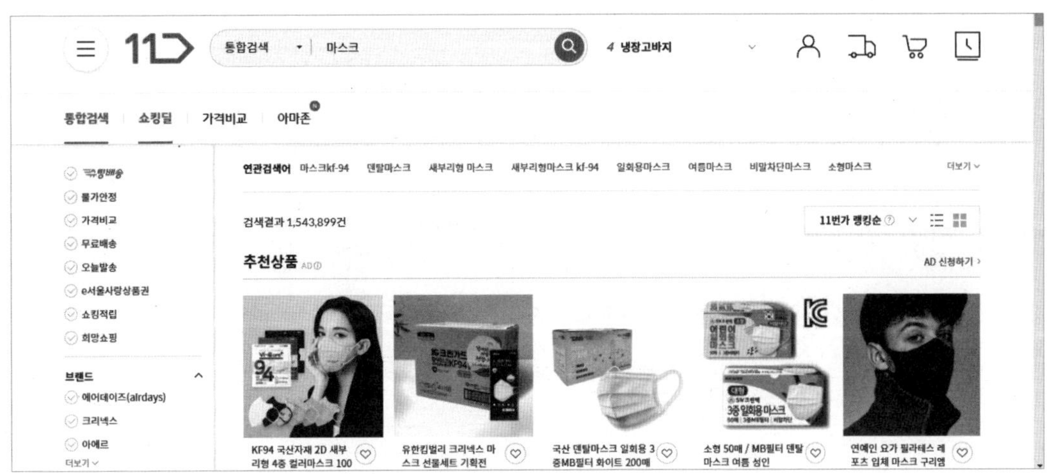

[그림 12-30] 쇼킹딜 메뉴 클릭

```
▼<div id="layBodyWrap" tabindex="-1">
  ▼<div class="l_content">
    ▼<div class="s_search s_search_main">
      ▶<form name="searchForm" id="searchForm" action="#searchlist" method="get"
      autocomplete="off">…</form>
      ▶<script>…</script>
      <div id="tabWarpHolder" style="height:66px;display:none"></div>
      ▼<div class="l_search_header">
        ▼<div class="b_search_tab" id="tabWrap">
          ▼<div class="inner">
            ▼<div class="c_search_tab_link">
              <h1 class="sr-only">검색 서비스</h1>
              ▼<ul id="tabListWrap">
                ▶<li>…</li>
                ▼<li>
                    ::before
                  <a href="//searchn.11st.co.kr/pc/deal?kwd=%25EB%25A7%2588%25EC%258A%25A4%
                  25ED%2581%25AC" class data-log-actionid-area="tab" data-log-actionid-
                  label="tab" data-log-body="{"position_l2":"2","tab_name":"쇼킹딜","btn_nam
                  e":"DEAL"}">쇼킹딜</a> == $0
                </li>
                ▶<li>…</li>
                ▶<li>…</li>
              </ul>
              ::after
            </div>
```

[그림 12-31] 크롬 개발자 도구로 페이지 소스 분석 – 쇼킹딜

마스크로 검색한 전체 페이지에 해당하는 코드는 〈div id="layBodyWrap" tabindex="-1"〉 부분이다.

id="layBodyWrap"인 검색한 전체 페이지가 로딩되었는지 확인하고, 페이지 내용을 받아오는 코드는 다음과 같다.

```
content = WebDriverWait(driver, 10).until(
        EC.presence_of_element_located((By.ID, 'layBodyWrap'))
 )
```

검색 페이지 에서 상위 메뉴에 해당하는 코드는 〈div class="b_search_tab" id="tabWrap"〉 부분이다.

id="tabWrap" 인 상위 메뉴를 얻어오는 코드는 다음과 같다.

```
div = content.find_element(By.ID, 'tabWrap')
```

상위메뉴 목록에 해당하는 코드는 <ul id="tabListWrap"> 부분이다. id="tabListWrap"인 상위 메뉴 목록을 얻어오는 코드는 다음과 같다.

```
ul = div.find_element(By.ID, 'tabListWrap')
```

쇼킹딜 페이지로 이동할 URL 주소에 해당하는 코드는 다음과 같다. 한글이나 공백 등의 문자는 %16 진수 값으로 인코딩되어 전송된다.

```
<li><a href="//searchn.11st.co.kr/pc/deal?kwd=%25EB%25A7%2588%25EC%258A%25A4%25ED%2581%25AC"
...>쇼킹딜</a></li>
```

개발 팁 _ ASCII

ASCII(아스키)는 미국정보교환표준부호(American Standard Code for Information Interchange)의 약자다.

아스키는 영문 알파벳을 사용하는 대표적인 문자 인코딩이다. 아스키는 컴퓨터와 통신 장비를 비롯한 문자를 사용하는 많은 장치에서 사용되며, 대부분의 문자 인코딩이 아스키에 기초를 두고 있다. 아스키는 7비트 인코딩을 사용하기 때문에 한글이나 특수 문자를 웹에서 교환하기 위해서는 변환 작업을 해야 한다. 한글은 주로 16비트를 사용하기 때문이다.

브라우저인 웹 클라이언트와 웹 서버에서 모두 사용된다. 한글이 포함된 데이터를 보낼 때는 인코딩, 받을 때는 디코딩을 해야 한다. 파이썬 크롤링 라이브러리들 중에서는 인코딩과 디코딩을 해야 하는 경우가 있는데, 대부분 encode() 혹은 decode() 등의 함수를 제공하기 때문에 우리가 직접 %16진수 값으로 변환하지 않는다.

이번 장에서 작성하는 코드에서는 주로 함수를 사용하여 값을 전달하거나 가져올 것이므로 인코딩과 디코딩을 수행하지는 않는다.

여러 <li> 요소 중에서 텍스트(문자열)이 '쇼킹딜'에 해당하는 것을 찾아서 <a> 요소의 href 속성 값을 가져와야 한다. 이때 <li> 요소에는 속성이 없기 때문에 텍스트로 비교해야 한다. <li> 요소는 여러 개 존재하기 때문에 반복문을 사용하여 해당 요소를 선택하는 코드는 다음과 같다.

```
for li in li_menu:   # 여러 개의 li 요소들을 반복하면서 li 요소 하나씩 꺼낸다
        if li.text == '쇼킹딜':   # <li> 요소의 텍스트가 '쇼킹딜'인 것만 선택한다
            a = li.find_element(By.TAG_NAME, 'a')  # 태그명이 'a'인 요소를 가져온다
            href = a.get_attribute('href')  # a 요소의 'href' 속성의 값을 가져온다
```

검색된 페이지의 상단 메뉴 중에서 쇼킹딜 메뉴를 클릭한다. 쇼킹딜로 이동하며 다음처럼 다양한 상품 목록이 나타난다.

[그림 12-32] 쇼킹딜 상세 페이지 이동

상품 목록 중 첫 번째 상품의 이름에서 마우스 오른쪽 버튼 클릭 → [검사]를 통해 해당 코드를 확인한다. 상품 이름에 해당하는 코드다.

[그림 12-33] 상품 목록 코드

쇼킹딜 페이지로 이동한 이후 쇼킹딜 전체 페이지에 해당하는 코드는 〈div id="layBodyWrap" tabindex="-1"〉 부분이다. id="layBodyWrap"인 쇼킹딜 전체 페이지가 로딩되었는지 확인하고, 페이지 내용을 받아오는 코드는 다음과 같다.

```
content = WebDriverWait(driver, 10).until(
        EC.presence_of_element_located((By.ID, 'layBodyWrap'))
)
```

HTML 소스를 보면 〈section〉 내부에 〈ul〉 요소가 있고, 그 아래에 〈li〉가 있다. 〈ul〉은 상품 목록이 들어가 있고, 〈li〉 에는 하나의 상품 정보가 들어가 있다.

〈ul〉 요소를 감싸고 있는 〈section〉 요소에 해당하는 코드는 〈section class="search_section section_style_4"〉 부분이다.

class="search_section 인 〈section〉 요소를 얻어오는 코드는 다음과 같다. By.CLASS_NAME을 사용해도 무방하지만, By.CSS_SELECTOR 형태도 많이 사용되기 때문에 이번에는 By.CSS_SELECTOR로 find 조건을 주었다. ' section.search_section' 혹은 '.search_section' 형태로 값을 넘길 수 있다.

```
search = content.find_elements(By.CSS_SELECTOR, '.search_section')
```

이제는 여러 상품 목록을 가져오고, 상품 목록 중에서 한 상품에 대한 정보를 가져와야 한다.

여러 상품 목록은 복수 개의 〈li〉 요소에 있다. 〈li〉 요소에는 속성이 없기 때문에 By.TAG_NAME으로 찾는다. 복수개의 〈li〉 요소는 find_elements() 함수를 사용하여 가져온다.

```
for s in search:  # 여러 개의 section 요소들을 반복하면서 section 요소 하나씩 꺼낸다
        elems = s.find_elements(By.TAG_NAME, 'li')  # 태그명이 'li' 인 모든 요소를 가져온다
        for el in elems:  # 여러 개의 li 요소들을 반복하면서 li 요소 하나씩 꺼낸다
```

위의 코드에서 복수 개의 〈li〉 요소는 elems 변수에 할당했다. 반복문을 사용하여 elems로부터 하나의 요소를 꺼내어 el 변수에 할당한다. 이는 복수 개의 〈li〉 요소 중에서 하나의 〈li〉를 반복하여 꺼내는 코드다. 하나씩 꺼내진 〈li〉 요소에는 한 상품의 정보가 제공된다.

하나의 〈li〉 요소에서 상품 이름은 〈div class="c_prd_name c_prd_name_row_1"〉 요소 하위에 〈strong〉아르떼 새부리형…〈/strong〉 요소 부분에 있다.

먼저 class="c_prd_name c_prd_name_row_1" 인 요소를 가져오는 코드는 다음과 같다.

```
div = el.find_element(By.CLASS_NAME, 'c_prd_name')
```

class 속성의 값에 공백이 있는 경우에는 공백 앞까지만 입력한다. 공백을 포함하여 입력하고자 한다면 By.CSS_SELECTOR 를 사용해야 한다.

위에서 얻어진 요소 아래에 있는 〈strong〉 요소의 텍스트에 제품명이 있기 때문에 이를 얻어오는 코드는 다음과 같다. 〈strong〉 요소는 속성이 없기 때문에 By.TAG_NAME으로 찾아야 한다.

```
name = div.find_element(By.TAG_NAME, 'strong').text
```

제품의 상세 페이지로 이동할 링크에 해당하는 코드는 다음과 같다.

```
<a href="https://www.11st.co.kr/products/3756480515?trTypeCd=MAT2&amp;trCtgrNo=585021" ...>
```

By.CSS_SELECTOR 를 사용하여 〈a〉 요소를 가져오고, href 속성의 값을 가져오는 코드는 아래와 같다.

```
link = el.find_element(By.CSS_SELECTOR, 'a').get_attribute('href')
```

상품 목록 중 첫 번째 상품의 가격에서 마우스 오른쪽 버튼 클릭 → [검사]를 통해 해당 코드를 확인한다. 상품 가격에 해당하는 코드다.

```
▼<div id="layBodyWrap" tabindex="-1">
  ▼<div class="l_content">
    ▼<div class="s_search s_search_tab">
      ▶<div class="l_search_header">…</div>
      ▼<div class="l_search_content" role="main"> flex
         <h2 class="sr-only">쇼킹딜 검색결과 - 11번가</h2>
        ▶<div class="search_filter">…</div>
        ▼<div class="search_content">
          ▶<div class="c_search_sorting">…</div>
          ▼<section class="search_section section_style_4">
            ▼<ul class="c_listing c_listing_view_type_list c_listing_view_type_style_1">
              ▼<li>
                ▼<div class="c_card c_card_list"> flex
                  ▶<div class="c_prd_thumb">…</div>
                  ▼<div class="c_card_info">
                    ▼<div class="c_card_info_top">
                      ▶<div class="c-flag-box">…</div>
                      ▶<div class="c_prd_name c_prd_name_row_1">…</div>
```

```
▶<div class="c_prd_meta">…</div>
▼<div class="c_prd_price">
  ▼<dl class="block">
    ▼<div class="price">
       <dt>판매가</dt>
      ▼<dd>
         <span class="value">15,400</span> == $0
        ▶<span class="unit">…</span>
       </dd>
     </div>
   </dl>
 </div>
```

[그림 12-34] 상품 정보 코드

상품 가격은 상품명과 동일하게 하나의 상품 정보가 있는 〈li〉 요소로부터 가져온다. 가격에 해당하는 부분은 〈div class="price"〉 요소 아래에 〈span class="value"〉15,400〈/span〉로 되어 있다.

class="price"인 요소를 얻어오는 코드는 다음과 같다.

```
dl = el.find_element(By.CLASS_NAME, 'price')
```

〈span〉 요소는 태그명으로 찾고, 해당 요소의 텍스트를 얻어오는 코드는 다음과 같다.

```
price = dl.find_element(By.TAG_NAME, 'span').text
```

이 페이지의 마스크 목록 중에서 상품명, 가격, 제품 상세보기로 이동할 URL 링크를 가져와서 엑셀 파일로 저장하는 파이썬 코드를 작성한다.

파이참 프로젝트에서 파이썬 패키지 cw_test를 생성한다.

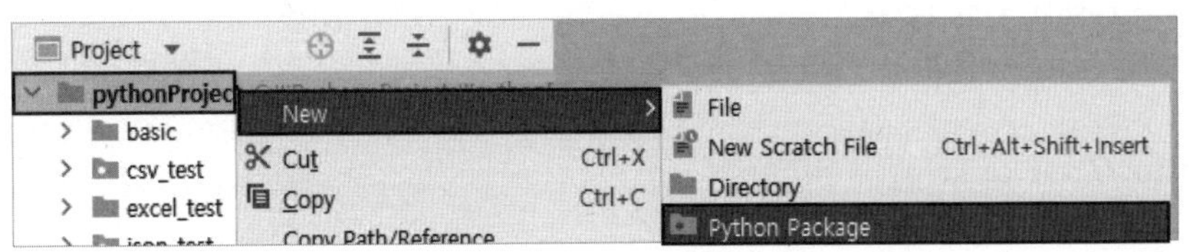

[그림 12-35] cw_test 패키지 생성

생성된 cw_test 패키지에 crawling_11st.py 파일을 생성한다.

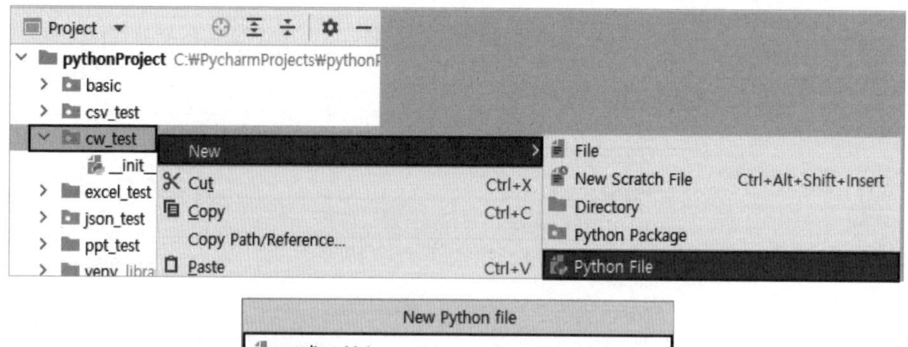

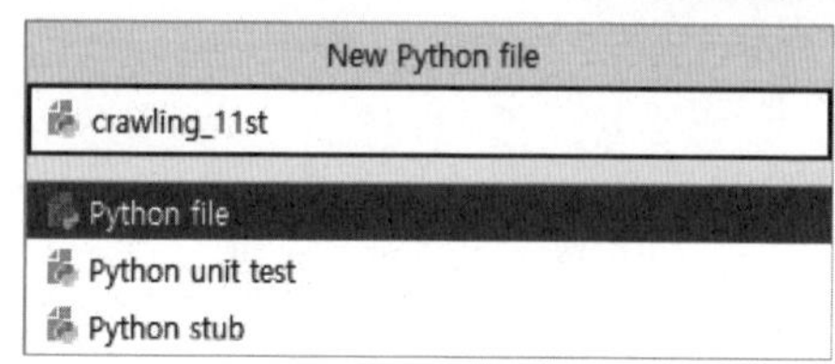

[그림 12-36] crawling_11st.py 파일 생성

작성할 코드가 많기 때문에 주석 없는 전체 코드를 보여주고, 다음 코드 내용을 설명한다.

【crawling_11st.py】

```
from selenium import webdriver
from selenium.webdriver.common.keys import Keys
from openpyxl import Workbook
from selenium.webdriver.common.by import By
from selenium.webdriver.support.ui import WebDriverWait
from selenium.webdriver.support import expected_conditions as EC
import time

driver = webdriver.Chrome()

result_xlsx = Workbook()
worksheet = result_xlsx.active
worksheet.append(['상품명', '가격', '링크'])

url = 'http://11st.co.kr'

try:
    driver.get(url)
    elem = WebDriverWait(driver, 10).until(
        EC.presence_of_element_located((By.CLASS_NAME, 'search_text'))
    )
    print('=== 첫 페이지 로딩 성공 ===')

    elem.send_keys('마스크')
```

```
elem.send_keys(Keys.RETURN)
print('=== 검색 시작 ===')

content = WebDriverWait(driver, 10).until(
    EC.presence_of_element_located((By.ID, 'layBodyWrap'))
)
print('=== 검색된 페이지 로딩 성공 ===')
time.sleep(10)

div = content.find_element(By.ID, 'tabWrap')
print('=== 상위 메뉴 로딩 성공 ===')

ul = div.find_element(By.ID, 'tabListWrap')
print('=== 상위 메뉴 목록 로딩 성공 ===')
li_menu = ul.find_elements(By.TAG_NAME, 'li')

href = ""
for li in li_menu:
    if li.text == '쇼킹딜':
        a = li.find_element(By.TAG_NAME, 'a')
        href = a.get_attribute('href')

print('=== 쇼킹딜 이동 url :', href)
driver.get(href)

content = WebDriverWait(driver, 10).until(
    EC.presence_of_element_located((By.ID, 'layBodyWrap'))
)
print('=== 쇼킹딜 페이지 이동 성공 ===')

search = content.find_elements(By.CSS_SELECTOR, '.search_section')
print('=== 쇼킹딜 페이지 전체 상품 목록 로딩 성공 ===')

time.sleep(10)

for s in search:
    elems = s.find_elements(By.TAG_NAME, 'li')
    for el in elems:
        div = el.find_element(By.CLASS_NAME, 'c_prd_name')
        name = div.find_element(By.TAG_NAME, 'strong').text
        dl = el.find_element(By.CLASS_NAME, 'price')
        price = dl.find_element(By.TAG_NAME, 'span').text
        link = el.find_element(By.CSS_SELECTOR, 'a').get_attribute('href')
```

```
            print(name, ':', price, ':', link)
            worksheet.append([name, price, link])

except Exception as e:
    print('***** 광고 제외 *****')
finally:
    file_name = '11st_result.xlsx'
    result_xlsx.save(file_name)
    print('크롤링된 결과는 %s 파일로 저장됩니다.' % file_name)
    driver.quit()
```

【 코드 설명 】

크롬 웹 드라이버를 생성한다.

```
driver = webdriver.Chrome()
```

크롤링한 데이터들을 엑셀에 저장하기 위해 Workbook 객체를 생성한다.

```
result_xlsx = Workbook()
```

Workbook으로부터 활성화된 워크시트를 가져온다.

```
worksheet = result_xlsx.active
```

엑셀 시트에 제목을 추가한다.

```
worksheet.append(['상품명', '가격', '링크'])
```

접속할 URL 주소를 선언한다.

```
url = 'http://11st.co.kr'
```

예외 사항을 처리할 수 있도록 전체 코드를 try~except~finally 구문으로 감싼다.

```
try:
```

url로 웹페이지에 접속하여 페이지를 다운로드(크롤링)한다.

```
driver.get(url)
```

class="search_text"인 요소가 발견될 때까지 기다리거나 10초를 기다린다. 10초를 다 기다리는 것이 아니라 요소가 발견되면 기다리는 것을 멈춘다.

```
elem = WebDriverWait(driver, 10).until(
    EC.presence_of_element_located( ( By.CLASS_NAME,'search_text' ) )
)
print('=== 첫 페이지 로딩 성공 ===')
```

검색창에 '마스크'를 입력하고 엔터를 입력한다.

```
elem.send_keys('마스크')
elem.send_keys(Keys.RETURN)
print('=== 검색 시작 ===')
```

id="layBodyWrap"이라는 요소가 발견될 때까지 기다리거나 10초를 기다린다. 10초를 다 기다리는 것이 아니라 요소가 발견되면 기다리는 것을 멈춘다. 검색된 페이지로 이동하고 전체 요소가 로딩되었는지 기다리는 부분이다.

```
content = WebDriverWait(driver, 10).until(
    EC.presence_of_element_located((By.ID, 'layBodyWrap'))
)
print('=== 검색된 페이지 로딩 성공 ===')
time.sleep(10)
```

id="tabWrap"라는 요소를 찾는다. 상위 메뉴를 찾는 부분이다.

```
div = content.find_element(By.ID,'tabWrap')
print('=== 상위 메뉴 로딩 성공 ===')
```

id="tabListWrap"라는 요소를 찾는다. 상위 메뉴 목록을 찾는 부분이다.

```
ul = div.find_element(By.ID, 'tabListWrap')
print('=== 상위 메뉴 목록 로딩 성공 ===')
```

태그 이름이 li인 요소를 찾는다. 각각의 메뉴를 찾는 부분이다.

```
li_menu = ul.find_elements(By.TAG_NAME,'li')
```

상위 메뉴 중에서 "쇼킹딜"이라는 메뉴를 찾고, a 태그의 href 속성의 값을 가져온다. 이 값은 쇼킹딜 페이지로 이동할 URL 주소다.

```
href = ""
for li in li_menu:
    if li.text == '쇼킹딜':
        a = li.find_element(By.TAG_NAME,'a')
        href = a.get_attribute('href')

print('=== 쇼킹딜 이동 url :', href)
```

쇼킹딜 페이지로 이동한다. 위에서 알아낸 쇼킹딜 페이지 URL로 다시 접속하여 크롤링한다.

```
driver.get(href)
```

id="layBodyWrap"이라는 요소가 발견될 때까지 기다리거나 10초를 기다린다. 10초를 다 기다리는 것이 아니라 요소가 발견되면 기다리는 것을 멈춘다.

```
content = WebDriverWait(driver, 10).until(
     EC.presence_of_element_located((By.ID , 'layBodyWrap'))
)
print('=== 쇼킹딜 페이지 이동 성공 ===')
```

CSS 선택자가 .search_section인 요소들을 찾는다. 이 요소들은 여러 개 있다. 쇼킹딜 페이지의 전체 상품 목록을 찾는 부분이다. 참고로 class 이름에 공백이 있는 경우 공백 앞까지만 가져올 수도 있다.

```
▼<div id="layBodyWrap" tabindex="-1">
  ▼<div class="l_content">
    ▼<div class="s_search s_search_tab">
      ▶<div class="l_search_header">…</div>
      ▼<div class="l_search_content" role="main"> flex
         <h2 class="sr-only">쇼킹딜 검색결과 - 11번가</h2>
        ▶<div class="search_filter">…</div>
        ▼<div class="search_content">
          ▶<div class="c_search_sorting">…</div>
          ▶<section class="search_section section_style_4">…</section> == $0
          ▶<section class="search_section">…</section>
         </div>
         ::after
```

```
search = content.find_elements(By.CSS_SELECTOR, '.search_section')
print('=== 쇼킹딜 페이지 전체 상품 목록 로딩 성공 ===')
time.sleep(10)
```

.search_section 아래는 〈ul〉 태그가 있고, 〈li〉가 있다. 〈ul〉은 전체 상품 목록을 의미하고, 〈li〉는 상품 하나하나의 정보를 의미한다.

```
▼<section class="search_section section_style_4">
  ▼<ul class="c_listing c_listing_view_type_list c_listing_view_type_style_1">
    ▶<li>…</li> == $0
    ▶<li>…</li>
    ▶<li>…</li>
    ▶<li>…</li>
    ▶<li>…</li>
    ▶<li>…</li>
    ▶<li>…</li>
```

반복문을 사용하여 .search_section인 요소 중에서 하나씩 가져온다.

```
for s in search:
```

태그 이름이 li인 요소를 찾는다. 즉 하나의 상품 정보를 가져온다.

```
elems = s.find_elements(By.TAG_NAME, 'li')
```

하나의 상품 정보로부터 상품명, 가격, 링크 요소를 가져온다.

```
for el in elems:
```

class="c_prd_name"인 요소 다음, 태그명이 strong인 요소의 텍스트를 가져온다. 상품명을 가져오는 코드다.

```
        div = el.find_element(By.CLASS_NAME, 'c_prd_name')
        name = div.find_element(By.TAG_NAME, 'strong').text
```

class="price"인 요소 다음, 태그명이 span인 요소의 텍스트를 가져온다. 상품 가격을 가져오는 코드다.

```
        dl = el.find_element(By.CLASS_NAME, 'price')
        price = dl.find_element(By.TAG_NAME, 'span').text
```

CSS 선택자로 a 태그의 href 속성의 값을 가져온다. 제품 상세 페이지로 이동할 주소를 가져오는 코드다.

```
        link = el.find_element(By.CSS_SELECTOR, 'a').get_attribute('href')
```

가져온 값들을 화면에 출력한다.

```
print(name, ':', price, ':', link)
```

가져온 값들을 엑셀 파일에 출력한다.

```
worksheet.append([name, price, link])
```

예외 사항이 발생하면 출력할 메시지다. 우리는 광고 등의 코드는 가져오지 않는다. 따라서 마지막 구문에는 ***** 광고 제외 ***** 가 출력된다.

```
except Exception as e:
print('***** 광고 제외 *****')
```

언제나 실행돼야 하는 코드를 finally 구문으로 작성한다.

```
finally:
```

생성할 엑셀 파일 이름을 선언한다.

```
file_name = '11st_result.xlsx'
```

엑셀 파일을 저장한다.

```
result_xlsx.save(file_name)
print('크롤링된 결과는 %s 파일로 저장됩니다.' % file_name)
```

드라이버를 종료한다.

```
driver.quit()
```

Ctrl + Shift + F10 키를 눌러서 crawling_11st.py 파일을 실행하여 결과를 확인한다.

파일을 실행하면, 크롬 웹 드라이버가 크롬 브라우저를 자동으로 실행하고, 상단에는 "Chrome이 자동화된 테스트 소프트웨어에 의해 제어되고 있습니다."라는 문구가 보인다. 이어서 자동으로 검색창에 마스크라는 검색어를 입력하고 검색 페이지로 이동한다. 이동한 페이지에서 쇼킹딜 메뉴를 클릭하여 쇼킹딜 상세 페이지로 이동한다. 이 모든 것들이 자동으로 이루어진다.

[그림 12-37] crawling_11st 실행1

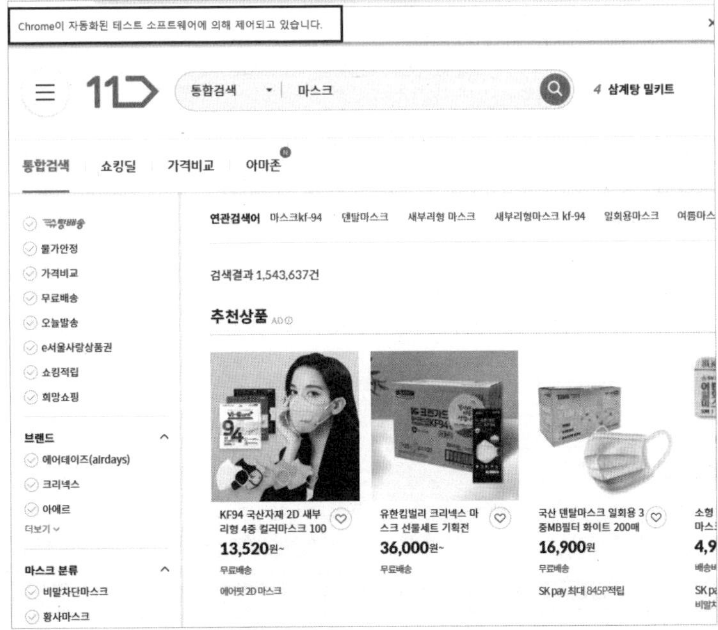

[그림 12-38] crawling_11st 실행2

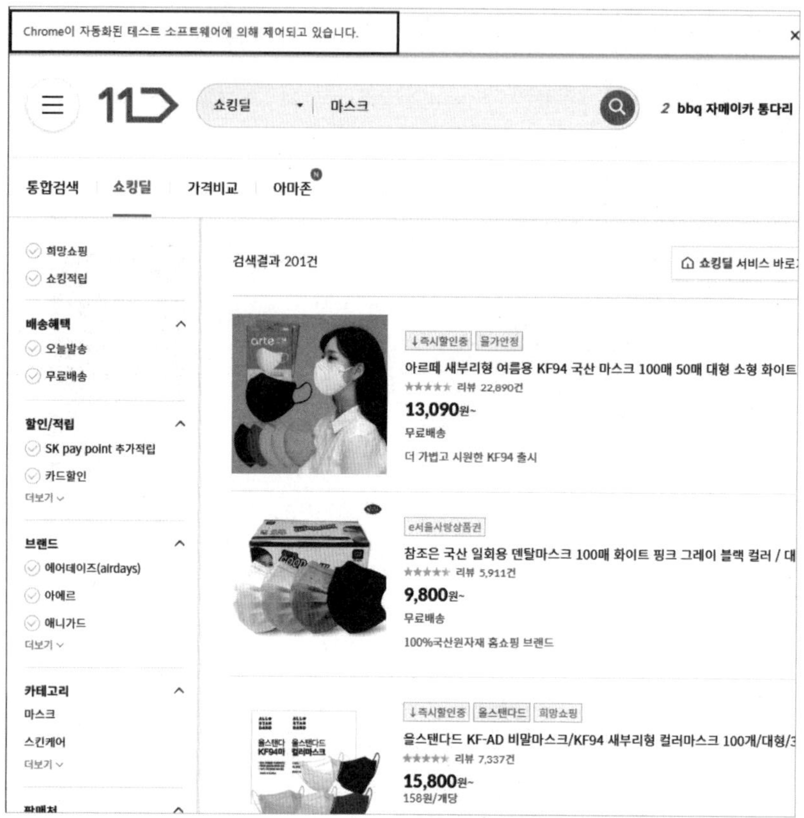

[그림 12-39] crawling_11st 실행3

쇼킹딜 페이지에서 상품명과 가격, 이동할 URL을 가져와서 콘솔 화면에 출력하고, 동일한 내용을 엑셀 파일에 저장한다.

```
C:\PycharmProjects\pythonProject\venv\Scripts\python.exe C:/PycharmProjects/pythonProject/cw_test/crawling_11st.py
=== 첫 페이지 로딩 성공 ===
=== 검색 시작 ===
=== 검색된 페이지 로딩 성공 ===
=== 상위 메뉴 로딩 성공 ===
=== 상위 메뉴 목록 로딩 성공 ===
=== 쇼킹딜 이동 url : https://searchn.11st.co.kr/pc/deal?kwd=%25EB%25A7%2588%25EC%258A%25A4%25ED%2581%25AC
=== 쇼킹딜 페이지 이동 성공 ===
=== 쇼킹딜 페이지 전체 상품 목록 로딩 성공 ===
아르떼 새부리형 여름용 KF94 국산 마스크 100매 50매 대형 소형 화이트 블랙 컬러 식약처인증 개별포장 : 13,090 : https://www.11st.co.kr/products/3306335454?trTypeCd=MAT2&trCtgrNo=585021
참조은 국산 일회용 덴탈마스크 100매 화이트 핑크 그레이 블랙 컬러 / 대형 소형 비말차단 3중구조 : 9,800 : https://www.11st.co.kr/products/2960030040?trTypeCd=MAT2&trCtgrNo=585021
올스탠다드 KF-AD 비말마스크/KF94 새부리형 컬러마스크 100개/대형/3D/2D/아이용/소형/국산 원자재 : 15,800 : https://www.11st.co.kr/products/3901983972?trTypeCd=MAT2&trCtgrNo=585021
에어데이즈 KF94 새부리형 마스크 50매 100매 소형 대형 특대형 2D 국내생산 KF-AD 컬러 덴탈마스크 : 23,200 : https://www.11st.co.kr/products/3311938321?trTypeCd=MAT2&trCtgrNo=585021
CLA 슬림핏 KF94 데일리 새부리형 컬러마스크 (25매, 50매 / 대형 중형 소형) : 11,440 : https://www.11st.co.kr/products/3442902370?trTypeCd=MAT2&trCtgrNo=585021
여름용 숨편한 KF94 마스크 100매 화이트 대형 식약처인증 : 15,900 : https://www.11st.co.kr/products/2790149927?trTypeCd=MAT2&trCtgrNo=585021
국산 에버렉스 ABC 새부리형 마스크 KF94 KF80 소형 중형 대형 50매 100매 어린이 초등학생 마스크 : 13,500 : https://www.11st.co.kr/products/3374952830?trTypeCd=MAT2&trCtgrNo=585021
[ALL STANDARD] 올스탠다드 KF94마스크 50매 (끈조절/블랙/화이트/대형/소형) 개별포장 : 10,900 : https://www.11st.co.kr/products/3099572730?trTypeCd=MAT2&trCtgrNo=585021
[100매] 한스펠 국산 KF94 식약처 의약외품 황사 미세먼지차단 3중 일회용마스크 개별포장 대형 : 14,900 : https://www.11st.co.kr/products/3040074067?trTypeCd=MAT2&trCtgrNo=585021
에어데이즈 캐치티니핑 가림 김사랑 컬러 마스크 외 BTS 방탄소년단 마스크 : 16,900 : https://www.11st.co.kr/products/4445044897?trTypeCd=MAT2&trCtgrNo=585021
KF94 올국산 오나미 비움 디럭스 컬러마스크 50매 새부리형 대형 화이트 베이지 그레이 : 12,900 : https://www.11st.co.kr/products/3889602375?trTypeCd=MAT2&trCtgrNo=585021
KF94 에어데이즈 조정석 새부리형 마스크 소형/중형/대형/대형플러스 50매 : 25,900 : https://www.11st.co.kr/products/3408966155?trTypeCd=MAT2&trCtgrNo=585021
[여름용 캐릭터 UP TO 15%]애니가드키즈 새부리 컬러 KF94 소형(영유아)/KC인증 소형L(어린이)마스크 40매 : 13,520 : https://www.11st.co.kr/products/3265367681?trTypeCd=MAT2&trCtgrNo=585021
KF94 KF80 아에르 에티카 새부리형 컬러마스크 대형/중형/소형/초소형 : 35,700 : https://www.11st.co.kr/products/3059195111?trTypeCd=MAT2&trCtgrNo=585021
아에르 KF94 KF80 어드밴스드 스탠다드핏 라이트핏 프로 국산 새부리형 컬러 마스크 : 16,830 : https://www.11st.co.kr/products/3957847201?trTypeCd=MAT2&trCtgrNo=585021
[aer] 아에르 어드밴스드 라이트핏 KF80 마스크 30매(S/M/L 사이즈 선택가능) : 26,700 : https://www.11st.co.kr/products/3588370373?trTypeCd=MAT2&trCtgrNo=585021
소형 여름용 KF94 마스크 100매 어린이 유아 어린이 식약처인증 : 13,520 : https://www.11st.co.kr/products/3381272770?trTypeCd=MAT2&trCtgrNo=585021
여름용 국산 비움 한예슬 스타일핏 클래식 S/S 20매 새부리형 마스크 컬러 대형 중형 소형 베이지 : 11,800 : https://www.11st.co.kr/products/3938130810?trTypeCd=MAT2&trCtgrNo=585021
[50매]네이처에어 KF94 새부리형마스크 최고급 안감/넓적끈/대형/소형/초소형/어린이/귀편한/컬러 : 16,800 : https://www.11st.co.kr/products/3938225471?trTypeCd=MAT2&trCtgrNo=585021
CLA 아쿠아 마스크 2매 4매 수영장 물놀이 워터파크 방수 자외선 차단 : 4,750 : https://www.11st.co.kr/products/4672546841?trTypeCd=MAT2&trCtgrNo=585021
올챌린지 KF94 마스크 새부리형 100매 국내생산 여름용 황사 화이트 블랙 2D KFAD 50매 덴탈마스크 : 17,180 : https://www.11st.co.kr/products/4246959922?trTypeCd=MAT2&trCtgrNo=585021
국산 새부리형 마스크 KF94 100매 여름용 숨쉬기 편한 마스크 : 16,900 : https://www.11st.co.kr/products/4382445713?trTypeCd=MAT2&trCtgrNo=585021
[ALL STANDARD] KF-AD 비말차단마스크 대형 100매(10매지퍼)/3D/국내생산/국내부자재 : 15,900 : https://www.11st.co.kr/products/3487295889?trTypeCd=MAT2&trCtgrNo=585021
국산 아르떼 새부리형 일회용 아동용 어린이 컬러 마스크 소형 대형 : 14,370 : https://www.11st.co.kr/products/3884365243?trTypeCd=MAT2&trCtgrNo=585021
스틸가드 하이얼 KF94 컬러 대형/중형/소형 50매입 새부리형 마스크 : 17,910 : https://www.11st.co.kr/products/3300448369?trTypeCd=MAT2&trCtgrNo=585021
국산 이비에 KF94 새부리형 컬러마스크 30매 유아 소형 중형 대형 식약처인증 비말차단 패션 연예인마스크 : 17,780 : https://www.11st.co.kr/products/4022686258?trTypeCd=MAT2&trCtgrNo=585021
여름용 매일편한 KF94 마스크 100매 블랙 대형 식약처 인증 : 15,900 : https://www.11st.co.kr/products/2826698004?trTypeCd=MAT2&trCtgrNo=585021
CLA KF94 국산 새부리형 25매 50매 100매 키즈 어린이 소형 대형 성인용 마스크 : 9,520 : https://www.11st.co.kr/products/3453428086?trTypeCd=MAT2&trCtgrNo=585021
```

[그림 12-40] crawling_11st 실행 결과 콘솔에 출력되는 상품 정보

저장된 엑셀 파일은 다음과 같다.

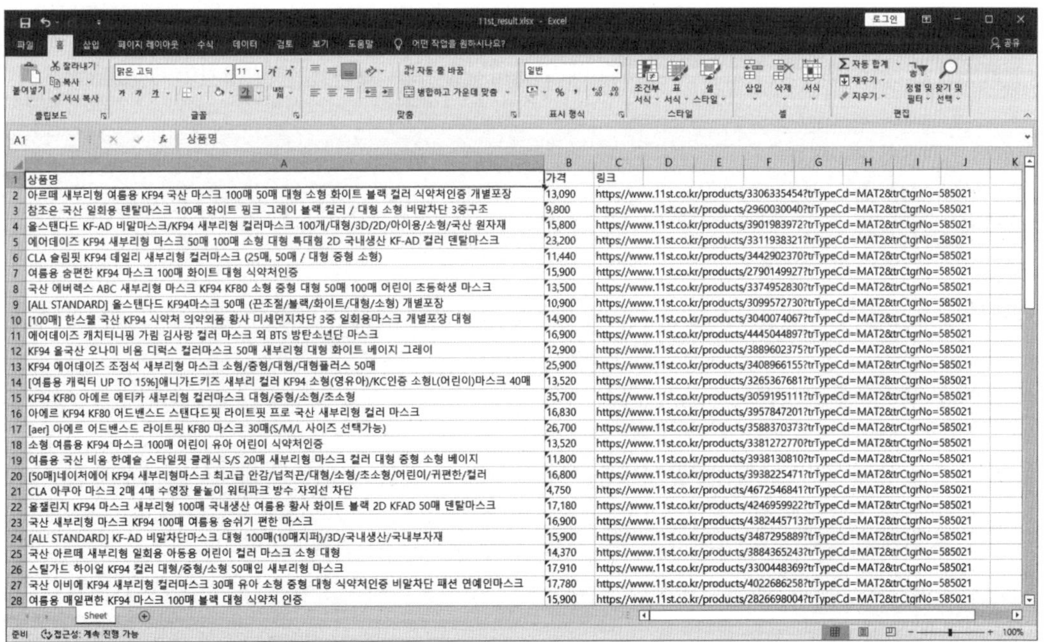

	A	B	C
1	상품명	가격	링크
2	아르떼 새부리형 여름용 KF94 국산 마스크 100매 50매 대형 소형 화이트 블랙 컬러 식약처인증 개별포장	13,090	https://www.11st.co.kr/products/3306335454?trTypeCd=MAT2&trCtgrNo=585021
3	참조은 국산 일회용 덴탈마스크 100매 화이트 핑크 그레이 블랙 컬러 / 대형 소형 비말차단 3중구조	9,800	https://www.11st.co.kr/products/2960030040?trTypeCd=MAT2&trCtgrNo=585021
4	올스탠다드 KF-AD 비말마스크/KF94 새부리형 컬러마스크 100개/대형/3D/2D/아이용/소형/국산 원자재	15,800	https://www.11st.co.kr/products/3901983972?trTypeCd=MAT2&trCtgrNo=585021
5	에어데이즈 KF94 새부리형 마스크 50매 100매 소형 대형 특대형 2D 국내생산 KF-AD 컬러 덴탈마스크	23,200	https://www.11st.co.kr/products/3311938321?trTypeCd=MAT2&trCtgrNo=585021
6	CLA 슬림핏 KF94 데일리 새부리형 컬러마스크 (25매, 50매 / 대형 중형 소형)	11,440	https://www.11st.co.kr/products/3442902370?trTypeCd=MAT2&trCtgrNo=585021
7	여름용 숨편한 KF94 마스크 100매 화이트 대형 식약처인증	15,900	https://www.11st.co.kr/products/2790149927?trTypeCd=MAT2&trCtgrNo=585021
8	국산 에버렉스 ABC 새부리형 마스크 KF94 KF80 소형 중형 대형 50매 100매 어린이 초등학생 마스크	13,500	https://www.11st.co.kr/products/3374952830?trTypeCd=MAT2&trCtgrNo=585021
9	[ALL STANDARD] 올스탠다드 KF94마스크 50매 (끈조절/블랙/화이트/대형/소형) 개별포장	10,900	https://www.11st.co.kr/products/3099572730?trTypeCd=MAT2&trCtgrNo=585021
10	[100매] 한스웰 국산 KF94 식약처 의약외품 황사 미세먼지차단 3중 일회용마스크 개별포장 대형	14,900	https://www.11st.co.kr/products/3040074067?trTypeCd=MAT2&trCtgrNo=585021
11	에어데이즈 캐치티니핑 가림 김사랑 컬러 마스크 외 BTS 방탄소년단 마스크	16,900	https://www.11st.co.kr/products/4445044897?trTypeCd=MAT2&trCtgrNo=585021
12	KF94 올국산 오나미 비욘 디럭스 컬러마스크 50매 새부리형 대형 화이트 베이지 그레이	12,900	https://www.11st.co.kr/products/3889602375?trTypeCd=MAT2&trCtgrNo=585021
13	KF94 에어데이즈 조정석 새부리형 마스크 소형/중형/대형/대형플러스 50매	25,900	https://www.11st.co.kr/products/3408966155?trTypeCd=MAT2&trCtgrNo=585021
14	[여름용 캐릭터 UP TO 15%]애니가드키즈 새부리 컬러 KF94 소형(영유아)/KC인증 소형L(어린이)마스크 40매	13,520	https://www.11st.co.kr/products/3265367681?trTypeCd=MAT2&trCtgrNo=585021
15	KF94 KF80 아에르 에티카 새부리형 컬러마스크 대형/중형/소형/초소형	35,700	https://www.11st.co.kr/products/3059195111?trTypeCd=MAT2&trCtgrNo=585021
16	아에르 KF94 KF80 어드밴스드 스탠다드핏 라이트핏 프로 국산 새부리형 컬러 마스크	16,830	https://www.11st.co.kr/products/3957847201?trTypeCd=MAT2&trCtgrNo=585021
17	[aer] 아에르 어드밴스드 라이트핏 KF80 마스크 30매(S/M/L 사이즈 선택가능)	26,700	https://www.11st.co.kr/products/3588370373?trTypeCd=MAT2&trCtgrNo=585021
18	소형 여름용 KF94 마스크 100매 어린이 유아 어린이 식약처인증	13,520	https://www.11st.co.kr/products/3381272770?trTypeCd=MAT2&trCtgrNo=585021
19	여름용 국산 비욘 한예슬 스타일핏 클래식 S/S 20매 새부리형 마스크 컬러 대형 중형 소형 베이지	11,800	https://www.11st.co.kr/products/3938130810?trTypeCd=MAT2&trCtgrNo=585021
20	[50매]네이처에어 KF94 새부리형마스크 최고급 안감/넓적끈/대형/소형/초소형/어린이/귀편한/컬러	16,800	https://www.11st.co.kr/products/3938225471?trTypeCd=MAT2&trCtgrNo=585021
21	CLA 아쿠아 마스크 2매 4매 수영장 물놀이 워터파크 방수 자외선 차단	4,750	https://www.11st.co.kr/products/4672546841?trTypeCd=MAT2&trCtgrNo=585021
22	올챌린지 KF94 마스크 새부리형 100매 국내생산 여름용 황사 화이트 블랙 2D KFAD 50매 덴탈마스크	17,180	https://www.11st.co.kr/products/4246959922?trTypeCd=MAT2&trCtgrNo=585021
23	국산 새부리형 마스크 KF94 100매 여름용 숨쉬기 편한 마스크	16,900	https://www.11st.co.kr/products/4382445713?trTypeCd=MAT2&trCtgrNo=585021
24	[ALL STANDARD] KF-AD 비말차단마스크 대형 100매(10매지퍼)/3D/국내생산/국내부자재	15,900	https://www.11st.co.kr/products/3487295889?trTypeCd=MAT2&trCtgrNo=585021
25	국산 아르떼 새부리형 일회용 아동용 어린이 컬러 마스크 소형 대형	14,370	https://www.11st.co.kr/products/3884365243?trTypeCd=MAT2&trCtgrNo=585021
26	스틸가드 하이얼 KF94 컬러 대형/중형/소형 50매입 새부리형 마스크	17,910	https://www.11st.co.kr/products/3300448369?trTypeCd=MAT2&trCtgrNo=585021
27	국산 이비에 KF94 새부리형 컬러마스크 30매 유아 소형 중형 대형 식약처인증 비말차단 패션 연예인마스크	17,780	https://www.11st.co.kr/products/4022686258?trTypeCd=MAT2&trCtgrNo=585021
28	여름용 매일편한 KF94 마스크 100매 블랙 대형 식약처 인증	15,900	https://www.11st.co.kr/products/2826698004?trTypeCd=MAT2&trCtgrNo=585021

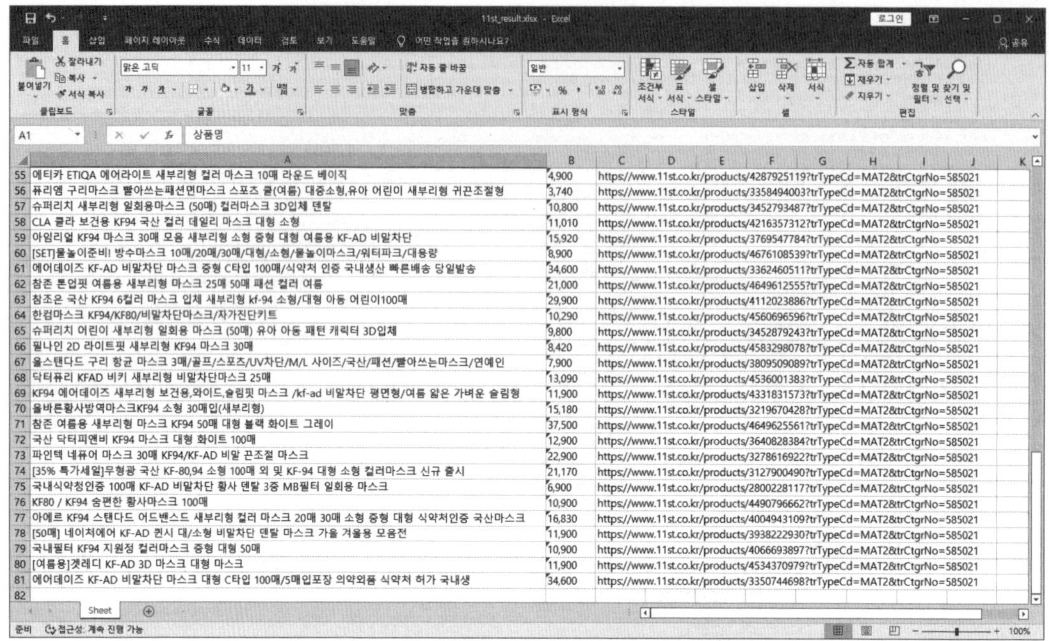

[그림 12-41] crawling_11st 실행 결과 엑셀 파일에 저장되는 상품 정보

실행 시에 다양한 에러가 발생할 수 있다. 자세한 에러 메시지를 보고 싶다면, print("예외발생 : ", e) 코드를 except 구문에 추가하여 발생된 에러 메시지를 보고 에러 상황을 대처할 수 있다.

```
except Exception as e:
print('***** 광고 제외 *****')
print("예외발생 : ", e)
```

예외 사항을 확인하고 해결하였다면, print("예외발생 : ", e) 부분은 다음과 같이 주석 처리한다.

```
# print("예외발생 : ", e)
```

광고 및 팝업 창 때문에 에러가 발생하기 때문이다. 광고 및 팝업 처리는 이 책에서는 다루지 않는다.

예제를 첫 번째 실행했을 때 에러가 발생한다면, 예제를 여러 번 실행해본다. 파일은 생성되었지만 내용이 비어 있는 경우도 에러가 발생한 경우다.

여러 번 실행했는데도 에러가 난다면, 콘솔창에 찍히는 메시지가 어디까지 출력이 되었는지 보고, 메시지가 출력이 안 된 부분에 time.sleep(초 단위) 코드를 추가하고 실행한다.

이런 디버깅을 위해 소스 코드에 print('=== 첫 페이지 로딩 성공 ===') 등의 코드를 추가했다. 예를 들어 아래와 같은 에러가 발생한다면 다음 그림과 같이 처리해본다.

```
C:\PycharmProjects\pythonProject\venv\Scripts\python.exe C:/PycharmProjects/pythonProject/
=== 첫 페이지 로딩 성공 ===
=== 검색 시작 ===
***** 광고 제외 *****
예외발생 :  Message: unknown error: unexpected command response
  (Session info: chrome=103.0.5060.134)
Stacktrace:
Backtrace:
    Ordinal0 [0x0103D953+2414931]
    Ordinal0 [0x00FCF5E1+1963489]
    Ordinal0 [0x00EBC6B8+837304]
    Ordinal0 [0x00EAEB34+781108]
    Ordinal0 [0x00EAE06A+778346]
    Ordinal0 [0x00EAD646+775750]
    Ordinal0 [0x00EACEBC+773820]
    Ordinal0 [0x00EC2197+860567]
    Ordinal0 [0x00F14737+1197879]
    Ordinal0 [0x00F042B6+1131190]
    Ordinal0 [0x00EDE860+976992]
    Ordinal0 [0x00EDF756+980822]
    GetHandleVerifier [0x012ACC62+2510274]
    GetHandleVerifier [0x0129F760+2455744]
    GetHandleVerifier [0x010CEABA+551962]
    GetHandleVerifier [0x010CD916+547446]
    Ordinal0 [0x00FD5F3B+1990459]
    Ordinal0 [0x00FDA898+2009240]
    Ordinal0 [0x00FDA985+2009477]
    Ordinal0 [0x00FE3AD1+2046673]
    BaseThreadInitThunk [0x7728FA29+25]
    RtlGetAppContainerNamedObjectPath [0x77DE7A9E+286]
    RtlGetAppContainerNamedObjectPath [0x77DE7A6E+238]

크롤링된 결과는 11st_result.xlsx 파일로 저장됩니다.

Process finished with exit code 0
```

[그림 12–42] 에러 발생

소스 중에서 print('=== 검색 시작 ===') 코드 이후의 시간을 늘려준다. 시간은 초 단위로 설정한다.

```
elem.send_keys('마스크')
elem.send_keys(Keys.RETURN)
print('=== 검색 시작 ===')

content = WebDriverWait(driver, 20).until(
    EC.presence_of_element_located((By.ID, 'layBodyWrap'))
)
```

혹은 time.sleep(10) 부분의 시간을 늘려준다. 인터넷의 속도에 따라 기다리는 시간들은 더 늘리거나 줄여서 설정해도 무방하다.

개발 팁

크롤링할 때 에러가 발생하는 원인을 몇 가지로 정리해보면 다음과 같다.

1) 웹페이지의 내용이 많은 경우 페이지를 읽어오는(로딩하는) 시간이 너무 짧다.

→ **해결 방법** : 페이지 로딩 시까지 기다리는 시간을 늘려준다. 에러가 없을 때까지 시간을 조금씩 늘려가며 실행을 반복한다. 코드 내에서 기다리는 시간(초 단위)을 명시하는 부분은 아래 코드들이다.

```
content = WebDriverWait(driver, 20).until( … )
time.sleep(10)
```

추가로 브라우저가 너무 많이 열려 있다면 브라우저들을 닫은 후 실행한다.

2) 다운받은 웹 드라이버가 OS 혹은 웹 브라우저의 버전과 일치하지 않는다.

→ **해결 방법**: https://chromedriver.storage.googleapis.com/index.html 사이트에서 현재 사용 중인 크롬 브라우저 버전과 일치하는 웹 드라이버를 다운로드 후, 압축을 해제하고 chromedriver.exe 파일을 C:₩Python310 디렉터리에 복사한다.

C:₩Python310 디렉터리는 환경변수 PATH에 등록된 디렉터리다. 이 디렉터리 이외에 환경변수 PATH에 등록된 디렉터리에 파일을 복사해도 된다.

만약 파이썬 소스 코드 내에서 직접 드라이버의 위치를 지정하는 경우에는 드라이버가 있는 위치의 디렉터리에 chromedriver.exe 파일을 복사해둔다. 직접 드라이버 위치를 명시하고자 할 때는 소스 코드를 다음처럼 작성한다.

```
service = Service(executable_path="c:/python/chromedriver.exe")
driver = webdriver.Chrome(service=service)
```

3) 알려지지 않은 에러가 발생했을 때는 소스 코드의 except 구문에 print("예외발생 : ", e) 코드를 추가한다. 에러가 발생되면 자세한 에러 메시지가 콘솔창에 출력된다. 에러 메시지를 확인하여 문제를 해결한다.

```
except Exception as e:
    print("광고 제외")
    print("예외발생 : ", e)
```

4) 크롤링하고자 하는 웹 페이지가 변경되어서, 엘리먼트(태그)를 찾을 수 없다.

→ **해결 방법**: 변경된 웹 페이지에 맞춰서 코드를 재작성한다.

위와 같이 다양한 에러 상황에 대해 대처하는 방법을 소개하였다.

현업에서 파이썬으로 크롤링할 때 가장 많이 사용하는 것이 셀레늄이다. 케이스 스터디를 통해 살펴본 것처럼 사람이 컴퓨터 앞에 앉아서 브라우저에 주소를 입력하고 검색어 등을 입력하거나 버튼을 클릭하는 등의 모든 행위를 브라우저가 자동으로 수행한다. 또한 자동으로 수집된 데이터들은 앞서 배운 파일 다루는 방법들을 통해 다양한 파일로 저장할 수도 있다.

이렇게 셀레늄을 사용한다면 웹페이지에서 제공하는 수많은 데이터를 자동으로 수집하고, 이를 바탕으로 통계적 분석이나 머신러닝, 딥러닝뿐만 아니라 시각화 등의 업무를 할 수 있다.

13 실행 파일 만들기

파이썬으로 만든 프로그램을 다른 사용자들이 설치하여 사용할 수 있도록 실행 파일을 만들어보자.

13.1 배포를 위한 모듈

배포를 위한 모듈은 다음과 같으며 여기서는 특징만 간단히 설명한다.

- **distutils**

  파이썬에 포함된 배포 도구다. 파이썬에 기본적으로 포함되어 있기 때문에 추가로 설치하지 않아도 된다. 다음 문서를 참고한다.

  https://docs.python.org/3/library/distutils.html

- **cx_Freeze**

  파이썬 파일을 ~.exe 실행 파일로 생성하는 도구다. 서드 파티 라이브러리이므로 추가로 설치해야 한다. 다음 문서를 참고한다.

  https://cx-freeze.readthedocs.io/en/latest/index.html

- **pyinstaller**

  파이썬 파일을 ~.exe 실행 파일로 생성하는 도구다. 서드 파티 라이브러리이므로 추가로 설치해야 한다. 다음 문서를 참고한다.

  https://pyinstaller.org/

이 책에서는 간편하게 사용할 수 있는 pyinstaller를 이용해 실행 파일을 만든다. 먼저 다음 명령을 통해 라이브러리가 설치되어 있는지 확인한다. pyinstaller은 라이브러리명과 모듈명이 동일하다.

```
pip show pyinstaller
```

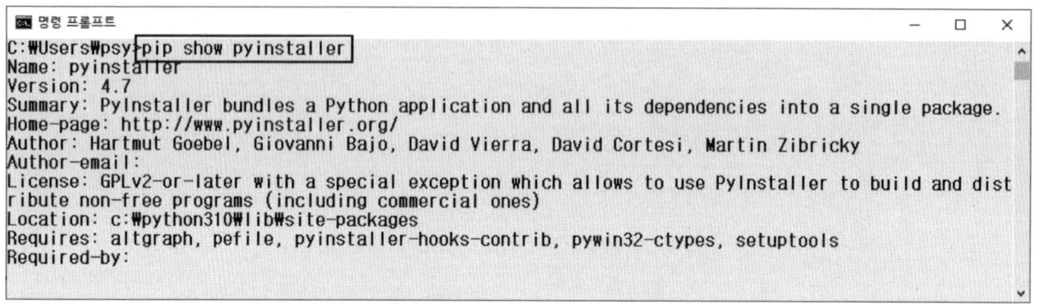

[그림 13-1] pyinstaller 라이브러리 정보

만약 pyinstaller가 설치되지 않았다면, 8장을 참고하여 설치한다.

13.2 실행 파일 만들기

실습을 위해서 다음 4개 폴더를 만든다. 실습을 위해 만든 디렉터리이므로, 디렉터리와 이름 등은 임의로 변경할 수 있다.

C:₩exe_test1	배포할 소스를 포함하며, pyinstaller를 실행할 디렉터리다.
C:₩exe_test2	배포할 소스를 포함하며, pyinstaller를 실행할 디렉터리다.
C:₩exe1	exe 실행 테스트를 위한 디렉터리다.
C:₩exe2	exe 실행 테스트를 위한 디렉터리다.

3장에서 작성한 exit_test.py로 실행 파일을 만든다. 다른 파일을 사용할 수도 있지만, 실습을 위해 간단한 코드로 진행한다.

파이참 프로젝트의 basic 패키지에서 exit_test.py 파일을 복사하여 C:₩exe_test1 디렉터리에 붙여넣는다. 동일한 exit_test.py 파일을 복사하여 C:₩exe_test2 디렉터리에도 붙여넣는다.

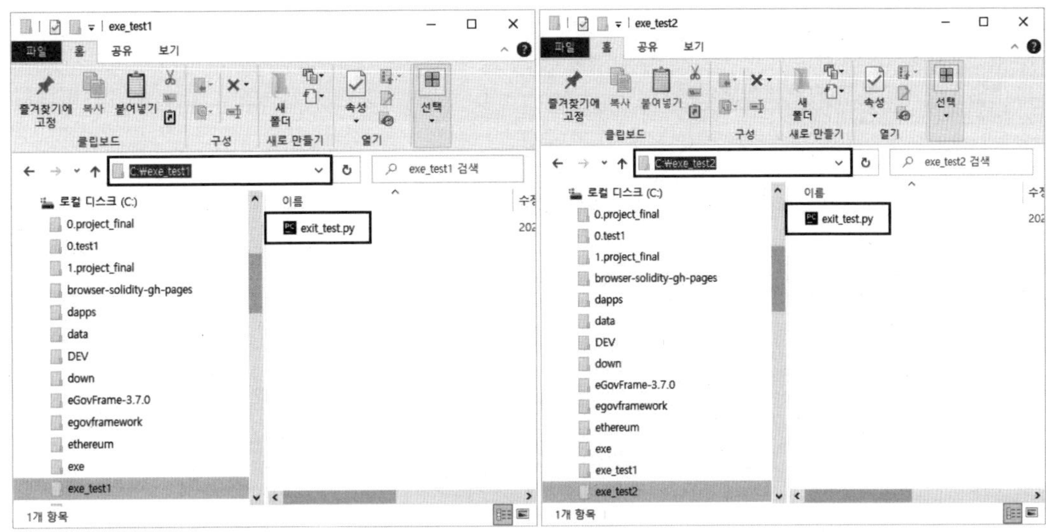

[그림 13-2] 실습을 위한 파일 복사

명령 프롬프트(cmd)를 열고 C:₩exe_test1 디렉터리로 이동(cd)한다. 해당 디렉터리에 어떤 파일이 있는지 다음 명령(dir)으로 확인한다. C:₩exe_test1 디렉터리에는 exit_test.py 파일 하나만 존재한다.

```
>cd C:\exe_test1
>dir
```

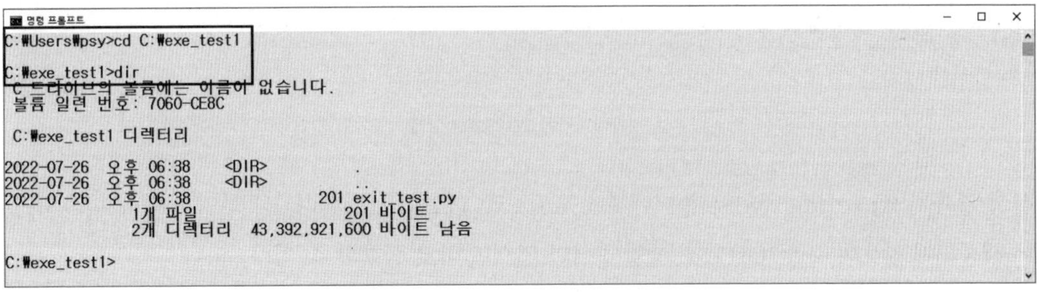

```
C:₩Users₩psy>cd C:₩exe_test1

C:₩exe_test1>dir
 C 드라이브의 볼륨에는 이름이 없습니다.
 볼륨 일련 번호: 7060-CE8C

 C:₩exe_test1 디렉터리

2022-07-26  오후 06:38    <DIR>          .
2022-07-26  오후 06:38    <DIR>          ..
2022-07-26  오후 06:38               201 exit_test.py
               1개 파일                 201 바이트
               2개 디렉터리  43,392,921,600 바이트 남음

C:₩exe_test1>
```

[그림 13-3] exe_test1 디렉터리로 이동

pyinstaller 명령을 사용하는데, 옵션은 --onefile로 지정하고, 실행 파일을 만들 파일명을 입력한다.

--onefile 옵션은 하나의 파일로 실행 파일을 만들라는 의미다.

```
pyinstaller --onefile exit_test.py
```

```
명령 프롬프트
C:₩exe_test1>pyinstaller --onefile exit_test.py
297 INFO: PyInstaller: 4.7
297 INFO: Python: 3.9.7
318 INFO: Platform: Windows-10-10.0.19044-SP0
320 INFO: wrote C:₩exe_test1₩exit_test.spec
326 INFO: UPX is not available.
331 INFO: Extending PYTHONPATH with paths
['C:₩₩exe_test1']
675 INFO: checking Analysis
675 INFO: Building Analysis because Analysis-00.toc is non existent
675 INFO: Initializing module dependency graph...
680 INFO: Caching module graph hooks...
706 INFO: Analyzing base_library.zip ...
3420 INFO: Processing pre-find module path hook distutils from 'C:₩₩python39₩₩lib₩₩site-packages₩₩PyInstaller₩₩hooks₩₩pr
e_find_module_path₩₩hook-distutils.py'.
3424 INFO: distutils: retargeting to non-venv dir 'C:₩₩python39₩₩lib'
7188 INFO: Caching module dependency graph...
7383 INFO: running Analysis Analysis-00.toc
7405 INFO: Adding Microsoft.Windows.Common-Controls to dependent assemblies of final executable
  required by C:₩python39₩python.exe
7713 INFO: Analyzing C:₩exe_test1₩exit_test.py
7718 INFO: Processing module hooks...
7719 INFO: Loading module hook 'hook-difflib.py' from 'C:₩₩python39₩₩lib₩₩site-packages₩₩PyInstaller₩₩hooks'...
7725 INFO: Loading module hook 'hook-distutils.py' from 'C:₩₩python39₩₩lib₩₩site-packages₩₩PyInstaller₩₩hooks'...
7727 INFO: Loading module hook 'hook-distutils.util.py' from 'C:₩₩python39₩₩lib₩₩site-packages₩₩PyInstaller₩₩hooks'...
7730 INFO: Loading module hook 'hook-encodings.py' from 'C:₩₩python39₩₩lib₩₩site-packages₩₩PyInstaller₩₩hooks'...
7849 INFO: Loading module hook 'hook-heapq.py' from 'C:₩₩python39₩₩lib₩₩site-packages₩₩PyInstaller₩₩hooks'...
7853 INFO: Loading module hook 'hook-lib2to3.py' from 'C:₩₩python39₩₩lib₩₩site-packages₩₩PyInstaller₩₩hooks'...
7950 INFO: Loading module hook 'hook-multiprocessing.util.py' from 'C:₩₩python39₩₩lib₩₩site-packages₩₩PyInstaller₩₩hooks
```

```
명령 프롬프트
8840 INFO: Building PYZ (ZlibArchive) C:₩exe_test1₩build₩exit_test₩PYZ-00.pyz
9295 INFO: Building PYZ (ZlibArchive) C:₩exe_test1₩build₩exit_test₩PYZ-00.pyz completed successfully.
9307 INFO: checking PKG
9307 INFO: Building PKG because PKG-00.toc is non existent
9309 INFO: Building PKG (CArchive) exit_test.pkg
11315 INFO: Building PKG (CArchive) exit_test.pkg completed successfully.
11318 INFO: Bootloader C:₩python39₩lib₩site-packages₩PyInstaller₩bootloader₩Windows-64bit₩run.exe
11319 INFO: checking EXE
11321 INFO: Building EXE because EXE-00.toc is non existent
11322 INFO: Building EXE from EXE-00.toc
11323 INFO: Copying bootloader EXE to C:₩exe_test1₩dist₩exit_test.exe
11345 INFO: Copying icon to EXE
11345 INFO: Copying icons from ['C:₩₩python39₩₩lib₩₩site-packages₩₩PyInstaller₩₩bootloader₩₩images₩₩icon-console.ico']
11350 INFO: Writing RT_GROUP_ICON 0 resource with 104 bytes
11350 INFO: Writing RT_ICON 1 resource with 3752 bytes
11352 INFO: Writing RT_ICON 2 resource with 2216 bytes
11352 INFO: Writing RT_ICON 3 resource with 1384 bytes
11353 INFO: Writing RT_ICON 4 resource with 37019 bytes
11354 INFO: Writing RT_ICON 5 resource with 9640 bytes
11354 INFO: Writing RT_ICON 6 resource with 4264 bytes
11355 INFO: Writing RT_ICON 7 resource with 1128 bytes
11364 INFO: Copying 0 resources to EXE
11364 INFO: Emedding manifest in EXE
11366 INFO: Updating manifest in C:₩exe_test1₩dist₩exit_test.exe
11368 INFO: Updating resource type 24 name 1 language 0
11376 INFO: Appending PKG archive to EXE
12887 INFO: Building EXE from EXE-00.toc completed successfully.

C:₩exe_test1>
```

[그림 13-4] pyinstaller 실행

실행 결과 C:₩exe_test1₩dist 폴더에 exit_test.exe 파일이 생성된다. 이 파일 이외에 다른 파일은 생성되지 않으며, exit_test.exe 파일 하나만 있으면 바로 실행할 수 있다.

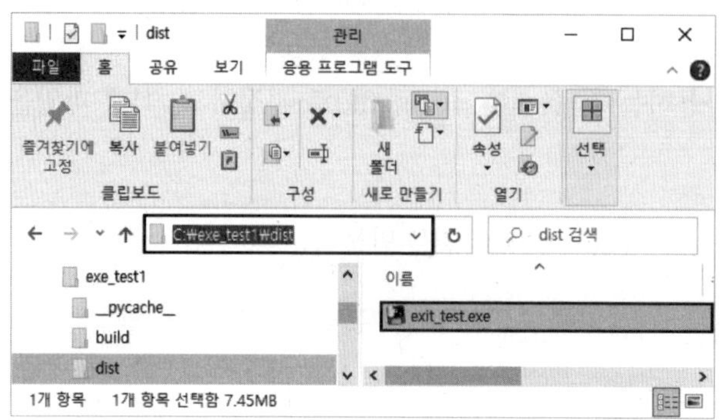

[그림 13-5] 생성된 파일

다른 파일들이 없어도 잘 실행되는지 확인하기 위해서 exit_test.exe 파일을 복사하여 C:₩exe1 디렉터리에 옮겨 놓는다. C:₩exe1 디렉터리는 아무 파일도 없는 빈 디렉터리다.

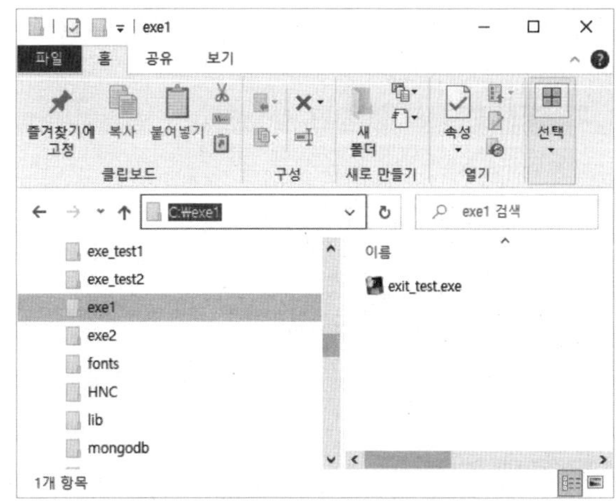

[그림 13-6] 빈 디렉터리에 실행 파일 복사

C:₩exe1 디렉터리의 exit_test.exe 파일을 더블 클릭하여 실행한다. 이전에 작성했던 예제 파일이므로 다양한 값을 입력하여 테스트를 진행하고, 마지막에는 exit를 입력하여 종료한다.

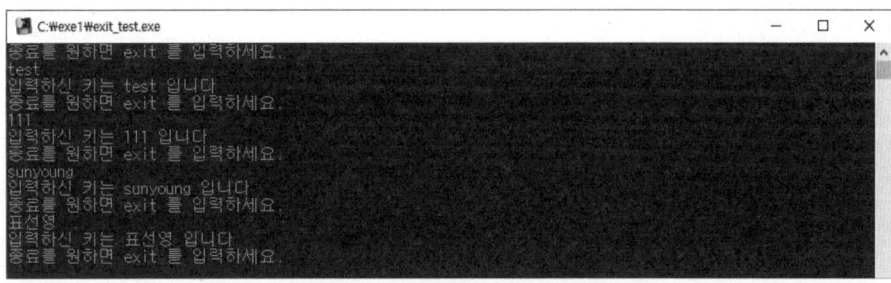

[그림 13-7] exit_test.exe 파일 실행

명령 프롬프트(cmd)에서 C:₩exe_test2 디렉터리로 이동하여 해당 디렉터리에 어떤 파일이 있는지 확인한다.

```
>cd C:\exe_test2
>dir
```

```
명령 프롬프트
C:₩exe_test1>cd C:₩exe_test2

C:₩exe_test2>dir
 C 드라이브의 볼륨에는 이름이 없습니다.
 볼륨 일련 번호: 7060-CE8C

 C:₩exe_test2 디렉터리

2022-07-26  오후 06:12    <DIR>          .
2022-07-26  오후 06:12    <DIR>          ..
2022-07-26  오후 06:38               201 exit_test.py
               1개 파일                 201 바이트
               2개 디렉터리  43,373,129,728 바이트 남음

C:₩exe_test2>
```

[그림 13-8] exe_test2 디렉터리로 이동

이번에는 pyinstaller 명령에 옵션을 지정하지 않고 실행한다.

```
pyinstaller exit_test.py
```

```
명령 프롬프트
C:₩exe_test2>pyinstaller exit_test.py
116 INFO: PyInstaller: 4.7
116 INFO: Python: 3.9.7
138 INFO: Platform: Windows-10-10.0.19044-SP0
140 INFO: wrote C:₩exe_test2₩exit_test.spec
145 INFO: UPX is not available.
150 INFO: Extending PYTHONPATH with paths
['C:₩₩exe_test2']
471 INFO: checking Analysis
472 INFO: Building Analysis because Analysis-00.toc is non existent
472 INFO: Initializing module dependency graph...
475 INFO: Caching module graph hooks...
494 INFO: Analyzing base_library.zip ...
2774 INFO: Processing pre-find module path hook distutils from 'C:₩₩python39₩₩lib₩₩site-packages₩₩PyInstaller₩₩hooks₩₩pr
e_find_module_path₩₩hook-distutils.py'.
2776 INFO: distutils: retargeting to non-venv dir 'C:₩₩python39₩₩lib'
5641 INFO: Caching module dependency graph...
5837 INFO: running Analysis Analysis-00.toc
5855 INFO: Adding Microsoft.Windows.Common-Controls to dependent assemblies of final executable
  required by C:₩python39₩python.exe
6139 INFO: Analyzing C:₩exe_test2₩exit_test.py
6144 INFO: Processing module hooks...
6145 INFO: Loading module hook 'hook-difflib.py' from 'C:₩₩python39₩₩lib₩₩site-packages₩₩PyInstaller₩₩hooks'...
6149 INFO: Loading module hook 'hook-distutils.py' from 'C:₩₩python39₩₩lib₩₩site-packages₩₩PyInstaller₩₩hooks'...
6150 INFO: Loading module hook 'hook-distutils.util.py' from 'C:₩₩python39₩₩lib₩₩site-packages₩₩PyInstaller₩₩hooks'...
6152 INFO: Loading module hook 'hook-encodings.py' from 'C:₩₩python39₩₩lib₩₩site-packages₩₩PyInstaller₩₩hooks'...
6270 INFO: Loading module hook 'hook-heapq.py' from 'C:₩₩python39₩₩lib₩₩site-packages₩₩PyInstaller₩₩hooks'...
6273 INFO: Loading module hook 'hook-lib2to3.py' from 'C:₩₩python39₩₩lib₩₩site-packages₩₩PyInstaller₩₩hooks'...
6363 INFO: Loading module hook 'hook-multiprocessing.util.py' from 'C:₩₩python39₩₩lib₩₩site-packages₩₩PyInstaller₩₩hooks
'...
```

```
명령 프롬프트
7612 INFO: Building PKG because PKG-00.toc is non existent
7614 INFO: Building PKG (CArchive) exit_test.pkg
7640 INFO: Building PKG (CArchive) exit_test.pkg completed successfully.
7642 INFO: Bootloader C:₩python39₩lib₩site-packages₩PyInstaller₩bootloader₩Windows-64bit₩run.exe
7642 INFO: checking EXE
7647 INFO: Building EXE because EXE-00.toc is non existent
7651 INFO: Building EXE from EXE-00.toc
7655 INFO: Copying bootloader EXE to C:₩exe_test2₩build₩exit_test₩exit_test.exe
7679 INFO: Copying icon to EXE
7679 INFO: Copying icons from ['C:₩₩python39₩₩lib₩₩site-packages₩₩PyInstaller₩₩bootloader₩₩images₩₩icon-console.ico']
7683 INFO: Writing RT_GROUP_ICON 0 resource with 104 bytes
7684 INFO: Writing RT_ICON 1 resource with 3752 bytes
7685 INFO: Writing RT_ICON 2 resource with 2216 bytes
7686 INFO: Writing RT_ICON 3 resource with 1384 bytes
7687 INFO: Writing RT_ICON 4 resource with 37019 bytes
7687 INFO: Writing RT_ICON 5 resource with 9640 bytes
7688 INFO: Writing RT_ICON 6 resource with 4264 bytes
7689 INFO: Writing RT_ICON 7 resource with 1128 bytes
7697 INFO: Copying 0 resources to EXE
7698 INFO: Emedding manifest in EXE
7702 INFO: Updating manifest in C:₩exe_test2₩build₩exit_test₩exit_test.exe
7704 INFO: Updating resource type 24 name 1 language 0
7711 INFO: Appending PKG archive to EXE
8108 INFO: Building EXE from EXE-00.toc completed successfully.
8111 INFO: checking COLLECT
8113 INFO: Building COLLECT because COLLECT-00.toc is non existent
8114 INFO: Building COLLECT COLLECT-00.toc
8578 INFO: Building COLLECT COLLECT-00.toc completed successfully.

C:₩exe_test2>
```

[그림 13-9] 옵션 없이 pyinstaller 실행

옵션 없이 실행한 것과 다르게 C:₩exe_test2₩dist₩exit_test 폴더가 생성되고, 폴더 내부에 exit_test.exe 파일을 포함한 많은 파일이 생성된다.

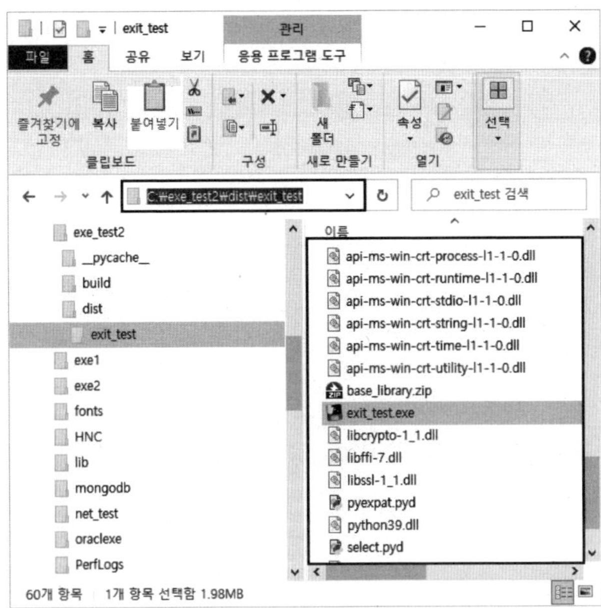

[그림 13-10] 생성된 파일들

다른 파일들이 없어도 잘 실행되는지 확인하기 위해서 exit_test.exe 파일만을 복사하여 C:₩exe2 디렉터리에 옮겨 놓는다.

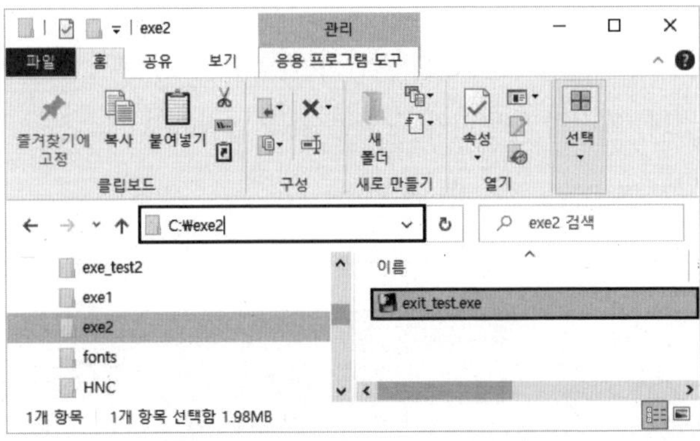

[그림 13-11] 빈 디렉터리로 실행 파일 복사

C:₩exe2 디렉터리의 exit_test.exe 파일을 더블 클릭하여 실행한다. 이전 결과와는 다르게 실행되지 않는다. 이번에는 C:₩exe_test2₩dist₩exit_test 폴더 안의 모든 파일을 복사하여 C:₩exe2 디렉터리에 옮겨 놓는다.

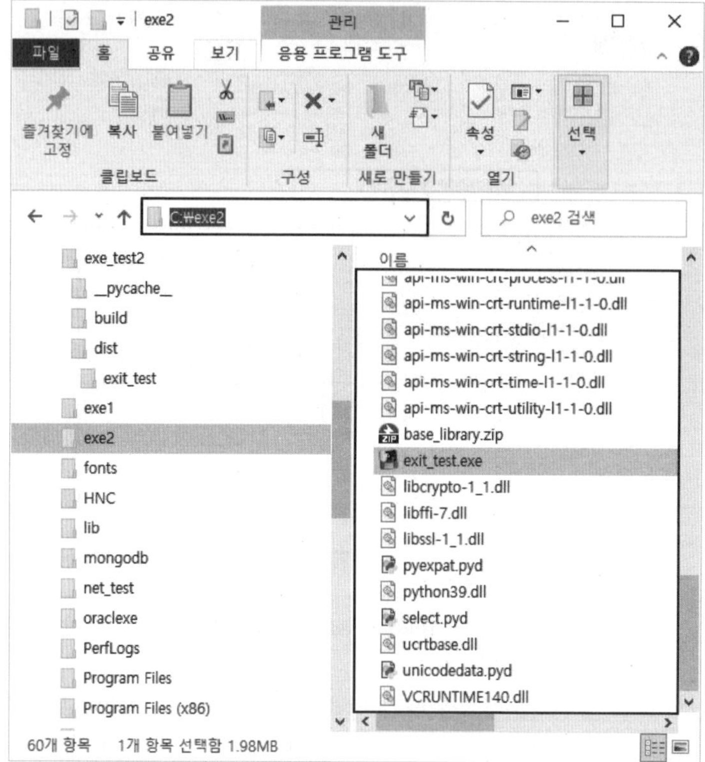

[그림 13-12] 빈 디렉터리로 실행 파일과 모든 파일 복사

C:₩exe2 디렉터리의 exit_test.exe 파일을 더블 클릭하여 실행한다. 이번에는 정상적으로 실행되는 것을 확인할 수 있다. 이전과 동일하게 다양한 값을 입력하여 테스트를 진행하고, 마지막에는 exit를 입력하여 종료한다.

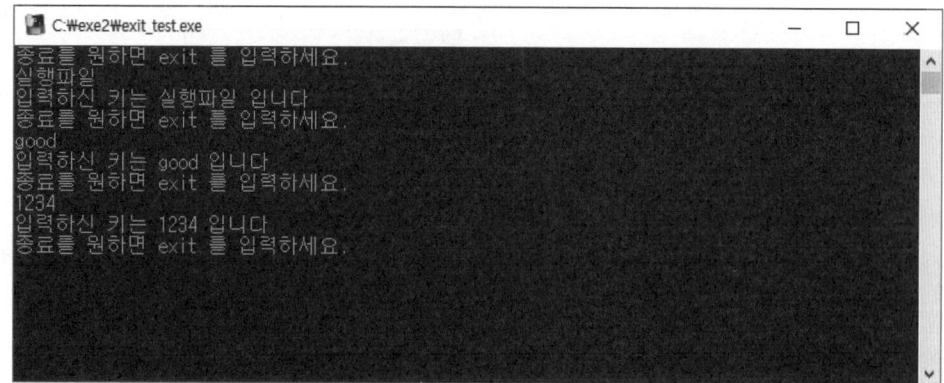

[그림 13-13] exit_test.exe 파일 실행

정리하면 pyinstaller를 실행할 때 --onefile 옵션을 지정하면, ~.exe 파일 하나로 생성하고, 옵션을 지정하지 않으면, ~.exe 파일뿐만이 아니라 ~.dll 등 다양한 파일이 생성된다. 원하는 방법을 선택하여 실행한다. 앞서 사용한 예제 코드 이외에 다양한 파이썬 코드들을 작성한 후, 배포할 실행 파일들을 생성할 수 있다. 생성한 ~.exe 파일은 파이썬 프로그램을 설치하지 않아도 누구나 실행할 수 있다.

지금까지 파이썬 기초 문법들을 학습하였고, 이를 바탕으로 업무에서 많이 사용될 수 있는 다양한 파일을 다루는 방법을 학습했다. 마지막에는 웹 크롤링을 통한 업무 자동화와 배포할 실행 파일까지 만들어 보았다. 이 책은 파이썬 입문서지만 지루하지 않게 업무에 바로 적용할 수 있는 코드를 중심으로 설명했다. 이렇게 파이썬 프로그램의 첫발을 내딛게 된 것이고, 앞으로 다양한 파이썬 프로그램과 데이터 분석, 시각화, 머신러닝, 딥러닝 등을 더 학습한다면 현업에서 필요한 프로그램을 작성할 수 있을 것이라 확신한다.

14 부록

14.1 연산자

연산자는 다음과 같이 나눌 수 있다.

- 산술 연산자(Arithmetic operators)
- 비트 연산자(Bitwise operators)
- 논리 연산자(Logical operators)
- 비교 연산자(Comparison operators)
- 할당 연산자(Assignment operators)

연산자(operator)와 함께 오른쪽과 왼쪽에 사용되는 값을 피연산자(operand)라고 한다. 연산자 예제 코드는 파이썬 쉘에서 작성하고 결과를 확인한다.

14.1.1 산술 연산자(Arithmetic operators)

수학 연산을 수행하며, 숫자 값에서 주로 사용한다.

연산자	이름	의미	예
+	Addition	더하기	>>>x = 10; y=3 >>>x+y 13

연산자	이름	의미	예
-	Subtraction	빼기	>>>x = 10; y=3 >>>x-y 7
*	Multiplication	곱하기	>>>x = 10; y=3 >>>x*y 30
/	Division	나누기	>>>x = 10; y=3 >>>x/y 3.3333333333333335
%	Modulus	나누기 연산의 나머지를 구함	>>>x = 10; y=3 >>>x%y 1
**	Exponentiation	지수	>>>x = 10; y=3 >>>x**y 1000
//	Floor division	나누기 연산의 몫을 구하는데 몫은 가장 가까운 정수로 구하고, 소수점 이하는 버림	>>>x = 10; y=3 >>>x//y 3

2개의 변수를 한 줄에 선언 및 값을 할당하고 싶다면, 변수 사이에 세미콜론 (;)을 넣는다.

14.1.2 비트 연산자(Bitwise operators)

바이너리 혹은 비트(이진 혹은 2진) 값을 비교하는 데 사용한다. 정수 값인 경우 비트(2진수) 값으로 만든 후 계산된다. 비트(2진수)는 0과 1로만 수를 나타낸다. 비트 연산 방식 부분에서 2진수 연산을 설명한다.

비트 연산자 &와 |와 ^는 결과가 부울(bool) 즉 불리언(True 혹은 False) 값으로 나오는 구문의 연산을 수행할 수도 있다.

연산자	이름	의미	예
&	AND	부울 : 두 구문(또는 표현식)이 모두 참이면 True 반환	>>>x = 10 >>>(x < 10) & (x < 20) False
		정수 : 정수를 비트(2진수)로 만든 후 계산, 두 비트가 모두 1이면 각 비트를 1로 설정	>>>x = 1; y = 2 >>>x & y 0

연산자	이름	의미	예
¦ (입력키는 ¦)	OR	부울 : 두 구문(또는 표현식) 중 하나가 참이면 True 반환 정수 : 정수를 비트(2진수)로 만든 후 계산, 두 비트 중 하나가 1이면 각 비트를 1로 설정	>>>x = 10 >>>(x < 10) ¦ (x < 20) True >>>x = 1; y = 2 >>>x ¦ y 3
^	XOR	부울 : 두 구문(또는 표현식)이 서로 배타적일 때 True 반환. 즉, True와 False 혹은 False와 True처럼 서로 반대일 때 True 정수 : 정수를 비트(2진수)로 만든 후 계산, 두 비트가 서로 배타적인 경우, 즉 0과1 혹은 1과 0일때 각 비트를 1로 설정	>>>x = 10 >>>(x<10) ^ (x<20) True >>>x = 1; y = 2 >>>x ^ y 3
~	NOT	모든 비트(2진수)를 반전	>>>x = 0 >>>~x -1
<<	Zero fill left shift	오른쪽에서 0을 밀어 왼쪽으로 이동하고 맨 왼쪽 비트가 제거된다	>>>x = 1 >>>x << 3 8
>>	Signed right shift	맨 왼쪽 비트의 복사본을 왼쪽에서 밀어 오른쪽으로 이동하고 맨 오른쪽 비트가 제거된다	>>>x = 8 >>>x >> 3 1

위의 예시에서 비트 연산자(& 혹은 | 혹은 ^ 등의 연산자)들과 비교 연산자(〈 혹은 〉 등의 연산자)를 함께 사용할 경우 주의해야 할 점이 있다.

연산자의 우선 순위에 따라 비트 연산자가 비교 연산자보다 우선 순위가 높기 때문에 비교 연산자보다 비트 연산자가 먼저 계산이 수행된다. 따라서 전혀 다른 결과가 나올 수 있게 된다.

우선 순위가 낮은 비교 연산자를 먼저 수행하고 싶다면, 연산을 수행하고 싶은 구문을 괄호()로 묶어주어 우선 순위를 높여준다. 괄호()는 우선 순위가 제일 높다.

예를 들어 괄호를 사용하지 않은 경우는 다음과 같은 결과가 나온다.

```
>>>x = 10
>>>x < 10 ¦ x < 20
False
```

괄호를 사용했을 때 결과는 다음과 같다.

```
>>>x = 10
>>>(x < 10) ¦ (x < 20)
True
```

여러 연산자들을 함께 사용하는 경우, 연산자의 우선 순위를 고려해야 한다.

프로그램이 익숙하지 않은 사용자는 ¦ 연산자 즉 OR 연산자를 어떻게 입력하는지 찾을 수 있다. 이 연산자를 입력하려면, 키보드에서 Enter 키 위에 있는 ₩ 키를 Shift 키와 함께 누른다.

■ 비트 연산 방식

2진수는 0과 1로만 수를 나타낸다. 2진수는 바이너리 값이라고도 하고 비트 값이라고도 한다. 따라서 비트 연산은 바이너리 연산이라고도 한다.

10진수는 0, 1, 2, 3, 4, 5, 6, 7, 8, 9의 10개의 수로 나타낸다. 우리가 사용하는 일반적인 정수가 10진수다.

2진수는 2^0, 2^1, 2^2, 2^3, …. 2^n 처럼 2의 거듭 제곱 값을 가진다. 맨 오른쪽 자리에서 왼쪽으로 하나씩 자리가 이동(자리가 올라갈 때)할 때 2의 거듭 제곱은 0부터 하나씩 증가한다.

2^0 값은 1이다.

10진수 1은 2진수에서 2^0이므로 이진수 0001이 된다.

10진수 2는 2진수에서 2^1이므로 이진수 0010이 된다.

10진수 3는 2진수에서 2^0과 2^1 즉, 1+2가 되어 이진수 0011이 된다.

2진수를 10진수로 계산하는 방식을 풀어보면 다음과 같다.

2^3 자리	2^2 자리	2^1 자리	2^0 자리
0	0	0	0

각 자릿수에 해당하는 0 또는 1의 값과 2^n을 곱한 후 모두 더하면 10진수 값이 된다.

2진수 0011을 10진수로 계산하는 방식은 $0 \times 2^3 + 0 \times 2^2 + 1 \times 2^1 + 1 \times 2^0$ 값으로 3이 된다.

2진수 0010을 10진수로 계산하는 방식은 $0 \times 2^3 + 0 \times 2^2 + 1 \times 2^1 + 0 \times 2^0$ 값으로 2가 된다.

2진수 1111을 10진수로 계산하는 방식은 $1 \times 2^3 + 1 \times 2^2 + 1 \times 2^1 + 1 \times 2^0$ 값으로 15가 된다.

2진수 1001을 10진수로 계산하는 방식은 $1 \times 2^3 + 0 \times 2^2 + 0 \times 2^1 + 1 \times 2^0$ 값으로 9가 된다.

2진수 1010을 10진수로 계산하는 방식은 $1 \times 2^3 + 0 \times 2^2 + 1 \times 2^1 + 0 \times 2^0$ 값으로 10이 된다.

더 큰 숫자도 표현할 수 있지만 편의상 4개의 자릿수만 표현했다. 2^3 다음에는 2^4부터 쭉 2^n까지 나타낼 수 있다. 32 비트라면 32개의 자릿수가 있는 것이다.

앞의 예시에서 나왔던 식을 2진수로 계산하면 다음과 같은 결과가 나온다.

```
>>>x = 1; y = 2
>>>x & y
0
```

x는 2진수로 0001 이고

y는 2진수로 0010 이다.

결과는 2진수 0000 이 된다. 10진수 값은 0이다.

& 연산은 두 값을 세로로(각 자릿수별로) 연산을 수행하여 두 값이 모두 1인 경우에만 1이고, 두 값이 모두 1이 아닌 경우에는 0을 반환한다.

```
>>>x = 1; y = 2
>>>x | y
3
```

x는 2진수로 0001 이고

y는 2진수로 0010 이다.

결과는 2진수 0011 이 된다. 10진수 값은 3이다.

| 즉 | 연산은 두 값을 세로로(각 자릿수별로) 연산을 수행하여 두 값 중 1개 혹은 2개가 1인 경우에만 1이고, 두 값이 모두 0인 경우에는 0을 반환한다.

```
>>>x = 1; y = 2
>>>x ^ y
3
```

x는 2진수로 0001 이고

y는 2진수로 0010 이다.

결과는 2진수 0011 이 된다. 10진수 값은 3이다.

^ 연산은 두 값을 세로로(각 자릿수별로) 연산을 수행하여 두 값이 서로 다를 때 0과1 혹은 1과 0 일 때만 1이고, 두 값이 서로 같으면 0을 반환한다.

~ 연산은 0이면 1로, 1이면 0으로 반전하여 결과를 반환한다.

■ 시프트 연산

시프트 연산(<< 혹은 >> 연산자)은 비트수(자릿수) 밀어내기 연산이다.

참고

시프트 연산자나 정수에 대한 비트(2진수) 값 연산은 많이 사용되지는 않는다. 특히 쉬프트 연산자는 거의 쓸 일이 없으므로 비트 계산이 어렵다면, 이 부분들은 건너뛰어도 좋다.

파이썬 프로그래밍이 처음인 독자에게는 어려울 수 있고, 이 부분에서 막혀 너무 오래 시간을 쏟아 부을 수도 있다. 사용 빈도가 낮기 때문에 비트의 음수 계산 법이나 쉬프트 연산에 대한 자세한 설명은 생략한다.

자릿수가 왼쪽으로 한 칸 이동(자릿수가 올라간다)하면 2^1이 곱해지는 것이고, 3칸 이동하면 2^3을 곱해주는 식으로 자릿수만큼 2의 지수를 곱해주면 된다.

자릿수가 오른쪽으로 한 칸 이동(자릿수가 내려간다)하면 2^1로 나누어지는 것이고, 3칸 이동하면 2^3으로 나누어지는 식으로 자릿수만큼 2의 지수로 나누어 주면 된다.

앞의 예시에서 나왔던 식을 2진수로 계산하면 다음과 같은 결과가 나온다.

```
>>>x = 1
>>>x << 3
8
```

x는 2진수로 0001이고, 왼쪽으로 3칸을 시프트 하면 1000이 된다. 1을 왼쪽으로 밀면서 오른쪽에 있었던 빈자리들을 모두 0으로 채워 간다.

2진수 1000를 계산하면 $1 \times 2^3 + 0 \times 2^2 + 0 \times 2^1 + 0 \times 2^0$ 값으로 10진수 8이 된다.

```
>>>x = 8
>>>x >> 3
1
```

x는 2진수로 1000이고, 오른쪽으로 3칸을 시프트하면 0001이 된다. 1을 오른쪽으로 밀면서 왼쪽의 빈자리들을 모두 0으로 채워 간다. 정확하게는 맨 앞의 부호비트로 채워 나가는 것인데 이 경우에는 0이다.

2진수 0001를 계산하면 $0 \times 2^3 + 0 \times 2^2 + 0 \times 2^1 + 1 \times 2^0$ 값으로 10진수 1이 된다.

14.1.3 논리 연산자(Logical operators)

연산자 오른쪽과 왼쪽의 조건문을 판단하여 결합하는데 사용한다. 불(bool) 값들을 비교하기 때문에 불(혹은 불리언) 연산자라고도 부른다. 결과는 불 값 즉, True나 False로 나온다.

연산자	의미	예

and	두 구문(또는 표현식)이 모두 True면 True를 반환	`>>>x = 10`
		`>>>x < 10 and x < 20`
		`False`

or	두 구문(또는 표현식) 중 하나가 True면 True를 반환	`>>>x = 10`
		`>>>x < 10 or x < 20`
		`True`

not	결과를 뒤집어서 반환. 즉, 결과가 True면 False를, False면 True를 반환	`>>>x = 10`
		`>>>not(x<10 and x < 20)`
		`True`

비교 연산자가 논리(불) 연산자보다 우선 순위가 높기 때문에 반드시 괄호()로 묶을 필요는 없다.

비트 연산자 & 와 |는 결과가 불 값으로 나오는 구문의 연산을 수행하는 경우, 비트 연산자 &는 논리 연산자 and와 동일한 결과를 반환하고, 비트 연산자 |는 논리 연산자 or와 동일한 결과를 반환한다. 결과는 동일하지만, 연산자의 우선 순위는 비트 연산자가 논리 연산자보다 높다. 또한 결과는 동일하지만, 연산을 수행하는 과정에 있어서 차이가 있다.

14.1.4 비교 연산자(Comparison operators)

연산자 좌우의 두 값을 비교할 때 사용한다. 결과는 불 값 즉, True나 False로 나온다.

연산자	이름	의미	예

==	Equal	같은지 비교	`>>>x = 10; y=3`
			`>>>x == y`
			`False`

!=	Not equal	같지 않은지 비교	`>>>x = 10; y=3`
			`>>>x != y`
			`True`

연산자	이름	의미	예
>	Greater than	큰지 비교	>>>x = 10; y=3 >>>x > y True
<	Less than	작은지 비교	>>>x = 10; y=3 >>>x< y False
>=	Greater than or equal to	크거나 같은지 비교	>>>x = 10; y=3 >>>x >= y True
<=	Less than or equal to	작거나 같은지 비교	>>>x = 10; y=3 >>>x <= y False

14.1.5 할당 연산자(Assignment operators)

변수에 값을 할당할 때 사용한다. 오른쪽의 값을 왼쪽 변수에 할당한다. 여러 연산자들과 할당 기호 =를 결합하여 사용하며, 여러 연산자와 함께 사용할 경우 할당을 훨씬 간결하게 처리할 수 있다.

<table>
<tr><th>연산자</th><th>사용법</th></tr>
<tr><td>=</td><td>x = 5 구문은 5를 x에 할당</td></tr>
<tr><td>+=</td><td>x += 3 구문은 x = x + 3와 동일</td></tr>
<tr><td>-=</td><td>x -= 3 구문은 x = x - 3와 동일</td></tr>
<tr><td>*=</td><td>x *= 3 구문은 x = x * 3와 동일</td></tr>
<tr><td>/=</td><td>x /= 3 구문은 x = x / 3와 동일</td></tr>
<tr><td>%=</td><td>x %= 3 구문은 x = x % 3와 동일</td></tr>
<tr><td>//=</td><td>x //= 3 구문은 x = x // 3와 동일</td></tr>
<tr><td>**=</td><td>x **= 3 구문은 x = x ** 3와 동일</td></tr>
<tr><td>&=</td><td>x &= 3 구문은 x = x & 3와 동일</td></tr>
<tr><td>|=</td><td>x |= 3 구문은 x = x | 3와 동일</td></tr>
<tr><td>^=</td><td>x ^= 3 구문은 x = x ^ 3와 동일</td></tr>
<tr><td>>>=</td><td>x >>= 3 구문은 x = x >> 3와 동일</td></tr>
<tr><td><<=</td><td>x <<= 3 구문은 x = x << 3와 동일</td></tr>
</table>

초보자들이 하는 실수 중에 = 과 == 을 구분하지 못하는 것이다. = 은 할당 연산자이고, == 은 값이 같은지를 비교하는 비교 연산자인 점을 기억하자.

14.1.6 연산자 우선 순위

다음 표에서 위에서부터 차례대로 우선 순위가 높은 것에서 낮은 순으로 배치되어 있다. 여러 연산자를 함께 사용할 경우 우선 순위가 높은 연산자가 먼저 수행된다. 우선 순위가 낮은 연산자를 먼저 수행하고 싶다면 괄호()로 묶어 준다.

연산자	의미
( ) [ ] { : } { }	괄호, 리스트, 딕셔너리, 세트
**	지수
+x, -x, ~x	양수, 음수, 비트 NOT
*, /, //, %	곱셈, 나눗셈, 나눗셈 몫, 나눗셈 나머지
+, -	덧셈과 뺄셈
<<, >>	시프트(비트 밀어내기)
&	비트 AND
^	비트 XOR
|	비트 OR
< <= > >= != ==	비교
not	불 NOT
and	불 AND
or	불 OR
=	할당(대입)

연산자의 우선 순위에 있는 할당(대입) 연산자는 =뿐만이 아니라 +=, −=, *=, /=, %=, //= 등(앞의 할당 연산자 표 참고)과 같은 연산자들이 모두 포함된다.

참고로 할당(대입)을 위한 기호 =은 연산자의 분류가 아니다. 하지만, 관습상 대부분 할당(대입) 연산자라 부른다. 연산자가 어떤 분류에 들어가는지가 중요한 것이 아니라, 연산자가 어떻게 동작하는지가 중요하다.

14.2 PEP

간혹 파이썬 관련 문서를 보다 보면, PEP라는 용어가 등장한다. PEP(Python Enhancement Proposal)는 파이썬 향상 제안으로 번역할 수 있으며, 더 나은 파이썬 언어의 발전을 위해 논의된 내용들을 담고 있다. PEP에 대한 문서는 다음 링크에서 확인할 수 있다.

- https://peps.python.org/pep-0000/#introduction

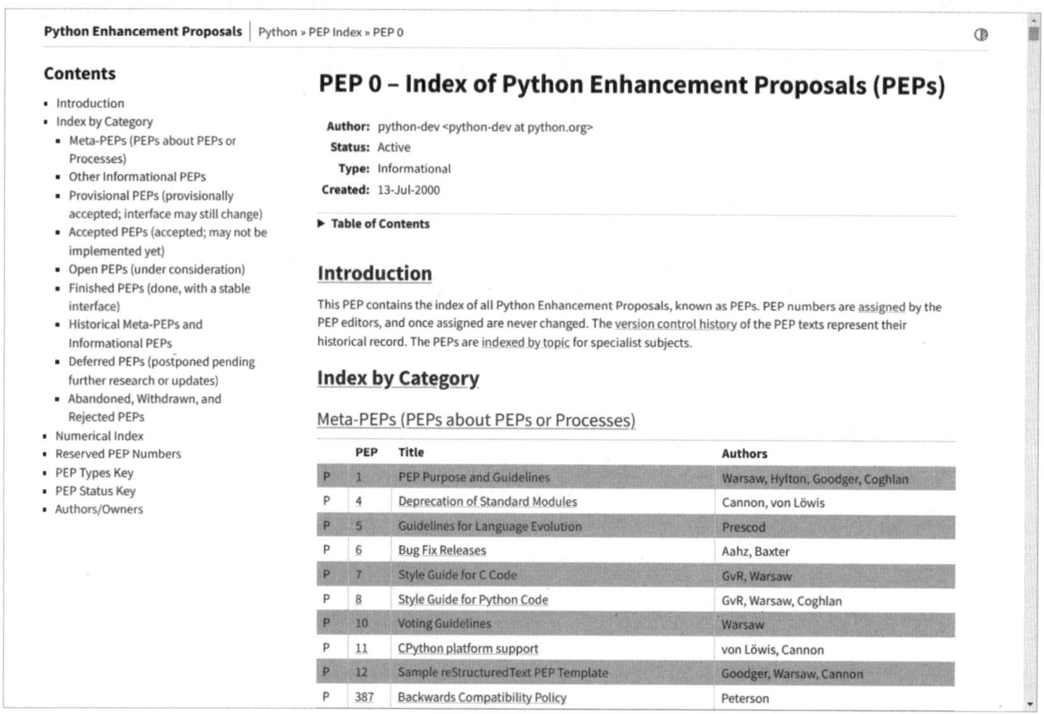

Python Enhancement Proposals | Python » PEP Index » PEP 0

Contents

- Introduction
- Index by Category
  - Meta-PEPs (PEPs about PEPs or Processes)
  - Other Informational PEPs
  - Provisional PEPs (provisionally accepted; interface may still change)
  - Accepted PEPs (accepted; may not be implemented yet)
  - Open PEPs (under consideration)
  - Finished PEPs (done, with a stable interface)
  - Historical Meta-PEPs and Informational PEPs
  - Deferred PEPs (postponed pending further research or updates)
  - Abandoned, Withdrawn, and Rejected PEPs
- Numerical Index
- Reserved PEP Numbers
- PEP Types Key
- PEP Status Key
- Authors/Owners

PEP 0 – Index of Python Enhancement Proposals (PEPs)

Author: python-dev <python-dev at python.org>
Status: Active
Type: Informational
Created: 13-Jul-2000

▶ Table of Contents

Introduction

This PEP contains the index of all Python Enhancement Proposals, known as PEPs. PEP numbers are assigned by the PEP editors, and once assigned are never changed. The version control history of the PEP texts represent their historical record. The PEPs are indexed by topic for specialist subjects.

Index by Category

Meta-PEPs (PEPs about PEPs or Processes)

	PEP	Title	Authors
P	1	PEP Purpose and Guidelines	Warsaw, Hylton, Goodger, Coghlan
P	4	Deprecation of Standard Modules	Cannon, von Löwis
P	5	Guidelines for Language Evolution	Prescod
P	6	Bug Fix Releases	Aahz, Baxter
P	7	Style Guide for C Code	GvR, Warsaw
P	8	Style Guide for Python Code	GvR, Warsaw, Coghlan
P	10	Voting Guidelines	Warsaw
P	11	CPython platform support	von Löwis, Cannon
P	12	Sample reStructuredText PEP Template	Goodger, Warsaw, Cannon
P	387	Backwards Compatibility Policy	Peterson

[그림 14-1] PEP

PEP 문서에서는 코드에 대한 가독성과 일관성을 위해 개발자 간의 코딩 컨벤션(Coding convention: 코딩 규약 또는 코딩 표준 또는 코딩 스타일로 해석)을 제공한다.

코딩 컨벤션에는 파이썬 코드 작성 시 권장 사항들이 담겨있다.

코딩 컨벤션을 지키면 좋은 품질의 소스를 작성하는데 도움이 되며, 작성되는 코드의 가독성을 향상시킬 수 있다. 여러 개발자 들과 공동 개발을 할 때도 일관성 있는 표준을 지켜 코딩 할 수 있다. PEP8 문서는 파이썬의 코딩 컨벤션을 제시한다. 코딩 컨벤션은 반드시 지켜야 할 사항은 아니며 권장 사항이다.

다음 링크를 참조하면 코딩 컨벤션에 대해 파이썬에서 권고하는 내용을 확인할 수 있다.

- https://peps.python.org/pep-0008/

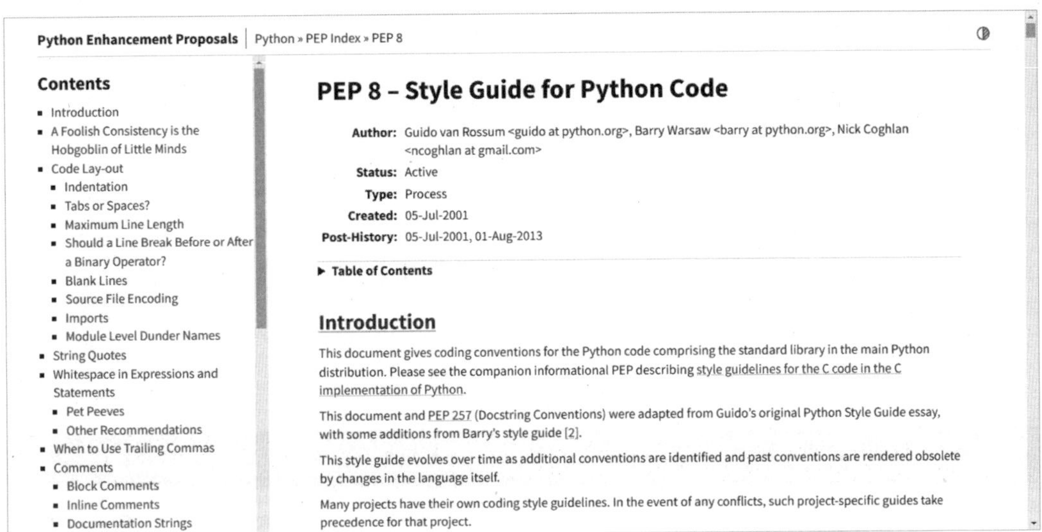

[그림 14–2] PEP 8 코딩 컨벤션

파이썬에서 버전이 변경될 때마다 어떤 사항들이 추가되었는지 확인하는 것도 좋은 습관이다. 파이썬 3.10에서 어떤 내용들이 추가되었는지는 다음 문서를 참고한다.

- https://docs.python.org/3/whatsnew/3.10.html?highlight=operator

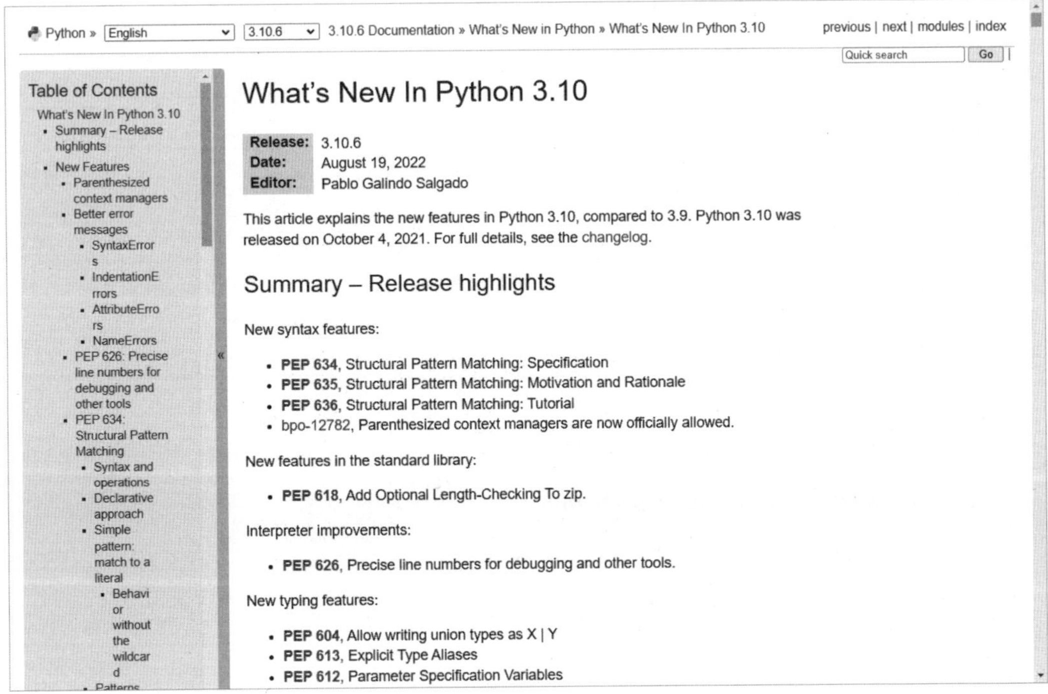

[그림 14–3] 파이썬 3.10에서 추가된 사항

변경 사항에 대한 내용들은 각각 PEP로 문서화가 되어 있다.

14.3 파이참 단축키

파이참의 단축키는 다음 링크로 들어가서 유용한 링크 중 〈참조 카드〉 부분으로 들어가면 pdf 형태로 다운로드가 가능하다. 더불어 루비페이퍼 자료실에서도 내려받을 수 있다.

- https://www.jetbrains.com/ko-kr/pycharm/learn/

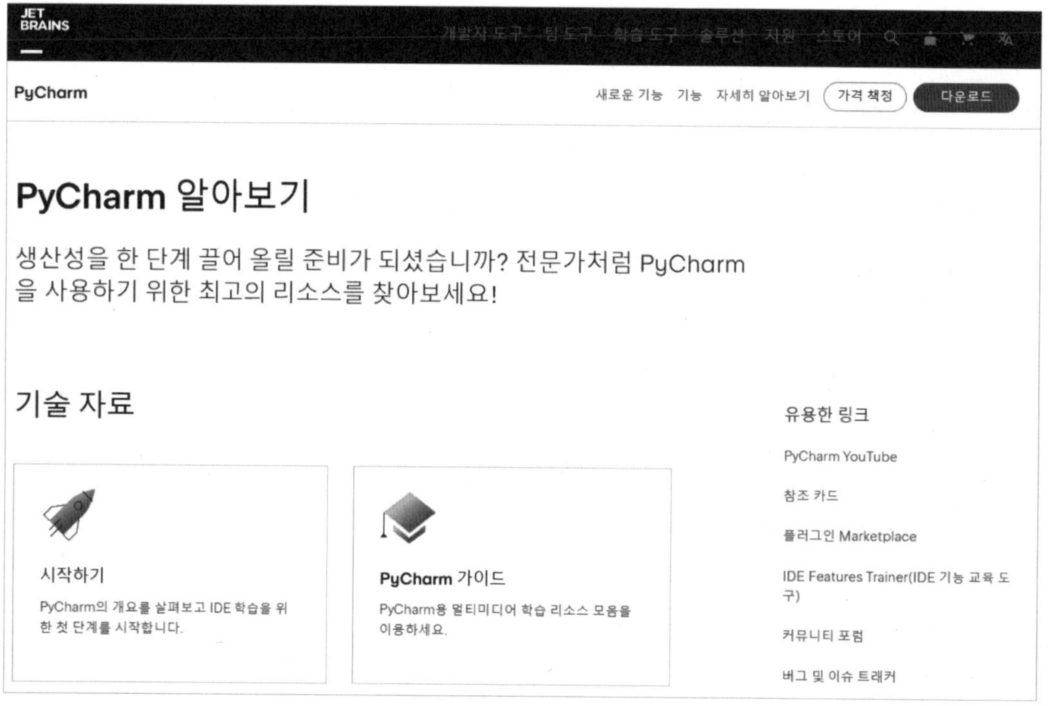

[그림 14-4] 파이참 단축키 링크

파이참 사용 가이드를 보고 싶다면, 다음 링크를 참고한다. 한글 가이드도 제공된다.

- https://www.jetbrains.com/pycharm/guide/
- https://www.jetbrains.com/ko-kr/pycharm/
- https://www.jetbrains.com/ko-kr/pycharm/features/

기호

A

B

C

D

E

F

G

H

I

J

K